법학통론

제3판

박은경 심재무 이우석 손형섭
강석점 김원곤 정준호

Introduction to Law

박영사

제3판 머리말

　법학을 처음 접하는 법학과 1학년 신입생을 대상으로 쉽게 읽히는「법학통론」교재를 만들어 보기로 뜻을 모은 후 벌써 4년이 흘렀다. 신입생 대상으로 강의하면서 이해가 어렵다고 느끼는 부분은 체크해 두었다가 다시 고쳐 쓰고, 과학기술의 비약적 발전과 사회의 변화가 법체계와 법학 전반에 던지는 변화와 도전을 반영하여 개정판을 다시 내어놓게 되었다. 민사소송법과 노동법 부분은 정준호 변호사와 김원곤 박사가 새로운 집필진으로 참여하였다. 실무적 감각을 살려 핵심사항을 중심으로 맡은 부분의 법리를 간단명료하게 작성해 주었다. 새로운 공저자의 정성 어린 원고 작성에 이 지면을 빌려 특히 감사의 말씀을 전한다.

　2020년 개정된 법학통론 교재를 학생들과 함께 읽고 강의하고 학생들의 질문을 받으면서 메모한 사항을 토대로 2025년 개정판을 다시 내어놓지만 쉽게 읽히는 법학통론 교재로서는 아직도 아쉬운 점이 많다.

　이번 개정판에서는 하나의 장(章)을 마칠 때마다 독자가 자신의 이해를 스스로 체크해볼 수 있도록 학습확인문제를 해설과 함께 탑재해 두었다. 가끔은 시험 또는 테스트가 우리를 보다 집중해서 책을 읽도록 하는 유용한 측면이 있더라는 점 때문에 집필진 회의에서 논의를 거쳐 반영하게 되었다. 보다 쉬운 법학통론 교재를 만들고자 하는 저자들의 다양한 시도 중 하나였다. 독자 여러분의 조언과 편달을 통하여 더욱 발전하리라 생각한다.

　끝으로 학기말에 교재 개정작업을 위한 원고 작성에 아낌없는 노력과 시간을 할애하여 주신 저자들과 좋은 교재 출간을 도와주신 박영사 대표님과 임직원께 감사의 말씀을 드린다.

2025년 3월
집필자 대표 박 은 경

개정판
머리말

　일반적으로 법학은 딱딱하다, 지루하다, 재미없을 것이라는 편견이나 선입견을 가진 사람들이 적지 않다. 이 책의 저자들은 법학과에서 오랫동안 법학을 다루면서 법학의 논리성, 유연성, 체계성과 인간적 온기를 느껴온 사람들이다. 대학에서 법학을 전공하려는 신입생들에게 법학의 대상이 무엇이며 이들 대상이 어떤 체계 속에서 상호작용을 하고 있는지, 이를 통해 법학이 추구하고자 하는 궁극적 목적은 어디에 있는지를 보다 쉽고 흥미롭게 알려주고 싶었다.

　이러한 바람을 담아 대학 1학년들에게 쉽게 읽히는 "법학통론" 교재를 만들어보기로 뜻을 모았다. 과도기적 단계로 우선은 판형과 분량의 조정 및 오탈자 수정, 개정된 법률의 내용을 반영하는 개정판을 내기로 하였다.

　이 책이 쉽게 읽히는 법학통론으로서의 역할을 충분히 하기에는 부족한 부분이 상당할 것이다. 독자 여러분의 조언과 편달을 통하여 더욱 발전하게 되리라 생각한다.

　채점과 성적처리에 여유가 없을 연말에 원고의 개정작업에 많은 시간을 할애하여 주신 저자들과 과도기적 개정판의 출간을 허용하여 보다 좋은 교재 출간을 위한 디딤돌을 놓아주신 박영사 대표님께 먼저 감사의 인사를 드린다. 원고의 최종 교정작업에 도움을 준 법학과 장윤정, 김성현 조교에게도 고마운 마음을 전한다.

2020년 3월
집필자를 대표하여 박 은 경

머리말

　법을 알지 못하고는 자신의 권리와 재산을 지키기 어렵고, 법에 대한 무지로 인해 재산상의 피해를 입는 경우도 빈번하게 발생하고 있다. 그러므로 현대사회에서의 법은 인간이 살아가면서 필수적으로 알아야 할 기본 덕목이 되었다고 해도 과언이 아닐 것이다.

　이 책은 법학을 처음 접하거나 그 기초를 닦고자 하는 사람들을 위하여 쓰인 법학 입문서이다. 어떠한 학문 분야이든지 간에 이를 공부하기 위해서는 그 기초가 튼튼하여야 하는 건 당연하겠지만, 법학에 있어서는 더욱 그러하다고 할 것이다. 그리하여 이 책에서는 법에 대한 기본적 개념의 이해를 돕고 모든 법학 영역에 대한 기초적 지식을 연마할 수 있도록 함으로써 각 분야의 법을 본격적으로 공부할 수 있는 기초적인 법적 사고를 터득하는 데 있어서 조금이나마 도움을 주고자 노력하였다.

　이 책은 크게 전반부의 총론 부분과 후반부의 각론 부분으로 나누어 전공분야의 교수님들이 나누어 집필하였다. 전반부인 총론 부분에는 법의 개념 및 본질과 그 효력, 적용 등 법을 이해하는 데 있어서 기초적인 내용들을 다루는 한편, 법학의 학문적 특성을 설명함으로써 독자들로 하여금 법과 법학의 기본을 이해할 수 있도록 하였다. 그리고 후반부의 각론에서는 헌법·민법·형법을 비롯한 여러 법 분야의 주요 내용들에 대하여 상세하면서도 비교적 쉽게 서술하고자 노력하였고, 이를 통하여 읽는 이로 하여금 법의 전반적 내용들을 두루 섭렵할 수 있도록 하였다.

　저서를 출간할 때마다 여러 가지 미흡함 때문에 두려움이 앞서지만, 이 책은 법학의 입문을 위한 안내서 역할을 하기 위하여 출간되었으므로 법학의 내용을 이해하는 데 도움이 되기를 간절히 바란다. 그리고 이 책의 부족한 점은 독자제현의 지도 편달을 받아 다음 개정판을 낼 때 참고할 것을 약속드린다.

　끝으로 이 책을 출간하면서 바쁘신 중에도 원고를 집필해주신 여러 필자 선생님들과 세심한 배려로서 이 책의 간행을 맡아주신 신지서원 조희선 사장님께 감사를 표하며, 또한 교정작업에 도움을 준 법학과 이범수·최연옥 조교에게도 심심한 사의를 표하고 싶다.

2012년 3월 2일
집필대표 최 문 기

차 례

제1편 총론(總論)

제2편 　각론(各論)

제1장 　헌법(憲法) ·· 67

제1편

총론(總論)

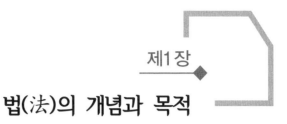

법(法)의 개념과 목적

제 1 절   법의 개념

Ⅰ. 서언

법은 법학을 연구함에 있어서 그 대상이 되는 것이다. 그러나 '법이란 무엇인가?'라는 물음과 관련하여 "법"을 정의하기란 쉽지 않은 일이다. 규범의 역사와 더불어 시작된 이러한 물음에 대하여 여러 학자들이 다양한 각도에서 해답을 제시하였다. 오늘날은 대체로 법(法, 灋)이란 인간의 공동생활을 통제하는 사회적으로 조직된 실력, 특히 국가권력에 의해 담보되는 강제성을 일반적 속성으로 하는 사회적 규범으로 정의되고 있다. 강제성이 있다는 점에서 법은 도덕·종교·관습과 같은 다른 사회규범과 차이가 있다고 설명하기도 한다.

이하에서는 규범으로서의 법이 가지는 특성을 중심으로 법의 개념에 대한 이해, 법의 생성과정(또는 성립기초), 법의 내재적 기본가치, 근대적 의미의 법, 법의 타당성과 실효성, 법과 도덕·종교의 관계를 설명하도록 한다.

Ⅱ. 규범으로서의 법

1. 사회규범과 당위성

흔히 "사회가 있는 곳에 법이 있다(ubi societas ibi jus)"라고 말한다. 법의 기능은 확실히 사람의 행위를 규율하여 사회생활에서 야기될 수 있는 알력과 분쟁을 배제·해결하고 그 질서를 유지하는 데 있다. 그러므로 사회구성원으로서의 인간상을 어떻게 파악하는가와 연결된다. 라드브루흐가 중세의 법은 종교적 인간상에 기초하였고, 근대의 법은 상인으로서의 인간상에 기초하고 있다고 주장한 것은 이러한 맥락에서 이해할 수 있다.

인간은 사회적 동물이다. 또 사회란 인간으로 구성된 공동체라고 할 수 있다. 또한 사회라는 공동체에서 생활하는 인간에게는 그 사회의 질서가 일정하게 유지해줄 수 있는 무엇인가가 필요한데, 이를 규범(規範)이라 한다. 규범이란 사회라는 공동체 구성원들이 그 공동체에서 지켜야 할 행위의 준칙, 즉 기준이 되는 것이다. 법은 이러한 사회규범에 해당하는 것이며, 사회규범은 당위성(當爲性)을 가진다. 그리고 당위성이란 마땅히 그렇게 하거나 또는 그렇게 되어야 할 성질을 의미한다.

규범과 당위성은 만약 규범의 내용에 반하는 사태가 현실적으로 주어졌다는 사실이 발생하더라도 그 지속적 당위성은 상실되지 않는다.

이와 같은 의미에서 필연성(必然性)의 법칙으로서의 자연법칙이 그 내용에 반(反)하는 사태가 단 한번이라도 발생하면 자연법칙으로서의 존재에 종지부를 찍어야 하는 것과는 매우 대조적이다.

2. 규범성

법규범은 규범의 내용에 따라 행위규범·분배규범·조직규범으로 구분된다.

행위규범(行爲規範)은 사회공동체의 구성원에 대하여 "일정한 행위를 해서는 아니 된다"든가, 반대로 "일정한 행위는 행해야 한다"든가, 또는 "할 수 있다"라는 명령이나 허용을 내용으로 한다. 분배규범(分配規範)은 각자에게 그의 몫을 주는 것을 내용으로 하고 있다. 즉, 권리·의무를 정한 규범이다. 조직규범(組織規範)은 국가의 여러 조직, 사회의 여러 조직체의 체계를 정한 규범이다.

사람들이 사회생활을 통해 법의 규범성과 당위성을 가장 강하게 느끼게 되는 것은 행위규범을 내용으로 하는 법률관계인 것이 일반적이다. 여기에서도 행위규범을 중심으로 하여 중요한 관련 문제를 살펴보기로 한다.

법이 규범적이라는 의미는 법이란 현재 존재하는 사실이 어떠한가와는 직접적인 관련이 없다는 것을 말한다. 예컨대, 우리가 살고 있는 세상에서 절도가 수시로 벌어지고 살인이 때때로 발생한다고 하여 절도와 살인을 금지하는 법규범이 무의미한 것은 아니라는 말이다. 오히려 현실이 그렇지 못하기 때문에 법규범은 더욱 그 가치가 인정되는 것일 수도 있다. 규범은 현실의 존재에 구속받기보다 이를 인도하고 지도하는 것이다.

현실의 관행이나 인간의 본능을 이유로 규범의 회피를 주장하는 것은 원칙적으로 법의 정신과는 맞지 않는다. 즉, 뇌물이 관행이 되어있다고 해도 뇌물을 허용하는 규범은 있을 수 없으며, 성욕이 아무리 강력하다 해도 강제적 성폭행이 인정될 수 없는 것이다. 따라서 규범은 인간의 미래지향적 삶의 형식이라 할 수 있다. 인간은 과거의 집적물이면서 동시에 미래를 향해 움직인다. 규범은 바로 그 미래에 대한 지시와 지향을 담고 있는 것이다. 이 때문에 규범은 과거의 현실에 얽매어 있을 수만은 없는 것이다.

3. 실효성

그렇지만 동시에 규범은 현실에 대한 요청이자 명령이다. 현실과 전혀 무관한 규범은 그 자체가 무의미할 수 있다. 즉, 실효성이 전혀 없는 규범은 무효라고 보아야 할 것이다. 규범주의자 켈젠(Hans Kelsen)도 실효성을 법규범의 필요조건으로 인정하는 까닭이 여기에 있다. 사람으로 하여금 하루 25시간 일을 하라는 규범은 그 자체로 무효이다. 또한 아무리 이상적인 법률이라 해도 인간의 실존적 상황이 그에 따라갈 수 없다면 실효성이 결여된 것이고, 법으로서 존중되기 어렵다. 법은 평범한 인간을 대상으로 하는 것이지, 도덕적으로 아주 이상적인 인격을 전제로 하는 것이 아니기 때문이다.

4. 맺으며

규범성과 실효성을 두루 갖춘 법규범은 다시 두 가지 관점에서 인간의 행위를 규제한다. 즉, ① 사전적으로 인간의 행위를 선도하고 통제하는 행위규범의 역할을 한다. ② 사후적으로 그러한 행위규범이 준수되지 않았을 경우, 그에 대한 판정의 척도가 되는 재판규범으로 기능한다. 그러나 법으로서는 이 두 가지 기능 가운데 후자에 보다 비중을 둘 수밖에 없다. 행위의 기준에 대한 다툼이 있을 경우 어떤 재판규범이 작동되는가 하는 것이 결정적인 것이기 때문이다. 나아가 행위의 선도는 법 이전에 사회적 관행이나 도덕률로써도 수행될 수 있으며 법은 행위의 사후적 규제에 보다 중점을 둔다고 할 수 있기 때문이다.

Ⅲ. 법의 형성

1. 법 형성에 대한 이론

가장 원시적인 소박한 상태에서 법이 어떻게 생성되고 형성되었을까? 사회학적·경제학적·정치학적인 여러 가지 관점과 이론이 있겠으나, 여기서 주요한 몇 가지를 소개하기로 한다.

첫째, 법을 이기적인 개인 간의 타협을 위한 산물로 이해하는 입장이 있다.

이기적인 개인이 일정한 원칙 없이 서로 자신의 이익을 탐하는 경우 사회는 혼란에 빠지게 되고, 결국 모든 이들은 커다란 불이익을 감수할 수밖에 없게 된다. 따라서 일정한 법질서를 형성해 놓는 것이 모두에게 이익이 될 수 있다는 것이다. 이러한 이론의 뿌리는 근대 사회계약론에서 발견할 수 있지만, 오늘날 합리적 선택이론이나 게임이론에서 특히 강조되고 있다. 이 이론에서 내세우는 화두는 이른바 '죄수의 딜레마(Prisoner's dilemma)'이다. 간단히 말하자면 서로에 대한 신뢰가 없는 경우에 결국 최소한의 자기 이익을 위한 행동을 취할 수밖에 없고, 결국 전체적으로 보다 큰 손해를 낳게 된다는 것이다. 예컨대, 줄을 서는데 있어서 다른 사람들이 순서를 지킬 것이라는 확신이 없으면 모든 사람들이 자기의 이익을 지키기 위해 새치기에 나설 것이고, 그렇게 되면 결국 전체적으로 큰 불이익이 초래된다는 것이다. 이러한 사태를 방지해 주는 것이 법이다. 물론 사람들이 법을 만들 때 항상 이와 같은 점을 의식하고 움직이는 것은 아니지만, 전체적으로 법의 형성에는 이러한 사회과학적 논리가 반영되어 있다는 주장이다. 결국 법이란 사람들에게 일정한 원칙과 신뢰를 심어 줌으로써 각자의 이익을 안정적으로 추구할 수 있게 해주는 기능을 수행하기 위하여 형성된 것이라고 보는 입장이다.

둘째, 법을 강자의 지배적인 산물로 보는 입장이 있다.

일찍이 소피스트(Sophist)는 법을 강자가 약자를 지배하기 위한 수단이라 보았고, 근대 이후에도 오펜하이머(Franz Oppenheimer), 멩거(Anton Menger) 등에 의해 법률은 지배계급의 이익 질서라고 보았다. 모든 법률질서는 권력관계에서 발생하고 언제나 소수의 권력자가 다수의 민중을 희생시켜 그 이익의 추구를 목적으로 한다는 등 법의 사실적 측면에 적응한 여러 가지 이론도 제기되었다. 이러한 이론은 특히 마르크시즘의 전통에서 강력하게 제기되고 있다. 20세기 마르크스정치학의 완성자라고 할 수 있는 그람시(Antonio Gramsci)는 '지배계급의 도구로서의 법'이라는 마르크스의 이론을 발전시켜 헤게모니론을 정립하였다. 법은 자본가계급의 지배 원리이기는 하지만, 피지배계급의 승인과 타협 속에서 이루어진다는 점을 강조하였다. 다만, 헤게모니가 바로 자본가계급에 있다는 것이다. 그람시는 강자의 지배로서의 법이라는 관념에 지배자와 피지배자의 타협으로서의 법, 그리고 지배계급의 이데올로기에 의한 피지배층의 승인으로서의 법을 추가하였다.

셋째, 법의 성립기초가 사회적인 승인에 있다는 이론이 있다.

마치 언어와 풍속이 그런 것처럼 역사적인 관행에 의해 무의식적으로 형성되며, 자연발생적으로 대중 가운데 생성하고 법규범으로서의 효력을 가지게 되므로 법의 성립은 대중의 법의식 내지 법적 확신에 있다는 이른바 역사법학설도 이러한 이론 중의 하나라고 할 수 있다. 19세기 초반 독일 통일민법전의 제정을 앞에 놓고 역사법설의 창설자인 사비니(Friedrich Carl von Savigny)와 티보(Anton Friedrich Justus Thibaut) 간의 논쟁은 너무나 유명하다. 티보는 민족통일운동의 기운에 즈음하여 「법전필요론」(1814)을 발표하자, 사비니는 「입법과 법학에 대한 우리 시대의 임무에 관하여」(1814)라는 논박문을 발표하였다. 사비니는 법을 언어와 대비하여 법이란 민족의 고유한 성격을 지닌 민족공동의 확신의 소산이며, 우연적으로나 인위적으로 만들어지는 것이 아니라고 하였다. 그리하여 법은 언어와 같이 민족과 더불어 형성되는 것으로, 민족이 그 특질을 상실할 때는 더불어 사멸한다고 하였다. 그는 법전편찬을 매우 긴급한 필요가 있는 경우로만 한정하고, 제정할 때는 종래에 존재해 왔던 (관습)법을 특히 중시해야 한다고 주장하였다.

2. 근대적 의미의 법

근대적 의미의 법은 이른바 민주주의의 법질서, 예컨대 국가의 주권이 국민에게 있고 국가권력의 삼권분립주의나 기본적 인권의 헌법적 선언을 골격으로 하는 법을 말한다. 따라서 근대적 의미의 법이 어떠한 이론적 특색을 가지고 형성되었는지를 알아보는 것은 오늘날의 법을 올바르게 파악하기 위해 매우 중요하다.

1) 근대법 이전의 상황

중세의 국가를 봉건국가·신분국가·봉토국가라고도 한다. 로마교황 또는 신성로마황제를 정신과 육체의 최고권위로 받들고 그 밑으로는 군주, 봉건제후와 가신, 그리고 토지에 결부된 농노로 구성하고, 이들간에는 신분적 주종관계가 움직일 수 없는 하나의 제도로 이루어져 신분과 계급을 낳았다. 이와 같은 중세의 국가사회는 교회의 교리와 지배방식에 의한 교회의 권력체계에 일단 포괄되었다는 점에서 단일성을 인정할 수 있으나, 정치적·경제적 생활의 통일과 집중화·합리화에 있어서는 강력하고 완전한 것이 되지 못했다. 중세의 국가는 그 임무와 기능이 법의 수호를 통한 국가의 존속과 질서유지에 있었고, 오늘날의 행정작용도 포함하고 있었으나, 재판기능이 주된 것이었다.

2) 근대법의 태동

그런데 11세기 말에서 200여 년에 걸친 십자군원정은 ① 봉건군주나 왕의 재정적 파탄을 낳았으며 교황·봉건군주와 상인과의 영합, 원격지 상업이 직접적 원인이 된, 봉쇄적 장원제 농업생산에서 수공업적 생산으로의 발전이 초기자본주의를 대두케 하였고, ② 자연과학적 실험이 발달하게 되었으며, ③ 출판인쇄술의 발달, ④ 화기의 발명 등이 상승작용하면서 중세의 교회적 질서사상은 점차 퇴색하고 세속화하는 데 박차를 가했다. 또한 ⑤ 십자군원정은 교황권의 앙양을 초래한 것도 사실이었으나, 그 실패는 교황에 대한 감정을 냉각시키는 반면에 기나긴 세월에 걸친 원정, 그리고 봉건제후와 기사의 전몰은 상대적으로 군주의 왕권을 강화시켰다.

교황이나 신성로마제국 황제로부터의 종속에서 벗어나고자 군주를 중심으로 한 절대주의 국가가 대두되었다. 절대주의 국가의 본질은 국가권력이 (계몽)군주에 집약되거나 군주주권에 집약된 이른바 정치적 단일성을 내용으로 한다는 데 주된 특색이 있다.

17세기 중세의 범세계적 권력, 즉 교회로부터 프랑스 국가의 독립을 이론적으로 설명하기 위해 보댕(Jean Bodin)은 왕으로서의 지위와 권력은 신으로부터 직접 수여된 것으로, 신에게는 복종하지만 교회나 황제에 복종할 것은 아니라는 것을 '주권'이라는 법적 개념으로 전개하였다.

국가의 본질상 모든 국가는 고유한 권리로서 최고·영속적·절대적·불가분적 권력을 가지고 있으며, 이는 대내적으로는 절대적 최고권이요, 대외적으로는 독립을 의미한다고 하고 이를 국가의 주권이라 부르며 주권 없는 국가는 존재할 수 없다고 하였다. 주권의 대내적 최고·단일성과 대외적인 독립성은 그 권력이 절대적일 때, 즉 군주가 외부로부터 하등의 제약을 받지 않고 군주의 의사만에 의해 지배되고 결정될 때 보증되며, 군주만이 국가권력의 소지자요, 공공의 복리가 무엇을 요구하며 공동의 이익이 무엇인가를 군주나 왕만이 최종적으로 결정할 수 있다고 하였다.

중세 봉건사회의 몰락과 더불어 민족의식이 서서히 정치생활과 종교생활 가운데에서 증대되었음은 사실이다. 그러나 국민감정, 즉 국민에 의한 정치적 감정은 아직 크게 생성되지 못하였거나 미미한 단계에 있었다.

3) 시민계급의 등장

초기 자본주의의 대두는 점차적으로 이른바 시민계급을 탄생시켰다. 시민계급은 절대주의 국가의 경제정책과 문화정책(중상주의와 대중의 사회적 빈곤을 탈피하기 위한 복지정책)에 힘입어 그 현실적 지위가 크게 향상되었으며, 확고한 기반을 구축하게 되었다.

그러나 새롭게 부(富)를 얻기 시작한 신흥시민계급과 재정적 이유 등으로 이루어진 왕과의 단결은 오래 계속되지 못하였다. 왜냐하면 군주의 권력이 시민계급의 이해관계와 희망에 도저히 부합될 수 없었기 때문이다. 시민은 자신의 정치적 지위에 많은 불만을 품기 시작하였다. 개인은 정치적 의식을 가지면 가질수록 국가 내에서의 자신의 보잘것없는 지위와 무력함을 인식하게 되었다. 그리하여 더 이상 개인생활의 모든 영역을 지배·감독하려는 국가나 군주의 우위성과 정치적 권력으로부터의 배제를 참을 수 없다는 시민계급의 의식이 증대됨으로써 ① 국가로부터의 자유, ② 입법·사법·행정에 대한 평등한 참여, ③ 국가권력작용의 예견가능성을 요구하기에 이르렀다. 특히 이 국가로부터의 자유는 국가와 개인이 날카롭게 대립하는 자유와 평등이념에 입각하는 것으로 중세의 국가와 개인 간의 관계가 마치 신체의 동체에 대한 사지와 같은 관계, 전체에 대한 결합적 부분으로만 주어지는 것과는 현격한 차이가 있을 뿐만 아니라 민주주의 법질서의 형성을 위해 매우 중요한 의미를 가지고 있다.

물론 이러한 사회적·정치적 사상의 배경에는 이 밖에도 계몽사상의 영향으로 인한 자아에 대한 각성, 인간의 존엄성, 즉 개인의 인격존중에 대한 인식에도 주어졌다. 이러한 배경에서 자유와 법 앞의 평등을 골자로 한 근대적 의미의 국가관이 확립되었다.

4) 결어

근대적 의미의 법과 국가는 18세기 말엽에 발아한 자연법론을 배경으로 1776년의 미국 버지니아주의 권리선언(Declaration of Rights), 1789년의 프랑스혁명을 통한 인권선언(Eéclaration des l'homme et du citoyen)으로 그 정치적 실재를 얻었으며, 다음과 같은 헌법구조로 구현되었다. 즉 ① 국민주권의 원리를 선언하고, ② 국민의 자유와 평등에 입각한 생존적 권리들이 기본적 권리로서 헌법에 보장되며, ③ 국가권력의 비대함을 경계하고 이로부터 국민의 자유와 권리를 최대한으로 보장하기 위해 국가권력을 입법·사법·행정으로 분립시켜 서로 견제토록 하였으며, 국가권력의 발동을 사전에 예견할 수 있도록 하기 위한 법치주의와 법에 의한 절차(due process of law)를 기본원리로 삼는다.

제 2 절 　법의 목적(이념)

법의 이념이란 법이 법으로서 지향해야 할 가치, 즉 법의 목적이라 할 수 있다. 법적 가치에 대한 문제의 구명은 우리로 하여금 법은 무엇을 위해 주어지며, 무엇에 봉사하기 위해 주어지는가의 문제, 즉 법의 이념과 목적에 대한 문제고찰로 인도한다. 법이 지향하는 이념과 가치는 무엇이며, 이러한 이념이나 가치가 잘못 설정되었을 때 이 법을 과연 법이라 할 수 있을 것인가 하는 물음을 제기할 수 있다.

상대주의적 가치철학의 법이론을 전개한 라드브루흐(G. Radbruch)는 법이 가져야 할 기본적 가치로서 정의와 합목적성, 그리고 법적 안정성의 세 가지를 들고 있다.

Ⅰ. 정의

정의(正義)는 진·선·미가 그러한 것처럼 하나의 절대적 가치이며, 보다 더 높은 어떤 다른 가치로부터 연역되는 가치가 아니라는 점에서 궁극적인 가치라고 하였다. 따라서 법의 목적이나 이념이 이러한 정의에서 출발하고, 법의 개념 전개가 여기에서 시작함은 당연하다.

법의 이념은 사회적 정의의 실현에 있다. 그런데 여기서의 정의는 덕성으로서의 주관적 정의가 아니라 법의 상위에 있는 지도원리로서의 객관적 정의이다.

이러한 정의를 가장 잘 정의(定義)한 사람이 바로 아리스토텔레스(Aristoteles)이다. 그는 정의를 먼저 광의의 정의와 협의의 정의로 구분하였는데, 광의의 정의는 일반적 정의로서 이는 곧 인간 공동생활의 일반 원칙을 준수하는 것이라 하였다. 그리고 그에 의하면 협의의 정의는 특수적 정의로서 이는 다시 평균적 정의와 배분적 정의로 나누어진다. 평균적 정의는 우리의 사법관계에서 쉽게 볼 수 있는 쌍무적 거래처럼 급부(給付)와 반대급부(反對給付)간의 절대적 평등(예컨대, 상품과 대가, 손해와 배상, 책임과 형벌 등)을 의미하는 것이며, 배분적 정의는 다수의 인격을 다루는 데 있어서의 비례적 평등(예컨대, 상이한 수입을 고려한 차별적 과세나 능력에 따른 공무원의 승진 및 성과급제도 등)을 의미하는 것이다.

라드브루흐도 아리스토텔레스처럼 정의를 평균적 정의와 배분적 정의로 구분하고 있다. 그리고 배분적 정의는 다른 말로 "각자에게 그의 몫을"(Jedem das Seine)이라는 원칙으로 표현되는데, 라드부르흐는 이것이 정의의 원형이라 하였다.

이러한 두 종류의 정의를 우리는 형벌이론에서도 볼 수 있다. 만약 절대설의 입장에서 형벌을 응보로 파악한다면 평균적 정의의 작용이다. 즉, 이 입장은 책임과 형벌간의 절대적인 균등을 주장한다. 예컨대, 칸트는 살인한 자는 사형에 처해야 하며, 여기에는 정의를 만족시켜줄 만한 어떠한 다른 대용물도 없다고 하였는데, 이는 "이에는 이, 눈에는 눈"이라고 하는 동해보복(同害報復)의 정의이다.

이에 반해서 상대설의 입장에서 형벌(刑罰)의 본질을 재사회화(사회복귀)로 본다면 이는 배분적 정의의 작용이다. 따라서 형벌의 본질을 장래의 사회적 해악을 막고, 범죄자를 다시 동등한 권리를 가진 사회일원으로 복귀시키기 위한 것으로 이해한다면 모든 살인자가 획일적으로 사형으로 처벌되는 것이 아니라 사회복귀의 가능성에 따라 각기 다른 형벌을 받게 된다.

II. 합목적성

합목적성(合目的性)의 국어사전적 의미는 목적을 실현하는 데 적합한 성질 또는 어떤 사물이 일정한 목적에 적합한 방식으로 존재하는 성질이다. 따라서 법의 이념으로서의 합목적성이란 법이 그 자신의 목적인 정의의 실현을 위해 가져야 할 성질 또는 정의의 실현을 위해 존재해야 하는 방식을 뜻한다고 할 수 있다.

위에서 살펴본 정의의 원리는 법이 어떻게 적용되어야 할 것인가에 대해서는 커다란 방향을 설정해 준다고 할 수 있으나, 배분적 정의의 원칙은 한편으로는 무엇을 어떻게 평등한 것으로 하고 무엇을 평등하지 않은 것으로 취급해야 하는지를 분명히 제시하지 않으며, 오히려 선천적이건 후천적이건 불평등이 이미 확정된 전제 위에서 그 원리가 적용되는 것이다. 따라서 정의의 원리에서 올바른 법의 원칙을 이끌어내기 위해서는 정의는 다른 원칙에 의해서 보충될 필요가 있다. 여기서 법의 두 번째 요소인 합목적성이 요구되는 것이다.

법의 합목적성은 어느 국가의 법질서가 어떠한 표준과 가치관에 의해 구체적으로 제정·실시되는 원리이다. 라드부르흐는 이러한 합목적성을 개인주의, 전체주의(초개인주의), 문화주의(초인격주의) 사이의 선택으로 파악하였다.

이 세 가지 가치는 궁극적으로는 동시에 추구하고 동시에 봉사할 수는 없는 것이다. 예컨대, 인간은 국가사회를 위해 존재하는가, 국가사회가 인간을 위해 존재하는가의 문제를 고려해야 하며, 또한 인간의 생명과 안녕이 보다 깊은 가치가 있는지, 영원한 예술이 보다 깊은 가치가 있는지 생각해 볼 만하다.

예컨대, 헤겔(Hegel)은 국가는 민족생활의 다른 구체적 측면, 즉 예술·도덕·종교·학문의 기초이며 중심으로서 모든 정신생활은 이 결합체를 자각하는 목적만을 가진다고 갈파하였으며, 로망 롤랑(Romain Rolland)은 전쟁으로 인한 예술품의 파괴에 격분하였다. 그런가 하면 하우프트만(G. Hauptmann)은 "루벤스에 영화가 있으라. (중략) 그러나 총탄이 꿰뚫은 한 동포의 피 묻은 가슴에 보다 깊은 슬픔을 느낀다"고 했고, 트라이츠케(Georg Friedrich Tretschke)는 피디아스(Phidias)가 제작한 어느 조각상을 보고 고대의 수백만 노예의 모든 곤궁을 보상함에 족하다고 단언하였다.

라드부르흐는 이에 관해 상대주의의 입장을 취한다.

국가의사가 개인가치의 우위를 결정하면 문화적 가치와 단체가치는 개인가치에 봉사해야 하므로 문화는 개인적 교양의 수단이요, 국가와 법은 개인의 자유와 안녕 및 복지를 보장하기 위한 제도에 지나지 않게 된다.

단체가치에 우위가 주어지면 개인가치와 문화적 가치는 단체가치에 봉사하고, 도덕과 문화는 국가와 법에 봉사해야 한다.

만약 문화적 가치에 우위가 주어지면 개인가치와 단체가치는 문화적 가치에 봉사하게 되고 도덕·법·국가는 문화에 봉사해야 한다.

그러나 이러한 라드부르흐의 주장보다 오히려 최근 영국과 미국의 윤리철학이나 정치철학에서 논의되고 있는 자유주의와 공동체주의간의 대립이 법의 합목적성의 의미를 밝히는 데 더욱 유효하다고 할 수 있다. 자유주의는 개인의 자유와 자율성을 중시하는 이념적 가치로서 공동체보다 개인의 권리, 자유, 이익을 옹호하는 가치관이다. 반면에 공동체주의는 개인의 무조건적인 공동체에 대한 양보라기보다 개인의 가치가 공동체에 의존하고 있으며, 개인적인 자유보다 공동체의 보존이나 공동체적 삶의 터전을 보다 강조함으로써 개인의 자유나 자율성보다 공동체를 중시하는 가치관이라고 할 수 있다.

이 두 가지 가치관에 대하여는 철학자들 사이에서 현재 우리 사회가 어떠한 가치를 더 우선시해야 할 것인가에 대해서 많은 논의가 이루어졌으나, 현대사회의 법체계에서는 대립적인 두 가지의 가치관 중 어느 하나가 사회를 압도적으로 지배하고 있다고 하기보다 각 법영역에서 개별적으로 정착·발전되었다고 할 수 있다. 예컨대, 민법의 기본원리인 계약자유의 원칙은 개인주의적 자유주의의 가치관념에 근거를 두는 반면, 20세기에 형성·발전된 사회보장법 등은 공동체주의적 가치관에 근거를 둔다고 할 수 있을 것이다.

III. 법적 안정성

법은 사회 공동체의 질서이므로 무엇이 법인가가 확정되어야 하고, 이와 같이 확정된 법을 관철할 수 있는 능력있는 지위에 의해 확립되어야 한다. 여기에서 사회질서와 평화를 구현하는 법적 안정성이라는 요소가 법에 내재하는 세 번째 기본가치로 주어지게 된다.

법적 안정성(安定性)이란 사회생활이 법에 의해 안정되게 보호 또는 보장받고 있는 상태, 또는 사람들이 법의 권위를 믿고 안심하고 행동할 수 있는 상태를 말한다.

법은 법 자체의 안정성과 사회질서의 안정성을 요구한다. 법의 안정성이 보장되면 사회질서의 안정도 보장되는 것이 원칙이다. 왜냐하면 법이란 행위규범이자 재판규범이기 때문에 자주 변경되어서는 국민이 행동의 지침을 잃게 될 것이고, 사회도 안정될 수 없기 때문이다. 따라서 법의 제정과 개정은 신중히 이루어져야 한다.

어떤 사실이 계속되는 경우 법적 안정성의 원칙에 따라 그 상태를 인정하여 기존 사실화하는 경우도 있다. 소멸시효·취득시효·선의취득 등도 법적 안정성을 위한 것이다. 범죄를 저지른 뒤에 일정한 기간이 지나면 공소시효에 걸려 공소제기를 할 수 없으며, 형의 선고를 받은 사람도 일정기간 집행되지 않으면 처벌할 수 없다. 소유권의 경우에도 20년간 소유의 의사로 선의·무과실하게 점유하면 시효로 소유권을 취득하게 된다. 이와 같은 것들은 모두 법적 안정성을 유지하기 위한 것이다.

법적 안정성이 갖추어지기 위해서는 ① 법이 명확해야 하고, ② 법이 함부로 변경되는 일이 없어야 하며, ③ 법의 내용이 실현가능해야 하고, ④ 법의 내용이 국민의 법의식과 합치되어야 한다. 역사적으로 보면 법적 안정성의 이념은 소크라테스가 "악법도 법"이라 하며 독배를 마신 경우나 독일의 나치에 의한 법률적 불법의 강제처럼 부정적 형태로 표출되기도 하였다.

Ⅳ. 세 가지 이념의 상호관계

법이 법으로서 가치를 갖기 위해서는 위에서 제시한 세 가지 법의 이념이 서로 조화를 이루어야 하지만, 때로는 상호 충돌·모순·갈등이 생기는 경우가 있다. 정의가 합목적성에 의해 상대적이나마 구체적으로 지시·실현되고 정의가 법적 안정성에 의해 담보되는 반면, 객관적인 사회정세의 변화에 따라서는 합목적성의 상극을 유발하고 신질서의 요구는 이미 내려진 정의의 수정을 요구함으로써 이 3자간에는 이른바 서로가 반발하는 긴장관계가 성립할 수 있다.

법의 이념들이 서로 충돌하게 될 때 어떤 목적을 우선할 것인가가 문제되는데, 이는 시대와 국가의 가치관에 따라 결정될 수밖에 없는 것이다. 예컨대, 자연법을 중시하는 시대에는 정의가, 경찰국가시대에는 합목적성이, 법실증주의의 시대에는 법적 안정성이 법의 최고 목적이 되었던 것이다. 결국 정의와 합목적성, 그리고 법적 안정성은 서로 추구하는 바가 다르기 때문에 서로 모순된다고 하더라도 법이 추구할 당위적 목표이므로 이들 상호간에 조화를 이루도록 하는 것이 법의 이념인 동시에 법이 추구해야 할 과제라고 할 수 있다.

제3절 법과 다른 사회규범과의 관계

Ⅰ. 서언

인간을 사회적 동물이라 하듯이 사람은 본성적으로 고립된 채 혼자 살 수 없는 존재이고, 다른 사람과 더불어 사회에서 함께 삶을 영위하는 사회적 존재이다. 사람은 가족과 같은 혈연관계에서 시작하여 지역·정치·문화 등과 관련한 각종 모임이나 단체에 소속하여 생활을 영위하게 된다. 이러한 사람들의 집단은 그것이 크든 작든 간에 사회라고 할 수 있으며, 사람들은 사회를 떠나서 살 수 없다.

그런데 사회는 고정적인 단순한 사람들의 집단이 아니고, 사회문화가 고도화·복잡화됨에 따라 사회도 점점 복잡·다양화되고 있다. 따라서 복잡한 사회를 질서있게 유지하기 위해서는 반드시 사람들의 행위를 통제·규제할 수 있는 규칙들을 형성하게 되고, 사람들은 이 규칙에 따라야 한다. 이처럼 사회구성원이 사회적 행위를 함에 있어서 일정한 때와 장소에 따라 해야 할 것과 하지 말아야 할 것 등의 행위규범을 '사회규범'이라 한다. 사회를 규율하는 사회규범에는 법규범 외에도 정치규범·관습규범·종교규범·도덕규범 등이 있다.

문화가 발달하지 못한 미개사회에서는 이 모든 사회규범이 미분화상태에 머물렀다. 그러나 사회가 발달함에 따라 법과 다른 사회규범이 분화되었고, 특히 법은 국가권력과 결탁하여 독립된 사회생활의 규범으로 되었다. 법이 다른 사회규범과 차이점이 있다 하더라도 완전히 독립된 것이라 할 수 없고 서로 밀접한 관련이 있기 때문에 절대적인 구별은 어렵다. 따라서 법을 올바르게 이해하기 위해서는 각 사회규범이 지닌 특성을 비교하는 동시에 상호 연관성을 검토할 필요성이 있는 것이다.

Ⅱ. 법과 도덕의 관계

1. 도덕의 의의

고대사회에서는 법과 도덕(道德), 종교(宗敎)의 구별이 없었다. 우리나라의 씨족사회에서는 법과 종교, 도덕이 분화되지 않고 일체화되어 있어서 사회를 통제하는 힘은 종교적 색체가 농후한 주술적인 규범이었고, '토테미즘'의 금기(禁忌) 그 자체였다고 할 수 있다. 대부분의 자연법론자들은 '자연법은 실정법을 초월한 영구불변의 인륜지대도(人倫之大道)'라 하여 법과 도덕을 일원적으로 이해하였다. 따라서 법은 궁극적으로 도덕의 기준에 합치될 때 비로소 법의 효력을 갖는 것으로 이해하였다.

그러나 근세에 이르러 사회가 점점 발달하고 복잡해짐에 따라 법과 도덕, 종교를 구별하게 되었다. 예컨대, 토마지우스(Christian Thomasius)는 "윤리와 도덕은 인간의 양심에 내면적 평화를 주는 것이고, 법은 다른 사람에 대한 관계를 통제하고 공동생활의 질서를 세우는 것이며, 도덕은 의지의 내적 과정에 관한 것이고 법은 행위의 외적 과정에 관한 것"이라 하여 법과 도덕을 구별하였다. 칸트(Immanuel Kant)도 "내면성·외면성이라는 내용적인 기본보다 합리성과 도덕성을 구별하여 법은 동기여하와는 상관없이 법칙에 일치하는 합법성으로 만족하고, 도덕은 법칙에 따른 의무감이 행위의 동기가 되는 것"이라 하여 법과 도덕을 구별하였다.

그런데 법과 도덕은 다 같이 사회생활의 규범으로서 양자는 밀접한 관계를 가지며 사회생활의 질서를 유지해 나가고 있다. 예컨대, "타인의 물건을 훔치지 말라" 또는 "살인하지 말라"는 인간의 행위기준은 도덕의 요청인 동시에 법의 명령이므로, 법과 도덕은 밀접한 관련과 유사점이 있는 것이다.

2. 법과 도덕의 구별

1) 법의 외면성과 도덕의 내면성

법은 인간의 외면적 행위를 규율하고, 도덕은 인간의 내면적·정신적 의사를 규율하는 것으로 양자를 이해하였다. 이 견해에 의하면 사람을 살해하려는 내심의 의사가 있다고 하더라도 이것이 외면적 행위로 나타나지 않는 한 법에 위반되지 않는 것이므로 처벌할 수는 없다. 그러나 '인간의 행위는 주관적인 의사와 결부하는 범위 내에서 성립하는 인간의 태도'이므로 인간의 외면적 행위도 내면적 의사와 분리할 수 없을 만큼 밀접한 관계가 있다. 결국 법도 인간의 외면적 행위뿐만 아니라 내면적 의사까지 규율한다고 이해해야 한다. 가령 형법상의 범죄는 원칙적으로 범죄를 실행할 고의가 있는 경우에만 처벌하고 있는 것을 보더라도 사람의 내면적 의사가 중요한 기준이 되고 있음을 알 수 있다. 따라서 법과 도덕을 외면성(外面性)과 내면성(內面性)을 기준으로 구별한다는 것은 한계가 있다.

2) 법의 타율성과 도덕의 자율성

법은 외부적인 힘을 요인으로 하는 타율성을 본질로 하는 것이고, 도덕은 양심에 기초한 자율을 그 본질로 하는 것으로 이해한다. 이 견해에 의하면 법은 외부적 강제에 의해서 그 효력이 보장되지만, 도덕은 행위자의 내부적 양심이나 의무의식에서 비롯된다. 그러나 법적 의무도 자신이 의욕을 가지고 실행한다면 자율성(自律性)을 부정할 수 없을 것이고, 도덕도 그 실효성을 가지려면 타율성을 부정할 수 없을 것이다. 따라서 법이나 도덕 모두 외부에서 강요되며, 그 실효성은 타율성(他律性)에 의해서 보장되는 성격이 있기 때문에 이 구별 역시 타당성을 결여하고 있다고 보아야 한다.

3) 법의 양면성과 도덕의 일면성

법은 권리와 의무, 채권과 채무와 같은 서로 대립하는 양면성(兩面性)을 규율하는 것이지만, 도덕은 권리는 없고 의무만 있는 일면성(一面性)을 대상으로 하는 것으로 이해한다. 그러나 법도 친권과 같이 권리는 없고 의무만 규정한 것이 있기 때문에 양면성과 일면성을 가지고 법과 도덕을 구별한다는 것은 타당성이 적다.

4) 법의 강제성과 도덕의 비강제성

법은 강제성이 있어서 이를 위반하는 사람에 대해서는 국가권력에 기초한 제재가 가해지지만, 도덕은 이를 위반한 사람에 대하여 사회적·일반적 비난이 가해져 강제될 뿐이고 조직화된 국가권력에 기초한 제재가 가해지지 않는 것으로 이해한다.

그러나 법에도 프로그램적 규정이나 자연채무 등과 같이 국가의 강제성(强制性)을 수반하지 않는 것이 있고, 도덕도 그 위반에 따른 사회적 비난을 우려하여 그것을 준수하는 것이라면 전혀 강제성이 없다고는 단정할 수 없다. 강제력의 유무에 따라 법과 도덕을 구별하는 것이 현재의 통설로 되어 있으나, 이 구별 역시 절대적으로 타당하다고는 말할 수 없다.

5) 법의 현실성과 도덕의 이상성

법은 일반인이 가지고 있는 현실성(現實性)을 그 대상으로 하지만, 도덕은 사회평균이 가지기 어려운 이상성(理想性)을 그 대상으로 삼는 것으로 이해한다. 그러나 법의 경우에도 교육기본법 제2조에서 교육이념을 '홍익인간'으로 규정한 것처럼 이상성을 추구하는 경우도 있고, 도덕의 경우에도 교통도덕이나 공중도덕처럼 사회일반인이 행할 수 있는 정도의 현실성을 대상으로 하는 것이 있다. 따라서 이상성의 유무를 가지고 법과 도덕을 구별한다는 것도 한계가 있다.

3. 법과 도덕의 관계

이상에서 살펴본 바와 같이 이론상 법과 도덕을 구별할 수 있는 것이지만, 양자는 다 같이 사회생활을 규율하는 사회규범의 역할을 하고 있고 그 내용에 있어서 중복되거나 상호 밀접한 관련성을 가지고 있다고 보아야 한다.

첫째, 법과 도덕은 그 내용에 있어서 상당부분 중복된다. 즉, 도덕의 내용 중에서 그 내용을 강제할 필요가 있는 것은 법으로 전환되기 때문에 그 내용에 대해서는 법과 도덕에 모두 중복된다고 할 수 있다. 이러한 법과 도덕의 관계를 옐리네크(Georg Jellinek)는 "법은 도덕의 최소한"이라 하였다. 예컨대, 빌린 물건의 반환을 명한다든가 부부간의 협력부조를 규정한 민법의 규정들은 도덕의 내용을 강제할 필요가 있어 법에 규정한 것이라 볼 수 있다.

둘째, 법과 도덕은 그 가치가 서로 합치되는 경우가 있다. 예컨대, 신의성실의 원칙이나 권리남용금지의 원칙을 규정한 민법규정과 보통살인죄보다 형(刑)을 가중하는 존속살해죄를 규정한 형법규정은 그 가치에 있어서 법과 도덕이 동일한 것이다.

이와 같이 법과 도덕은 모두 사회생활을 규율하는 규범으로서 공공의 질서와 선량한 풍속을 유지하려는 공통된 목적이 있고, 법은 도덕을 바탕으로 삼으며, 도덕규범을 형성한다고 할 수 있으므로 양자는 상호의존 내지 보완관계에 있다고 할 수 있다. 따라서 법은 도덕을 바탕으로 할 때 그 타당성이 강력해지는 것이며, 도덕적 지지를 받지 못하는 법은 악법으로서 가치와 타당성 및 존립기초가 빈약하다고 할 수 있다. 결국 도덕성을 지나치게 강조한 나머지 실정법을 배척하는 태도나 합법성만 지나치게 강조하여 도덕적인 측면을 경시하는 태도는 바람직하다고 할 수 없다.

Ⅲ. 법과 관습의 관계

1. 관습의 의의

관습(慣習)이란 일정한 사회에서 일정한 행위가 다수인에 의해서 계속적으로 반복됨으로써 다수인이 그것에 따라 행동하지 않으면 안 된다고 하는 의식을 발생토록 하는 사회규범을 말한다. 관습은 일반사회의 관행에 의해서 형성된 것이므로 이를 준수해야 한다는 사회구성원의 의식이 강하게 작용한다. 따라서 관습은 무의식적으로 발생된 사회생활의 준칙으로서 현실적이고 실제적이나, 다른 사회규범보다 이상성이 희박한 사회규범이라고 할 수 있다.

원시사회에서 인간은 단지 자기가 속한 집단에서 자아의식이나 독립적인 판단 없이 단순한 모방에 따라 행동하였기 때문에 관습이 가장 중요한 사회규범이었다. 그러나 사회의 발전에 따라 미분화되었던 관습이 다른 사회규범으로부터 분리하게 되었다. 역사적으로 보면 사회관행이 관습을 형성하였고, 관습의 상당부분이 법규범으로 수용된 사실을 알 수 있다.

2. 법과 관습의 구별

법과 관습은 인간의 외면적 사회생활을 규율하는 사회규범이라는 점에서 유사성을 지녔지만, 그 성립의 기초·효력·적용범위 등에서 상당부분 차이가 있다.

첫째, 법과 관습은 그 성립 기초에 차이가 있다. 법이 국가권력에 기초하여 성립된 사회규범인 데 반하여, 관습은 다수인의 비조직적인 사회에서 임의적이고 자발적인 사회관행에 의해 성립된 것이다.

둘째, 법과 관습은 효력에서 차이가 있다. 법은 국가권력에 의해 강제적으로 실현되는데 반하여, 관습은 국가권력에 의해 강제되는 것이 없고 법에 의해 효력이 보장되는 경우도 없다.

셋째, 법과 관습은 그 적용범위에 차이가 있다. 즉, 법은 대개 국가사회 전체의 규범이지만 관습은 일반적으로 부분사회에서만 적용되고 그 타당성을 인정받게 된다.

그러나 이러한 기준에 의한 법과 관습의 구별은 절대적일 수 없고 구별할 수 없는 영역이 상당부분 존재하기 때문에 양자의 명확한 구별은 사실상 불가능하다.

3. 법과 관습의 관계

법과 관습은 이론상 구별할 수 있는 개념이지만, 양자는 서로 밀접한 관련을 가지면서 사회생활을 규율하고 있다.

첫째, 법과 관습은 일정부분 융화(融和)된다. 예컨대, 관습도 사회생활의 질서유지를 위해 중요한 기능을 할 수 있는 것으로 구성원간에 확신이 성립되면 법의 내용으로 흡수되어 국가권력에 의해 강제될 수 있고 관습이 국가의 승인을 얻으면 불문법인 관습법이 되기 때문에 법과 관습은 융화된다.

둘째, 관습은 실정법에서도 일정한 요건을 갖추기만 하면 법률행위의 해석기준이 된다. 예컨대, 민법 제106조에서는 "법령 중의 선량한 풍속 기타 사회질서에 관계없는 규정과 다른 관습이 있는 경우에 당사자의 의사가 명확하지 아니한 때에는 그 관습에 의한다"라고 하여 관습이 법률행위의 해석기준이 됨을 명시하였고, 성문법에 대한 보충적 효력을 인정하고 있다.

Ⅳ. 법과 종교의 관계

1. 종교의 의의

종교(宗敎)는 초인격적인 신(神)을 대상으로 하고, 인간의 개인적·내심적 신앙을 기초로 하여 영혼구원을 목적으로 한다. 영혼구원을 목적으로 하는 종교 역시 신도들이 신앙생활을 하면서 지켜야 할 계율(戒律)이 존재하여 신도들의 행위를 규율하고 있기 때문에 사회규범이라 할 수 있다. 즉, 종교는 자기의 죄와 무력함을 자각한 인류가 신의 존재를 본능적으로 인식하고 이를 신앙하는 데에서 존재하는 내재적 규범이라고 할 수 있다.

원시사회에서는 제정일치(祭政一致)의 사상이 지배하였으므로 법과 종교가 분리되지 않은 상태로 존재하였고, 중세 서구에서는 기독교 사상이 지배하면서 법이 종교에 흡수되어 교회법이라는 종교적인 계율이 국가사회를 지배하였다. 그러나 근세 이후 교회가 세속화됨에 따라 정치와 종교가 분리되자 교회법은 종교 내부만 규율하게 되었고 법은 국가법만을 의미하게 되었다. 오늘날에는 국교를 인정하여 종교에 정치를 흡수하여 종교가 국가사회를 규율하고 있는 몇몇 국가도 있으나, 대부분의 국가에서는 국교를 인정하지 않고 종교는 단지 신도의 신앙생활만을 규제하는 규범으로 정착되었다.

2. 법과 종교의 구별

신앙의 자유를 보장하는 국가에서 법과 종교는 다음과 같은 기준에 따라 구별된다.

첫째, 법은 질서유지를 위한 강제규범인데 반하여, 종교는 현실을 초월한 신앙적인 규범으로서 강제성이 없다.

둘째, 법은 국가권력에 의해 그 실현이 보장되는데 반하여, 종교는 개인의 의식 속에 있기 때문에 비록 종교상의 계율을 위반하였더라도 종교상 속죄의 대상이 될지언정 그 계율의 위반을 이유로 국가권력이 발동되는 경우는 없다.

3. 법과 종교의 관계

법과 종교는 이론상 차원을 달리하며 구별될 수 있는 것이지만, 그 내용을 보면 법규범의 내용과 일정부분 동일한 것이 상당수 존재한다. 예컨대, '살인하지 말라', '간음하지 말라'라는 종교상의 계율이 형법에도 규정되어 있어 그 내용에서 종교규범과 법규범이 동일하다. 이처럼 종교규범이 법에 흡수되어 국가권력에 의해서 강제될 때 이는 종교규범인 동시에 법규범이 된다. 법과 종교는 규율대상과 차원을 달리하는 사회규범이라 할 수 있으나, 양자 모두 사회정의나 평화를 실현하려는 공통목적을 가지고 있기 때문에 이들 규범간의 조화가 필요하다.

V. 법과 기타 사회규범의 관계

1. 법과 정치의 관계

법은 강제력을 가진 사회규범이고 그 강제력은 조직화된 국가권력에 의해 실현된다. 이러한 법의 강제력은 사회질서의 유지 및 사회정의를 실현하기 위해 필요한 것이다. 이에 대하여 정치는 사회집단 내부에서의 상호 대립하는 모순과 투쟁을 지양하고 사회공동생활의 질서를 유지하려고 하는 조직적인 활동이다.

민주주의 국가에서는 '법의 지배(rule of law)' 원리에 의해 정치도 법에 종속되어 있다고 볼 수 있지만 사실상 양자의 관계에서 법은 정치(政治)를 전제로 하고 정치는 법을 통해 국가의사를 실현하기 때문에 정치는 법을 형성하고 집행하는 데 많은 영향을 미치고 있다.

예컨대, 법을 제정하는 입법과정은 정치과정 그 자체라고 할 수 있는 것이지만, 의회민주주의에서 법의 형성에 있어서 그 주역은 의회이고 그 구성원인 의원은 정당에 소속되어 있기 때문에 정치가 법의 형성에 많은 영향력을 행사하고 있는 것이다. 그리고 사법부 독립의 원칙에 의해 사법과정은 정치적 요소의 배제가 형식상 보장되어 있는 것이지만, 정치적 사법과정에 직·간접적으로 영향을 미치고 있는 것이다. 이처럼 법치국가에서도 정치적 요인은 법에 의해서 승인되어야 하기 때문에 법과 정치는 상호작용하는 순환의 과정을 밟게 된다.

2. 법과 경제의 관계

법치사회와 자본주의 경제사회에 소속되어 생활하는 한, 사람은 법률생활을 하는 동시에 경제생활을 할 수밖에 없으므로 법과 경제(經濟)는 서로 밀접한 관련을 맺을 수밖에 없다. 즉 법은 공동생활의 준칙이고, 공동생활을 함에 있어서는 경제생활이 그 중요 부분을 차지하는 것이 사실이기 때문에 경제가 법의 규범구조에 많은 영향을 미치고 있음을 부인할 수 없으며, 경제생활의 정상적인 영위를 위해서는 법규범의 규율을 절대적으로 필요로 한다. 따라서 법과 경제는 많은 부분에서 경제관계가 법규범의 내용을 이루고 있는 경우가 많다. 특히 최근 경제법이나 재산법 분야에서는 경제관계 내지 경제상황이 중요한 영향을 미치고 있다. 이처럼 법과 경제는 직접 관련되지 않는 경우도 있지만, 상당부분에서 불가분의 관계를 맺고 있다.

제 4 절 법 계

Ⅰ. 법계(法系)의 개념

법은 그 국가나 민족의 정치적 사회적 특성에 고유한 법문화를 창조하여 왔으며, 한 국가의 법문화는 다른 민족 또는 국가에 영향을 주며 서로 교류하고 융합하면서 상호 공통된 특색을 가진 하나의 법문화권을 형성하게 된다. 여기서 인종·민족·문명권·국가에 기초를 둔 법질서의 계통을 법계라 한다.

일반적으로 법계는 한 국가의 법(母法)이 다른 민족이나 국가의 법으로 계수되면서 계통을 형성하게 된다. 친족법과 같은 풍속적·윤리적인 법제를 제외한 기술적·이론적인 법제는 공통된 색채가 짙으므로, 어느 나라나 민족 안에서 발달된 법규범이 다른 나라나 민족에게 계수되기 쉽다. 갑국(甲國)의 법제도가 을국(乙國)에 계수된 법을 계수법이라 하며, 이 경우 갑국을 모법국(母法國), 을국을 자법국(子法國)이라 한다. 그리고 을국(乙國)법은 갑국(甲國)법의 계통에 속하는 것으로 취급되기 때문에 법계가 생기는데, 법계는 입법과 법의 해석에 있어서 비교법적 고찰을 하는 데 중요하다.

영국법이 미국법이나 영연방국법에 계수되어 영미법계를 형성하는 것이나, 고대 로마법이 독일법과 프랑스법과 융합되어 대륙법계를 형성하게 된 것이 그 예이다. 로마법이 유럽 대륙에서 보통법으로 계수되어 근대의 대륙 여러 법전으로서 발전하고, 또 영법이 스스로 근대화를 수행하여 영미법계를 형성하는 경우도 있다. 법계 속에 존재하는 합리성과 시대 적응성이 있었기 때문에 한 국가의 흥망성쇠에 좌우되지 않고 법적 계통을 유지할 수 있는 것이 아닌가 생각한다.

Ⅱ. 법계(法系)의 분류

근대법에 영향을 미친 대표적인 법계는 서구적인 대륙법계와 영미법계이다. 양 법계는 민족성과 역사 그리고 사회제도를 달리하는 국가의 특성으로 말미암아 법의 존재형식과 법운용에 있어서 대조적인 면을 보이고 있다.

대륙법계는 로마법을 계수한 유럽 대륙법의 계통이며, 개인주의나 성문법주의 등이 그 특색이다. 이 법계는 다시 프랑스법계·독일법계·사회주의법계 등으로 나누어진다. 영미법계는 영국법이 미국에 계수된 법계이며, 판례법주의를 취하는 것이 특색이다. 오스트레일리아·남아프리카공화국 등 영국의 식민지였던 나라들이 이 법계에 속한다.

1. 영미법계(英美法系, 코먼로법계)

1) 개념 및 특색

영미법계는 독일·프랑스 등 유럽 대륙의 대륙법(大陸法)과 대립된 개념으로 영국과 그 연방 또는 자치령, 그리고 미국 등지에서 실용적인 판례법을 위주로 하는 게르만법 체계를 도입한 법을 말한다. 넓은 뜻으로는 코먼 로(common law)를 가리킬 때도 있어, 보통법 혹은 일반법이라 부른다.

같은 게르만법에서 유래하였으면서도 앵글로색슨 부족법에 기원하는 영법이 대륙법만큼 로마법의 영향을 받지 아니하고 보존되었으며 또 미국법으로서 현저히 발전하였으므로 영미법은 앵글로색슨법이라고도 불린다. 미국, 캐나다, 호주, 뉴질랜드 등 여러 국가로 퍼져나갔다.

대륙과 같은 정치적 격변기를 거치지 않아 일관성있게 영국의 전통에 뿌리 깊은 불문법이 형성되었다(역사주의적). 그래서 영미법은 역사적 계속성, 곧 혁명이나 법전편찬 등에 따른 법의 발달에 단층(斷層)이 없는 특색이 있다.

2) 형성 및 발전배경

영국은 섬나라로 앵글로색슨족의 고유제도를 기초로 로마법의 영향을 직접 받은 유럽대륙과 다른 독자적인 제도를 형성해 갔다. 예를 들어 순회판사 제도를 만들었는데 순회판사는 전국을 돌아다니며 재판을 하고, 일정 시기에 모두 모여 판례를 교환했다. 제대로 성문법이 존재하지 않던 시기에, 이 판례들은 바로 법으로 효력을 가지게 되었고, 이것이 영국법의 시초이다. 영국법은 20세기까지 영국이 세계 초강대국으로 군림하던 시절에 많은 식민지 국가로 확산되었다. 코먼 로의 형성과 발전에 로마게르만법계 학자들의 이론은 큰 영향을 주지 못하였다.

한편 미국은 영국법을 계수하기는 하였으나, 독립 후에 독자적인 발달을 이루어, 현재는 영국법과 미국법 사이에 많은 차이점을 나타내고 있다.

3) 특징

법의 지배원칙, 자유주의적 법제도 발전, 배심제도, 공사법 일원화, 소송절차, 법학교육, 판례법주의를 특색으로 한다. 법관들이 법실무에서 개인간의 분쟁을 해결하는 판결을 통하여 판례법을 형성하는 것이 특징이다. 법의 발견과 법적 추리가 중요하다.

추상적인 일반법의 제정보다는 구체적인 분쟁소송에서 해결책을 주는 데 중점을 두고 있다. 그리고 소송절차, 증거절차 등에 관련된 절차법규가 실체법규 이상으로 중요하다. 코먼 로는 원래 왕권과 연결되어 왕국의 평화가 위협되거나 기타 왕권의 개입이 요구되는 경우에 발달하여 왔기 때문에 공법적 특성을 가진다.

2. 대륙법계 (大陸法系, 로마게르만법계)

1) 개념

주로 유럽 대륙에서 시행되고 있었기 때문에 대륙법계라는 표현을 쓴다. 대륙법계는 영미법과 대립하는 말로 독일, 프랑스, 오스트리아, 스위스 등에서 출발한 법과 이와 같은 법개념을 계수한 중국, 한국, 일본 등지에서 채택되고 있는 법개념으로서, 관념적이고 사변적이면서 실정법을 위주로 하는 로마법체계를 수입한 법 또는 법체계라고 표현된다.

로마법과 게르만법을 기초로 발달하여 온 법계이다. 로마법은 시민관계를 규율하기 위한 법으로 도시법과 상법을 중심으로 개인주의적 관점이 중요하였다. 게르만법은 민중법·농촌법·농민법과 같이 관습법주의와 단체주의의 관점이 중요하였다.

법학자의 역할이 중요하며, 시민간의 관계를 규율하기 위한 사법이 발달하였다.

2) 발전

12세기 유럽대륙에서 유스티니아누스 황제가 편찬한 '시민법대전'을 기초로 연구하면서 특히 이탈리아 볼로냐대학의 주석학파에 의하여 로마법연구가 유럽대륙에 광범위하게 전파되었다. 로마법을 주축으로 게르만의 관습이 많이 포함된 관습법을 첨가하는 것으로 형성되었다.

독일 민법전과 프랑스 나폴레옹 법전이 대표적이다. 프랑스(개인주의적, 의사주의적)의 법문화는 이탈리아, 벨기에, 룩셈부르크, 스페인, 포르투갈로 계수되었고, 독일(단체주의적, 형식주의적)의 법문화가 스위스, 네델란드, 스웨덴, 노르웨이, 덴마크로 계수되었다.

3) 특징

성문법주의, 논리성이 우수하고 공사법을 구분하고 있다. 19세기부터 국가공권력의 관념을 도출하여 사법이론과 다른 공법이론을 발전시켰다.

법의 추상적인 규범화와 체계화가 잘 되어 있다. 법을 연역적으로 접근하여 구체적으로 문제를 해결함으로써 법해석학이 발달하였다. 따라서 법의 발전에 법학자의 역할이 중요하다.

3. 대륙법계와 영미법계의 비교

구분	영미법	대륙법
존재형식	불문법	성문법
위헌법률심사	일반사법기관	헌법재판소
법에 대한 접근	개개의 사건에 대해 형성된 판례 중심	성문의 법전 중심으로 논리적 분석
	법의 발견과 법적 추론이 중요	법조문의 해석이 중요
	법관의 역할(판례)	법학자의 역할(해석)
	공사법구분 없음	공사법구분 있고, 사법 중심
	배심원제도	없음
	역사주의적 접근방식	판덱텐체계
	귀납법	연역법

Ⅲ. 법계(法系)간의 교섭

오랜 세월을 지나는 동안 대륙법계와 영미법계 사이에는 많은 접촉이 있었고, 그 결과 법계 상호간에 서로 영향을 주고받게 되었다. 모두 그리스도교 윤리의 영향을 크게 받았으며, 르네상스 이후에는 개인주의와 인권개념이 깊이 침투되었다. 영미법계에서 성문법 제정을 하기도 하고, 대륙법계에서 판례에 구속력을 간접적으로 인정하는 경우 등이 그것이다. 1980년 국제물품매매계약에 관한 공동협약, 국제상사계약의 원칙(1994), 유럽 계약법 원칙(1998)등은 대륙법계와 영미법계의 타협과 절충의 산물이다.

Ⅳ. 결론

현재 전 세계의 국가들은 그들만의 법체계를 구축하여 적용하고 있기에, 어느 하나의 법계의 특성만이 나타나는 국가는 찾아보기 어렵다. 영미법계와 대륙법계의 특성 중 어느 법계의 특성이 더 강하게 나타나고 있는가의 문제로 바로보아야 할 것이다. 근대 법체계가 완비되지 못한 후진국에서는 선진국의 발달된 법제도를 통해 짧은 시일 안에 근대적 법체계를 수용하는 방법이 효과적이므로 대체로 성문법주의를 수용하였다. 선진화된 법문화와 이론은 물이 높은 곳에서 낮은 곳으로 흐르듯 세계로 퍼져나가며 '법계'를 형성하고 있다.

우리나라의 법은 원래 대륙법 계통에 속하였으나, 최근에 영미법 특히 미국법에서 많은 영향을 받으면서 개정되고 있기 때문에 법의 체계가 매우 복잡하고 다양화되었다. 우리나라의 법을 통일적으로 모순 없이 해석하고 적용해나가는 것이 지금 우리나라 법조계나 법률가에 부과된 큰 과제이다.

제 5 절   법   원

Ⅰ. 법원(法源)의 의의

법원 또는 법의 연원(Rechtsquellen, sources of law)이라는 용어는 매우 다의적이다. 우리가 법을 어떻게 인식할 수 있는가의 측면에서 법의 존재형식이라는 형식적 의미로서 이해되기도 하며, 법의 규범력이 어디에서 유래하는가의 측면에서 법을 제정하는 원동력(신, 군주, 시민 등)이라는 경험적 또는 인식론적 의미로 이해되기도 하고, 법이라는 규범의 정당성이 인정되기 위한 근본이유가 어디에 있는가의 측면에서 법이 유래하는 원천(신의 뜻, 인간의 본성 등)이라는 철학적 의미로 사용되기도 한다.

여기서는 법원을 법의 존재형식, 즉 법의 발현형식이라는 의미로 한정하여 설명하기로 한다. 법의 존재형식으로서 법원은 성문법과 불문법으로 구분할 수 있다.

Ⅱ. 성문법

1. 성문법의 의의

성문법(成文法, geschriebenes Recht, written law)이란 입법자에 의해 문장으로 표현되어 일

정한 형식과 절차에 따라 제정·공포된 법을 말한다. 이러한 의미에서 성문법은 형식적인 제정절차를 거쳐 형성되므로 제정법(Gesetz, statute)이라고도 한다. 성문법은 정도에 차이는 있지만 일반조항적·추상적 문장으로 이루어져 있으며, 또한 고정화되기 때문에 개정이나 폐지를 위해서는 일정한 절차를 필요로 한다.

이처럼 성문법은 엄격한 절차를 통해서 제정되기 때문에 법률의 통일적 정비, 법적 안정성의 확보, 법률내용의 명확성 등의 장점을 갖는다. 반면에 성문법은 한 번 제정되면 이를 개정하기 위해 복잡한 절차를 거쳐야 하므로 법률내용의 경직화, 유동적인 사회의 변화에 대한 부적응 등의 단점이 있다.

이러한 성문법에 속하는 발현형식으로 헌법·법률·명령·자치법규·조약이 있다.

2. 헌법

헌법(憲法)은 국가의 기본적인 통치조직과 작용, 그리고 국민의 자유와 권리에 관하여 정한 법을 말한다. 이처럼 헌법은 국가의 기본을 정하는 것으로서 국가의 최고규범, 이른바 규범 중의 규범 또는 근본법이라고 한다.

한 국가의 모든 법질서는 헌법을 정점으로 하여 단계적으로 구성되는바, 헌법 아래에 법률과 조약이, 그 아래에 명령이, 그 아래에 조례와 규칙, 판결 및 행정처분이 있다.

이와 같은 헌법은 주권자인 헌법제정권력에 의해 제정 또는 개정되며, 다른 법의 존재근거가 된다. 이러한 의미에서 헌법을 수권규범이라고도 한다. 그리고 다른 법이 헌법에 위반되면 효력이 부정된다. 따라서 헌법은 다른 모든 법에 대하여 최상위의 효력을 가진다.

3. 법률

법률(法律)이란 입법기관인 국회의 의결에 의해 제정되는 법규범을 의미하며(헌법 제40조, 제52조, 제89조), 일반적으로 법이라고 할 때는 이러한 법률을 의미하는 것으로 이해할 수 있다. 또한 법치주의라고 할 때도 바로 이러한 법률을 의미한다. 즉, 국민의 자유와 권리를 제한하는 경우 또는 새로운 의무를 부과하는 때는 반드시 입법기관인 국회가 정한 형식적 의미의 법률에 의해야 한다(헌법 제37조 제2항).

이처럼 법률은 입법기관이 국회에 의해 제정되는 것으로서 형식적으로 헌법보다는 하위에 있는 것이지만, 명령이나 자치법규보다는 상위에 위치하는 규범이므로 법률의 내용이 헌법에 위반되는 때는 그 한도에서 효력이 부정되고, 법률에 위반되는 명령과 자치법규도 그 효력이 부정된다. 특별히 헌법이 법률로써 정할 것을 요구하고 있는 사항들이 있는데, 이를 입법사항 또는 법률사항이라고 한다(헌법 제38조).

법률로서 효력을 갖기 위해서는 ① 법률안 제출권자인 국회의원이나 정부가 헌법이 정하는 바에 따라 법률안을 제출하고(헌법 제52조), ② 제출된 법률안에 대하여 헌법 또는 법률에 특별한 규정이 없는 한 재적의원 과반수의 출석과 출석의원 과반수의 찬성으로 의결되어야 하며(헌법 제49조, 국회법 제102조), ③ 의결된 법률안은 정부에 이송되어 15일 이내에 대통령이 이를 공포하여야 하며, 특별한 규정이 없는 한 공포한 날로부터 20일을 경과함으로써 효력이 발생한다(헌법 제53조).

4. 명령

명령(命令)이란 권한 있는 행정기관이 제정한 헌법과 법률의 하위에 있는 법규범을 말한다. 그러므로 명령에 의해 법률을 개정하거나 폐지하는 것은 허용되지 않는다. 이러한 명령을 제정할 수 있는 기관은 대통령, 국무총리 그리고 각부의 장관 등이며, 이들이 발령한 명령을 각각 대통령령, 총리령 및 부령이라 한다.

명령은 그 내용에 따라 계엄에 의한 특별조치(헌법 제77조), 긴급명령(동법 제76조), 위임명령과 집행명령(동법 제75조)으로 나누어진다. 이 가운데 위임명령이란 법률이 구체적으로 범위를 정하여 위임한 사항에 대하여 발하는 명령으로서 이는 입법사항에 대하여 규정한다. 그리고 집행명령이란 법률을 집행하는 데 필요한 절차를 규정하기 위해 행정기관이 발하는 명령이다. 집행명령은 보통 시행령(施行令) 또는 시행세칙(施行細則)이라는 명칭으로 발하여진다.

5. 자치법규

자치법규(自治法規)란 지방자치단체가 자치입법권에 의해 제정하는 법규를 말한다. 이러한 자치법규는 자치단체의 지위에 따라, 즉 자치법규의 제정주체에 따라 광역단체의 자치법규와 기초단체의 자치법규로 나누어지는데, 이때 전자가 후자의 상위규범이 된다. 물론 자치법규는 법률이나 명령의 하위규범이므로 어떠한 경우에도 법률이나 명령의 내용에 위배되어서는 안 된다. 그리고 자치법규는 다시 조례와 규칙으로 나누어지는바, 조례(條例)란 법령의 범위 안에서 자치단체가 지방의회의 의결을 거쳐 제정하는 자치법규를 말하며(지방자치법 제15조), 규칙(規則)이란 지방자치단체의 장이 제정하는 자치법규를 말한다(동법 제16조).

6. 조약과 국제법규

조약(條約)이란 국제법상의 주체인 국가간의 합의에 의해 정해지는 국제법규로서 국제법의 중요한 법원을 말한다. 다만, 조약에는 조약이라는 용어 외에도 협약·협정·협정서·의정서·각서 등 다양한 명칭이 사용되고 있으며, 이러한 조약은 여러 나라 사이에 체결된 것(일반조약)과 두 나라 사이에서 체계된 것(특별조약)이 있다.

조약의 국내법적 효력과 관련하여 다툼이 있다. 즉, 조약은 제정절차가 국내법과 다르며 그 내용이 국내법과 충돌할 때 어느 것이 우선적인지의 문제가 제기된다. 그러나 국가의 의사는 단일불가분이라 해석되므로 해당 조약이 유효하게 성립되고, 일정한 절차를 거치면 국내법적으로도 효력을 갖는 것으로 이해할 수 있다. 우리 헌법도 국회의 동의를 얻어 대통령이 이를 비준·공포하면 그 조약은 일반적으로 승인된 국제법규와 더불어 국내법과 같은 효력을 가진다(헌법 제6조 제1항)고 규정하고 있다.

Ⅲ. 불문법

1. 불문법의 의의

불문법(不文法, ungeschriebenes Recht, unwritten law)이란 국가의 입법기관에 의해 제정된 법이 아닌 법을 말한다. 불문법에는 관습법·판례법·조리 등이 있다.

2. 관습법

1) 관습법의 의의

관습법(慣習法, Gewohnheitsrecht)이란 사회 내에서 자연발생적으로 형성된 관습이 국가에 의해 법으로 인정받은 규범을 말한다. 이때 관습이란 사회에서 동일한 행위가 반복되면 하나의 관행이 되고, 이러한 관행이 오랫동안 반복되어 사회적으로 받아들여져 하나의 관습이 된다. 그리고 관습이 국가에 의해 질서유지를 위해 법으로 승인되면 관습법이 되는 것이다. 다만, 형법영역에서는 죄형법정주의의 원칙상 관습법을 근거로 형사처벌하는 것은 허용되지 않는다.

2) 관습법의 성립기초

관습이 어떻게 법으로서 효력을 갖는지에 대하여 다툼이 있다. 즉, 어떠한 관행이 장기간 반복되면 그 관행이 관습법이 된다는 관행설(E. Zitelmann), 사회의 다수인이 그 관습을 법이라고 확신하면 관습법이 된다는 법적 확신설(F. K. von Savigny), 그리고 국가가 어떠한 관습을 법으로 승인함으로써 관습법이 된다는 국가승인설(A. Lasson, K. Binding)이 그것이다.

관습법은 일반인 다수가 어떤 관행에 따르는 것이 권리 또는 의무라고 확신할 때,

즉 관습을 법이라고 확신할 때에 성립한다는 견해로 다른 학설에 비하여 넓은 지지를 받고 있다.

3) 관습법의 효력

관습법의 효력과 관련하여 성문법과 사실인 관습의 관계, 그리고 관습법과 성문법의 관계, 이에 따른 관습법과 사실인 관습에 관한 문제이다.

먼저, 사실인 관습과 관습법은 상대적인 관계에 있다. 일반적으로 관습법은 하나의 법원으로 인정이 되지만 사실인 관습은 그렇지 못하다. 그러나 우리 민법 제106조는 사실인 관습과 관련하여 "법령 중의 선량한 풍속 기타 사회질서에 관계없는 규정과 다른 관습이 있는 경우에 당사자의 의사가 명확하지 아니한 때에는 그 관습에 의한다"고 규정하고 있다. 이에 따르면 사실인 관습은 선량한 풍속 기타 사회질서와 관계있는 강행규정에 위반되는 경우에는 효력이 인정되지 못하지만, 선량한 풍속 기타 사회질서와 관계없는 임의규정보다 우선한다.

한편, 우리 민법 제1조에 따르면 관습법은 원칙적으로 성문법 규정이 없는 사항에 관해서만 보충적 효력을 인정하고 있다. 물론 성문법이 그 규정내용과 다른 관습법을 인정하는 경우에는 관습법이 성문법을 개폐하는 변경적 효력도 인정이 된다.

이와 관련하여 관습법과 사실인 관습과의 관계가 문제될 수 있다. 민법 제1조에 의하면 관습법은 원칙적으로 성문법, 즉 강행규정 및 임의규정이 없는 사항에 관해서만 보충적 효력이 인정되는 반면, 사실인 관습은 강행규정에는 위반될 수 없지만 임의규정보다 상위 규정으로 이해되기 때문이다. 따라서 사실인 관습이 관습법보다 상위 규범으로 인정된다고 볼 수 있는 여지가 있다. 그러나 사실인 관습이 국가로부터 승인을 받은 것이 관습법이므로 관습법은 사실인 관습보다 상위 규범으로 이해해야 할 것이다. 따라서 사실인 관습이 임의규정을 개폐할 수 있는 효력이 인정되므로 관습법 역시 임의규정보다 상위 규범으로 이해하는 것이 타당하다. 다시 말해서 선량한 풍속 기타 사회질서와 관계있는 강행규범의 효력이 가장 상위에 있으며, 그 다음에 관습법, 사실인 관습, 그리고 마지막에 선량한 풍속 기타 사회질서와 관계없는 임의규정이 위치한다.

참고로 상사에 관하여는 상법 제1조에 "상사에 관하여 본법에 규정이 없으면 상관습법에 의하고 상관습법이 없으면 민법의 규정에 의한다"고 규정하여 상관습법을 민법에 우선한다. 또한 민법 제185조는 "물권은 법률 또는 관습법에 의하는 외에는 임의로 창설하지 못한다"고 규정하고 있다.

3. 판례법

판례법(判例法, Fallrecht, Case law)이란 일정한 법률문제에 대하여 동일한 취지의 판결이

반복됨으로써 판례가 법원으로 인정되는 불문법을 말한다. 판례법은 법원에 의해 형성
된다는 점에서 관습법의 특수한 형태에 해당한다.

영미법계에서는 상급법원이 내린 판결은 동일한 법률문제에 대하여 하급법원을 구
속한다. 즉, 보통법(Common Law), 형평법(Equity)으로 지칭되는 판례법이 1차적인 법원으
로 되는 판례법주의를 채택하고 있다. 그러나 대륙법계에서는 성문법주의를 채택하고
있기 때문에 판례의 구속력이 인정되지 않는 것이 원칙이다. 다만, 대륙법계 국가에 있
어서도 하급법원은 상급법원의 판례를 따르지 않으면 파기당할 위험이 있기 때문에 사
실상 상급법원의 판결은 구속력을 가진다. 특히 우리나라는 법원조직법 제8조에서 상급
법원 재판에서의 판단은 그 사건에 관하여 하급심을 기속한다고 규정하고 있다. 그럼에
도 불구하고 판례는 구체적 사건에 대하여 법률을 적용한 결과에 지나지 않으며, 하급
심 또는 대법원도 종래의 판결을 변경할 수 있으므로, 대륙법계에 있어서 판례의 법원
성을 인정하기는 곤란하다고 하겠다.

4. 조리

조리(條理) 또는 사물의 본성(Natur der Sache)이란 사람의 합리적이고 정당한 이성에
의해 판단될 수 있는 자연의 이치이자 사회통념에 의해 판단되는 사물의 자연적 이치를
말한다. 조리는 공서양속, 신의성실, 정의형평, 사회통념, 사회상규 또는 이익형량 등의
용어로 표현된다. 이러한 조리는 가장 넓게는 자연법과 동일한 의미로 사용되어 실정법
의 존립근거 내지 그 가치척도를 의미하기도 하지만, 통상적으로는 실정법의 흠결을 보
충하는 재판상의 기준을 의미한다.

조리를 법원으로 인정할 수 있는지 여부에 대하여 논란이 있다. 즉, 조리가 문제가
되는 것은 재판에서 실정법규의 흠결로 인하여 재판이 불가능하게 되었을 때이며, 실정
법규의 흠결이 있다고 하여 재판을 거부할 수 없으므로 법관은 최종적으로 조리를 근거
로 재판을 해야 한다. 이처럼 조리가 당해 재판에 적용되었다고 해서 일반적 법규성을
갖는 것은 아니라고 해야 한다. 다만, 판결의 구속력에 의해 동일한 내용의 조리가 반복
적으로 적용될 수 있으며, 이는 관습법이나 성문법으로 수용될 수 있을 것이다.

이러한 조리는 실정법규의 흠결이 있는 경우에 재판의 기준이 된다(민법 제1조). 다만,
형벌법규의 흠결이 있는 경우에는 죄형법정주의 원칙에 따라 무죄가 선고되어야 한다.

제 6 절   법의 체계와 분류

법은 어떤 기준에 따라 다양한 분류가 가능하다. 국가의 권한있는 기관에 의하여 제정되었는가의 여부에 따라 실정법과 자연법으로 분류할 수 있으며, 법의 존재형식이 어떠한가에 따라 성문법과 불문법으로, 법의 효력이 미치는 범위에 따라 국내법과 국제법 등으로 분류할 수 있는 것이다. 인간생활을 규율하는 법이란 단순히 법규정의 집합체가 아니라 법규범의 통일체로 이루어지는데, 이를 법의 체계(Legal system, Rechtssytem)라고 한다. 법을 체계적으로 구성하고 이해함으로써 해석과 적용의 통일성을 기할 수 있으며, 법의 통일적 발전을 기대할 수 있기 때문이다. 이에 따라 법학 역시 체계적으로 구성되어 있다. 이러한 법의 체계와 관련하여 대체로 실정법과 자연법, 공법과 사법 및 사회법, 국내법과 국제법의 구별문제를 중심으로 설명하고자 한다. 성문법과 불문법의 분류방법은 법원(法源)의 부분에서 설명한 바와 같다.

Ⅰ. 실정법과 자연법

1. 실정법

실정법(實定法, Geltendes Gesetz)은 실증적으로 정립된 법을 말하며, 특정한 시대와 사회에서 효력을 지닌 성문법을 말한다. 성문의 법에 근거를 두고 주어지는 불문의 법인 관습법(Ungeschriebenes Recht) 또는 해석론상 다툼은 있지만, 이른바 판례법(Case law, Judicial precedents)도 여기에 속한다. 그리고 실정법은 헌법을 정점으로 하여 단계적 구조를 가지고 하나의 전체로서의 법질서를 형성한다.

2. 자연법

자연법(自然法, Naturrecht)은 어떻게 정의될까? 자연법의 개념은 매우 다의적으로 전개되었으며, 벨첼(Hans Welzel)의 설명에 의할 때 그 '자연'의 뜻도 다음의 세 가지로 분류된다. 즉 하나는 신의 본성을, 다른 하나는 인간의 본성을, 마지막으로는 사물의 본성이다.

자연법은 언제나 올바르고, 불변의 것이며, 자명하다는 점을 특성으로 한다. 자연법은 또한 법으로 하여금 법이 되게 하는 법의 본질에 대한 문제를 추구해 왔다. 자연법에 대한 요구가 대체로 일관하였는가의 문제는 역사적으로 제정된 구체적인 법에 종종 흠결이 있어서 완전하지 못하였다는 것과 무관하지 않다. 환언하면 실정법 자체가 완전하고 불변한 것이 될 수가 없었기 때문에 법률을 초월하는 고차원의 법, 법률을 바로잡을 수 있는 것으로서의 초실정법, 영구적으로 올바른 질서로서의 자연법을 구하는 데 활력

소로 작용해 왔다. 그리하여 자연법에 대한 문제는 법에 대한 근본적이 반성이나 성찰이 요구되는 곳에서는 언제나 끊임없이 일어나는 문제임을 누구도 부인할 수가 없다고 지적한다.

II. 공법과 사법, 그리고 사회법

1. 공법과 사법의 구별

법을 분류하는 데 가장 전통적이고 대표적인 것은 공법(公法)과 사법(私法)의 구별이다. 로마법은 일찍부터 법을 공법과 사법으로 구별하여 체계화하였으며, 이에 따라 법학은 오늘날에 있어서도 무엇을 기준으로 공법과 사법을 구별할 것인지에 관하여 다양한 논의들이 계속되고 있다.

첫째, 법이 보호하는 법익을 기준으로 하여 공익보호를 목적으로 하는 법을 공법, 사익의 보호를 목적으로 하는 법을 사법으로 구별하는 이익설이 있다. 그러나 공익과 사익의 구별이 명확하지 않을 뿐만 아니라 국가의 거의 모든 법은 공익과 동시에 사익을 보호하고 있다는 점에서 비판이 제기된다.

둘째, 법률관계의 주체를 기준으로, 국가 기타 공법인이 법률관계의 주체가 되는 법을 공법, 사인 상호간의 관계를 규율하는 법으로 구별하는 주체설이 있다. 이 견해에 대하여는 국가나 기타 공법인에 대하여 사법인과 다른 취급을 하는 이유가 명확치 않다는 비판이 제기된다.

셋째, 법률관계의 성질을 기준으로, 권력─복종의 관계, 즉 종적이고 수직적인 생활관계를 규율하는 법을 공법, 사인간의 평등─대등관계, 즉 횡적이고 수평적인 생활관계를 규율하는 법을 사법으로 구별하는 법률관계설이 있다. 이 견해에 대하여 국제법은 공법임에도 국가간의 평등한 관계를 규율하는 법이며, 민법의 친족관계는 사법임에도 평등─대등한 관계로 볼 수 없다는 점에서 비판이 제기된다.

넷째, 인간의 생활관계를 기준으로, 인간의 국가생활관계를 규율하는 법을 공법, 사회생활관계를 규율하는 법을 사법으로 구별하는 생활관계설이 있다. 이러한 생활관계설이 오늘날의 통설이다. 즉, 공법은 국가권력이 직접 지배하고 규제하는 공적이며 또한 정치적 생활관계에 관한 법인 반면, 사법은 사적자치의 원칙이 용인되는 사적·경제적 또는 가족적 생활관계에 관한 법이라는 것이다.

이와 같은 공법과 사법에 관한 구별은 일반적으로는 인간의 생활관계를 기준으로 삼지만, 구체적으로는 개개의 법률관계의 성질에 따라 결정될 수 있는 것이다. 즉 상법은 일반적으로 사법으로 분류되지만, 상법 규정 가운데 회사의 해산명령이나 회사의 임원에 대한 처벌규정은 공법이라고 보아야 한다.

2. 사회법의 등장

원래 공법과 사법을 구별한 이유는 소송을 합리적으로 수행하기 위한 것이었으며, 이러한 공법과 사법의 구별이 중요하게 다루어진 것은 산업혁명 이후 자본주의가 형성된 18~19세기의 개인주의·자유주의 사회경제체제 아래서이다. 이러한 경제체제 아래서 국가의 개입은 최소한으로 축소되었고, 개인의 사적자치가 최대한 인정되었으며, 이에 따라 계약자유의 원칙, 소유권절대의 원칙, 과실책임의 원칙으로 표현되는 근대 시민법의 원리가 형성되었다. 그러나 자본주의가 고도화되면서 자본의 인간지배와 같은 다양한 사회병리현상이 나타나게 되었으며, 이에 따라 전통적인 시민법원리에 대한 수정이 가해졌다. 즉, 국가가 다시금 개인의 사적자치영역에 개입하여 소유권의 공공성 강화, 계약자유의 원칙에 대한 제한 및 무과실책임의 인정 등과 같은 규제를 가했던바, 이를 소위 사법의 공법화현상이라 한다.

이상과 같이 대다수의 개인은 국가의 후견에 의해 사회적 생존이 가능해졌으므로 국가로부터의 자유가 국가에 의한 자유로 변천하였으며, 사회복지국가를 이념으로 하여 기업과 근로자의 이해관계 조절, 소유와 이용의 조화, 독점기업의 횡포억제를 위한 새로운 법률이 등장하였는데, 이를 사회법(社會法)이라 한다. 사회법에는 같은 조건의 최저기준을 정하는 근로기준법을 비롯한 각종 노동관계법률, 경제생활을 통제하는 독점금지법을 비롯한 각종 경제법률과 각종 사회보장법 등이 있다.

이러한 사회법의 등장으로 전통적인 공법과 사법의 구별은 더욱 어려워졌으며, 오늘날에는 법의 체계를 공법과 사법, 그리고 사회법으로 구분하는 것이 일반적이다.

Ⅲ. 국내법과 국제법

국내법(國內法)이란 한 국가에 의해 인정되어 그 국가에서 적용되는 국가와 국민 또는 국민 상호간의 권리·의무관계를 규율하는 법을 말한다. 반면에 국제법(國際法)이란 국가간(두 국가 또는 다수국가)에 인정된 법으로서 국제사회에 통용되는 국가 상호간의 권리·의무관계 및 국제기구에 관한 법을 말한다. 이러한 국내법과 국제법의 상호관계, 즉 이들을 일원적으로 볼 것인지, 아니면 이원적으로 볼 것인지가 문제된다. 이원적으로 볼 경우에 어느 법이 우위에 있는지에 대하여 이론이 대립하고 있다.

이 경우 주의해야 할 것은 국제법이란 국제공법(國際公法)을 의미하며, 국제사법은 국제법에 속하지 않고 국내법에 속한다는 점이다. 즉, 국제사법(國際私法)이란 한 국가 안에서 국민과 외국인 사이의 법률관계를 정함에 있어 자국법(自國法)을 적용할 것인지, 외국인의 본국법(本國法)을 적용할 것인지를 정하는 법을 말한다.

Ⅳ. 실체법과 절차법

법은 그 내용으로 하는 사항을 기준으로 실체법(實體法)과 절차법(節次法)으로 구분된다. 즉, 권리 및 의무의 성질·내용·종류·주체·발생·변경·소멸 등과 같이 실체적 사항을 규정하는 법이 실체법이며, 민법·상법·형법 등이 이에 해당한다. 반면에 절차법은 실체법상의 권리·의무관계를 실현시키기 위한 방법과 절차에 관한 사항을 규정하는 법을 말하며, 민사소송법·형사소송법·행정절차법 등이 이에 해당한다.

제 7 절 법의 효력

Ⅰ. 서언

법은 본질적으로 규범이면서 동시에 사실에 입각한 규범이고, 또한 사실이 규범화한 것이다. 법은 사회생활을 규율하는 규범이므로 법의 생명은 이것이 현실사회에서 실현되는 데 있다. 현실사회를 외면한 법은 죽은 법이고, 현실사회에서 타당성을 가진 법만이 살아있는 법인 것이다. 그러나 사실이 규범화된 것이 법이라 하더라도 법규범이 항상 실현된다고 할 수는 없다. 그렇다고 해서 사실상 실현되지 않는 법규범은 규범성을 잃는다고 단정해서도 안 된다. 사회에서 실현되든 그렇지 않은 간에 법에는 '그 규범을 지켜야 한다'는 당위(當爲, sollen)가 내재한다. 이것이 법의 실정성이며, 법의 효력(效力, validity of law)이다. 즉, 법의 효력이란 법이 구속력을 가지고 사회생활을 규율하는 힘을 말한다.

이러한 법의 효력은 다시 법이 현실사회에서 타당하고 실효성을 가지는 근거인 실질적 효력과 실정법이 시간적·공간적·인적으로 한정된 범위 안에서 효력을 갖게 되는 형식적 효력으로 구별된다.

Ⅱ. 법의 실질적 효력

법이 현실생활에서 실질적으로 실현되기 위해서는 타당성과 실효성을 지녀야 한다.

법규범은, 예컨대 "계약은 준수되어야 한다", "사람을 죽이지 말라", "타인의 재물을 훔치지 말라", "각자에게 그의 몫을 주라"고 요구·명령한다. 법은 법으로서 현실적으로 정립되었을 때 이 법의 지시에 따른 사회생활의 영위를 명령하는데, 이와 같이 법의 실정에 기초한 규범적 구속력을 법의 타당성이라 한다. 법의 실효성은 구속성을 지닌 이러한 규범의 내용에 대한 복종을 통해 현실생활에 구체적으로 타당해짐으로써 그대로 반영되는 것을 의미한다. 결국 법의 타당성은 실효성을 담보하고, 법의 실효성은 법의 타당성을 보증한다고 볼 수 있다.

1. 법의 타당성

법의 타당성(妥當性)이란 행위규범으로서 법이 사실로서 실현되지 않으면 안 된다는 요구, 즉 당위성을 말한다. 행위규범으로서의 법은 사람에게 명령이나 금지의 형식을 통해 행위의 준칙을 제공한다. 그러나 현실적으로 이러한 명령이나 금지는 늘 지켜지는 것이 아니라 침해되거나 무시되기도 하므로 행위규범으로서 법이 요구하는 것은 현실적으로 그 규정이 실현되어야 한다는 점이다.

이처럼 법 자체가 실현되어야 한다는 당위성의 요구가 바로 법의 타당성이다. 즉, 법의 타당성이란 법규내용의 정당성·합리성·보편타당성을 말하는 것이다. 따라서 법의 타당성 문제는 결국 법의 정의문제 또는 법의 근거문제와 직결된다. 법의 효력으로서 타당성만 강조하게 되면 악법은 법으로서의 효력을 가질 수 없고, 이러한 악법에 대항하는 저항권이 인정된다.

2. 법의 실효성

법의 실효성(實效性)이란 법관을 수범자로 하는 강제규범으로서의 법이 국가권력(공권력)에 의해 규범의 의미·내용대로 현실적으로 실현되는 상태를 말한다. 즉, 구체적으로 일정한 작위나 부작위를 명령·금지하는 행위규범에 위반한 사실이 현실적으로 발생하면 그 위반자에 대하여 그 행위의 효력을 인정하지 않거나 손해를 배상하게 하거나 형벌을 가하거나 강제집행을 하여 강제규범을 적용·실현시키는 것을 말한다. 요컨대 법의 실효성이란 강제규범으로서 법규범이 조직적인 공권력에 의해 실현되는 상태를 말한다. 따라서 원칙적으로 법의 실현은 국가권력(공권력)에 의해야 한다. 다만, 특별한 경우에는 정당방위·긴급피난·자력구제가 예외적으로 허용되는 경우가 있다. 법의 실효성을 강조하는 입장에서는 강제력을 수반하지 않거나 벌칙 등의 조항이 없는 법은 실질적으로 법이라고 볼 수 없다는 결론에 도달하게 된다.

3. 양자의 관계

법이 현실사회에서 실질적으로 효력을 갖기 위해서는 타당성과 실효성을 가져야 하며, 이 중 어느 한 가지를 갖추지 못해도 법의 효력이 있다고 할 수 없다. 법은 우선 수범자로 하여금 법이 규율하는 바에 따라 행위할 것을 요구한다. 이는 규범적인 타당성에 의한 것이다. 그러나 아무리 규범적인 타당성을 갖는 법이라 할지라도 사실상 지켜지지 않는다고 하면 사문화되어 법의 형식만 있을 뿐 내용이 없는 것이 되어 진정한 의미에서의 법이라 할 수 없는 것이다. 이렇게 양자는 본질적으로 다른 것임에도 불구하고 법의 규범적 타당성과 형식적인 실효성은 상호불가분의 관계로, 결합되어야만 실질적 효력을 가질 수 있다.

4. 악법(惡法)은 법인가? (생각해 볼 문제)

1) 소크라테스와 악법

'악법이 법인가'의 문제는 보통 소크라테스의 명제로 언급된다. 소크라테스는 고대 그리스의 실천적 지식인으로서 당시 집권세력에 의해 '청소년선동죄'와 '불경죄'로 기소되어 결국 사형선고를 받았다. 소크라테스는 자신의 정당성에 대하여 확신하였다. 하지만 탈옥을 권유하는 친구의 권유를 뿌리치고 담담하게 독배를 마셨다. 이러한 그의 행위는 악법도 법이라는 명제로 이해되었다. 그러나 그의 죽음은 단지 악법도 법인 이상 무조건 지켜야 한다는 단순한 의미로 이해될 수는 없으며, 법사상적 의미는 다음과 같은 차원에서 이해될 수 있다고 한다.

첫째, 보은사상(報恩思想)이다. 소크라테스는 평생을 아테네에서 무난히 살아왔고, 큰 명예도 누렸다. 그는 이런 조국에 대하여 감사하는 마음을 가지고 있었다. 그는 국가를 어버이로 비유하면서 그 은혜를 말하고 있다. 따라서 그동안의 은혜를 생각할 때 국가가 자신을 해치려고 한다고 국가를 배신할 수는 없었다는 것이다. 물론 국가가 그에게 남을 해치도록 하는 명령을 내린 경우라면 사정은 달라진다. 이는 그 자신도 말하고 있다.

둘째, 법적 안정성의 사상이다. 법적 안정성은 질서유지와 법적 결정의 존중을 요구한다. 이러한 법적 안정성의 사상이 바로 "악법도 법"이라는 말을 낳도록 한 것이다. 그러나 우선 주의할 점은 소크라테스가 법적 안정성의 목적만으로 악법을 준수한 것은 아니라는 사실이다. 그러나 자신에 대한 유죄판결이 이미 내려진 이상 존중되어야 한다는 생각은 하고 있었다. 바로 절차적 정당성 때문이었다. 당시 그에게 내려진 사형판결은 소수의 사람이 밀실에서 만들어낸 판결이 아니었다. 그 판결은 당시의 인민재판식 배심제에 의해 공개적으로, 그리고 적법한 절차를 밟아서 내려진 결정이었다. 따라서 그 상태에서 악법의 거부는 법절차의 형식성까지 부정하는 부담을 안게 되는 것이었다.

셋째, 자기책임의 원리이다. 소크라테스는 당시 아테네 최고의 지성인이자 정신적 지도자를 자처하였다. 그는 시민들과 끊임없이 토론을 하였으며, 그들의 무지를 일깨우고자 노력하였다. 이는 그 재판에서도 마찬가지였다. 그는 수백명의 배심원들을 상대로 자신의 철학을 설교하였다. 따라서 그에 대한 유죄판결은 아테네 시민의 다수가 그를 또는 그의 사상을 거부한 것으로 이해되는 것이다. 이런 마당에 소크라테스가 "너희들이 틀리고 내가 옳으니까 나는 유죄판결에 동의할 수 없다"라고 주장할 수 있었을까? 소크라테스의 악법준수의 가장 큰 이유는 바로 이러한 자기책임의 원리, 즉 당시 아테네의 스승을 자처하고 시민들의 무지를 일깨우는 것을 사명으로 생각한 그의 설득이 실패한 데 대한 자기책임에서 찾아야 할 것이다.

2) 시민불복종

오늘날 악법에 대한 대표적인 문제는 시민불복종(Civil disobedience)이다. 우선 시민불복종의 개념에 대하여 자세히 알 필요가 있다. 시민불복종은 공개적으로, 그리고 집단적으로, 그리고 공익을 위해 특정의 법규를 의식적으로 위반하여 그 법규의 부당성을 알리고 법의 시정을 요구하는 행위이다. 법체제 자체에 대한 거부라기보다는 상징적이고 의식적인 법률위반이다. 이는 정부의 권위는 기본적으로 존중한다는 점에서 저항권의 행사와 구분되고, 국가전체 법질서에 대한 저항은 더더욱 아니라는 점에서 혁명과도 구분된다. 그러나 단지 개인적으로 법의 집행을 거부하는 양심적 거부는 아니며, 공개적 또는 집단적으로 악법의 시정을 요구하는 것이다. 한편 시민불복종이 단지 개인적 이익을 수호하기 위한 저항인 집단적 압력행위와도 다르다. 시민불복종의 범주에 포함되기 위해서는 개인적 이해관계를 떠나서 공적인 이익을 위한 활동이어야 한다.

그런데 법치국가에서 과연 이와 같은 시민불복종이 허용될 수 있는지, 이것이 국민들의 권리로서 인정될 수 있는지는 논란거리이다. 실정법을 절대적으로 중시하는 엄격한 법실증주의자들은 시민불복종은 단지 법규위반행위일 뿐, 하등 법적으로 고려할 가치가 없다고 말한다. 위헌법률심판제도나 청원제도, 그리고 각종의 합법적인 항의방법이 있고, 이러한 절차 외의 불복종은 인정될 수 없다고 본다.

반면에 자연법론자들은 법실증주의자들의 실정법 만능주의를 비판하여 시민불복종운동을 시민의 기본적인 인권으로 승인한다. 이들은 법의 권위가 공식적인 법의 제정절차에서 나오기보다 인간의 근원적인 도덕적 확신과 영원한 정의의 원리에서 연유한다고 본다. 극단적인 자연법론자들은 실정법적 절차들의 권위를 전혀 인정하지 않을 수도 있으나, 실제로 이런 주장을 펼치는 이들은 없다. 대부분의 자연법론자들은 실정법의 권위를 긍정한다. 단, 실정법적 경로를 통해서 악법의 시정이 불가능할 경우, 그리고 이러한 악법이 인간과 사회에 중대한 피해를 주는 제도를 형성할 때 시민불복종은 인간의 기본적 인권으로서 정당하게 행사될 수 있다고 본다.

Ⅲ. 법의 형식적 효력

1. 법의 시간적 효력

법의 시간적 효력은 법에 관한 효력의 시간적 범위를 말하는바, 법의 효력이 언제까지 미치느냐 하는 시기와 종기의 문제 및 법률불소급의 원칙과의 관계가 문제된다.

1) 법의 효력발생시기

법은 시행일로부터 폐지하는 날까지 효력을 가지며, 그 기간을 시행기간이라 한다. 법은 그 시행기간 동안 발생한 사항에 대해서만 효력을 갖는 것이 원칙이다. 법의 시행과 공포는 엄연히 다르다. 즉 법의 공포는 관보에 게재하여 국민에게 알리는 것을 말하고, 법의 시행은 법이 효력을 발생하는 것을 말한다. 이처럼 공포일과 시행일 사이에 시간적 여유를 두는 것은 국민으로 하여금 법제정의 취지 및 내용을 알게 함으로써 법의 실효성을 확보하고자 하는 것이다. 이 기간을 주지기간이라 부른다.

그런데 실무상으로는 그 부칙 또는 별도의 시행법령에서 공포 후 일정한 유예기간을 두고 시행하거나 일정한 사실이 발생한 때부터 시행한다거나 공포일로부터 시행한다거나, 심지어 시행일을 아예 대통령령에 위임하는 등 특별규정을 두는 경우가 많다. 이 중에서도 특히 공포일로부터 즉시 법적 효력이 발생하도록 하는 것은 공포주의에 반하고, 그 법령이 국민의 권리·의무에 관한 사항을 규정하거나 벌칙을 규정할 때는 그 폐단이 더욱 심각하다고 할 수 있다. 또한 시행일을 백지위임하고 있는 것도 경우에 따라서는 법령의 시행을 자의에 맡길 수 있는 전근대적인 발상이라 할 수 있다.

법령 및 조례 등의 효력발생시기는 각 법령과 조례 등에 그 시행일에 관한 특별규정이 없는 경우에는 공포한 날로부터 20일을 경과한 날로부터 효력이 발생하게 된다. 여기서 공포한 날이란 당해 법령을 공포하기 위해서 게재된 관보(官報)가 현실적으로 발행된 날을 의미한다.

2) 법의 효력소멸시기

법은 당해 법령이 폐지됨으로써 그 효력이 소멸하게 되는데, 법의 폐지에는 명시적인 폐지와 묵시적인 폐지가 있다.

(1) 법의 명시적인 폐지: 한시법

법의 명시적인 폐지에는 한시법(限時法)과 신법(新法)에 명문으로 구법(舊法)의 전부 또는 일부를 폐지한다고 규정하는 경우 등이 있다.

한시법은 조문에 "이 법은 ○○○○년 ○○월 말까지 효력을 가진다"라고 규정하고 있는 것이 보통이다. 이러한 한시법은 법의 유효기간, 즉 종기의 도래로 법의 효력이 소멸하게 된다. 그런데 한시법의 효력에 관하여 유효기간이 경과한 이후에 추급효를 인정한다는 명문규정이 있는 경우에는 문제가 없으나, 이에 관한 명문규정을 두고 있지 않은 경우에 있어서 추급효를 인정할 것인가에 대하여 견해가 대립하고 있다.

첫째, 추급효인정설(追及效認定說)이다. 한시법에 대하여 명문규정이 없는 경우에는 유효기간의 경과한 후에도 유효기간 중의 위반행위를 처벌할 수 있다는 견해이다. 그 이유로서는 한시법이 실효한 후에 추급효를 인정하지 않는다면 유효기간의 실효를 예상하여 그 기간의 종기가 가까워지면 범법행위가 격증할 우려가 있다는 점과 법령이 실효된 경우에는 폐지의 경우와는 달리 실효 후에도 묵시적으로 존속한다는 점 등을 들고 있다.

둘째, 추급효부정설(追及效否定說)이다. 추급효를 인정하는 명문규정이 없는 한 유효기간이 경과함과 동시에 한시법으로서의 효력은 상실되어 그 후에는 처벌할 수 없다는 견해로 다수설이다. 즉, 추급효를 인정한다는 특별규정이 없음에도 불구하고 추급효를 인정한다는 것은 죄형법정주의에 반하기 때문에 추급효를 인정해서는 안 된다는 것이다. 다만, 범죄 후 법률의 변경에 의하여 그 행위가 범죄를 구성하지 아니하거나 형이 구법보다 경한 경우에는 신법에 의하면 된다고 한다(형법 제1조 제2항).

셋째, 동기설(動機說)이다. 이 입장은 한시법이 실효된 경우에 입법자의 법적 견해의 배경으로 볼 수 있는 경우에는 추급효를 부정하여 처벌할 수 없지만, 단순한 사실관계의 변경으로 볼 수 있는 경우에는 추급효를 인정하여 처벌할 수 있다는 견해로, 판례의 태도이다. 그 이유로서는 그 이전의 적법행위를 처벌하는 소급법과는 다르고 죄형법정주의에도 반하지 않는다는 점을 들고 있다.

(2) 법의 묵시적 폐지

법은 명령에 명문으로 그 효력기간이 명기되어 있거나 신법에 구법을 폐지한다고 하는 명시적 폐지에 의해 그 효력을 당연히 상실하게 된다. 그러나 명시적인 법의 폐지 규정이 없는 경우에도 효력순위상 하위의 법이 상위의 법에 저촉되거나 헌법에 위반되는 법률 또는 법률에 위반한 명령 등의 경우에도 그 효력을 상실하게 된다.

첫째, 법의 효력은 이와 동위 또는 상위에 있는 법령에 의한 명시적인 개폐에 의해 소멸될 뿐만 아니라 그 내용과 저촉되는 동위 또는 상위의 법령이 새로 제정됨으로써 묵시적으로 소멸한다. 따라서 동일한 사항에 관하여 신법과 구법이 서로 모순 또는 충돌되는 경우에는 그 저촉 내지 충돌의 한도 내에서 구법은 묵시적으로 폐지된 것으로 본다. 이는 국가의사의 통일성을 기하는 것이고, '신법은 구법을 깨뜨린다'는 법격언이 통용되기 때문이다.

둘째, 합헌성이나 합법률보장의 원리에 따라 헌법재판소의 위헌법률심사제도에 의한 위헌결정이나 명령의 위법성이 인정되는 경우에는 그 법령의 효력은 최소한 당해 사건에 관해서 그 효력을 상실하게 된다.

3) 법률불소급의 원칙

(1) 의의

법률불소급의 원칙(Prinzip der nichtrückwirkung)이란 법이 그 시행기간 중에 발생한 사항에 대해서만 적용되고, 그 시행 이전에 발생한 사항에 대해서는 적용되지 않는다는 것을 말한다. 만약 소급효를 인정한다고 하면 구법시대에 적법한 행위가 전혀 예상하지 않았던 신법에 의해 적법한 것으로 평가되지 않기 때문에 법생활의 안정을 기대할 수 없게 된다.

법률불소급(法律不遡及)의 원칙은 인간의 생명·자유 및 재산에 밀접한 관계를 가지는 형사법의 분야에서 더욱 중요한 의미를 가지고 있다. 만약 행위시에 존재하지 않았던 형벌법규가 사후에 제정되어 소급적용되는 경우에는 국민의 기본권이 침해되므로 죄형법정주의(Nulla poena sine lege)라는 법언이 지배해왔다.

우리 헌법 제13조 제1항에서도 "모든 국민은 행위시의 법률에 의한다"라고 규정하고, 형법 제1조에서도 "범죄의 성립과 처벌은 행위의 법률에 의한다"라고 규정함으로써 법률불소급의 원칙을 선언하고 있다.

그러나 법률불소급의 원칙은 절대적인 것이 아니며, 진행 중인 사실에 대해서도 소급적용의 금지를 의미하는 것은 아니다. 따라서 진행 중인 사실에 대해서도 새로운 법령이 적용될 것이나, 국민의 법적 지위에 뜻하지 않은 손해를 가할 우려가 있는 경우에는 신구관계를 조정하기 위해 그 부칙에 특별경과조치에 관한 규정을 두는 이른바 경과법은 법률불소급의 원칙에 반하지 않는다.

(2) 예외

법률불소급의 원칙은 입법상의 필요에 의해 소급효를 인정하는 경우가 있다. 예컨대, 법이 그 적용을 받는 자에 대하여 크게 불이익을 주지 않는 범위에서 법의 획일화를 기하기 위해 일률적으로 신법을 적용하는 경우, 법이 도덕적 이상 또는 국민경제의 요구 등을 고려해서 종래의 불건전하고 부적합한 법적 상태를 일소하여 합리화하기 위한 경우, 더욱 유리한 신법을 균점하려는 경우 등은 예외적으로 법률불소급의 원칙을 적용하지 않을 수 있다.

우리 형법 제1조 제2항은 "범죄 후 법률의 변경에 의하여 그 행위가 범죄를 구성하지 아니하거나 형이 구법보다 경한 경우에는 신법에 의한다"라고 규정하고 있고, 같은 조 제3항은 "재판확정 후 법률의 변경에 의하여 그 행위가 범죄를 구성하지 아니한 때에는 형의 집행을 면제한다"라고 규정함으로써 법률불소급의 원칙에 대한 예외를 인정하고 있다.

(3) 파생원칙

법률불소급의 원칙에 의한 파생원칙으로는 사후법제정금지와 기득권존중의 원칙이 있다.

첫째, 사후법제정금지란 행위 당시에 적법인 행위에 대하여 사후에 형사책임을 지우는 입법을 금지하는 것을 말한다. 이 원칙은 적법한 행위에 대하여 이를 처벌하는 소급법을 제정하지 못할 뿐만 아니라 이러한 방법으로 형을 가중하는 법률의 제정도 금지된다는 것을 의미한다.

둘째, 기득권존중의 원칙이란 구법에 의해 생긴 기득권은 신법의 시행으로 말미암아 변경되거나 소멸되지 않는다고 하는 것으로서 기득권불가침의 원칙이라고도 한다. 이러한 기득권존중의 원칙은 역사적으로 볼 때 사유재산권의 확립에 기여한 바가 자못 크다. 그러나 이 원칙도 법률불소급의 원칙과 마찬가지로 절대적인 것이 아니며, 예외가 인정된다. 그렇다고 하더라도 일단 부여된 권리를 함부로 제한하거나 소멸시키게 되면 사회생활의 법적 안정감을 해칠 우려가 있기 때문에 이를 침해하지 않도록 충분히 고려해야 한다.

2. 법의 인적 효력

1) 원칙

법의 인적 효력에 관한 문제는 '법이 어떤 사람에게 적용되는가'의 문제이다. 법은 장소·시간의 효력이 미치는 범위 안에서 원칙적으로 모든 사람들에게 효력이 미친다. 따라서 법의 인적 효력은 결국 예외적으로 국내법상의 관계로서 법의 적용을 받지 않는 사람과 국제법적 관계로서 국내법의 적용을 받지 않는 사람으로 구별할 수 있다. 법의 인적 효력의 범위를 결정하는 표준에는 속인주의와 속지주의가 있다.

속인주의(屬人主義)란 한 나라의 법적 효력은 대인고권(對人高權)의 발동으로 국민이 자국에 있거나 다른 나라에 있거나를 불문하고 자국민 모두에게 미치는 것을 말한다. 이는 "로마인은 로마법을 따르고 게르만인은 게르만법을 따라야 한다"는 말과 같은 의미이다. 그러나 국가의 대인고권은 다른 나라의 영토고권(領土高權)과 충돌하게 되므로 다른 나라에 있는 자국민은 타국의 영토고권의 행사로 인하여 그 재외국의 법이 적용되고 자국법은 적용되기 어려운 점이 있다. 이때에는 자국에 있는 다른 나라의 국민은 속인주의에서 벗어나 자국의 영토고권이 적용되어 자국 내에 있는 다른 국민에게도 자국법을 적용하게 된다. 이와 같이 자국에 있는 다른 나라의 국민에게도 자국법의 효력이 발생하는 것을 속지주의(屬地主義)라고 한다.

그런데 속인주의는 사람에 대한 국가권익을 중시하는 데 반하여, 속지주의는 장소에 대한 국가의 권익을 중시함에 있는 것이기 때문에 속지주의와 속인주의가 서로 충돌하는 경우가 발생하게 된다. 이 두 원칙이 충돌할 때는 영토고권이 대인고권보다 우선한다는 원리에 의해 속지주의가 우선적으로 적용된다.

2) 예외

(1) 국제법상 치외법권을 가진 자

국제법상 치외법권(治外法權)을 가진 자는 국제법상 현재 체류하는 나라의 과세권·경찰권에 복종하지 않을 특권이 인정된다. 이러한 치외법권자에는 외국 원수, 대통령, 국왕, 외교사절 및 그 가족과 수행원, 외국에 주재하는 군대, 외국 영해상의 군함 승무원 등이 있다. 이들에 대해서는 속지주의가 배제되고 속인주의가 적용된다.

(2) 외국인

사람에 관한 법의 효력은 원칙적으로 속지주의에 의하기 때문에 외국인도 원칙적으로 국내법의 적용을 받게 된다. 그러나 외국인에 대해서는 상호주의(相互主義)에 의하는 경우가 많아 국내법이 외국인에게 적용되지 않거나 특별히 취급될 때가 있다(광업법 제10조의2). 예컨대, 외국인에 대하여 출입국에 관한 특례를 인정하는 경우도 있고(출입국관리법 제3장), 상호보증이 있는 경우에만 국가배상법의 적용을 인정하는 경우(국가배상법 제7조) 등이 있다.

(3) 대통령과 국회의원의 특권

국가정책상 특수한 신분을 가진 자 예컨대, 대통령과 국회의원인 경우에는 특정한 사항에 대해서는 국내법의 적용을 배제하는 특권이 인정된다. 헌법 제84조에서는 "대통령은 내란 또는 외환에 죄를 범한 경우를 제외하고는 재직 중 형사상의 소추를 받지 아니한다"라고 규정하고 있고, 동법 제44조와 제45조에서는 국회의원에게 회기 중 불체포 또는 불구금의 특권과 직무상 발언·표결의 면책특권이 인정되고 있다. 이처럼 대통령과 국회의원에게 일반국민과는 달리 특권을 인정하는 것은 직무수행을 충실하게 하기 위한 정책에 의한 것이다.

(4) 특별법에 의한 제한

일반법(一般法)과 달리 특별법(特別法)은 모든 국민에게 평등하게 법이 적용되지 않고 일정한 범위의 사람에게만 적용된다. 예컨대, 국가공무원법은 공무원에게만 적용되고, 청소년 보호법은 청소년에게만 적용된다. 또한 군형법은 군인·군무원에게만 적용된다.

(5) 기타의 경우

참정권(參政權), 청원권(請願權), 국방의 의무 등과 같이 그 성질상 속지주의를 강행하기 어려운 것은 다른 나라에 있는 자국민에 대해서도 자국법을 적용한다.

3. 법의 장소적 효력

법의 장소적 효력이란 법이 어떠한 지역적 범위에서 적용되느냐 하는 법의 공간적 효력을 말한다. 한 나라의 법은 원칙적으로 그 국가의 모든 영역에 걸쳐 적용된다. 여기서 국가의 영역이란 주권이 미치는 공간을 말하는바, 영토·영해·영공을 포함한다. 이러한 영역에 있는 한 자국민 또는 외국인, 무국적자를 불문하고 누구에게나 법의 효력이 미친다. 그러나 법은 그 성질상 일정한 사회적·경제적·문화적·정치적 여건에 따라 다음과 같이 법의 장소적 효력이 제약되는 경우가 있다.

첫째, 국제법상 치외법권을 행사하는 자가 사용하는 토지 또는 시설, 외국군대가 사용하는 시설·구역 등을 들 수 있다. 이들은 외교특권 또는 협정상 가지는 특수한 지위에 기하여 행정법규에 장소적 효력이 사실상 미치지 못하거나 특별한 취급을 받게 된다.

둘째, 다른 국가의 영해 내에 있는 자국의 선박이나 또는 다른 국가의 영토 내에 있는 자국의 항공기 안에서는 다른 국가의 법이 적용되지 않고 자국법이 적용된다.

셋째, 지방자치단체가 제정한 조례나 규칙은 그 목적상 해당 지방자치단체 내에서만 효력이 인정되고 다른 지방자치단체의 관할구역에는 적용되지 않는다.

제 8 절 법의 해석과 적용

Ⅰ. 서언

법은 제정으로만 가치가 있는 것이 아니라 그 법이 효력을 발생하여 잘 지켜지는 데 의미가 있다. 따라서 법은 현실적이고도 효과적으로 사회를 규율하여 구성원인 사람들로 하여금 법의 규범을 지키도록 하며, 이를 위반하지 않도록 지배·구속하는 힘을 발휘하지 못한다면 그 존재가치가 상실되고 만다. 그리하여 법은 본질상 그 실현이 권력적인 강제에 의해 담보되고 보장되는 것이다.

법 적용의 가장 전형적인 형태는 재판이지만, 행정에 있어서도 법을 기준으로 하여 판단이 이루어질 때는 법의 적용이 있는 것이다. 행정면에 있어서의 법의 적용을 보통 법의 집행이라 한다. 오늘날 법치주의에서는 모든 사회현상이 법 적용의 대상이 되는 것이라 해도 과언이 아니다.

법의 적용, 특히 그 전형적인 형태인 재판은 적용될 법률을 대전제로 하고 규율될 구체적인 사회현상을 소전제로 하여 결론을 이끌어 낸다는 삼단논법적인 논리적 형식에 따라 행해진다(연역법). 따라서 법을 적용함에 있어서는 구체적으로 법적 가치판단의 대상이 되는 사회적 사실관계를 확정하고, 이에 적용될 법규의 의미내용을 명백히 하지 않으면 안 된다. 전자는 사실확정의 문제이며, 후자는 법 해석의 문제이다.

II. 법의 해석

1. 개념과 필요성

법의 해석이란 일반적이고 추상적으로 규정된 법규범의 참의미와 내용을 구체적으로 밝히는 것을 말한다. 그러므로 법의 해석은 법을 '적용'하는 데 있어서 그 전제가 된다. 즉, 추상적인 법규범을 대전제로 하고, 구체적인 생활관계를 소전제로 하여, 삼단논법에 의한 추론 또는 단안으로서 법적 가치판단을 내리는 것이 법의 적용이다. 예컨대, 민법 제103조는 "선량한 풍속 기타 사회질서에 위반한 사항을 내용으로 하는 법률행위는 무효로 한다"라고 규정하고 있는데, 판례에서 "어떠한 일이 있어도 이혼을 하지 않는다는 각서의 의사표시는 신분행위의 의사결정을 구속하는 것으로서 무효라고 할 수 있다"라고 한 것이 그 좋은 예이다. 이에 의하면 사회질서 위반사항을 내용으로 하는 법률행위는 무효이다(대전제). 이혼하지 않는다는 각서는 사회질서 위반사항을 내용으로 한다(소전제). 따라서 어떠한 경우에도 이혼하지 않는다는 각서는 무효이다(결론).

이러한 법의 적용은 실질적으로 누구나 수시로 의식적 또는 무의식적으로 하고 있는 것이다. 그러나 오늘날의 법치국가에 있어서는 가장 명백하게, 또한 의식적으로 실효성 있는 법의 적용을 하는 것은 법원의 재판에 있어서이다. 그러므로 일반인이 하는 실질적인 법 적용도 대부분의 경우에는 재판에 있어서의 적용을 의식해서 또는 그것을 예측해서 하게 되기 때문에 보통 법의 적용이라 하면 이러한 의미로 사용된다. 위와 동법의 적용에 있어서 그 소전제가 되는 법규의 인정이 중요함은 물론이나, 일반적인 문제로서는 대전제가 되는 법규의 내용을 확정하는 것이 필요하다. 법의 적용에 있어서 그 대전제가 되는 법규, 즉 법원(法源)을 확정하는 것이 바로 법의 해석이다.

2. 법 해석의 방법

법의 해석은 이를 행하는 주체가 국가 기타의 공공기관인 경우와 그렇지 않은 경우를 나누어 전자를 유권해석(有權解釋), 후자를 학리해석(學理解釋)이라 한다.

1) 유권해석

국가 기타의 공공기관에 의한 유권해석(공권적 해석이라고도 함)은 정치권력을 배경으로 한 공식적 해석인 까닭에 이것이 언제나 최종적·결정적으로 올바른 해석이라고 할 수는 없지만, 권위있는 해석으로서 그의 타당성이 추정되며 또한 사실상 강한 구속력을 갖는다. 유권해석은 이를 행하는 기관에 따라 입법해석·사법해석·행정해석으로 구분된다.

(1) 입법해석(立法解釋)

입법기관인 국회가 법문의 규정으로써 법의 의미를 명백히 하는 것이다. 즉, 입법의 수단에 의해 법규의 의미내용을 확정하는 것이다. 이는 실질적으로 법의 해석이 아니라 법규이며, 새로운 법의 정립으로서 법규해석·강제해석이라고도 불린다. 예컨대, 민법 제98조의 "본법에서 물건이라 함은 유체물 및 전기 기타 관리할 수 있는 자연력을 말한다"라는 규정은 물건의 정의에 관한 법규해석이다.

(2) 행정해석(行政解釋)

행정관청이 법 집행에 즈음하여 행하는 해석이다. 관청이 스스로의 판단에 의해 법을 해석·집행하는 경우도 있고 상급관청이 법의 해석에 관하여 회답·훈령·지시·통첩 등의 형식으로 지시하는 경우도 있다. 어느 것이나 행정상의 유권해석으로서 일단 구속력이 인정된다. 그러나 행정해석이 그릇되었을 경우에는 행정심판을 통해 상급관청의 해석에 의해, 또는 행정소송을 통해 법원의 사법 해석에 의해 취소 또는 변경되는 경우가 있다. 종국적으로 사법해석이 행정해석보다 우월한 것이다.

(3) 사법해석(司法解釋)

법원이 법을 구체적인 사실에 적용(재판)함에 즈음하여 행하는 해석으로서 보통 판결의 형식으로 나타난다. 이 해석은 소송당사자를 구속함은 물론, 이것이 거듭되어 판례로서 굳어지면 매우 강력한 구속력을 가지게 된다. 사법 해석에 대하여는 재판의 심급 제도에서 오는 제약이 있다. 즉, 상급법원의 해석이 해당 사건에 과하여 하급법원의 해석보다 우월한 효력을 가지는 것이다.

2) 학리해석

학리해석이란 개인의 학리적 사고에 의해 법규의 의미내용을 확정하는 것을 말한다. 유권해석은 국가권력을 배경으로 하여 권위를 가지고 직접 유효하게 적용·실시되는 데 대하여, 학리해석(學理解釋)은 비록 학리적으로는 공정 타당한 해석이라 할지라도, 이것이 곧 권위있는 것이라고는 인정될 수 없는 일개인이 하는 해석인 까닭에 무권해석이라고도 한다. 그러나 학리해석은 학문적 입장에서 냉정하게 객관적으로 행해지는 것으로서 유권해석에 대한 유력한 참고의견이 됨은 물론, 때로는 기존의 유권해석의 과오를 지적하여 이를 철회 또는 변경시키는 원동력이 되기도 한다. 보통 법의 해석이라 할 때는 학리해석을 말한다. 학리해석은 다시 문리해석과 논리해석으로 나눌 수 있다.

(1) 문리해석(文理解釋)

문리해석이란 법문의 문구·문언의 언어적 의미에 따라 법규의 의미를 확정하는 것이다. 문언해석이라고도 한다. 성문법은 법규의 의미를 문자로 표시한 법인 까닭에 법규의 의미는 무엇보다 먼저 그 문언에 따라 있는 그대로 해석되지 않으면 안 된다. 문리해석은 법 해석의 첫 단계이다. 그러나 앞서 지적한 바와 같이 법에는 법 특유의 용어나 표현방법과 논리구성, 그리고 법 상호간의 체계적 관련 등이 있어서 문리해석 하나만으로는 사회의 현실에 맞는 구체적 타당성을 가진 올바른 해석을 기대하기 곤란하다. 이는 법의 언어적 의미에 구애되어 법의 사회적인 의미를 간과하는 것이라는 비난을 면치 못한다.

(2) 논리해석(論理解釋)

논리해석이란 법의 해석을 논리적 분석에 의해 행하는 것, 다시 말하여 논리의 법규에 따라 법규의 의미내용을 확정하는 것이다. 그러나 논리해석이라 해도 이는 문리해석과의 관련 아래 있는 것이며, 법문에 있어서의 자구의 의미를 무시한 자유로운 논리의 전개를 의미하는 것은 아니다.

논리해석은 논리적 조작을 구사하여 정치한 해석기술을 창조하는 것이지만, 과연 단순히 논리의 법칙을 추구하는 것만으로써 구체적으로 타당한 해석이 될 수 있겠느냐는 것이 문제가 된다. 보통 논리해석이라 일컬어지는 것으로서는 다음과 같은 해석방법이 있다.

● 확장해석(擴張解釋): 법문의 문구의 의미가 너무 협소한 까닭에 문리해석에 의하는 경우보다 그 의미를 확장하여 해석하는 것이다. 예컨대, '차마(車馬) 통행금지'라고 하는 푯말이 있는 경우에 '말(馬)'을 '우마(牛馬)'로 확장하여 소의 통행도 금지되는 것이라 해석하는 것과 같다. 민법 제752조의 '배우자'는 '사실상의 배우자'를 포함하는 것으로 해석하는 경우이다.

● 축소해석(縮小解釋): 확장해석과는 반대로, 법문의 자구의 의미가 너무 넓어서 법규의 참된 의미를 밝히는 것이 불충분한 경우에 문리해석에 의하는 것보다 그 의미를 축소 또는 한정하여 해석하는 것이다. 예컨대, '제차(諸車) 통행금지'라는 푯

말이 있는 경우에 금지의 목적에 비추어 유모차나 자전거는 통행해도 무방하다고 해석하는 것과 같다. 이 경우에는 '제차'를 유모차·자전거 등이 포함되지 않는 것으로 축소해석한 것이다. 형법 제329조 '재물'의 개념에서 부동산은 포함되지 않는 것으로 해석하는 경우이다.

- 반대해석(反對解釋): 어떤 사항에 관하여 금지 또는 허용규정이 있을 때 그것 외의 사항에 대해서는 반대의 원칙이 적용되는 것이라 해석하는 방법을 말한다. 예컨대, '미성년자 금연'이라는 규정에서 성년자의 흡연은 금지되고 있지 않다고 해석하거나 '야간통행금지'의 규정에서 주간의 통행은 허용된다고 해석함과 같다. 민법 제184조 제1항 '소멸시효의 이익은 미리 포기하지 못한다'는 의미에서 시효가 완성된 후에는 포기할 수 있는 것으로 해석하는 경우이다.

- 물론해석(勿論解釋): 법문이 규정하는 사항의 입법정신에 비추어 당연한 것이라 해석하는 것이다. 예컨대, '우마차 통행금지'라는 푯말이 있는 경우에 이것이 사람의 통행에 위해를 방지하기 위한 것이라는 취지에 비추어 자동차의 통행도 물론 금지된다고 해석하는 것과 같다. '과실책임'을 물을 때 그보다 중한 고의의 경우에는 당연히 책임이 발생한다는 것으로 해석하는 것이다.

- 보정해석(補整解釋): 법문의 용어에 있어서의 착오가 명백하여 그의 문리해석의 결과가 법의에 반하는 경우에 법문의 문구를 보정 또는 변경하여 참뜻에 맞도록 해석하는 것이다. 변경해석이라고도 한다. 법적 안정성을 해칠 수 있으므로, 법문의 표현이 명백히 잘못되었다고 인정될 때 한하여 예외적으로 허용되어야 한다.

3. 유추와 준용

법의 해석과 관련하여 주의해야 할 것으로서 유추(類推)와 준용(準用)이 있다.

첫째, 유추란 어떤 사항(X)에 관한 규정(A)을 그 사항과 유사한 다른 사항(Y)에 관한 규정이 없는 경우에 적용하여 동법적 효과(A 규정의 효과)를 인정하는 것을 말한다. 유추와 확장해석의 차이는 확장해석은 법규의 자구를 그 목적에 적합하게 하기 위해 법규의 범위 안에서 그 문자의 의미를 확장하는 것인 데 반해, 유추는 법규가 없는 경우에 어떤 법규의 의미를 그 법규 외의 사항에 적용하는 것이다.

둘째, 준용이란 입법의 편의상 규정의 중복·번잡을 피하려는 기술적 필요에서 행하는 방법으로서 실질적으로는 각 경우에 관하여 개별적으로 규정되는 경우와 같은 것이다. 다시 말해 준용은 두 개의 유사한 사항 사이에 존재하는 차이에 따라 필요한 변경을 가하여 하나의 규정을 다른 사항에 응용하는 것이다. 그러므로 준용은 준용되는 법규를 그대로 적용하는 것이 아니라, 준용하는 법규에 의거하여 준용되는 법규의 의미에 이

두 사항 사이의 차이에 따르는 변경을 가하여 적용하는 것이다.

유추와 준용의 차이는 유추가 법규를 떠나 법규에 의해 직접 표시되지 않은 법의 의미를 판단하는 것인 데 대하여, 준용은 법규에 의거하여 법문의 표시를 직접 인식하는 것이라는 점이다. 준용은 때로는 법규유추라고 불리기도 한다. 예컨대, 상법 제15조 제2항에서 "제11조 제3항의 규정은 전항의 규정에 준용한다"라고 규정하는 것이다. 법전을 공부할 때는 반드시 준용규정의 내용이 무엇인가를 확인하는 습관을 들이는 것이 바람직하다.

Ⅲ. 사실의 확정

법의 적용은 구체적으로 법적 가치판단을 받게 되는 사회현상을 확정하는 것, 그리고 그 부합시킬 법의 의미내용을 밝히는 것을 기초로 하여 행해지는데, 전자는 사실(事實)의 확정문제이며, 후자는 법의 해석문제이다. 법의 적용은 재판에 있어서 전형적으로 나타나는데, 이는 적용될 법을 대전제로 하고, 규율될 사회현상을 소전제로 하는 삼단논법(三段論法)의 형식으로 행해지는 것이지만, 실제로는 우선 적용될 법을 발견하여 그 의미내용을 확정하고, 다음에 규율될 사실문제를 결정한다는 순서로 된다. 그러나 이러한 과정은 각각 독립적 단계로서 행해지는 것이 아니라 일련의 심리과정으로서 행해지는 것이다.

사실의 확정은 법 적용의 기초로서 그 결과를 좌우하는 매우 중요한 문제이다.

현대의 법제에서는 사실의 확정은 반드시 증거에 의하지 않으면 안 되도록 되어 있다(證據裁判主義). 증거로서 사실의 확정을 뒷받침하는 것은 입증(또는 거증)이라 한다. 그런데 실제로는 입증을 하기가 매우 곤란할 뿐만 아니라 경우에 따라서는 입증이 불가능한 때도 있다. 이러한 경우 법은 입증에 따르는 까다로운 문제를 피하기 위해 또는 공익 기타의 이유로 일정한 사실의 존재 또는 부존재를 추정하거나 또는 의제(擬制)하는 경우가 있다.

1. 사실의 추정

추정(推定)이란 주위의 사정이나 사물의 성질에 비추어 일단 사실의 존재 또는 부존재를 추론하는 것을 말한다. 즉, 추정은 어떤 사실이 명백하지 않은 경우에 입증의 번거로움을 덜기 위해 그 사실의 존재 또는 부존재를 일단 가정하고 이에 따르는 법적 효과를 인정하는 것이다. 법문에 '추정한다'고 규정하는 경우가 그것이다.

추정은 주로 편의상의 고려에 잠정적으로 사실의 존부를 인정하는 데 불과하므로 추정된 사실과 다른 사실을 주장하는 자는 반증을 들어 추정의 효과를 전복시킬 수 있다. 예컨대, 민법 제198조에 의해 '전후양시(前後兩時)에 점유한 사실이 있는 때에는 그 점유는 계속한 것으로 추정'되지만, 어떤 자가 그 점유가 중간에 이탈되었던 사실을 입증하면 점유계속의 추정은 깨지게 된다.

2. 사실의 의제

의제(擬制)란 공익 기타의 이유로 사실의 존재 또는 부존재를 법정책적으로 확정하는 것을 말한다. 법문에 '간주한다', '~로 본다'라는 문구를 사용하는 경우가 그것이다. 의제 또는 간주는 추정과 달리 법정책적으로 사실의 존부를 확정시키는 것이므로 실제로는 진실에 반하는 결정이라 할지라도 반증을 들어 그 결정을 전복시킬 수는 없다. 예컨대, 민법 제28조에 의해 '실종선고를 받은 자는 실종기간이 만료한 때에 사망한 것'으로 보는 까닭에 비록 실종선고를 받은 자가 생존하고 있을지라도 생존한다는 반증만으로 곧 그 선고의 효과를 전복시키지는 못하며, 따로 실종선고취소의 법적 절차를 밟지 않으면 안 되는 것이다.

법률관계(法律關係)

제 1 절　법률관계

　　우리 인간의 사회적 생활관계는 관습이나 도덕, 종교 등과 같은 수많은 사회규범으로 규율되고 있다. 이 중 법에 의해 평가되고 규율되는 생활관계를 법률관계라고 한다. 즉 국가와 국민간의 통치관계나 가족간의 친족상속관계, 개인간의 일반적 채무관계, 그리고 나아가 국가간의 국제관계 등도 모두 법률관계에 의해 규율되는 것이다. 이러한 법률관계는 법률제도와는 구별해야 한다. 법률관계는 매매·임대차·소유권·혼인 등과 같이 구체적인 법적 생활관계를 의미하는 반면, 법률제도는 매매제도·임대차제도·소유제도·혼인제도와 같이 추상적인 제도로서 존재하는 것이기 때문에 양자는 엄격히 구별되어야 한다. 또한 법률관계와 구별되어야 할 생활관계로서 호의관계가 있는데, 호의관계는 무상으로 자동차를 태워주는 것처럼 호의로 어떠한 이익을 주게 되는 생활관계를 의미하며, 이는 법률관계가 아니기 때문에 호의관계로부터는 법적인 권리·의무가 발생하지 않는다. 다만, 호의관계로부터 발생한 손해에 대하여는 그 호의성에 비추어 전부의 배상책임을 인정하지 않고 면책 또는 감경을 인정하는 것이 일반적이다.

　　법률관계는 권리와 의무로 구성되어 있는데, 법에 의해 보호되는 지위를 권리라고 하고 법에 의해 구속되는 지위를 의무라고 한다. 그리고 그 구체적인 내용은 결국 권리와 의무의 대응관계이기 때문에 모든 법률관계의 법적 효과는 권리와 의무의 발생·변경·소멸이라는 형태로 나타나고 있다. 그런데 역사적으로 보면 법률관계는 의무를 중심으로 하는 관계로부터 권리를 중심으로 하는 관계로 발전해왔다. 물론 인간의 사회생활에 대한 법의 관여는 각 국가나 시대의 생활양식 또는 문화적 기반에 따라 그 정도를 달리하지만, 특히 근대에 이르러 인간의 인격과 의사가 존중됨으로써 의무보다는 권리의 관념이 강하게 나타나는 법률관계를 구성하게 된 것이다. 그러나 최근에는 다시 의무가 강조되는 현상을 나타내고 있다. 이는 권리의 사회성 및 공공성의 강조에 따른 현상으로서 권리중심의 개인주의와 자유주의가 낳은 병폐를 시정하기 위한 것이라 할 수 있다.

제 2 절 권리의 개념

근대적 법체계는 대부분 권리본위로 구성되어 있다. 왜냐하면 법률관계에 있어서 의무(義務)는 결국 권리(權利)의 반영이라고 할 수 있기 때문이다.

I. 권리의 개념에 대한 학설

권리의 개념에 대하여 종래 많은 견해들이 엇갈려 있었다. 의사설·이익설·권리법력설 등이 그것이다.

1. 의사설

의사설(意思說)은 인간의 의사가 권리의 본질이라는 견해이다. 이는 일찍이 칸트(Kant)나 헤겔(Hegel)과 같이 의사의 자유는 권리의 본질이라 이해하는 입장에서 출발한 것이다. 특히 19세기 후반, 독일의 유명한 민법학자 빈트샤이트(Windscheid)가 권리의 본질을 사상의 힘 또는 의사의 지배에 있다고 설명하면서 권리는 법에 의해 부여된 의사의 힘이라고 한 점에 기인한다. 빈트샤이트 외에 주로 역사법학파에 속하는 사비니(Savigny), 푸흐타(Puchta)에 의해 주장되었다. 그러나 이 견해에 의하면 의사능력을 인정하기 어려운 자, 즉 유아의 권리에 대하여 설명하기 어려운 난점이 있다. 특히 우리 민법은 태아의 권리능력을 일정한 경우에 인정하고 있는데, 이 견해에 따르면 의사능력이 전혀 없는 태아에게 일정한 권리를 인정하는 것은 모순이다. 현재 이 설은 거의 인정받지 못하고 있다.

2. 이익설 (利益說)

권리의 본질은 법률상 보호되는 이익이라는 견해로서 예링(Jhering), 데른부르크(Dernburg) 등에 의해 주장되었다. 그러나 이 견해는 권리의 목적과 권리의 본질을 혼동하고 있다는 점과, 법에 의해 보호되는 이익이 모두 권리는 아니며, 법의 반사적 이익에 불과한 것도 있다는 점 등에서 비판되고 있다. 특히 우리 민법상의 권리 중에는 이익 없는 권리도 있다(친권).

3. 권리법력설 (權利法力說)

권리란 인간이 일정한 이익을 향수할 수 있도록 하는 법률상의 힘을 의미한다는 견해이다. 종래 옐리네크(Jellinek)나 베커(Bekker)에 의해 의사설과 이익설의 절충으로서 이익을 향수할 수 있는 의사의 지배 내지 의사의 힘이 권리라는 견해도 제기되었지만, 에넥케루스(Enneccerus), 메르켈(Merkel), 레겔스베르거(Regelsberger) 등에 의해 의사를 법으로 대체하였다. 이 견해가 오늘날 권리의 본질에 대한 가장 유력한 학설로 평가되고 있다. 이 견해에 의하면 의사능력이 없는 자도 권리자가 될 수 있으므로 의사설의 문제점을 극복할 수 있고, 생활상의 모든 이익이 아니라 법에 의해 보호될 수 있는 이익만을 권리라고 이해함으로써 이익설의 어려움도 극복할 수 있게 되었다.

II. 권리와 구별되는 개념

1. 권한

일정한 법률효과를 발생토록 하는 행위를 할 수 있는 법률상의 지위 내지 자격을 권한(權限)이라 한다. 이사(理事)의 대표권이나 대리인의 대리권, 변제수령의 권한 등이 이에 속한다. 권리가 법률상 보호되는 이익을 의미하는 반면, 권한은 일정한 지위 내지 자격이라는 측면에서 차이가 있다.

2. 권능

권리의 내용을 이루는 개개의 법률상의 구체적인 힘을 권능(權能)이라 한다. 즉 소유권의 내용을 이루는 사용권·수익권·처분권 등이 권능이다. 권리는 여러 개의 권능으로 이루어지는 경우도 있고, 하나의 권능으로 성립되는 경우도 있다.

3. 권원

일정한 법률상 또는 사실상의 행위를 정당화시키는 원인 내지 근원을 권원(權源)이라고 한다. 즉, 지상권이나 임차권과 같은 권원에 근거하여 타인의 부동산에 물건을 부속시키는 행위가 정당화될 수 있다.

제 3 절 권리의 분류

권리는 여러 가지 표준에 의해 구분할 수 있는데, 크게 공법상의 권리인 공권과 사법상의 권리인 사권, 그리고 공권과 사권의 중간영역으로서 근로자의 단결권이나 노동조합의 단체교섭권과 같은 사회법상의 권리인 사회권으로 나눌 수 있다. 다만, 공권이 공법상의 권리라고 해서 공법상의 행위에 의해 생긴 권리가 모두 공권은 아닌 바, 예컨대 공법상의 행위이긴 하나 이로써 생긴 전매특허권은 사권이다.

Ⅰ. 공권의 분류

공권(公權) 중에는 국내법상의 권리와 국제법상의 권리가 있다. 후자는 국제법상의 권리로서 별도로 다루어져야 하므로, 여기서는 국내법상의 권리에 대해서만 언급하기로 한다. 이 의미의 공권은 국가가 가지는 것과 국민이 가지는 것으로 구분할 수 있는데, 전자를 국가공권, 후자를 국민공권이라 한다. 국가공권은 그 내용에 따라 국가가 자신의 존립을 위해 갖는 권리와 국가가 국민에 대하여 갖는 권리의 양자로 나눌 수 있으며, 그 작용에 따라 입법권·사법권·행정권으로 나눌 수도 있다. 국민공권은 그 내용에 따라 자유권·참정권·수익권·청원권 등으로 나눌 수 있다.

Ⅱ. 사권의 분류

사권(私權) 역시 여러 가지 표준에 따라 분류할 수 있는데, 그 중요한 것을 열거하면 다음과 같다.

1. 권리의 내용에 의한 분류

사권은 그 내용을 형성하고 있는 생활이익을 기준으로 재산권·인격권·신분권·사원권으로 나눌 수 있다.

1) 재산권

경제적 가치가 있는 재산적 이익을 내용으로 하는 권리가 재산권(財産權)이다. 다만, 이러한 재산권은 권리자의 인격 또는 신분과 분리되어 있어야 한다. 왜냐하면 재산적 가치가 있는 이익을 내용으로 하더라도 재산권이 아닌 권리가 있으며, 재산적 가치가 없는 이익을 내용으로 하더라도 재산권인 경우가 있기 때문이다. 부양청구권이나 상속권은 재산적 가치가 있는 이익을 내용으로 하지만, 권리자의 인격이나 가족관계의 지위와 밀접하게 관련되어 있기 때문에 신분권의 일종으로 다루어지며, 가족을 위해 불공을 드리는 것은 재산적 가치를 언급하기는 곤란하지만, 이 역시 재산권으로서 채권의 목적이 될 수 있다.

이러한 재산권은 원칙적으로 양도 및 상속이 가능하며, 물권·채권·무체재산권 등이 이에 속한다. 물권은 권리자가 물건을 직접 지배하여 이로부터 발생하는 이익을 배타적·독점적으로 향유할 수 있는 권리라고 할 수 있는데, 물건을 지배하는 권리이므로 지배권이고 대물권이며, 물권자 이외의 모든 제3자에게 권리를 주장할 수 있다는 의미에서 대세권이자 절대권이다. 채권은 특정인(채권자)이 다른 특정인(채무자)에게 특정한 행위를 요구할 수 있는 권리인데, 일정한 행위를 요구할 수 있는 권리이므로 청구권이며, 특정인과 특정인 사이에서만 존재하는 권리라는 의미에서 대인권이고 상대권이다. 무체재산권은 저작·발명 등 정신적·지적 창조물을 독점적으로 이용하는 것을 내용으로 하는 권리를 의미하는데, 지식재산권이라고도 하며, 구체적으로 저작권·특허권·상표권·의장권·실용신안권 등이 이에 속한다.

2) 인격권

인격권(人格權)은 권리의 주체와 분리할 수 없는 인격적 이익의 향수를 내용으로 하는 권리를 말한다. 이는 헌법상 인간의 존엄과 가치권을 사법적 의미에서 구체화한 권리이며, 생명·신체·자유·명예·신용·성명·초상·정조 등과 관련된 권리가 이에 속한다. 인격권은 권리의 주체와 분리할 수 없는 권리이기 때문에 원칙적으로 양도할 수 없고, 상속의 대상이 되지 않는다. 또한 자연인뿐만 아니라 법인의 경우에도 성명이나 신용 등 그 성질이 허용하는 범위 내에서 일정한 인격권을 갖는다.

3) 가족권

가족권(家族權)은 일정한 범위의 친족관계 내지 가족관계의 지위에 따르는 이익을 향수할 수 있는 권리이며, 일정한 신분을 전제로 법률관계가 전개되는 점에서 신분권이라고도 한다. 가족권은 친족권과 상속권으로 구성되는데, 친족권은 친족관계의 일정한 지위에서 부여될 수 있는 친권·부양청구권 등이 이에 속하며, 상속권은 친족관계의 일정한 지위에서 상속개시 후 상속인이 가지는 재산의 상속에 관한 권리로서 재산상속권, 유증을 받을 권리, 유류분권 등이 이에 속한다.

4) 사원권

단체구성원의 지위나 자격에 의거하여 그 구성원이 소속된 단체에 대해 가지는 권리를 사원권(社員權)이라 한다. 사원권은 다시 의결권·소수사원권·사무집행권·감독권 등과 같이 단체의 목적을 달성하기 위해 그 구성원이 단체의 목적사업에 참여함을 내용으로 하는 공익권과 이익배당청구권·잔여재산분배청구권·시설이용권 등과 같이 단체로부터 경제적 이익의 향수를 내용으로 하는 사익권으로 나누어진다. 사익권도 양도나 상속이 가능하지만, 공익권은 불가능하다는 차이점이 있다.

2. 권리의 작용(효력)에 의한 분류

사권은 그 작용, 즉 효력의 차이에 따라 지배권·청구권·형성권·항변권으로 나눌 수 있다.

1) 지배권

지배권(支配權)은 타인의 행위를 개재시키지 않고 권리의 객체에 대한 직접적인 지배를 그 내용으로 하는 권리이다. 이는 권리의 객체에 대하여 지배적인 효력을 갖기 때문에 대내적으로는 권리의 객체에 대한 직접적인 지배력으로 나타나고, 대외적으로는 이러한 지배력을 유지하기 위해 지배권에 대한 제3자의 침해를 배제할 수 있는 효력으로 나타난다. 대표적인 지배권으로는 물권·준물권·무체재산권·인격권 등을 들 수 있다.

2) 청구권

청구권(請求權)은 특정인이 다른 특정인에 대하여 일정한 행위, 즉 작위 또는 부작위를 요구할 수 있는 권리이다. 채권이 대표적인 청구권이라 할 수 있지만, 채권은 청구권을 그 본체로 하면서도 그 외에 급부를 수령하고 보유하는 효력이나 채권자대위권·채권자취소권 등과 같은 부수적 효력도 있기 때문에 채권과 청구권이 항상 일치하는 것은 아니다. 그리고 청구권은 채권의 본질적 내용이기는 하지만, 채권 이외에 물권이나 가족권 등으로부터 발생하기도 한다. 즉, 물권에 근거한 물권적 청구권이나 가족권에 근거를 둔 부양청구권·동거청구권·재산분할청구권·상속회복청구권 등의 개념도 인정되고 있다.

3) 형성권

권리자의 일방적 의사표시에 의해 법률관계를 발생·변경·소멸시킬 수 있는 권리를 형성권(形成權)이라 하는데, 이에는 동의권·취소권·추인권·해제권·상계권 등과 같이 권리자의 일방적 의사표시만으로 법률관계의 변동을 가져오는 경우도 있으며, 채권자취소권·친생부인권·입양취소권 등과 같이 법원의 판결을 통해 비로소 법률관계의 변동을 가져오는 경우도 있다. 한편 지상권소멸청구권이나 전세권소멸청구권 등과 같이 청구권의 이름으로 불리는 권리 중에는 그 실질이 형성권일 때도 있다.

4) 항변권

청구권의 행사에 대하여 일시적으로 또는 영구적으로 그 청구권의 효력을 저지할 수 있는 권리를 항변권(抗辯權)이라 한다. 이는 상대방의 청구권에 대한 존재는 인정하면서 그 효력을 저지하는 권리이기 때문에 이를 반대권이라고도 한다. 항변권에는 동시이행의 항변권이나 보증인의 최고·검색의 항변권과 같이 청구권의 행사를 일시적으로 저지할 수 있는 연기적 항변권과 상속인의 한정승인의 항변권과 같이 영구적으로 그 효력을 저지할 수 있는 영구적 항변권이 있다.

3. 기타의 분류

1) 절대권과 상대권

사권은 권리에 대한 의무자의 범위를 표준으로 하여 절대권(絶對權)과 상대권(相對權)으로 나눌 수 있다. 권리를 주장할 수 있는 의무자가 특정되어 있지 않으며, 일반인을 모두 의무자로 하여 모든 사람에게 주장할 수 있는 권리를 절대권이라 하고, 특정인에 대하여만 주장할 수 있는 권리를 상대권이라 한다. 이러한 의미에서 절대권을 대세권이라 하고, 상대권을 대인권이라고도 한다. 물권·무체재산권·인격권 등은 절대권에 속하며, 채권은 대표적인 상대권이다.

2) 일신전속권과 일신비전속권

권리와 그 주체와의 관계를 표준으로 하여 일신전속권(一身專屬權)과 일신비전속권(一身非專屬權)으로 나눌 수 있다. 권리의 성질상 권리자와 밀접한 관계를 가지고 있기 때문에 양도 또는 상속에 의해 타인에게 귀속시킬 수 없는 권리를 일신전속권이라 하고, 그 반대의 경우를 일신비전속권이라고 한다. 인격권이나 가족권이 일신전속권에 속하며, 이는 다시 부양청구권처럼 권리주체만이 향수할 수 있고, 양도·상속 자체가 불가능한 귀속상의 일신전속권과 친권처럼 양도·상속뿐만 아니라 타인이 대위해 행사할 수 없는 행사상의 일신전속권으로 나누어진다. 일신비전속권은 양도성과 상속성이 있으며, 원칙적으로 재산권이 이에 속한다.

3) 주된 권리와 종된 권리

권리의 독립성에 의한 분류로서 다른 권리의 존재를 전제로 하여 이에 종속하는 권리를 종(從)된 권리라 하고, 그 다른 권리를 주(主)된 권리라고 한다. 이자채권은 원본채권의 종된 권리이고, 저당권과 같은 담보물권은 그 피담보채권의 종된 권리이며, 보증인에 대한 채권은 주채무자에 대한 채권의 종된 권리이다. 주된 권리에 대한 종된 권리의 종속 정도는 권리의 성질에 따라 차이가 있지만, 대체로 종된 권리는 그 발생·변동·소멸에 관하여 주된 권리와 법률적 운명을 같이한다.

4) 기대권

권리취득에 필요한 요건을 다 갖추지 못하고, 완전한 요건의 성립을 향하여 발전하고 있는 권리를 불완전한 권리 또는 생성 중의 권리라 하는데, 이러한 권리의 성립요건을 갖추어 나가는 과정에 있는 권리를 기대권(희망권)이라 한다. 예컨대, 정지조건부 권리, 시기부 권리, 상속개시 전의 추정상속인의 지위 등이 이에 속한다.

기대권은 요건이 갖추어졌을 때 취득되는 권리에 따라 물권적 기대권, 채권적 기대권, 가족권적 기대권으로 분류할 수 있다. 특히 물권행위와 부동산의 점유의 이전까지 받았으나 등기를 갖추지 못한 자의 법적 지위를 물권적 기대권으로 인정하여 보호할 것인가 아니할 것인가에 관하여 논쟁이 있다.

제 4 절 권리행사와 그 제한

Ⅰ. 권리행사

권리의 목적인 이익을 향수하기 위해서는 권리를 가진 자가 자기의 권리를 주장한다든가 또는 법에 의해 인정되어 있는 권리의 내용을 실현하는 행위를 할 필요가 있다. 이와 같은 행위를 권리의 행사(行使)라고 한다. 예컨대, 국민이 국회의원 선거에서 투표하는 행위, 소유권자가 그 소유권을 사용·수익·처분하는 행위, 채권자가 채무자에 대하여 급부를 청구하는 행위를 말한다.

이와 같이 권리의 행사는 권리의 내용에 따라 다른 형태로 나타나기는 하지만, 권리는 이를 행사함으로써 인정될 수 있으며, 권리자를 보호하는 법의 목적도 달성될 수 있는 것이다. 그러므로 권리를 행사하지 않고 권리 위에 잠자는 자는 권리자로서 보호할 가치가 없는 경우도 생긴다. 민법이나 상법에서 채권의 소멸시효를 규정하고 있는 것이 좋은 예가 될 것이다. 그런데 권리자는 무제한적인 권리행사의 자유를 가졌다고 볼 수 있느냐는 것은 중요한 문제이다. 공권의 경우를 예로 들자면 공권이란 공익을 위해 존재한다는 점에서 그 행사는 의무적인 것이라 할 수 있다. 그러나 사권의 경우는 공권과는 다르며, 일반적으로 권리의 행사는 임의적인 것이고 의무는 아니라는 것이 종래의 인식이었다. 그러므로 민법 제211조에서 "소유자는 법률의 범위 내에서 그 소유물을 사용·수익·처분할 권리가 있다"고 규정한 것은 물론 '법률의 범위 내'라고 하는 제약은 있으나, 그 한도 내에서 소유자가 그 소유물을 자유로이 사용·수익·처분할 수 있는 절대적이며 완전한 권리를 가진 것으로 이해될 수 있다. 그리고 이는 소유자 자신의 의사에 의하지 않고는 어느 누구라도 이 소유권을 제한할 수 없으며, 또한 권리를 행사하든, 하지 아니하든 이는 권리자의 자유일 뿐만 아니라 자기의 권리를 행사하는 자는 어느 누구에 대해서도 불법을 행하는 것이 아니라고 이해되어왔다.

II. 권리행사의 제한

권리행사는 그에 대응하여 의무를 부담하는 자에 대해서뿐만 아니라 그 외 다른 권리를 가진 자에 대해서도 직접·간접으로 많은 영향을 미치며, 나아가서는 사회생활 전반에 중대한 결과를 초래하는 경우가 많다. 그러므로 권리의 행사와 불행사는 항상 사회적인 이익과 조화가 되어야 한다는 점에 관한 반성이 일어나게 된다. 과거에 권리절대의 사상에 기인한 권리의 무제한적 행사가 자본가의 이윤추구나 자본의 축적에 봉사하고 자본주의 경제를 번영시킨 것은 사실이다. 그러나 이제 이러한 사권의 무제한적 행사는 자본주의 사회 그 자체의 유지 및 발전에 큰 위협이 되고 있다.

그리하여 소유권뿐만 아니라 모든 재산권은 헌법 제23조 제2항에서 "재산권의 행사는 공공복리에 적합하도록 하여야 한다"라고 선언함으로써 권리행사는 그 권리가 부여된 사회적·경제적 목적에 위배되지 않는 범위 내에서만 행사해야 한다는 소극적 의무를 수반하게 되었다. 그러므로 이러한 한도를 초월한 권리행사는 사실 권리행사가 아니라 권리남용으로서 위법성을 가진 것이라는 법리를 낳게 된다.

이러한 권리행사의 공공성·사회성으로 인하여 오늘날 권리의 개념 자체가 다소 변화하였다고 말할 수 있을 것이다. 권리의 공공성·사회성은 시대의 발전과 함께 점점 강화되었으며, 권리의 종류에 따라 그 정도를 달리하고 있다. 특히 토지재산권은 다른 어떠한 재산권보다 공공성·사회성이 강하게 요청되고 있으며, 그 구체적인 표현이 토지공개념이라 할 수 있다. 특히 민법에 있어서 권리의 공공성·사회성은 신의성실의 원칙 또는 권리남용금지의 원칙을 통해 구체화되고 있다.

제5절 의 무

I. 의무의 개념

의무(義務)의 개념에 대해서도 권리의 개념과 마찬가지로 다음과 같은 학설의 대립이 있다. ① 권리의 개념에 대하여 의사설을 취하는 견해는 의무에 대해서도 법에 의해 정하여진 의사의 구속이라고 설명하고, ② 의무가 법률상의 책임이라는 견해도 있으며, ③ 일정한 작위 또는 부작위를 해야 할 법적 구속을 의미한다는 견해도 있다.

　여기서 ①의 견해는 권리의 개념에서와 마찬가지로 의사능력이 없는 자가 의무를 부담하게 되는 경우를 설명할 수 없게 되고, ②의 견해는 의무위반으로 인하여 발생할 수 있는 결과로서 예컨대, 강제집행과 같은 책임을 의무와 동일시할 수는 없다는 비판을 받게 된다. 결국 권리의 개념을 설명하는 데 있어서 권리법력설(權利法力說)에 대응하는 ③의 견해에 따라 의무를 설명하는 것이 타당하며, 또한 일반적인 태도라고 할 수 있다.

　이러한 법적 의무는 간접의무 내지 책무와는 구별된다. 간접의무 내지 책무란 그것을 준수하지 않으면 그 부담자에게 법에 의한 일정한 불이익이 발생하지만, 상대방이 이를 소로써 강제하거나 그 위반에 대하여 손해배상을 청구할 수는 없다. 예컨대, 증여자의 하자고지의무(민법 제559조), 청약자의 승낙연착의 통지의무(민법 제528조 제2항), 채권자의 수령의무(민법 제400조) 등을 들 수 있다.

II. 권리와 의무의 관계

　법률관계가 권리와 의무로 구성되어 있다는 점에서 나타나는 바와 같이 권리가 일정한 이익을 향수할 수 있도록 하는 법적 힘이라 한다면 일방에서 권리가 특정인에게 부여된다면 타방에서는 반드시 이에 상응하는 법률상의 구속을 받는 자가 있게 마련이다. 즉, 원칙적으로 권리가 있으면 이에 상응하는 의무가 수반되는 것이라고 할 수 있다. 예컨대, 특정의 토지를 넘겨받을 권리를 갖게 되는 반면, 파는 사람(매도인)은 토지를 넘겨줄 의무를 부담하게 되는 것과 같다. 그러나 이러한 대응이 모든 경우에 반드시 이루어지는 것은 아니며, 법인의 등기의무와 같이 권리가 대응하지 않는 의무도 있고, 취소권·동의권·해제권과 같은 형성권에 있어서는 의무가 대응하지 않는 권리도 존재한다. 권리자와 의무자의 지위 역시 각각에게 독립적으로만 존재하는 것은 아니다.

　위의 예에서 매수인은 토지의 양도와 관련해서는 권리자이지만 이에 대응하는 대금의 지급에 있어서는 의무자가 되고, 반대로 매도인은 토지의 양도와 관련하여서는 의무자이지만 대금을 받을 수 있는 권리자의 지위를 동시에 갖게 되는 것이다.

제 6 절 권리·의무의 주체와 객체 및 변동

I. 권리·의무의 주체

　　법률관계에 있어서 권리·의무의 주체(主體)가 될 수 있는 자격 내지 지위를 법인격이라 하며, 법인격을 인정하는 데 요구되는 일정한 자격을 권리능력이라 한다. 즉 권리능력을 갖고 있는 자는 모두 법인격을 가진 자로서 법률상 권리·의무의 주체가 될 수 있는 것이다. 이와 같이 권리·의무의 주체가 될 수 있는 권리능력자로는 자연인과 법인이 있다. 자연인은 생명과 의사를 가진 보통의 인간을 의미하는데, 우리 민법 제3조에서는 "사람은 생존하는 동안 권리·의무의 주체가 된다"고 규정하여 자연인의 권리능력을 인정하고 있다. 한편 법인은 자연인과는 다르지만 권리능력을 부여받기에 적합한 사회적 활동을 하는 일정한 단체로서 법에 의해 인격이 부여된 것이며(민법 제31조), 사람의 단체인 사단법인과 재산의 단체인 재단법인이 있다.

II. 권리·의무의 객체

　　권리가 형식적으로는 권리주체에게 부여된 법률상의 힘이라고 할 수 있지만, 그 내용인 법적 힘을 행사할 대상을 필요로 한다. 이러한 권리의 대상을 권리의 객체(客體)라고 한다. 일반적으로 권리의 객체는 권리의 종류에 따라 매우 다양한데, 물권에 있어서는 일정한 물건이 되고, 채권에 있어서는 특정인의 행위, 형성권에 있어서는 일정한 법률행위, 항변권에 있어서는 일정한 청구권, 지식재산권에 있어서는 저작·발명과 같은 정신적 창작물, 인격권에 있어서는 생명·신체·명예와 같은 권리자의 인격적 이익 등이 각각 그 권리의 객체가 된다. 다만, 우리 민법은 제98조에서 "물건이라 함은 유체물 및 전기 기타 관리할 수 있는 자연력을 말한다"고 규정하여 다양한 권리의 객체 중에서 특히 물건에 대한 정의를 규정하고 있을 뿐이다.

III. 권리의 변동

　　권리의 변동(變動)은 그 내용을 중심으로 살펴보면 권리의 발생·변경·소멸이고, 이를 주체를 중심으로 하여 살펴보면 권리의 취득·변경·상실이 된다.

1. 권리의 취득(取得)

어떤 사람이 집을 건축하여 소유권을 취득하는 것과 같이 특정한 권리를 원시적으로 취득하는 경우도 있고(원시취득·절대적 발생), 매매나 상속 등을 통해 타인의 권리를 이전받아 취득하는 경우도 있다(승계취득·상대적 발생). 승계취득은 다시 구권리자가 권리의 동일성을 유지하면서 남김없이 신권리자에게 이전시키는 이전적 승계와 가옥의 소유자가 임차권을 설정하는 것과 같이 구권리자의 권리는 그대로 존속하면서 그 권리의 내용 중 일부만을 신권리자가 취득하는 설정적 승계로 나누어진다. 또한 승계취득은 권리취득의 범위에 따라 특정승계와 포괄승계로 나누어지는데, 매매처럼 하나의 취득원인에 근거하여 하나의 권리를 취득하는 것이 특정승계이며, 상속·회사합병 등과 같이 하나의 취득원인에 근거하여 구권리자의 모든 권리를 포괄적으로 승계하는 것이 포괄승계이다.

2. 권리의 변경

권리가 그 동일성을 잃지 않고 권리의 주체·내용·효력이 변하는 것이 권리의 변경(變更)이다. 권리주체의 변경은 권리의 승계라고 할 수 있을 것이다. 그리고 권리내용의 변경은 권리의 질적·양적 변경으로서 일반적인 채권이 채무불이행으로 인하여 손해배상채권으로 변경되는 것은 질적 변경이라 할 수 있고, 제한물권의 설정에 의한 소유권의 제한은 양적 변경에 해당할 것이다. 권리의 효력에 대한 변경은 부동산임대차의 등기에 의해 제3자에게 대항할 수 있게 되는 것에서 그 예를 발견할 수 있지만, 넓게 보면 권리내용의 질적 변경과 크게 다르지 않다.

3. 권리의 소멸

권리의 소멸(消滅)은 권리주체로부터 권리가 이탈하는 것을 의미하는데, 권리 자체가 사회생활관계에서 완전히 사라지는 절대적 소멸(객관적 소멸)과 권리 자체는 존속하지만, 그 주체가 변경됨으로써 권리를 상실하는 자의 측면에서 본 상대적 소멸(주관적 소멸)이 있다. 상대적 소멸은 권리를 취득하는 신권리자의 측면에서는 권리의 상대적 발생이 된다.

〈학습확인문제〉

1. 법의 의의에 관한 설명으로 옳지 않은 것은?

   ① 법은 사회규범의 일종이다.

   ② 법은 재판규범이 되기도 한다.

   ③ 법은 존재의 법칙이 지배한다.

   ④ 법은 양면성을 갖지만 도덕은 일면성을 가진다.

(해설) 법은 강제력을 수단으로 하는 사회규범으로, 행위규범인 동시에 재판규범으로서 역할한다. 법은 사람이 해야 할 것과 하지 말아야 할 것을 명하는 당위규범으로 있는 사실 그대로를 바탕으로 하는 자연법칙(존재법칙)과 구분된다. 도덕은 의무만 규율하므로 일면성을 가지지만, 법은 권리와 의무를 모두 규율하므로 양면성을 갖는다.

(정답 ③)

2. 대륙법계의 특징으로 옳지 않은 것은?

   ① 제정법에 대한 판례법의 우위

   ② 독일법계와 프랑스법계가 중심

   ③ 성문법 중심

   ④ 법의 발전에 법학자의 역할이 중요함

(해설) 대륙법계는 독일법계와 프랑스법계를 중심으로 성문의 제정된 법률을 논리적으로 분석하여 개개의 사건에 적용하는 형식을 취하고 있다. 법학자의 해석이 중요한 역할을 수행하고, 일반적이고 추상적 규범으로 체계화되어 있다는 특징이 있다. 반면에 영미법은 개개의 사건을 통해 형성된 판례법을 중심으로 법관의 역할이 중요한 특징을 가진다.

(정답 ①)

3. 다음에서 설명하는 특징을 모두 가진 법은?

> 가. 공공복리의 관점에서 사회적 약자를 보호하여 실질적 평등을 추구하고자 한다.
> 나. 근대 자본조의의 문제점을 합리적으로 해결하기 위하여 발전한 법 분야이다.
> 다. 노동법, 사회보장법, 사회복지법, 경제법 분야의 법이 대표적이다.

① 공법　　② 사법　　③ 국제법　　④ 사회법

(해설) 가, 나, 다는 모두 사회법의 특성을 설명한 것이다.

(정답 ④)

4. 형법은 대한민국영역 외에서 죄를 범한 내국인에게 적용한다. (○, ×)

(해설) 형법 제3조. 형법은 대한민국영역 외에서 죄를 범한 내국인에게 적용된다.

(정답 ○)

5. 국적을 기준으로 하여 자기 국민은 국내에 있건 외국에 있건 가리지 않고 자기 나라 법을 적용한다는 입장이 속인주의이다. (○, ×)

(해설) 속인주의 설명으로 옳다.

(정답 ○)

6. 생명침해로 인한 위자료를 청구할 수 있는 배우자의 범위에 사실혼관계의 배우자가 포함된다고 해석하는 것은 물론해석이다. (○, ×)

(해설) 확장해석에 해당하며, 물론해석의 예로는 과실책임을 물을 때 그보다 중한 고의책임은 당연히 포함되는 것으로 해석하는 경우가 있다.

(정답 ×)

7. "각 자에게 그의 몫을"이라는 격언이 강조하는 법이념은 정의(正義)를 강조하는 표현이다. (○, ×)

(해설) 로마제국의 법학자 울피아누스는 「학설휘찬」에서 올바르게 사는 것, 타인을 해치지 않는 것, 각자에게 그의 몫을 주는 적, 이것이 법의 계명(誡命)이라고 하였다. "각 자에게 그의 몫을 주는 것"은 정의를 강조한 표현이다.

(정답 ○)

8. 관습법이 성립하기 위하여는 국가기관에 의한 인정절차가 반드시 필요하므로, 어떤 관행이 존재하고 구성원들 사이에 법적 확신이 생겼다고 하더라도 이를 불문의 법원(法源)이

라고 볼 수 없다는 것이 통설이다.

(해설) 관습법이 성립하기 위해서는 사회에서 거듭되어 온 관행과 이로 인하여 사회구성원들 간에 그것을 지켜야만 한다는 법적 확신이 있는 경우라면 이를 불문의 법원으로 볼 수 있다는 것이 통설이다.

(정답 ×)

9. 상사(商事)에 관하여 상법에 규정이 없으면 상관습법에 의하고 상관습법이 없으면 민법의 규정에 의한다. (○, ×)

(해설) 상법 제1조. 상법은 민법의 특별법이므로 상사에 관하여는 상법과 상관습법이 순차적으로 적용되고, 어떤 것도 없는 경우 민법의 규정에 따른다는 의미이다.

(정답 ○)

10. 민법과 상법이 사법이자 실체법이므로, 그 권리구제와 관련된 민사소송법 역시 사법이자 절차법으로 분류할 수 있다. (○, ×)

(해설) 권리구제의 절차를 규정하고 있는 민사소송법은 공법(公法)에 속하며, 절차법이다.

(정답 ×)

제 2 편

각론(各論)

제1장

헌법(憲法)

제 1 절 헌법과 국가

Ⅰ. 헌법의 의의

1. 헌법이란?

한 나라가 지켜야 할 국민의 기본권 인권을 정하고 이를 보장하기 위한 국가기관의 권한을 분리하여 부여한 국가의 최상위 규범이 헌법이다. 영어로는 constitution, 독일어로는 Verfassung이라고 하고 대한민국에서는 헌법으로 불리고 있다.

이러한 헌법은, 서양의 근대화 과정에서 명예혁명과 시민혁명 그리고 미국에서는 식민지의 독립 과정에서 시민의 인권을 보장하도록 인권 목록을 포함한 권리장전을 국가가 인정하면서, 인권 규정을 포함하게 되었다. 인권은 '인간이면 누구나 누릴 수 있는 당연한 권리' 또는 '하늘로부터 부여받아 사람이면 당연히 가지는 권리'라고 말할 수 있다. 이 인권은 헌법 제10조의 "인간의 존엄과 가치"와 같은 헌법의 근본규범과 그 이하 규정을 통하여 구체화하고 있다. 이 인권이 어느 국가의 성문헌법전에 규정하여 구체적 권리로 보장되면 '기본권'이라 부르기도 하고, 우리 헌법 제10조에서는 국가가 "기본적 인권"을 확인하고 이를 보장할 의무를 진다고 규정한다.

2. 성문헌법과 불문헌법

성문헌법(成文憲法)이란 헌법전의 형식으로 존재하는 것을 말한다. 불문헌법(不文憲法)은 관습헌법이라고도 한다. 관습헌법이란 국가에서 용인되고 있는 헌법적 가치를 갖는 관습적 규범의 총체를 말한다. 우리 헌법재판소는 "서울이 우리나라 수도인 점은 우리나라의 헌법제정이 있기 전부터 전통적으로 존재해 온 헌법적 관습이며, 우리 헌법조항에서 명문으로 밝힌 것은 아니지만, 자명하고 헌법에 전제된 구범(舊範)으로서 관습헌법으로 성립된 불문헌법에 해당한다"(헌재 2004. 10. 21. 2004헌마554)고 한다.

Ⅱ. 국가의 의의

국가(國家)는 사회를 바탕으로 사회를 구성하는 모든 사람의 능력과 개성이 최대한 발휘될 수 있는 정의로운 사회질서와 사회평화를 확립하고 보장하기 위한 사회의 조직된 활동단위이다. 전통적인 국가이론에 의하면 국가의 세 가지 요소로 '국민', '영토', '주권'을 든다. 우리 헌법 제1조 제1항에서 대한민국은 민주공화국이라 규정하고 있고, 제2항에서 대한민국의 주권은 국민에게 있고 모든 권력은 국민으로부터 나온다고 하고 있다. 우리나라의 헌법 역시 국민·영토·주권을 국가의 요소로 하고 있다.

1. 대한민국의 인적 존립기반

대한민국의 인적 존립기반은 국적을 중심으로 결정된다. 우리 헌법은 대한민국 국민을 인적 존립의 기반으로 삼고 있다. 외국인과 무국적자는 설령 우리나라에서 생활하고 있더라도 대한민국의 인적인 존립기반은 아니다.

1) 대한민국 국민

국적법정주의에 따라 국적법에서 국적의 취득과 상실에 관한 자세한 내용을 정하고 있다. 우리 국적법은 제2조 제1항 제1호에서 출생 당시 부 또는 모가 대한민국의 국민인 자, 사망한 부가 대한민국의 국민이었던 자, 부모가 불명할 경우 등에는 대한민국에서 출생한자는 출생과 동시에 대한민국 국적을 취득하도록 규정했다. 이것은 종래 부계형 통주의에서 부모양계혈통주의(父母兩系血統主義)로 변화되었다. 국적취득은 혈통주의가 원칙이지만 후천적인 국적취득 역시 국적법에서 정하고 있다. 혼인·인지·귀화로 인한 국적취득이 그것이다.

부모양계혈통주의의 변화 과정에서 국적법상 기본권을 침해하는 사례가 발생되었다. 미국 국적의 부와 대한민국 국적의 모 사이에서 출생한 사람(청구인)이 국적법 제2조 제1항 제1호의 '출생한 당시에 모가 대한민국의 국민인 자'로서 출생과 동시에 대한민국 국적을 취득하고, 미국 영토 내에서 태어나 출생과 동시에 미국 국적도 취득하여, 출생 시부터 대한민국과 미국의 국적을 모두 가진 복수국적자가 되었고, 국적법 제12조 제2항 본문은 '병역법 제8조에 따라 병역준비역에 편입된 자는 편입된 때부터 3개월 이내에 하나의 국적을 선택하거나 제3항 각 호의 어느 하나에 해당하는 때부터 2년 이내에 하나의 국적을 선택하여야 한다'라고 규정하여, 병역준비역에 편입된 자의 국적선택 기간을 제한하고 있다. 또한, 국적법 제14조 제1항 단서에 의하면, 제12조 제2항 본문에 해당하는 사람(평역준비역에 편입되는 자)의 경우 위 국적을 선택할 수 있는 기간 이내에 법무부장관에게 대한민국 국적으로부터 이탈한다는 뜻을 신고할 수 있고, 그 기간을 경과하면 병역의무가 해소되기 전에는 국적이탈 신고를 할 수 없었다.

이에 청구인은 대한민국 국민인 남성으로서 병역법상 만 18세가 되는 해인 2017. 1. 1.로부터 3개월 이내인 2017. 3. 31.까지 원칙적으로 어느 하나의 국적을 선택할 의무가 있고, 이 기간이 지나면 병역의무가 해소되기 전에는 국적이탈 신고를 할 수 없었다.[1] 대한민국 국적에서 이탈하려 하는데, 위 국적법 시행규칙조항에 의하여 국적이탈 신고를 하기 위해서는 우선 출생신고를 하여야 하고, 위 국적법 조항들에 의하여 2017. 3. 31.이 지나면 병역의무가 해소되지 않는 이상 국적이탈이 제한되는바, 이들 규정이 자신의 기본권을 침해한다고 주장하면서, 2016. 10. 13. 이 사건 헌법소원심판을 청구하였다.[2] 헌법재판소는 "병역준비역에 편입된 복수국적자가 국적선택 기간 내에 국적이탈 신고를 하지 않은 경우 병역의무가 해소되기 전에는 그 복수국적자가 주된 생활의 근거를 외국에 두고 있는 경우에도 예외 없이 대한민국 국적에서 이탈할 수 없도록 제한하는 점에 있다. 입법자는 주된 생활근거를 외국에 두고 있는 복수국적자와 같은 경우에, 그가 심판대상 법률조항에서 정한 기간 내에 국적이탈 신고를 하지 못하였다고 하더라도 그 사유가 정당한 경우에는 예외적으로 그 요건과 절차 등을 정하여 국적이탈 신고를 할 수 있도록 함으로써 심판대상 법률조항의 위헌성을 제거할 수 있다. 그런데 헌법재판소가 심판대상 법률조항에 대한 단순위헌결정을 하여 그 효력이 즉시 상실되면, 국적선택이나 국적이탈에 대한 기간 제한이 정당한 경우에도 그 제한이 즉시 사라지게 되어, 병역의무의 공평성 확보에 어려움이 발생할 수 있다. 그러므로 심판대상 법률조항에 대하여 헌법불합치결정을 선고하고, 입법자의 개선입법이 있을 때까지 잠정적용을 명하기로 한다. 입법자는 늦어도 2022. 9. 30.까지 개선입법을 하여야 하며, 그때까지 개선입법이 이루어지지 않으면 심판대상 법률조항은 2022. 10. 1.부터 그 효력을 잃는다"[3]라고 판단했다. 이에 따라 국적법 제14조의2(대한민국 국적의 이탈에 관한 특례)를 신설하여 "병역준비역에 편입된 때부터 3개월 이내에 대한민국 국적을 이탈한다는 뜻을 신고하지 못한 경우 법무부장관에게 대한민국 국적의 이탈 허가를 신청할 수 있다"는 규정을 두게 되었다.

2) 재외국민

재외동포법은 재외국민과 외국 국적동포를 재외동포라고 규정한다. 재외국민도 대한민국의 인적인 존립기반을 형성한다. 재외국민이란 우리 국적을 가지고 있으면서 외

---

1) 헌재 2020. 9. 24. 2016헌마889, 판례집 32−2, 280, 285.
2) 헌재 2020. 9. 24. 2016헌마889, 판례집 32−2, 280, 286.
3) 헌재 2020. 9. 24. 2016헌마889, 판례집 32−2, 280, 296.

국에서 영주하거나 장기간 외국에서 체류하며 생활하는 사람을 말한다. 헌법 제2조 제2항에서 "국가는 법률이 정하는 바에 의해 재외국민을 보호할 의무를 진다"고 규정하고 있다. 헌법재판소는 국가의 재외국민 보호의 의미에 관하여 거류국의 법령에 의해 누릴 수 있는 모든 분야에서 정당한 대우를 받도록 거류국과의 관계에서 국가가 하는 외교적 보호와 국외 거주국민에 대하여 특별히 법률로써 정하여 베푸는 법률·문화·교육 기타 제반영역에서의 지원을 뜻하는 것으로 이해한다.

구 공직선거법 제37조 제1항 등의 선거에 있어서의 주민등록 요건에 대하여, 헌법재판소는 2004헌마644, 2005헌마360(병합) 결정에서 종래의 입장을 바꾸어, 주민등록을 요건으로 재외국민의 국정선거권을 제한하는 것은 재외국민의 선거권, 평등권을 침해하고 보통선거원칙을 위반한다고 하여 헌법불합치결정을 한다고 결정하였다. 이 결정으로 공직선거법(2009. 2. 12. 법률 제9466호로 일부 개정된 것)이 개정되어 대통령, 국회의원 선거, 지방선거, 국민투표에서 재외선거 제도를 도입·실시되었다.

3) 북한주민

우리 헌법 제3조에 따르면 북한지역도 대한민국 영토에 포함된다. 이는 한반도에서의 유일한 합법정부가 대한민국뿐이고, 북한지역은 불법적으로 점령한 미수복지역으로서 북한을 반국가단체로 보는 국가보안법의 근거가 되고 있다. 헌법재판소는 국가의 존립·안전과 국민의 생존 및 자유를 수호하기 위해 국가보안법의 해석·적용상 북한을 반국가단체로 보고 이에 같은 조항은 반국가활동을 규제하는 것 자체가 헌법이 규정하는 국제평화주의나 평화통일의 원칙에 위배되지 않는다고 한다. 헌법 전문과 제4조에서는 평화적 통일정책의 수립과 추진을 규정하고 있고, 「남북교류협력에 관한 법률」이 제정되어 납북합의서가 교환되었다. 헌법재판소는 국가보안법과 남북교류협력에 관한 법률은 상호 그 입법목적과 규제대상을 달리하기 때문에 합헌이라 판시한다. 남북교류협력에 관한 법률은 헌법 제4조가 천명하는 자유민주적 기본질서에 입각한 평화적 통일정책을 수립하고 이를 추진하는 것을 목적으로 하는 반면에 국가보안법이 존재한다는 것이다.

우리 헌법재판소는 북한이 대화와 협력의 동반자인 동시에 반국가단체라는 성격도 함께 가진다는 이중적 성격론에 기초하고 있다. 북한지역에는 조선민주주의인민공화국이 국가형태를 갖추고 있고 사실상 우리의 법 집행권이 미치지 못하지만, 대법원은 북한지역을 우리 영토로 보고 있고 북한 국적의 주민은 대한민국 국적을 취득·유지함에 아무런 영향이 없다고 판시한다.

2. 대한민국의 공간적 존립기반

1) 영토

국가는 일정한 영역을 공간적 존립기반으로 한다. 대한민국 영토(領土)는 한반도와 그 부속도서로 한다. 육지의 표면뿐만 아니라 「영해 및 접속수역법」에 따라 한반도와 그 부속도서의 육지에 접한 12해리까지의 영해와 영토 및 영해의 상공도 대한민국의 영토에 속한다.

2) 독도

우리나라 정부는 1999년 1월 6일 「대한민국과 일본국간의 어업에 관한 협정」을 체결하여 독도를 중간수역에 포함시켜 한일양국이 공동 관리하도록 하였다. 이 협정이 독도에 대한 우리나라의 배타적 지배권을 포기하는 것으로서 국민의 주권, 영토권, 경제적 기본권, 직업선택의 자유, 행복추구권 등을 침해한다는 이유로 헌법소원이 제기되었다. 헌법재판소는, 이 사건 협정은 배타적 경제수역을 직접 규정한 것이 아닐 뿐만 아니라 배타적 경제수역이 설정된다고 하더라도 영해를 제외한 수역을 의미하며, 이러한 점들은 이 사건 협정에서의 이른바 중간수역에 대해서도 동일하다고 할 것이므로, 독도가 중간수역에 속해 있다고 할지라도 독도의 영유권문제나 영해문제와는 직접적 관련을 가지지 않는다고 결정하였다(헌재 2001. 3. 21. 99헌마139). 2005년에는 독도와 주변해역의 생태계 보호 및 합리적인 관리·이용을 위해 「독도의 지속가능한 이용에 관한 법률」과 그 시행령을 제정하여 시행하고 있다.

3. 대한민국의 주권

1) 국민주권의 이념

우리 헌법은 전문에서 헌법제정의 주체가 '국민'임을 밝히고 있다. 헌법 제1조에서 "대한민국은 민주공화국이다. 대한민국의 주권은 국민에게 있고, 모든 권력은 국민으로부터 나온다"라고 규정하여 국민주권(國民主權)의 이념에 기초하고 있다.

2) 국민주권의 본질

종래에는 주권의 개념을 하나의 실체적인 개념으로 이해하려는 것이 지배적이었다. 주권이란 국가의사를 결정하는 최고의 독립적·불가분적·불가양적인 권력이라는 것이다. 주권의 개념을 실체적인 개념으로 이해하는 경우에 주권이 국가권력·통치권·헌법제정권력 등의 개념과는 어떠한 차이가 있는지 관심이 집중된다.

3) 국민주권의 실현원리

(1) 직접민주주의(直接民主主義)

루소는 정치공동체의 조직원리로서 국민주권론과 그 통치형태적 실현원리(루소의 직접민주주의 사상)로서 직접민주주의 사상을 대표한다. 인간은 이성적 존재로서 집단 속에서 삶을 영위해야만 하며, 집단생활은 바로 질서를 의미하며 질서는 권력을 필요로 한다. 그런데 권력을 특정인에게 부여하면 권력자의 개인적 이익추구를 위해 권력을 남용하고 악용할 위험이 있고 이로 인해 구성원의 자유와 평등을 파괴할 위험이 있으므로 권력을 특정인에게 부여할 것이 아니라 모든 구성원이 모이는 의회에 부여해야 한다고 주장한다.

칼 슈미트는 민주주의를 통치자와 피치자, 지배자와 피지배자의 동일성을 실현하는 것(칼 슈미트의 동일성 민주주의)으로 이해한다. 슈미트의 동일성 민주주의론은 국민의 정치적 평등으로 국가의사 결정과정에서 국민상호간에는 물론이고 통치자와 피치자간에는 차별이 없으며 실질적으로 평등함을 전제로 하고 있다. 그의 동일성이론에 의하면 정치적 통일체를 형성하는 데 대의의 원리와 동일성의 원리가 모두 필요한 것으로 이해하면서도, 국민의 정치적 평등이나 의원의 정당기속현상 등으로 대표하는 자와 대표되는 자 사이의 평등과 동질성을 바탕으로 하는 동일성의 원리 때문에 대의의 원리는 소멸하게 되었다고 여긴다.

(2) 대의민주주의(代議民主主義)

대의제도란 국민이 직접 정치적인 결정을 내리지 않고 그 대표를 통해 간접적으로만 정치적인 결정에 참여하는 통치기관의 구성원리를 말한다. 국민이 선출한 대의기관은 일단 국민에 의해 선출된 후에는 법적으로 국민의 의사와 관계없이 독자적인 양식과 판단에 따라 정책결정에 임하는 자유위임관계를 그 본질로 한다. 대의기관의 의사결정과 국민의 의사가 일치한다는 것은 하나의 이상에 불과하다. 물론 대의제도는 대의기관의 의사와 국민의 의사가 일치하도록 여러 가지 투입경로(input-channel)를 마련하여 일치가능성을 높이도록 하는 의사결정의 메커니즘이지만, 항상 그것이 일치한다는 것은 불가능하다. 그렇기 때문에 자유위임관계를 본질로 하는 대의제도는 정책결정을 할 때마다 국민의 의사를 타진하고 국민의 구체적인 지시에 따라 행동하고 그 위임사항만을 집행하는 명령적 위임관계와는 다르다.

제 2 절   국민의 기본권

I. 기본권의 의의

인권(人權)이라 함은 인간이 인간으로서 당연히 누리는 권리를 말한다. 일반적으로 인권이란 개념을 기본권이란 개념과 동일한 의미로 사용하기도 하지만 엄밀히 말하면 동일한 것은 아니다. 인권은 인권사상을 바탕으로 한 인간의 생래적이고 천부적인 권리를 의미하지만, 기본권은 헌법이 보장하는 국민의 기본적 권리를 의미하기 때문이다.

II. 기본권의 법적 성격

기본권이란 국가권력으로부터 개인의 자유와 권리를 방어하기 위한 소극적·방어적 성격을 띠는 것으로, 국가에 대한 방어권 내지 개인의 주관적 공권으로서의 성격을 갖는다. 주관적 공권으로서 기본권이라 함은 국가에 대하여 일정한 부작위 또는 작위를 요청할 수 있는 개인의 권리를 의미한다.

기본권은 국가의 공권력행사에 대항하여 자신의 자유영역을 방어하는 주관적 공권의 성격 외에도 객관적 법질서 내지는 객관적 가치질서로서의 성격도 가진다. 객관적 가치질서로서의 기본권 또는 객관적 법으로서의 기본권의 내용은 소극적 권한규범(negative Kompetenznorm)으로서 제도적 보장이자, 국민의 기본적인 의무가 되어 법률의 해석 및 형성의 기준으로서 역할을 한다.

III. 기본권의 주체

헌법에 보장된 기본권을 자연인인 국민이 향유할 수 있다는 점에는 이론이 없다. 우리 헌법재판소도 외국인의 기본권 주체성을 긍정한다. 독일 기본법 제19조 제3항에서는 법인에게도 성질상 적용할 수 있는 기본권은 법인에게도 인정된다는 명문규정을 두고 있다. 우리 헌법에서는 법인의 기본권 주체성에 관하여 명문규정을 두고 있지 않다. 기본권의 성질이 허용하는 한 법인도 기본권의 주체가 된다. 공법인의 경우 이들 스스로 기본권적 가치질서를 실현시켜야 하는 통치기능적인 책임과 의무 때문에 기본권 주체성을 인정할 수 없다. 다만, 공·사법성을 겸유한 법인(축산업협동조합) 등에게는 기본권 주체성을 인정한 바 있다(헌재 2000. 6. 1. 99헌마553). 태아도 헌법상 생명권의 주체가 되며, 국가는 헌법 제10조 제2문(기본적 인권의 확인과 보장의무)에 따라 태아의 생명을 보호할 의무

가 있다.[4)]

Ⅳ. 기본권의 효력

1. 국가에 대한 효력

기본권은 전통적으로 국가의 공권력 행사로부터 방어하기 위한 주관적 방어권 내지는 주관적 공권으로 이해되었기 때문에 기본권의 대국가적 효력, 즉 국민 대 국가의 문제를 중심으로 논의되고는 하였다. 기본권은 국가권력을 구속하기 때문에 입법권·행정권·사법권은 기본권에 구속되고, 기본권의 주체는 국가권력에 대하여 기본권 방해 및 침해금지를 주장할 수 있다.

2. 사인에 대한 효력

오늘날에는 기본권에 대한 위협이 국가권력뿐만 아니라 여러 형태의 사회적인 압력단체나 사인(私人)으로부터 나올 수 있게 되었고, 사회세력 내지 사인에 대해서도 기본권을 보호할 현실적인 필요성이 생겼다. 이른바 기본권의 대사인적 효력 및 제3자적 효력에 관한 문제이다.

대사인적 효력에 관하여 직접적용설과 간접적용설이 대립한다. 직접적용설은 기본권은 사인 상호간의 법률관계에도 직접적인 구속력을 가지며, 사법관계에 직접 적용된다는 것이다. 기본권이 직접적 또는 절대적 효력을 갖는다는 의미는 사법에 있어서 단지 지침이나 해석원칙으로서만이 아니라 규범적 효력을 직접 발휘한다는 것이다. 간접적용설은 사인간의 법률관계를 규율하는 것은 우선 사법이기 때문에 헌법상의 기본권규정이 사법질서에서 직접적으로 적용될 수는 없고 기본권은 사법의 일반조항을 매개로 하여 간접적으로 사인 상호간에 적용된다는 것이다. 공·사법 이원론의 체계를 유지하는 현행 법체제에서 사법질서의 독자성과 고유법칙성을 존중하기 위한 노력으로 볼수 있다. 우리 법원에서는 간접적용설에 따른 결정을 하고 있다(서울중앙지법 2009. 2. 10. 선고 2005가합82852 판결).

3. 기본권의 경쟁 및 상충관계

기본권의 대국가적 효력과 대사인적 효력을 전제로 하여 기본권의 주체가 국가권력에 대하여 기본권을 주장하거나 또는 사인 상호간의 관계에서 기본권이 적용되는 경우

---

4) 헌재 2019. 4. 11. 2017헌바127, 판례집 31-1, 404, 418.

에 자주 등장하는 문제가 기본권의 경쟁 및 상충관계이다.

1) 기본권의 경쟁(경합)관계

일정한 공권력 행사에 의해 기본권 주체의 여러 기본권 영역이 동시에 침해를 받았거나, 동일한 기본권 주체가 국가권력에 대하여 동시에 여러 기본권의 효력을 주장하는 경우에 이들 기본권 상호간에는 경쟁관계가 성립한다. 예컨대, 집회나 시위에 참여하려는 사람을 체포·구속한 경우 신체의 자유와 집회의 자유 사이의 경합이 그것이다. 기본권 경쟁의 경우 기본권 주체는 어느 기본권을 주장하는가의 문제가 발생하고, 기본권 침해 여부를 심사하는 국가기관으로서는 그 침해 여부를 심사해야 하는가의 문제가 발생한다.

일반법과 특별법의 관계가 아닌 기타의 경우에는 서로 경쟁하는 기본권은 일반적으로 상호보완 내지 상승작용으로 국가권력이 기본권에 기속되는 정도가 심화되고 기본권의 효력이 오히려 강화되는 것이 원칙이다. 예컨대, 국가가 직업선택의 기회균등을 제한한다면 직업선택의 자유와 평등권은 상호보완적인 경쟁관계에 있다. 이러한 경우에는 관련 기본권이 모두 적용되어야 한다.

2) 기본권의 상충(충돌)관계

상이한 기본권 주체가 서로 상충하는 이해관계의 다툼에서 각각 나름대로의 기본권을 들고 나오는 경우 이들 기본권은 서로 상충관계에 있다고 말한다. 기본권의 상충관계가 성립하려면 우선 기본권의 적용을 주장하는 자의 행위가 해당 기본권 규정의 보호영역에 해당하는 것이어야 한다. 개별 기본권 규정은 각각의 보호영역을 가지고 있는데, 이러한 보호영역의 범위 내에서 행사되는 기본권만이 진정한 기본권의 행사로 인정되기 때문이다. 예컨대, 연극배우가 자신의 예술적 정신을 승화시키기 위해 무대 위에서 살인을 하고 피살자의 생명권 침해 주장에 대하여 예술의 자유를 주장하는 경우 예술의 자유를 규정하고 있는 헌법규정은 이러한 행위까지 그 보호영역으로 하지 않는다.

기본권 상충관계를 해결하기 위한 방법으로는 이익형량이론과 규범조화적 해석의 방법이 있다. 기본권이 충돌할 때 상위기본권을 우선시하거나 인격적 가치·자유 등을 우선시함으로써 기본권 상충관계를 해결하는 것이 이익형량의 방법이다. 기본권의 상충관계를 해결하기 위한 조화의 원칙 내지 규범조화적 해석방법은 두 기본권이 상충하는 경우 이익형량에 의해 어느 하나의 기본권만을 다른 기본권에 우선시키지 않고 헌법의 통일성을 유지하기 위해서 상충하는 기본권 모두가 최대한으로 그 기능과 효력을 나타낼 수 있도록 조화의 방법을 찾으려는 것이다.

V. 기본권의 보호영역

기본권은 일정한 보호영역을 가진다. 기본권은 다양한 법익과 생활영역을 보호하고 있으며, 아주 간략하게 서술되어 있어서 기본권의 주체와 다른 기본권의 상호관계를 통해 이해될 수 있다. 주로 이러한 것들은 생명·건강·재산·성·출생·공무담임 등을 들 수 있다.

기본권의 보호영역은 기본권의 침해 여부를 판단하는 중요한 기준이 된다. 기본권의 침해 여부를 심사하는 단계를 보면, ① 심사의 대상이 되는 국가의 조치 내지는 행위가 기본권의 보호영역에 관계되는지가 해명되어야 한다. 이것에 긍정적이면 ② 그 행위에 대한 기본권의 제한성이 검토되어야 한다. 기본권의 제한성에 긍정적이면 ③ 기본권의 보호영역에 대한 제한의 정당성이 인정되는지가 검토되어야 한다. 이러한 단계적인 심사기준은 자유권적 기본권의 국가에 대한 방어기능으로 발달된 것이 사실이지만, 다른 기본권의 경우에도 어느 정도 변형되어 적용될 수 있다. 자유권적 기본권의 경우에는 기본권의 제한으로부터 보호해야만 하는 특정한 영역이나 법익이 존재하는 반면, 평등권은 비교집단간에 합리적인 이유가 없는 자의적인 차별적 조치가 있었느냐가 기본권 침해 여부에 결정적이기 때문이다.

VI. 기본권에 대한 제한

이론적으로 기본권의 보호영역과 제한은 법적으로 엄격하게 구분된다. 보호영역의 확정은 법 논리적으로 제한의 개념에 앞서 논의되고, 제한은 보호영역의 내부에서만 논의될 수 있다. 따라서 기본권에 대한 제한이 없는 이른바 잠재적인 자유의 침해가 없는 보호영역은 존재할 수 있지만, 보호영역을 제한하지 않는 기본권의 제한은 있을 수 없다.

1. 법률에 의한 기본권의 제한(법률유보)

헌법이 보장하는 국민의 기본권을 제한하는 가장 원칙적인 방법은 입법자가 제정한 법률에 의해 기본권을 제한하는 것이다. 헌법에서 기본권의 법률유보(法律留保)를 규정하는 방법에는 개별적 법률유보와 일반적 법률유보의 두 가지가 있다. 개별적 법률유보란 제한 가능한 기본권 규정에만 개별적으로 법률유보조항을 두는 방법으로, 독일기본법이 채택하고 있는 방법이다. 일반적 법률유보란 모든 기본권에 적용될 수 있도록 법률유보를 일반적으로 규정하는 방법으로, 헌법 제37조 제2항이 그것이다.

법률유보를 입법권자가 법률로써 한다면 헌법에 보장된 기본권이라도 제한할 수 있다는 의미로 이해하는 경우에는 법률유보는 오히려 입법권자에게 기본권 제한의 문호를 개방해주는 역기능을 가지게 된다. 따라서 법률유보는 순기능적 의미로 이해해야 한다. 헌법에서 보장된 국민의 기본권을 제한하기 위해서는 반드시 입법권자가 제정하는 법률에 의하거나 법률의 근거가 있어야 한다는 의미로 법률유보를 이해해야 한다.

법률유보의 의미를 순기능으로 이해한다고 하더라도 입법권자가 헌법의 수권에 의해 기본권을 제한하는 법률을 제정하고자 하는 경우에도 절대로 넘어설 수 없는 일정한 한계가 있다. 헌법 제37조 제2항에서는 "모든 국민의 자유와 권리는 국가안전보장, 질서유지, 공공복리를 위하여 필요한 경우에 한하여 법률로써 제한할 수 있으며, 제한하는 경우에도 자유와 권리의 본질적인 내용은 침해할 수 없다"라고 규정하고 있다. 이는 일반적 법률유보의 형식으로 기본권 제한 입법의 한계를 명백히 밝히고 있다.

기본권을 제한할 때 그 제한이 목적과 균형을 유지해야 한다는 의미에서 필요한 경우를 일반적으로 기본권 제한에 있어서 비례의 원칙이라 한다. 비례의 원칙은 소극적 행위인 부작위를 청구하는 방어권의 경우에는 과잉금지의 원칙이라고 표현하면서 위헌심사에서 그 위헌 여부의 판단원칙으로 인정하고 있다.

과잉금지의 원칙은 국가가 국민의 기본권을 제한하는 내용의 입법활동을 함에 있어서 준수해야 할 기본원칙 내지 입법활동의 한계를 의미하는 것으로서 국민의 기본권을 제한하려는 입법목적이 헌법 및 법률의 체계상 정당성이 인정되어야 하고, 그 목적의 달성을 위해 방법이 효과적이고 적절해야 하며, 입법권자가 선택한 기본권 제한의 조치가 입법목적 달성을 위해 효과적이고 적절한 방법이어야 한다. 또한 입법권자가 선택한 기본권 제한의 조치가 입법목적 달성을 위해 설사 적절하다 할지라도 보다 완화된 형태나 방법을 모색함으로써 기본권 제한은 필요한 최소한도에 그치도록 해야 하며, 그 입법에 의해 보호하려는 공익과 침해되는 사익을 비교형량할 때 보호되는 공익이 더 커야 한다는 헌법상의 원칙이다.

2. 기본권의 헌법적 한계

헌법에서 국민의 기본권을 보장하면서 때때로 기본권의 한계를 함께 기본권 조항에서 명시하는 경우가 있다. 예컨대, 우리 헌법 제8조 제4항에서 "정당의 목적이나 활동이 민주적 기본질서에 위배될 때에는 정부는 헌법재판소에 그 해산을 제소할 수 있고, 정당은 헌법재판소의 심판에 의하여 해산된다"는 규정, 제21조 제4항의 "언론·출판은 타인의 명예나 권리 또는 공중도덕이나 사회윤리를 침해하여서는 아니 된다"는 규정, 제23조 제2항의 "재산권의 행사는 공공복리에 적합하도록 하여야 한다"는 규정 등이 그것이다. 이것은 기본권의 헌법직접 제한 규정들로서 헌법제정권자에 의한 명시적인 기본권의 헌법유보라고 한다.

3. 기본권의 내재적 한계

기본권의 내재적 한계는 독일의 학설과 판례를 통해 정립된 이론이다. 독일 기본법은 개별적 법률유보의 형식을 취하고 있는데, 개별적 법률유보규정을 두지 않은 이른바 절대적 기본권의 경우 법률에 의하여 기본권을 제한할 수 없게 된다. 절대적 기본권을 제한해야 할 필요성이 생긴 경우, 이를 합리적으로 해결하기 위해서 생각해낸 헌법이론적인 논리형식이 바로 기본권의 내재적 한계이다. 그러나 헌법 제37조 제2항의 일반적인 법률유보 규정이 있는 대한민국에서 기본권의 내재적 한계 논의는 실익이 없다. 예컨대, 전염병지역에서의 종교의식을 금지할 필요성이 생긴 경우도 관련 근거법에 따라 구체적은 근거가 있어야만 금지할 수 있는 것이기에 헌법과 법률상 근거 없는 기본권의 내제 제한을 정당화하기는 어렵다.

제 3 절 개별적 기본권

Ⅰ. 인간으로서의 존엄과 가치 및 행복추구권

1. 인간으로서의 존엄과 가치

헌법 제10조에서 모든 국민은 인간으로서의 존엄과 가치를 가진다고 규정한다. 인간으로서의 존엄과 가치가 무엇을 의미하는가에 관하여는 견해가 일치되어 있지 않지만, 대체로 '인간의 존엄은 인간을 인간으로 만드는 인격 그 자체이며, 인간의 가치란 인간의 인격과 평가'로 보거나, '인격성 내지 인격주체성', '인격의 내용을 이루는 윤리적 가치'라고 이해할 수 있다. 우리 헌법재판소는 인간의 존엄과 가치가 무엇인가에 관하여 명확한 입장을 밝히고 있지는 않지만, 대체로 헌법 제10조를 인격권의 근거규정으로 이해하고 있다. 개별적 인격권으로는 명예권, 성명권, 초상권, 가정·교육·사회생활에서의 인격권, 형사절차 등에서의 인격권 등이 인정된다.

2. 행복추구권

헌법 제10조에서는 인간으로서의 존엄과 가치와 함께 행복추구권을 보장하고 있다.

우리 헌법재판소는 행복추구권을 소극적인 방어적 성격의 권리로 이해하고 있다. 행복추구권은 국민이 행복을 추구하기 위해 필요한 급부를 국가에게 적극적으로 요구할 수 있는 것을 내용으로 하는 것이 아니라, 국민이 행복을 추구하기 위한 활동을 국가권력의 간섭없이 자유롭게 할 수 있다는 포괄적인 의미의 자유권으로서의 성격을 가진다는 것이다.

우리 헌법재판소에 의하면 헌법에 열거되지 않은 권리들에 대해 포괄적인 기본권의 성격을 가지며 일반적 행동자유권, 개성의 자유로운 발현권, 자기결정권 등이 그 보호영역 내에 포함된다고 한다. 일반적 행동자유권, 개성의 자유로운 발현권 및 자기결정권은 반드시 서로 구별될 수 있는 것은 아니기 때문에 헌법재판소는 때로는 둘 이상을 동시에 거론하면서 행복추구권을 설명하기도 한다.

II. 평등권

헌법 제11조 제1항에서 "모든 국민은 법 앞에 평등하다. 누구든지 성별, 종교, 또는 사회적 신분에 의해 정치적·경제적·사회적·문화적 생활의 모든 영역에 있어서 차별을 받지 아니한다"라고 하여 평등권을 규정하고 있다.

'법 앞에'라는 의미는 행정부나 사법부에 의한 법 적용상의 평등이라는 의미 외에 입법권자에게 정의와 형평의 원칙에 합당하게 합헌적으로 법률을 제정하도록 하는 것을 명령하는 이른바 법 내용상의 평등까지 포함된다. 평등의 규범적 의미는 산술적인 의미의 절대적 평등을 의미하는 것이 아니라 배분적 정의에 입각한 상대적 평등을 말한다. 국가권력이 모든 분야에서 '같은 것은 같게, 다른 것은 다르게' 처우한다는 의미이다. 헌법재판소도 행위규범으로서 입법자에게 객관적으로 같은 것은 같게 다른 것은 다르게, 규범의 대상을 실질적으로 평등하게 규율할 것을 요구하고 있다고 한다. 규범의 대상을 실질적으로 평등하게 대우할 것을 요구하는 평등권(平等權)은 합리적인 이유가 있다면 규범의 대상을 달리 규율할 수 있음을 의미한다. 즉, 헌법이 요구하는 평등은 합리적인 이유가 없는 차별금지를 내용으로 한다. 따라서 평등의 문제는 차별의 대상이 되는 비교집단과 비교기준을 전제로 한다.

헌재는 "① 먼저 헌법에서 특별히 평등을 요구하고 있는 경우와 ② 차별적 취급으로 인하여 관련 기본권에 대한 중대한 제한을 초래하게 되는 경우에는, 각기 헌법의 특별한 요구와 입법형성권의 축소를 이유로 엄격한 평등심사척도가 적용되어야 한다"고 한다(헌재 1999. 12. 23. 98헌마363; 헌재 2001. 2. 22. 2000헌마25; 헌재 2006. 2. 23. 2004헌마675 등).

평등이념에 따라 남녀고용평등을 실현하고 근로자의 일과 가정의 양립을 지원하기 위한 법으로 「남녀고용평등과 일·가정 양립 지원에 관한 법률」을 시행하고 있다.

Ⅲ. 인신에 관한 권리

1. 생명권

우리 헌법에는 생명권(生命權)에 관한 명문의 규정이 없다. 생명권의 헌법적 근거와 관련하여 헌법 제10조 인간의 존엄과 가치규정에서 구하는 견해, 헌법 제10조와 제12조 신체의 자유에서 구하는 입장 등이 있으나, 헌법재판소는 "인간의 생명은 고귀하고, 이 세상에서 무엇과도 바꿀 수 없는 존엄한 인간 존재의 근원이다. 이러한 생명에 대한 권리는 비록 헌법에 명문의 규정이 없다 하더라도 인간의 생존본능과 존재목적에 바탕을 둔 선험적이고 자연법적인 권리로서 헌법에 규정된 모든 기본권의 전제로서 기능하는 기본권 중의 기본권이라 할 것이다"(헌재 1996. 11. 28. 95헌바1; 헌재 2010. 2. 25. 2008헌가23)라고 결정하고 있다.

사형제도는 "형법 제41조 제1호 규정의 사형제도 자체는 우리의 현행 헌법이 스스로 예상하고 있는 형벌의 한 종류이기도 할 뿐만 아니라 생명권 제한에 있어서의 헌법 제37조 제2항에 의한 한계를 일탈하였다고 할 수 없고, 인간의 존엄과 가치를 규정한 헌법 제10조에 위배된다고 볼 수 없으므로 헌법에 위반되지 아니한다"(헌재 2010. 2. 25. 2008헌가23)고 할 것이나 "중대한 공익을 지키기 위하여 이를 파괴하는 잔악무도한 범죄를 저지른 자의 생명을 박탈할 수밖에 없는 국가의 불가피한 선택의 산물"(헌재 2010. 2. 25. 2008헌가23)이라고 헌법재판소는 설시하고 있다.

2. 신체의 자유

우리 헌법 제12조 제1항에서 "모든 국민은 신체의 자유를 가진다"고 규정하고 있다. 신체의 자유에 관한 규정은 인신에 관하여 실체적 권리를 제한하는 경우 입법권자를 비롯한 국가권력이 반드시 존중해야 되는 헌법상의 기속원리를 명백히 밝힘과 동시에 체포·구속·압수·수색·심문·재판과정에서의 여러 가지 권리를 사법절차적 기본권으로 보장하고 있다.

1) 인신보호를 위한 헌법상의 기속원리

(1) 죄형법정주의(罪刑法定主義)

죄형법정주의라 함은 "법률 없으면 범죄 없고, 범죄 없으면 형벌도 없다"라는 근대 형법의 기본원리를 의미하는 것으로 무엇이 처벌될 행위인가를 예측가능한 형식으로 정하도록 하여 국민의 법적 안정성을 보호하고 국민의 기본권을 국가권력의 자의적 행사로부터 보호하려는 데 그 의의가 있다. 죄형법정주의는 형벌법규의 성문법주의 및 관습형법의 금지, 형벌불소급효의 원칙, 절대적 부정기형의 금지, 구성요건의 명확성 원칙, 유추해석의 금지 등 파생원칙을 그 내용으로 한다.

(2) 적법절차원리(適法節次原理)

적법절차라 함은 입법·행정·사법 등 모든 국가작용은 정당한 법률을 근거로 하고 정당한 절차에 따라 발동되어야 한다는 헌법의 원리를 말한다. 적법절차원리는 원래 신체의 자유보장 내지 형사사법적인 원리로서 출발하였으나, 오늘날에는 헌법전반을 지배하는 헌법의 원리로서 기능한다. 그리고 적법절차원리는 단순히 절차적 차원의 적정성뿐만 아니라 실체적 차원의 적정성도 함께 요구한다. 헌법재판소도 적법절차원리는 법률이 정한 형식적 절차와 실체적 법률내용이 모두 합리성과 정당성을 갖춘 적정한 것이어야 하는 실질적 의미를 지니고 있는 것이라고 판시한다. 적법절차원칙은 행정, 입법, 사법 등 모든 국가작용에 적용되는 헌법상의 원칙이라고 본다(헌재 1992. 12. 24. 92헌가8).

(3) 이중처벌(二重處罰)의 금지

이중처벌금지의 원칙이라 함은 실체 판결이 확정되어 판결의 기판력이 발생하면 그 후 동일한 사건에 대하여는 거듭 심판하는 것이 허용되지 않는다는 원칙을 말한다. 우리 헌법 제13조 제1항에서도 "동일한 범죄에 대하여 거듭 처벌받지 아니한다"고 규정함으로써 일사부재리(一事不再理)의 원칙을 수용하고 있다.

이중처벌금지의 원칙에서 말하는 처벌은 원칙적으로 범죄에 대한 국가 형벌권의 실행을 말하므로 국가가 행하는 일체의 제재나 불이익처분을 모두 그 처벌에 포함시킬 수는 없다. 그렇기 때문에 국가의 형벌권과 징계권은 그 처벌의 목적과 방향이 전혀 다르기 때문에 이를 동시에 발동해도 이중처벌금지의 원칙에 반하지 않는다. 누범이나 상습범을 가중처벌하는 것, 형벌을 마친 사람에게 별도로 보안관찰처분을 하는 것, 형벌과 보호감호를 서로 병과하여 선고하는 것, 미성년자의 성매수행위로 처벌받은 자의 신상정보를 공개하는 것 등은 이중처벌에 해당하지 않는다.

(4) 사전영장제도(事前令狀制度)

영장주의 내지 영장제도라 함은 수사기관이 체포·구속·압수·수색 등의 강제처분을 하는 경우에 법관이 발부한 영장에 의하도록 하는 제도를 말한다. 우리 헌법 제12조에서는 "체포·구속·압수 또는 수색을 할 때에는 적법한 절차에 따라 검사의 신청에 의해 법관이 발부한 영장을 제시해야 한다"라고 하여 사전영장주의를 규정하고 있으며, 헌법 제16조에서는 주거에 대한 압수나 수색에 대한 사전영장주의를 규정하고 있다.

사전영장주의에 대해서도 예외가 인정된다. 긴급체포와 현행범·준현행범, 그리고 비상계엄을 선포한 경우가 그것이다. 대상이 한정되지 않은 '일반영장' 및 별건구속(주된 사건이 아닌 다른 사건으로 신병을 확보하기 위한 구속)도 영장주의의 배제를 가져올 수 있어 위헌이다.

(5) 연좌제(連坐制)의 금지

헌법 제13조 제3항에서는 "누구든지 자기의 행위가 아닌 친족의 행위로 인하여 불이익한 처우를 받지 아니한다"고 규정하여 근대법의 이념인 자기책임의 원리를 수용하여 연좌제 금지를 밝히고 있다. 헌법재판소는 반국가행위자의 처벌에 관한 특별조치법 제7조 제7항에 의해 친족의 재산까지 반국가행위자의 재산이라 검사가 적시하기만 하면 증거조사없이 몰수형이 선고되는 것은 헌법 제13조의 연좌제 금지에 위배된다고 판시하였다.

(6) 자백(自白)의 증거능력 제한

헌법 제12조 제7항에서는 "고문, 폭행, 협박, 구속의 부당한 장기화 또는 기망 등의 방법으로 받아낸 임의성이 없는 자백과 피고인의 자백이 그에게 불리한 유일한 증거인 경우에는 이를 뒷받침하는 보강증거가 없는 한 유죄의 증거로 삼거나 이를 이유로 처벌할 수 없다"고 규정하여 자백의 증거능력 및 증명력을 제한하고 있다.

(7) 무죄추정원칙(無罪推定原則)

헌법 27조 제4항에서 "형사피고인은 유죄의 판결이 확정될 때까지는 무죄로 추정된다"고 하여 무죄추정원칙을 명문화하고 있다. 헌법은 형사피고인에 대해서만 무죄추정원칙을 밝히고 있지만 형사피의자에게도 당연히 무죄추정원칙이 적용된다. 무죄추정원칙은 불구속수사, 불구속재판을 원칙으로 한다. 다만, 예외적으로 피의자 또는 피고인이 도망할 우려가 있거나 증거를 인멸할 우려가 있는 때에 한하여 구속수사 또는 구속재판이 인정된다.

2) 사법절차적 기본권

(1) 고문(拷問)을 받지 아니할 권리

우리 헌법은 형사피의자나 형사피고인에 대한 일체의 육체적·심리적 폭력행사를 금지하고 있다. 오늘날 각국의 헌법 역시 고문의 금지를 규정하고 있고, 국제적 차원에서도 고문금지를 위한 노력이 활발하다.

(2) 불리한 진술거부권(陳述拒否權)

헌법 제12조에서 "모든 국민은 형사상 자기에게 불리한 진술을 거부할 권리를 가진다"고 규정한다. 불리한 진술을 거부할 권리는 현재 피의자나 피고인으로서 수사 또는 공판절차에 계속 중인 자뿐만 아니라 장차 피의자나 피고인으로서 수사 또는 공판절차에 계속 중인 자, 장차 피의자나 피고인이 될 자에게도 보장된다. 증인이나 감정인 등도 유죄 여부의 기초가 되는 사실뿐만 아니라 양형의 기초가 되는 사실에 대해서도 자기에게 불리하다고 생각되는 진술을 거부할 수 있다. 진술거부권은 형사절차뿐만 아니라 행정절차나 국회에서의 조사절차 등에서도 보장된다.

불리한 진술거부권에 있어서 '진술'이라 함은 언어적 표출, 즉 생각이나 지식, 경험 사실을 언어를 통해 표출하는 것을 의미한다. 따라서 음주측정의 요구는 불리한 진술강요에 해당되지 않는다는 것이 우리 헌법재판소의 견해이다.

(3) 영장제시요구권(令狀提示要求權)

영장제시요구권은 사전영장우위와 불가분의 기능적 관련성을 가진다. 현행범인과 긴급체포의 경우를 제외하고는 영장제시요구권을 무시하고 임의로 인신의 자유와 주거의 자유를 제한해서는 아니 된다.

(4) 변호인(辯護人)의 도움을 받을 권리

헌법 제12조 제4항에서는 변호인의 도움을 받을 권리를 규정하고 있다. 같은 조 단서에서는 형사피고인에게는 국선변호인(國選辯護人)의 도움을 받을 권리를 인정하고 있다. 누구든지 체포·구속을 당한 때에는 즉시 변호인을 선임하고, 변호인과 자유롭게 접견·협의할 수 있다. 변호인의 접견교통권(接見交通權)은 신체구속을 당한 사람에게 보장된 변호인의 조력을 받을 권리의 가장 중요한 내용이어서 국가안전보장·질서유지·공공복리 등 어떠한 명분으로도 제한될 수 있는 것이 아니다.

(5) 체포·구속시 이유와 권리를 고지받을 권리

헌법 제12조 제5항에서 "누구든지 체포 또는 구속의 이유와 변호인의 조력을 받을 권리가 있음을 고지받지 아니하고는 체포 또는 구속을 당하지 아니할 권리가 있다. 체포 또는 구속을 당한 자의 가족 등에게는 그 이유와 일시·장소가 지체 없이 통지되어야 한다"고 규정하여 설명요구권을 명문화하였다. 체포 또는 구속을 당한 경우에 그 이유를 알지 못하거나 변호인의 조력을 받을 권리가 있음을 알지 못한다면 변명의 기회나 방어수단을 가질 수 없을 뿐만 아니라 그러한 경우 불법구금과 고문 등 심각한 인권 침해행위가 자행될 가능성이 있기 때문에 체포·구속되는 경우 고지받을 권리는 신체의 자유에서의 필수적인 제도이다.

(6) 체포(逮捕)·구속적부심사청구권(拘束適否審査請求權)

헌법 제12조 제6항에서 "누구든지 체포 또는 구속을 당한 때에는 그 적부의 심사를 법원에 청구할 권리를 가진다"고 하여 체포·구속적부심사청구권을 규정하고 있다. 구속적부를 청구할 수 있는 자는 피의자 또는 그 변호인, 법정대리인, 배우자, 직계친족,

형제자매, 호주, 가족이나 동거인 또는 고용주이며, 피고인에게는 구속적부심사청구권이 인정되지 않는다. 우리 형사소송법은 피의자에 대하여는 제214조의 2에서 구속적부심사제도를, 피고인에 대하여는 제93조에서 구속취소제도를 두고 있다. 한편, 보증금 납입을 조건으로 하는 피고인석방제도가 피의자에게도 신설되어 구속적부심사청구시 법원이 구속된 피의자를 보증금 납부를 조건으로 석방할 수 있게 되었다.

(7) 정당한 재판(裁判)을 받을 권리

헌법은 인신보호를 위한 사법절차적 기본권으로 정당한 재판을 받을 권리를 보장하고 있다. 정당한 재판을 받을 권리는 헌법과 법률이 정한 법관에 의한 재판을 받을 권리, 민간인의 군사법원재판의 거부권, 신속한 공개재판(公開裁判)을 받을 권리 등을 포함한다.

(8) 형사보상청구권(刑事補償請求權)

형사피의자 또는 형사피고인으로 구금되었던 자가 불기소처분을 받거나 무죄판결을 받은 때에는 법률이 정하는 바에 의해 국가에 정당한 보상을 청구할 권리를 형사보상청구권이라고 한다. 형사보상 및 명예회복에 관한 법률은 형사소송 절차에서 무죄재판 등을 받은 자에 대한 형사보상 및 명예회복을 위한 방법과 절차 등을 규정함으로써 무죄재판 등을 받은 자에 대한 정당한 보상과 실질적 명예회복을 도모하고 있다.

IV. 거주·이전의 자유

헌법 제14조는 거주·이전의 자유를 규정하고 있다. 거주·이전(居住移轉)의 자유란 국민이 자기가 원하는 곳에 주소나 거소를 정하고, 또 이를 이전할 자유 및 일단 정한 주소·거소를 자신의 의사에 반하여 옮기지 않을 자유를 말한다. 거주·이전의 자유에는 국내에서의 거주·이전의 자유, 해외여행 및 해외이주의 자유, 국적변경의 자유, 입국의 자유 등을 포함한다.

V. 직업선택의 자유

헌법 제15조에서는 직업선택(職業選擇)의 자유를 보장한다. 직업의 자유는 자신이 원하는 직업 내지 직종을 자유롭게 선택하는 직업선택의 자유와 그가 선택한 직업을 자유롭게 수행할 수 있는 직업수행의 자유를 말한다. 누구든지 자기가 선택한 직업에 종사하여 이를 영위하는 자유뿐만 아니라 언제든지 임의로 이를 바꿀 수 있는 직업변경의 자유, 여러 개의 직업을 선택하여 동시에 함께 행사할 수 있는 겸직의 자유를 포함한다.

무직업의 자유와 관련하여 국내의 다수설은 헌법상 근로의 의무는 단순한 윤리적 의무에 불과하므로 무직업의 자유도 당연히 인정된다고 본다. 무직업의 자유가 직업의 자유의 내용이 된다고 하는 것은 국가가 국민 모두에게 직업을 가질 것을 강요할 수 없다는 점에 그 의의가 있다고 본다.

직업의 자유도 헌법 제37조 제2항의 국가안전보장·질서유지·공공복리를 위해서 필요한 경우에 한하여 법률로써 제한할 수 있다. 헌법재판소는 당구장결정에서 직업결정의 자유나 전직의 자유에 비한다면 직업종사 내지 수행의 자유에 대하여 상대적으로 넓은 법률상의 규제가 가능하다고 판시함으로써 독일의 단계이론을 수용하는 판결을 내렸다. 단계이론이란 직업의 자유에 대한 제한이 불가피할 때 입법권자는 우선 직업의 자유에 대한 침해 정도가 제일 적은 직업수행의 자유를 제한하는 방법으로 목적 달성을 추구해 보고 그 제한방법만으로는 도저히 그 목적 달성이 불가능할 때에는 그 다음 단계의 제한방법(주관적 사유로 인한 제한)을 사용하고, 그 두 번째 제한방법도 실효성이 없다고 판단될 때 마지막 단계(객관적 사유로 인한 제한)의 제한방법을 선택해야 함을 말한다.

그러나 헌법재판소에서는, 실제 사례에서 어떠한 단계인지를 구별하는 것이 불분명하고 직업수행의 자유를 제한하는 것이 실제로 직업활동을 불가능하게 하는 결과를 초래하는 때도 있는 등의 모순이 있어, 단계이론이 아니라 합리성 심사를 하는 사례도 있다.

VI. 사생활의 비밀과 자유

헌법 제17조에서는 사생활의 비밀과 자유에 관한 규정을 두고 있다. 사생활의 비밀과 자유는 미국의 프라이버시(privacy)라는 개념에서 유래한다. 프라이버시가 하나의 독립적 권리로서 인정되기 시작한 것은 워렌(Warren)과 브랜다이스(Brandeis)의 논문이 나온 이후부터이다. 원래 프라이버시권은 홀로 있을 권리(the right to be alone), 즉 소극적으로 사생활의 평온을 침해받지 않고 사생활의 비밀을 함부로 공개당하지 않을 권리로 이해되었으나, 오늘날과 같은 정보화사회에서는 자신에 관한 정보를 스스로 통제할 수 있는 권리까지 포함하는 적극적인 개념으로 이해된다.

사생활의 비밀과 자유는 크게 사생활의 비밀과 불가침, 사생활의 자유와 불가침, 자기정보에 대한 통제권 등을 그 내용으로 한다. 사생활의 비밀은 국가가 사생활영역을 들여다보는 것에 대한 보호를 제공하는 기본권이며, 사생활의 자유는 국가가 사생활의 자유로운 형성을 방해하거나 금지하는 것에 대한 보호를 의미한다. 자기정보통제권 내지 자기정보결정권에 대하여 헌법재판소는 2005년 5월 26일의 결정(헌재 2005. 5. 26. 99헌마

513, 2004헌마190)에서는 헌법 제10조와 제17조에 의하여 보장되는 기본권이라 판시한 바 있다.

개인정보 보호를 위하여 1994년 「공공기관에 관한 개인정보 보호에 관한 법률」이 제정되고, 1995년 「신용정보의 이용 및 보호에 관한 법률」, 2000년 「정보통신망 이용촉진 및 정보보호에 관한 법률」을 통하여 정보통신영역을 중심으로 개인정보 보호법제가 등장하게 되었다. 2011년에 「개인정보 보호법」이 입법되어 개인정보 보호를 위한 일반법이 시행되었다.

Ⅶ. 통신의 자유

헌법 제18조는 통신(通信)의 비밀(秘密)을 보장한다. 헌법 제18조는 통신의 비밀을 보장하는 조항이고, 통신에 의한 표현은 언론·출판의 자유의 보호영역에 속한다.

통신의 비밀이란 통신수단을 이용함에 있어서 통신의 형태·내용·당사자·배달방법 등이 본인의 의사에 반하여 공개되는 일이 없어야 함을 의미한다. 통신비밀보호법에서는 통신을 '우편물 및 전기통신'으로 설명한다. 그리고 누구든지 우편물의 검열·전기통신의 감청 또는 통신사실 확인자료를 제공하거나 공개되지 않은 타인간의 대화를 녹음 또는 청취하지 못하도록 규정하고 있다. 정보통신망을 통해 야기되는 개인정보 침해를 보호하기 위해 「정보통신망이용촉진 및 정보보호 등에 관한 법률」이 있다.

통신의 자유도 헌법 제37조 제2항에 의해 제한될 수 있다. 통신의 자유를 제한하는 대표적인 법률이 통신비밀보호법으로서, 이 법 제5조에서는 범죄수사를 위한 통신제한조치를 허용하고 있다. 2018년 6월 28일 헌법재판소는 "통신비밀보호법 제13조 제1항 '검사 또는 사법경찰관은 수사를 위하여 필요한 경우 전기통신사업법에 의한 전기통신사업자에게 제2조 제11호 바목, 사목의 통신사실 확인자료의 열람이나 제출을 요청할 수 있다' 부분, 제13조의3 제1항 중 제2조 제11호 바목, 사목의 통신사실 확인자료에 관한 부분은 헌법에 합치되지 아니한다고 결정하면서 위 법률조항들은 2020. 3. 31.을 시한으로 개정될 때까지 계속 적용한다"라고 결정했다.[5] 이유는 "수사기관은 위치정보 추적자료를 통해 특정 시간대 정보주체의 위치 및 이동상황에 대한 정보를 취득할 수 있으므로 위치정보 추적자료는 충분한 보호가 필요한 민감한 정보에 해당되는 점, 그럼에도 이 사건 요청조항은 수사기관의 광범위한 위치정보 추적자료 제공요청을 허용하여 정보주체의 기본권을 과도하게 제한하는 점, 위치정보 추적자료의 제공요청과 관련하여

---

5) 헌재 2018. 6. 28. 2012헌마191등, 판례집 30−1하, 564, 570.

서는 실시간 위치추적 또는 불특정 다수에 대한 위치추적의 경우 보충성 요건을 추가하
거나 대상범죄의 경중에 따라 보충성 요건을 차등적으로 적용함으로써 수사에 지장을
초래하지 않으면서도 정보주체의 기본권을 덜 침해하는 수단이 존재하는 점, 수사기관
의 위치정보 추적자료 제공요청에 대해 법원의 허가를 거치도록 규정하고 있으나 수사
의 필요성만을 그 요건으로 하고 있어 절차적 통제마저도 제대로 이루어지기 어려운 현
실인 점 등을 고려할 때, 이 사건 요청조항은 과잉금지원칙에 반하여 청구인들의 개인
정보자기결정권과 통신의 자유를 침해한다"라는 것이었다.[6]

VIII. 양심의 자유

양심(良心)이란 어떤 일의 옳고 그름을 판단함에 있어서 그렇게 행동하지는 않고는
자신의 인격적인 존재가치가 파멸되고 말 것이라는 강력하고 진지한 마음의 소리로 설
명되기도 하며, 구체적 상황에 즈음해서 어떻게 행동하는 것이 옳은 것인가를 말해 주
는 인간의 내면적인 법관을 보호하려는 것이 양심의 자유라고 한다. 헌법 제19조가 보
호하는 양심의 자유는 양심형성의 자유와 양심적 결정의 자유를 포함하는 내심적 자유
뿐만 아니라, 양심적 결정을 외부로 표현하고 실현할 수 있는 양심실현의 자유를 포함
한다. 헌법재판소는 2018. 6. 28. 2011헌바379 등 사건에서 양심적 병역거부자에 대한 대
체복무제를 규정하지 아니한 병역종류조항은 과잉금지원칙에 위배하여 양심적 병역거
부자의 양심의 자유를 침해한다"라며 잠정적용 헌법불합치 결정을 하였다.[7]

IX. 종교의 자유

헌법 제20조 제1항에서 종교의 자유, 제2항에서는 국교(國敎)의 부인과 정치와 종교의
분리를 규정하고 있다. 종교의 자유는 신앙(信仰)의 자유, 종교행위의 자유 및 종교적 집
회·결사의 자유의 3요소를 그 내용으로 한다.

신앙의 자유에는 '신앙을 가지는 자유'와 '신앙을 가지지 않을 자유'를 말하며 인간
의 내심의 작용이므로 어떠한 이유로도 제한될 수 없는 절대적 자유이다. 종교적 행위
의 자유는 신앙의 자유와는 달리 절대적 자유가 아니다. 종교적 행위의 하나로서 종교
교육의 자유가 보장된다. 국가 및 지방자치단체가 설립한 국·공립학교에서의 종교교육
은 교육기본법 제6조에 의해 금지된다. 사립학교에서 종교교육의 자유는 현행법에서 금

---

6) 헌재 2018. 6. 28. 2012헌마191등, 판례집 30-1하, 564, 565.
7) 헌재 2018. 6. 28. 2011헌바379·383 등, 병역법 제88조 제1항 등 위헌소원사건.

지되지 않는다. 고등학교 평준화정책에 따라 학생 자신의 신앙과 무관하게 입학한 학생들을 상대로 학교의 설립이념이 된 특정의 종교교리를 전파하는 종파교육 형태의 종교교육을 실시하는 경우에는, "그 종교교육의 구체적인 내용과 정도, 종교교육이 일시적인 것인지 아니면 계속적인 것인지 여부, 학생들에게 그러한 종교교육에 관하여 사전에 충분한 설명을 하고 동의를 구하였는지 여부, 종교교육에 대한 학생들의 태도나 학생들이 불이익이 있을 것을 염려하지 아니하고 자유롭게 대체과목을 선택하거나 종교교육에 참여를 거부할 수 있었는지 여부 등의 구체적인 사정을 종합적으로 고려"하여 사회공동체의 건전한 상식과 법감정에 비추어 볼 때 용인될 수 있는 한계를 초과한 종교교육이라고 보이는 경우에는 위법성을 인정할 수 있다(대법원 2010. 4. 22. 선고 2008다38288 판결). 하지만 사립대학에서 종교교육을 실시하는 것은 정당하다는 대법원의 판례가 있다.

X. 언론·출판의 자유

헌법 제21조는 언론·출판의 자유를 보장한다. 언론·출판의 자유의 내용으로는 의사표현의 자유, 정보의 자유, 신문의 자유 및 방송·방영의 자유 등이 있다.

의사표현의 자유는 의사표현 및 전파·유포의 자유를 포함한다. 의사표현의 매개체는 어떠한 형태이건 그 제한이 없다. 정보의 자유(알 권리)라 함은 일반적으로 접근할 수 있는 정보원으로부터 의사형성에 필요한 정보를 수집하고, 수집된 정보를 취사선택할 수 있는 자유를 말한다.

헌법 제21조 제2항에서 언론·출판의 자유에 대하여 허가나 검열을 수단으로 한 제한은 어떠한 경우라도 허용되지 않음을 밝히고 있다. 헌법 제21조 제3항 및 제4항에서는 언론기관법정주의를 규정하고 있고, 언론·출판이 타인의 명예나 권리를 침해한 때에는 피해자는 이에 대한 피해의 배상을 청구할 수 있도록 명시함으로써 언론·출판이 가지는 사회적 의무와 책임에 관해서도 규정하고 있다.

헌법 제21조 제4항에서 규정한 공중도덕이나 사회윤리에 관해서는 '음란성(淫亂性)' 개념이 문제된다. 과거 헌법재판소는 '음란'과 '저속(低俗)'이라는 개념을 구별하여 음란이란 개념은 예술적 가치를 지니지 않은 것으로 보았으나 2009년 음란표현도 표현의 자유의 보호범위 내에 있다고 하여 판례변경을 하였다(헌재 2009. 5. 28. 2006헌바109). 대법원은 연극공연행위의 음란성 여부의 판단에 있어서 공연행위 전체를 검토하여 그 자체로서 객관적으로 판단해야 하며 행위자의 주관적인 의사에 따라서 음란성의 여부가 달라지는 것은 아니라고 판시하고 있다.

개별법으로는 언론중재법에 의하여 정정보도, 추후 보도를 청구할 수 있고, 언론중

재위원회에 조정 또는 중재를 신청하여 신속한 구제를 받을 수도 있다(제14조, 제17조, 제18조, 제24조).

XI. 학문의 자유

헌법 제22조 제1항은 학문(學問)의 자유를 보장한다. 학문의 자유라 함은 진리를 탐구하는 자유를 의미하는데, 이는 단순히 진리탐구의 자유에 그치지 않고 탐구한 결과에 대한 발표의 자유 내지 가르치는 자유 등을 포함한다. 학문의 자유의 내용에는 학문연구의 자유, 연구결과 발표의 자유, 교수의 자유, 학문기관의 자유(대학의 자치) 등을 그 내용으로 한다.

대한민국에서 교사의 정치적 기본권은 헌법 제31조제3항의 교육의 정치적 중립성, 제7조제2항 공무원의 정치적 중립성 규정과 정당법 등의 법으로 제한되었다. 교사의 집단적 정치표현에 관한 주요 대법원 판례인 대법원 2010도6388 판결에서, 대법원은 "교사인 피고인들이 전국교직원노동조합 간부들과 공모하여 2009년 1, 2차 시국선언과 '교사·공무원 시국선언 탄압 규탄대회'를 추진하고 적극적으로 관여함으로써 '공무 외의 일을 위한 집단행위'를 하였다고 구 국가공무원법 위반으로 기소되었고, 동법 제66조 제1항에서 금지하는 '공무 외의 일을 위한 집단행위'에 해당한다는 이유로, 피고인들에게 유죄를 인정한 원심판단을 정당하다"고 판결했다.[8]

한편, 헌법재판소는 교사의 정치적 활동을 제한한 국가공무원법 조항 중 '그 밖의 정치단체'에 관한 부분은, '그 밖의 정치단체'가 무엇인가에 대하여 규범 내용을 확정할 수 없는 불명확한 개념을 사용하고 있어, 표현의 자유를 규제하는 법률조항, 형벌의 구성요건을 규정하는 법률에 대하여 헌법이 요구하는 명확성원칙의 엄격한 기준을 충족하지 못하였다."라고 하여 이 부분을 명확성원칙 위배, 과잉금지원칙 위배를 인정하여,[9] 교사는 정당에는 가입할 수 없으나 다른 정치단체의 결정에 관하여하거나 가입할 수 있게 되었다.

XII. 예술의 자유

헌법 제22조 제1항에서는 학문의 자유와 더불어 예술(藝術)의 자유를 보장하고 있다. 예술의 자유는 예술창작의 자유, 예술표현의 자유, 예술적 집회·결사의 자유 등을 그

---

8) 대법원 2012. 4. 19. 선고 2010도6388 판결.
9) 헌재 2020. 4. 23. 2018헌마551, 판례집 32-1상, 489, 508.

내용으로 한다. 예술창작의 자유가 절대적 자유로 이해되는 반면, 예술표현의 자유는 상대적 자유로 이해된다. 대법원은 예술의 자유가 인간의 정신생활에 관한 기본권으로서 성질상 어떠한 법률로도 제한할 수 없는 것이라고 보면서, 내적 영역을 떠나 외부적으로 나타나는 예술활동 및 예술적 집회는 이미 인간의 내적·정신적 문제가 아니라 대외적인 것이므로 제한될 수 있다고 한다.

XIII. 재산권

헌법 제23조 제1항에서 경제활동의 기초로서 재산권(財産權)을 보장하면서 제2항에서 재산권 행사가 남용되는 일이 없도록 재산권 행사의 공공복리적합의무를 규정하고 있다. 제3항에서는 공공필요에 의한 재산권의 수용·사용·제한과 보상의 상호관계를 규정하고 있다.

헌법에서 보장하는 재산권이란 경제적 가치가 있는 모든 사법상·공법상의 권리를 말한다. 이러한 재산권의 범위에는 동산·부동산에 대한 모든 종류의 물권은 물론, 재산가치 있는 공법상의 권리 등이 포함되나, 단순한 기대이익·반사이익 또는 경제적인 기회 등은 재산권에 속하지 않는다.

우리 헌법은 국민의 재산권을 보장하면서도 재산권의 행사에 일정한 제약을 받음을 밝히고 있다. 재산권의 행사가 공공복리에 적합해야 한다는 사회기속성에 관한 규정이 바로 그것이다. 헌법 제23조 제3항은 공공필요에 의한 재산권의 수용·사용·제한과 이에 대한 정당한 보상을 규정하고 있다. 적법한 공권력 행사에 의해 가해진 재산상의 특별한 희생에 대하여 사유재산권의 보장과 공평부담이라는 견지에서 행정주체가 행하는 재산적 전보인 행정상의 손실보상을 의미한다.

XIV. 참정권

참정권(參政權)은 모든 국민이 선거·공무담임·국민투표 등을 통해 국가권력의 창설과 국가의 권력행사과정에 적극적으로 참여하여 자신의 정치적 소견을 국정에 반영할 수 있는 권리를 말한다. 우리 헌법은 제23조와 제24조에서 선거권과 공무담임권을 규정하고 있다.

선거권은 통치권 내지 국정의 담당자를 결정하는 국민의 주권행사를 뜻하는 것으로 선거제도와 불가분의 관계를 가진다. 우리 헌법은 선거제도의 기본원칙만을 헌법에서 규정하고 있고, 선거권의 행사에 관하여는 입법사항으로 위임하고 있기 때문에 공직선거법의 규정에 의해 선거권은 구체화된다.

공무담임권은 입법부·행정부·사법부는 물론 지방자치단체 등 국가·공공단체의 구성원으로 선임되거나 비선거직 공직에 취임하여 공무를 담당함을 말한다. 공무담임권은 각종 선거에 입후보하여 당선될 수 있는 피선거권과 공직에 임명될 수 있는 공직취임권을 포괄하는 권리로서 선거제도와 직업공무원제도에 의해 구체화된다.

XV. 청원권

헌법 제26조는 "모든 국민은 문서로서 청원(請願)할 권리를 가진다"고 규정하고 있다. 청원법은 피해의 구제, 공무원과 관련된 사항, 입법에 관한 사항, 공공제도 및 시설에 관한 사항, 기타 공공기관의 권한에 속하는 사항 등을 청원사항으로 규정하고 있다. 그러나 재판에 간섭하거나 국가원수를 모독하는 것, 타인을 모해하기 위한 허위사실의 청원은 금지하고 있다. 청원은 문서로 해야 하며, 청원서는 청원사항을 주관하는 관서에 제출하고 어떤 처분 또는 처분의 시정을 요구하는 청원서는 처분관서에 제출한다. 국회에 청원하려고 하는 경우에는 국회의원의 소개를 받아 청원서를 제출해야 한다. 청원서를 접수한 모든 주관관서는 청원사실을 성실·공정하게 심사·처리하고 그 결과를 청원인에게 통지해야 한다. 최근 디지털 플랫폼을 활용한 청원제도의 활성화가 세계적으로 검토되었다.[10]

XVI. 국가배상청구권

국가배상제도란 국가가 자신의 집무집행과 관련하여 위법하게 타인에게 손해를 가한 경우에 국가가 피해자에게 손해를 배상해주는 제도를 말한다. 헌법 제29조에서는 공무원의 직무상 불법행위로 인한 국가배상청구권(國家賠償請求權)과 군인·군무원·경찰공무원 등이 직무집행과 관련하여 받은 손해에 대한 이중배상금지규정을 두고 있다. 이 밖에도 국가배상법 제5조에서는 도로·하천 등 영조물의 설치나 관리상의 하자로 인한 배상책임을 인정하고 있다.

---

10) 손형섭, "디지털 플랫폼과 AI에 의한 국회 전자청원시스템 활성화 연구", 유럽헌법연구, 제3호 (2019).

XVII. 범죄피해자구조청구권

헌법 제30조는 타인의 범죄행위로 인하여 생명·신체에 대한 피해를 받은 국민은 법률이 정하는 바에 의해 국가로부터 구조를 받을 수 있다고 규정한다. 범죄피해자구조청구권(犯罪被害者救助請求權)은 범죄로 인한 피해보상에 있어서 보충성을 갖는다. 피해자가 범죄피해를 원인으로 하여 국가배상법 및 기타 법령에 의한 급여 등을 지급받을 수 있는 경우에는 구조금을 청구할 수 없으며, 이미 다른 방법으로 손해배상 등을 받은 경우에는 그 금액의 한도 내에서 삭감할 수 있다. 범죄피해자는 가해자가 불명이거나 자력이 없는 관계로 피해의 전부 또는 일부를 배상받지 못하고, 이로 인해 생계유지가 곤란한 사정이 있는 때에 한정하여 보충적으로만 구조금을 청구할 수 있다.

XVIII. 교육을 받을 권리

헌법 제31조에서는 교육을 받을 권리를 보장하고 있다. 교육을 받을 권리(수학권)는 통상 국가에 의한 교육조건의 개선, 정비와 교육기회의 균등한 보장을 적극적으로 요구할 수 있는 권리이다. 균등한 교육을 받을 권리의 보장을 위해 교육기본법과 초중등교육법에 따라 6년의 초등교육과 3년의 중등교육을 의무교육으로 정하고 있다. 다만, 3년의 중등교육에 대한 의무교육은 대통령령이 정하는 바에 의해 순차적으로 실시한다. 의무교육은 무상으로 한다. 의무교육의 무상에도 불구하고 사립학교의 경우 수업료를 징수하지만, 이를 의무교육의 무상성을 보장하는 헌법규정에 위반되는 것으로 보지 않는 것이 지배적이다.

교육을 통해서 달성하려는 여러 가지 목표는 교육의 자주성과 전문성, 그리고 정치적 중립성과 대학의 자율성이 보장되는 경우에만 기대할 수 있기 때문에 헌법은 이에 관한 명문규정을 두고 있다. 또한 학교교육·평생교육 등의 운영에 관한 사항, 교육재정에 관한 사항, 교원의 지위에 관한 사항 등 교육제도에 관한 기본적인 사항에 관하여 법률로써 정하도록 규정하고 있다.

XIX. 근로에 관한 권리

헌법 제32조와 제33조에서 근로의 권리와 근로3권을 보장하고 있다.

근로(勤勞)의 권리란 자신의 일할 능력을 임의로 상품화할 수 있는 권리로 근로관계의 형성·유지를 위해 국가에게 근로의 기회를 제공해줄 것을 요구할 수 있는 권리를 말한다. 근로의 권리는 사회적 기본권이지만, 일자리(직장)를 청구하거나 일자리에 갈음하는 생계비의 지급청구권을 의미하는 것은 아니며, 국가에 대한 직접적인 직장존속청구권을 도출할 수도 없다. 고용증진을 위한 사회적·경제적 정책을 요구할 수 있는 권리에 그친다는 것이 헌법재판소의 입장이다.

헌법은 근로자에게 자주적인 단결권(團結權)·단체교섭권(團體交涉權)·단체행동권(團體行動權)을 보장한다. 근로자가 근로조건의 유지·향상을 위해서 자주적으로 단체를 조직하고, 단체의 이름으로 사용자와 교섭을 하며, 소기의 목적을 달성하기 위해서 집단적으로 행동할 수 있는 권리를 말한다.

XX. 인간다운 생활을 할 권리

헌법 제34조 제1항은 인간다운 생활을 할 권리를 보장하면서 이 권리의 실효성을 확보하기 위해 국가의 사회정책적 의무를 강조하고 있다. 국가의 사회보장·사회복지 증진에 노력할 의무, 노인과 청소년의 복지향상을 위한 정책을 실시할 의무, 재해를 예방하고 그 위험으로부터 국민을 보호해야 할 의무 등이 그것이다.

인간다운 생활을 할 권리는 여타 사회적 기본권에 관한 헌법규범들이 이념적인 목표를 제시하고 있는 동시에 국민이 최소한의 인간적 생존권을 확보함에 있어서 필요한 최소한의 재화를 국가에게 요구할 수 있는 권리를 내용으로 하고 있다. 이를 사회보장수급권(社會保障受給權)이라 한다. 사회적 기본권의 성격을 가지는 사회보장수급권은 국가에 대하여 적극적으로 급부를 요구하는 것이므로 헌법규정만으로는 이를 실현할 수 없고, 법률에 의한 형성을 필요로 한다. 사회보장수급권의 구체적 내용을 법률로 형성함에는 국가의 재정능력, 국민 전체의 소득 및 생활수준, 기타 여러 가지 사회적·경제적 여건 등을 고려해야 한다.

제 4 절 통치구조

Ⅰ. 통치를 위한 기관의 구성원리

국민주권의 이념을 실현하고 국민의 자유와 권리를 보장하기 위한 통치기관의 구성원리로서 대의제, 선거제도, 직업공무원제, 권력분립의 원칙, 정부형태, 지방자치제도 등을 들 수 있다.

1. 대의제

대의제도(代議制度)란 국민이 직접 정치적인 결정을 내리지 않고 그 대표를 통해 간접적으로만 정치적 결정에 참여하는 통치기관의 구성원리를 말한다. 즉, 대의제도는 국민이 직접 정책결정에 참여하는 대신 정책결정을 맡을 대의기관을 선거하고 이 대의기관의 정책결정 내지 통치권 행사를 여론 내지 주기적인 선거를 통해 통제 내지 정당화시킴으로써 국민주권을 실현하는 통치기관의 구성원리를 의미한다.

2. 선거제

선거(選擧)는 선거인이 다수의 후보자 중에서 일정한 선거절차에 따라 특정인을 대표자로 결정하는 행위로서 민주적 정당성의 확보와 대의민주주의를 실현시키기 위한 불가결한 수단을 말한다.

선거원칙으로 보통·평등·비밀·직접·자유선거 등이 있다. 보통선거는 모든 국민은 누구나 선거권과 피선거권을 가져야 한다는 원리이다. 연령이나 국적 등 합리적인 기준을 이유로 선거권과 피선거권을 제한하는 것은 보통선거의 원칙에 위배되지 아니한다. 평등선거는 투표가치(산술적 계산가치와 투표의 성과가치)의 평등과 선거참여자의 기회균등을 그 내용으로 한다. 직접선거의 원칙은 선거인 스스로가 직접 대의기관을 선출하는 것으로, 선거결과가 선거권자의 투표에 의해 직접 결정될 것을 요구한다. 비밀선거라 함은 투표에 의해서 나타나는 선거인의 의사결정이 타인에게 알려지지 않도록 하는 선거를 말한다. 자유선거원칙은 유권자들이 특정한 선거에서 물리적인 강제나 심리적인 압박 또는 이외의 허용되지 않는 직접적·간접적인 외부의 영향력으로부터 자유로울 수 있는 것을 내용으로 하고 있다.

3. 공직제

직업공무원제도는 국가와 공법상의 근무·충성관계에 있는 직업공무원에게 국가의 정책집행기능을 맡김으로써 안정적이고 능률적인 정책집행을 보장하려는 공적구조에 관한 제도적 보장을 말한다. 직업공무원제도는 공무원의 지위를 보장함으로써 공무담임권 실현의 기초를 형성할 뿐만 아니라 정권의 교체에 관계없이 행정의 독자성을 유지함으로써 정치세력을 통제하는 기능적 권력통제효과도 가진다.

직업공무원제도는 안정적이고 능률적인 국가의 정책집행을 담보하기 위해 공무원의 신분보장과 정치적 중립성의 보장을 그 내용으로 한다. 직업공무원의 신분보장은 임명·승진·보직에 있어서 능력주의, 합리적 징계절차, 원칙적인 종신주의(정년제도), 생활보장 등을 그 내용으로 한다. 공무원의 정치적 중립성을 보장하기 위해 공무원 인사에 있어서 엽관주의(獵官主義)나 정당적 정실인사(情實人事)는 금지된다.

4. 권력분립의 원칙

권력분립(權力分立)의 원칙이라 함은 국가권력을 그 성질에 따라 여러 국가기관에 분산시킴으로써 권력상호간의 견제와 균형을 통해서 국민의 자유와 권리를 보호하려는 통치기관의 구성원리를 말한다.

고전적 권력분립이론의 발전은 로크와 몽테스키외의 권력분립사상에서 결실을 보게 된다. 로크는 1690년「시민정부에 관한 두 논문」에서 국가권력을 입법·집행·외교·대권의 네 가지로 나누고, 이 네 가지 권한이 국왕과 의회라는 두 기관에 의해 행사된다고 하였다. 로크의 권력분립론은 기관 중심으로 볼 경우에는 이권분립이라 할 수 있고, 통치기능을 중심으로 본다면 사권분립이라 할 수 있다. 몽테스키외는 1729년부터 1731년까지 2년에 걸친 영국 체류에서 영국의 헌정을 토대로 쓴『법의 정신』(1748)에서 자신의 권력분립이론을 전개한다. 몽테스키외는 국가권력을 입법권, 국제법에 속하는 집행권(행정권), 시민권에 속하는 집행권(사법권)으로 나누고, 이 세 가지 국가권력은 시민의 자유가 보장될 수 있도록 각각 다른 국가기관에 나누어서 맡겨야 한다고 주장했다.

오늘날 권력분립의 이론을 수평적인 삼권분립의 원칙으로만 이해하는 것은 한계가 있다. 고전적인 권력분립에 대한 시각에서보다는 협동적이고 기능적인 권력통제의 관점이 강조된다. 이른바 현대의 기능적 권력통제의 이론이며, 연방국가제도·지방자치제도·직업공무원제도·복수정당제도·헌법재판제도의 권력분립적 기능 등을 그 예로 들 수 있다.

5. 정부의 형태

정부의 형태는 권력분립주의의 조직적·구조적 실현형태를 말한다. 정부의 형태는 각 나라의 구체적인 정치전통과 사회구조에 따라 상이한 헌법 현실로 나타날 수 있기 때문에 정부형태의 어떤 정형을 논하기는 어렵다. 가장 고전적이고 전통적인 정부형태는 대통령제와 의원내각제이다. 대통령제(大統領制)란 의회로부터 독립하여 의회에 대해 정치적 책임을 지지 않고 국민에 대해서만 책임을 지는 대통령 중심으로 국정이 운영되는 정부의 형태를 말한다. 대통령과 의회는 상호독립성의 원리에 의해 지배된다. 의원내각제(議員內閣制)는 의회에서 선출되고 의회에 대하여 정치적 책임을 지는 내각 중심으로 국정이 운영되는 정부의 형태를 말한다. 영국의 의회정치에서 유래하는 의원내각제는 오랜 세월에 걸친 헌법관행의 산물로서 절대군주에 대한 항의적 이데올로기로서의 성격을 띠고 생성·발전된 제도이다. 의원내각제는 의회와 집행부 상호간 권력의 공유관계에 기초를 두고 있다. 대통령제와 의원내각제를 변형시켰거나 두 제도의 요소를 적절히 혼합시킨 모든 정부형태의 집합개념으로서 절충형 정부의 형태를 들 수 있다. 여기에는 이원정부제, 회의제(의회정부제), 집정부제 등이 있다.

6. 지방자치제

지방자치제(地方自治制)는 일정지역을 단위로 일정지역의 주민이 그 지역주민의 복리에 관한 사무, 재산관리에 대한 사무, 기타 법령이 정하는 사무를 자신의 책임으로 자신이 선출한 기관을 통해 직접 처리하게 함으로써 지방자치행정의 민주성과 능률성을 제고하고 지방의 균형있는 발전과 아울러 국가의 민주적 발전을 도모하는 제도이다.

지방자치단체는 주민의 복리에 관한 사무를 처리하고, 재산을 관리하며, 법령의 범위안에서 자치에 관한 규칙을 제정할 수 있다. 지방자치단체는 자주입법권으로 조례를 제정할 수 있는데, 조례제정권은 "법령의 범위안에서"라는 헌법규정에 비추어, 법규명령에 대한 법률의 위임과 같이 반드시 구체적으로 범위를 정하여 할 피요가 없으면 포괄적인 위임으로도 충분하다[11]는 것이 특징이다.

II. 국회

1. 국회의 입법권

헌법 제40조에서 입법권(立法權)은 국회에 속한다고 규정한다. 이는 적어도 국민의 권리와 의무에 관한 사항을 비롯하여 국가의 통치조직과 작용에 관한 기본적이고도 본질적인 사항은 반드시 국회가 정해야 한다는 의회유보원칙을 선언한 규정이다.

2. 국회의 조직과 구성

국회는 보통·평등·직접·비밀선거에 의해 선출된 임기 4년의 국회의원으로 구성된다. 국회의원의 수와 선거구·비례대표제 기타 선거구에 관한 사항은 법률로 정하며, 국회의원은 200인 이상으로 한다.

1) 국회의원

(1) 국회의원의 자격과 의무

국회의원(國會議員)은 국민의 직접선거에 의해 선출되고 임기만료로 자격이 소멸한다. 국회의원의 헌법상 의무로는 청렴의무, 양심에 따른 국익우선의무, 법률이 정하는

---

11) 헌재 1995. 4. 20. 92헌마264 등 부천시담배자동찬매기설치금지조례 제4조 등 위헌확인(기각).

겸직금지의무, 지위남용금지의무 등이 있다.

(2) 국회의원의 특권

국회의원은 현행범인인 경우를 제외하고는 회기 중 국회의 동의 없이 체포 또는 구속되지 아니한다. 현행법의 경우에는 불체포특권이 인정되지 않으며, 회기가 아닌 때에는 국회의 동의 없이 체포 또는 구속할 수 있다. 회기 전에 국회의원이 체포 또는 구속된 때에는 현행범인이 아닌 한 국회의 요구가 있으면 회기 중에 석방된다.

국회의원은 국회에서 직무상 행한 발언과 표결에 관하여 국회 외에서 책임을 지지 않는다. 면책이라 함은 모든 형사상·민사상의 책임을 의미하지만, 소속정당에 의한 징계책임까지 면제되는 것은 아니다.

2) 국회의장과 부의장

국회의 기관으로 1인의 국회의장과 2인의 부의장이 있다. 의장은 국회를 대표하고 의사를 정리하며, 질서를 유지하고 사무를 감독한다. 의장은 당적을 가질 수 없다. 의장이 사고가 있을 때에는 의장이 지명하는 부의장이 그 직무를 대리한다. 의장과 부의장은 국회에서 무기명투표로 선거하되 재적의원 과반수의 득표로 당선되며, 의장과 부의장의 임기는 2년으로 한다.

3) 위원회

위원회는 의원 가운데서 소수의 의원을 선임하여 구성되는 국회의 내부기관인 동시에 본회의의 심의 전에 회부된 안건을 심사하거나 그 소관에 속하는 의안을 입안하는 국회의 합의제 기관이다. 위원회의 역할은 국회의 예비적 심사기관으로서 회부된 안건을 심사하고 그 결과를 본회의에 보고하여 본회의의 판단자료를 제공하는 데 있다. 우리나라 국회의 법률안 심의는 본회의 중심주의가 아닌 소관 상임위원회 중심으로 이루어지는 위원회 중심주의를 채택하고 있다.

위원회에는 상임위원회와 특별위원회의 두 종류가 있다. 상임위원회는 일정한 의안을 심사하기 위해 상시적으로 설치된 17개의 상임위원회가 있다. 특별위원회는 여러 개의 상임위원회 소관과 관련되거나 특히 필요하다고 인정한 안건을 효율적으로 심사하기 위해 본회의의 의결로 두는 위원회를 말한다. 상설특별위원회로는 예산결산특별위원회, 윤리특별위원회가 있고, 비상설특별위원회로는 인사청문특별위원회가 있다.

3. 국회의 권한

입법에 관한 권한으로 헌법개정에 관한 권한, 법률제정에 관한 권한, 조약의 체결비준에 대한 동의권, 국회규칙제정에 관한 권한 등이 있다. 제정에 관한 권한으로 제정입법권, 예산안 심의·확정권, 정부의 재정행위에 대한 동의권과 승인권, 결산심의권 등이 있다. 헌법기관구성에 관한 권한으로 대통령 선출권, 헌법재판소 재판관의 3인 선출권, 중앙선거관리위원회 위원 3인의 선출권, 국무총리임명에 대한 동의권, 감사원장 임명에 대한 동의권 등이 있다. 국정통제에 관한 권한으로 탄핵소추권, 국정조사 및 감사권, 국무총리·국무위원의 출석요구권 및 질문권, 국무총리·국무위원 해임건의권, 긴급명령·긴급재정경제명령 및 처분에 대한 승인권, 계엄해제요구권, 선전포고 및 국군의 해외파견·외국군대주류에 대한 동의권, 일반사면에 대한 동의권 등이 있다.

4. 국회의 운영

1) 국회의 회기

총선거에 의해 국회가 구성된 뒤 의원의 임기만료까지의 기간을 의회기 또는 입법기라고 한다. 의회기 내에 국회가 활동할 수 있는 일정한 기간을 회기(會期)라고 하는데, 국회의 회기에는 정기회와 임시회가 있다.

(1) 정기회

국회의 정기회는 법률이 정하는 바에 의해 매년 1회 집회한다. 정기회의 회기는 100일을 초과할 수 없다. 정기회는 매년 9월 1일을 집회일로 국회법에서 정한다. 국회는 회기 중이라도 회기를 정하여 휴회할 수 있다. 휴회 중이라도 대통령의 요구가 있을 때, 의장이 긴급한 필요가 있다고 인정할 때, 또는 재적의원 4분의 1 이상의 요구가 있을 때에는 회의를 재개한다.

(2) 임시회

임시회의 집회는 대통령 또는 국회 재적의원 4분의 1 이상의 요구에 의해 집회한다. 대통령이 임시회의 집회를 요구할 때에는 기간과 집회요구의 이유를 명시해야 한다. 임시회의 회기는 30일을 초과할 수 없다.

2) 국회의 의사원칙

(1) 정족수(定足數)의 원리

헌법 제49조에서 국회는 헌법 또는 법률에 특별한 규정이 없는 한 재적의원 과반수의 출석과 출석의원 과반수의 찬성으로 의결한다고 규정한다. 이를 일반정족수라고 한다. 그 밖에 특별정족수에 관한 규정을 두고 있다. 국회재적 과반수의 찬성을 필요로 하는 경우로 국무총리·국무위원의 해임건의, 계엄의 해제요구, 대통령 이외 공직자의 탄핵소추의결 등이 있고, 재적의원 3분의 2 이상의 찬성을 요구하는 경우로는 대통령 탄핵소추 의결, 헌법개정안의 의결, 국회의원의 제명처분 등을 들 수 있다. 법률안의 재의 정족수는 재적의원 과반수의 출석과 출석의원 3분의 2 이상의 찬성을 필요로 한다.

(2) 의사공개(意思公開)의 원칙

헌법 제50조 제1항에서 의사공개의 원칙을 규정하고 있다. 의사공개의 원칙은 방청 및 보도의 자유와 회의록의 공표를 그 내용으로 한다. 다만, 출석의원 과반수의 찬성이 있거나 의장이 국가의 안전보장을 위해 필요하다고 인정할 때에는 공개하지 않을 수 있다. 의사공개의 원칙은 위원회의 회의에서도 당연히 적용된다.

(3) 회기계속(會期繼續)의 원칙

헌법 제51조에서 "국회에 제출된 법률안 기타의 의안은 회기 중에 의결되지 못한 이유로 폐기되지 아니한다"라고 규정하여 회기계속의 원칙을 규정한다. 그러나 국회의원의 임기가 만료되는 때에는 그렇지 않다.

(4) 일사부재의(一事不再議)의 원칙

일사부재의의 원칙이라 함은 의회에서 일단 부결된 의안은 동일회기 중에 다시 발의하거나 심의하지 못한다는 원칙을 말하는 것으로 소수세력에 의한 의사진행방해를 막기 위한 것이다. 국회법 제92조에서 "부결된 안건은 같은 회기 중에 다시 발의 또는 제출하지 못한다"고 규정하고 있다. 다만, 의제로 된 안건이라도 후에 철회되어 의결에 이르지 않은 안건, 동일한 대상에 대한 해임건의안이라고 하더라도 사유를 달리하는 안건, 위원회에서 결정된 것을 본회의에서 번복하는 것을 내용으로 하는 안건 등은 일사부재의의 원칙이 적용되지 않는다.

Ⅲ. 정부

우리 헌법상 정부형태는 대통령중심제 정부형태를 기본으로 하고 있고, 주요 정부기관으로 대통령, 행정부, 국무회의, 행정각부, 감사원 등을 규정하고 있다.

1. 정부의 조직과 구성

1) 대통령

(1) 대통령의 헌법상 지위

대통령은 국가의 원수이며 국가를 대표한다. 대통령은 국정의 최고책임자로서 국가의 독립, 영토의 보전, 국가의 계속성과 헌법을 수호할 책무를 지며, 조국의 평화적 통일을 위한 성실한 의무를 진다. 또한 행정부 수반으로서의 지위도 가진다.

(2) 대통령선거

19세 이상의 국민은 선거권이 있으며(공직선거법 제15조 제1항), 선거일 현재 5년 이상 국내에 거주한 40세 이상의 국민은 대통령의 피선거권이 있다. 대통령선거에 입후보하려면 정당의 추천을 받거나, 일정수 이상의 선거권자의 추천을 받아야 하며, 3억원을 기탁해야 한다. 대통령선거기간은 23일이다. 후보자가 1인일 때는 그 득표수가 선거권자 총수 3분의 1 이상에 달해야 당선인으로 결정된다. 최고득표자가 2인 이상인 때는 국회의 재적의원 과반수가 출석한 공개회의에서 다수표를 얻은 자를 당선인으로 결정한다. 대통령 선거는 임기만료 70일 내지 40일 전(70일 이후 첫째 수요일)에 행해지며, 대통령 궐위시 또는 대통령당선자가 사망하거나 판결 기타의 사유로 그 자격을 상실한 때에는 그 실시사유가 확정된 때부터 60일 이내에 후임대통령을 선출한다.

(3) 대통령의 권한

대통령은 헌법개정에 대한 제안권을 가지며, 확정된 헌법개정안을 즉시 공포할 권한을 가진다. 또한 대통령은 필요하다고 인정할 때에는 외교·국방·통일 기타 국가안위에 관계되는 중요 정책을 국민투표에 붙일 수 있다.

헌법기관구성에 관한 권한으로는 헌법재판소장 및 재판관 임명권, 대법원장과 대법관 임명권, 국무총리와 국무위원 임명권, 행정각부의 장 임명권, 감사원장 및 감사위원 임명권, 중앙선거관리위원회 위원 임명권 등이 있다.

대통령이 입법부에 대하여 가지는 권한으로 임시회 출석요구권과 국회출석·발언권 등이 있다. 입법에 관한 권한으로 법률안제출권, 법률공포권, 법률안거부권, 행정입법권 등이 있다. 사법에 관한 권한으로 사면권, 행정부 수반으로서 행정에 관한 최고결정권을 가지며, 국군통수권, 재정에 관한 권한, 영전수여권 등을 가진다. 대통령이 가지는 국가긴급권으로는 긴급명령, 긴급재정경제명령 및 처분권, 계엄선포권 등이 있다.

2) 행정부

(1) 국무총리

가. 국무총리의 헌법상 지위

대통령제 정부형태에서는 대통령의 권한대행기관으로 부통령을 두는 것이 일반적이다. 우리 헌법은 부통령제를 도입하지 않고 국무총리제를 두고 있다.

국무총리는 국회의 동의를 얻어 대통령이 임명하는 집행부의 제2인자로서 대통령을 보좌하며, 행정에 관하여 대통령의 명을 받아 행정각부를 통할한다. 국무총리는 국회의원을 겸직할 수 있으며, 군인은 현역을 면한 후가 아니면 국무총리로 임명될 수 없다. 국무총리의 임명에는 국회의 동의를 필요로 한다. 대통령이 후보자에 대한 임명동의안을 제출하면 국회는 20일 이내에 인사청문회를 열어 동의 여부를 결정한다.

나. 국무총리의 권한

국무총리는 대통령이 궐위되거나 사고로 인하여 직무를 수행할 수 없을 때 새로운 대통령이 선출될 때까지 대통령의 권한을 대행한다. 국무총리는 국무회의의 부의장으로서 정부의 권한에 속하는 중요한 정책에 대하여 심의할 권한을 가지며, 행정에 관하여 대통령의 명을 받아 행정각부를 통할하는 권한을 가진다. 국무총리는 국무위원과 행정각부의 장의 임명에 대한 제청권과 국무위원의 해임건의권을 가지며, 대통령의 국법상 모든 사항에 관하여 부서할 권한과 의무를 가진다.

(2) 국무위원

국무위원은 국무회의의 구성원으로서 국무총리의 제청으로 대통령이 임명하며, 그 수는 15인 이상 30인 이하이다. 국무위원은 국회의원의 직을 겸할 수 있다. 국무위원은 국정에 관하여 대통령을 보좌하고, 대통령 및 국무총리와 더불어 국무회의를 구성하여 국정을 심의한다.

3) 국무회의

국무회의는 정부 권한에 속하는 중요한 정책을 심의하는 헌법상의 기관이다. 미국식 대통령제 국가에서 국무회의는 대통령에 대해서만 책임을 지는 임의적 자문기관으로서의 성격을 가지는데 반하여, 우리 헌법상의 국무회의는 헌법기관이며, 국정전반에 걸친 최고의 정책심의기관이라는 점에서 단순한 자문기관인 미국의 국무회의와 성격을 달리한다. 또한 우리 헌법상의 국무회의는 정부의 권한에 속하는 중요정책심의기관이라는 점에서 의원내각제에서의 의결기관인 각료의 국무회의와는 성격을 달리한다.

국무회의는 대통령·국무총리와 15인 이상 30인 이하의 국무위원으로 구성되는데, 대통령은 국무회의의 의장이 되고, 국무총리는 국무회의의 부의장이 된다.

4) 행정각부

행정각부는 대통령 또는 국무총리의 지휘 또는 통할로 법률이 정하는 소관사무를 담당하는 중앙행정기관이다. 행정각부의 장은 국무위원이어야 하며, 국무총리의 제청으로 대통령이 임명한다. 국무위원이 아닌 자는 행정각부의 장이 될 수 없다. 국무위원과 행정각부의 장은 비록 동일인이라 할지라도 그 법적 지위는 엄격히 구별된다. 국무위원은 정책을 심의하는 국무회의의 구성원인데 대하여, 행정각부의 장은 이미 결정된 정책을 구체적으로 집행하는 기관이다. 국무위원으로서의 지위에서는 법적으로 대통령이나 국무총리와 같은 국무회의의 구성원의 지위에 있는데 대하여, 행정각부의 장은 대통령과 국무총리의 지휘·감독을 받는다.

5) 감사원

감사원은 국가의 세입·세출의 결산, 국가 및 법률이 정한 단체의 회계검사와 행정 기관 및 공무원의 직무에 관한 감찰을 하기 위해 대통령 소속으로 설치된 기관이다.

감사원은 원장을 포함한 5인 이상 11인 이하의 감사위원으로 구성되는 합의제 기관이다. 감사원장은 국회의 동의를 얻어 대통령이 임명하며, 감사위원은 원장의 제청으로 대통령이 임명한다. 감사원장과 감사위원은 임기가 4년이며, 1차에 한하여 중임할 수 있다.

Ⅳ. 법원

1. 사법부의 조직과 구성

헌법 제101조에서 "사법권(司法權)은 법관으로 구성된 법원에 속한다. 법원(法院)은 최고법원인 대법원과 각급 법원으로 조직된다"고 규정한다. 이는 우리 헌법이 국가권력의 남용을 방지하고 국민의 자유와 권리를 확보하기 위한 기본원리로서 채택한 삼권분립주의의 구체적 표현으로 일체의 법률적 쟁송을 심리·재판하는 작용인 사법작용은 헌법 그 자체에 의한 유보가 없는 한 오로지 대법원을 최고법원으로 하는 법원만이 담당할 수 있음을 의미한다.

1) 대법원

대법원은 대법원장과 대법관으로 구성된다. 현행 법원조직법에 의하면 대법원은 대법원장을 포함하여 14인의 대법관으로 구성된다. 다만, 법률이 정하는 바에 의해 대법관이 아닌 법관을 둘 수 있다고 하여 대법원 법관 구성의 이원화가 가능하도록 하고 있다. 현행 법원조직법은 대법관이 아닌 법관을 두고 있지 않다.

대법원장은 국회의 동의를 얻어 대통령이 임명한다. 대법원장의 임기는 6년이며, 중임을 할 수 없다. 대법관은 대법원장의 제청에 의해 국회의 동의를 얻어 대통령이 임명한다. 대법관의 임기는 6년이며, 법률이 정하는 바에 의해 연임할 수 있다.

대법원에 부와 전원합의체를 둔다. 재판사무의 전문성과 효율성을 높이기 위해 행정·조세·노동·군사·특허 등의 전담특별부를 둘 수 있다. 대법원의 부는 대법관 3인 이상으로 구성된다. 대법원의 심판권은 대법원의 부에서 먼저 사건을 심리하여 의견이 일치된 경우에는 일정한 예외를 제외하고 그 부에서 재판할 수 있다. 그 이외의 것은 대법관의 3분의 2 이상의 합의체에서 심판한다.

2) 군사법원

헌법 제110조 제1항에서는 군사재판을 관할하기 위해 특별법원으로서 군사법원을 둘 수 있다고 규정하였다. 특별법원이란 헌법이 정하는 사법권 독립의 요건을 갖추지 않은 예외법원 예컨대, 법관이 아닌 자가 재판을 담당하거나 대법원을 최종심으로 하지 않는 모든 법원을 말한다. 우리 헌법은 모든 국민에게 헌법과 법률이 정한 법관에 의한 정당한 재판을 받을 권리를 기본권으로 보장하고 있기 때문에 특별법원의 설치는 원칙적으로 금지된다. 군사법원은 관할관을 두고 심판관의 임명권 및 재판관의 지정권을 가지며 심판관은 일반장교 중에서 임명할 수 있는 등 우리 헌법상 특별히 인정되고 있는 특별법원이다. 헌법재판소는 군사법원을 특별법원으로 설치한 것은 합헌이라 한다.

2. 사법권의 독립

사법권의 독립이란 법관이 사법기능을 수행하는 데 있어서 누구의 간섭이나 지시도 받지 아니하고 오로지 헌법과 법률에 의해 그 양심에 따라 독립하여 심판하는 것으로, 법원의 조직상·기능상의 독립과 법관의 독립을 그 내용으로 한다.

1) 법원의 독립

우리 헌법은 사법기능을 법원에 맡기면서 법원을 최고법원이 대법원과 각급법원으로 조직하고 법관의 자격과 법원의 조직은 법률로 정하고 있다. 법원의 독립이란 법원의 조직·운영 및 기능이 입법부나 행정부로부터 독립되어야 함을 의미한다.

다만, 법원의 독립도 일정한 한계를 가질 수밖에 없다. 최고법원인 대법원의 구성권을 대통령과 국회의 공동권한으로 하고 있기 때문에 법원 조직상의 독립이 제약을 받을 수 있다. 또한 사법부의 예산편성권을 정부가 가지고 있고, 법원조직에 관한 국회의 입법권도 법원의 독립에 제약요인이 될 수 있다.

2) 법관의 독립

법관의 독립은 법관의 재판상의 독립과 신분보장을 말한다.

헌법 제103조에서 "법관은 헌법과 법률에 의해 그 양심에 따라 독립하여 심판한다"고 규정하여 재판상의 독립을 보장한다. 법관이 재판에 관한 직무를 수행함에 있어서는 국회나 집행부, 사법부 내에서도 상급법원이나 소속법원장의 지시 또는 명령을 받지 않으며, 이외의 사회적·정치적 세력으로부터 영향을 받지 않는다.

법관의 신분보장은 법관의 자격법정주의, 임기제, 정년의 법정주의, 신분상 불이익 처분사유의 제약 등을 내용으로 한다. 법관의 임기는 헌법에서 정하고 있다. 대법원장과 대법관의 임기는 6년으로, 일반법관의 임기는 10년으로 정하고 있다. 법관의 정년은 법원조직법에서 대법원장 70세, 대법관 65세, 이외의 법관은 63세로 차등적으로 정하고 있다. 또한 헌법에서는 법관의 신분보장을 강화하기 위해 법관에게 신분상 불리한 처분을 할 수 있는 사유를 명문으로 제한하고 있다. 법관은 탄핵(彈劾) 또는 금고(禁錮) 이상 실형의 선고에 의하지 아니하고는 파면되지 아니한다는 규정이 그것이다.

3. 사법부의 절차 및 운영

1) 재판의 심급제

법원에서 사실판단과 법률적용을 잘못함으로 인하여 발생할 수 있는 기본권 침해를 방지하기 위해 재판의 심급제(審級制)를 마련하고 있다. 우리 헌법은 심급제도를 필수적인 제도로 마련하면서도 반드시 삼심제를 요구하지는 않는다. 법원조직법에서는 삼심제를 원칙으로 하고 있고, 우리 헌법과 법률에서는 삼심제에 대한 예외로 단심제와 이심제를 인정하고 있다. 비상계엄(非常戒嚴)하의 일정한 범죄에 대한 군사재판은 단심제가 인정되며, 대통령·국회의원·시도지사 및 교육감선거소송은 대법원의 전속관할로 되어 있기 때문에 단심제일 수밖에 없다. 법원조직법은 특허소송의 제일심 관할법원을 특허법원으로 하고, 특허법원의 재판에 대해서는 대법원에 상고할 수 있도록 함으로써 이심제를 채택하고 있다.

2) 재판의 공개

헌법 제109조에서 "재판의 심리와 판결은 공개한다"라고 규정하여 재판의 공개제를 원칙으로 하고 있다. 다만, 심리는 국가의 안전보장 또는 안녕질서를 방해하거나 선량한 풍속을 해할 염려가 있는 경우에는 법원의 결정으로 공개하지 않을 수 있다.

3) 배심제와 참심제의 문제

배심제(陪審制)라 함은 법률전문가가 아닌 국민 중에서 선출된 일정수의 배심원으로 구성되는 배심이 기소하거나 심판하는 제도를 가리킨다. 기소를 행하는 것을 기소배심 또는 대배심이라 하고, 심판을 행하는 것을 심리배심 또는 소배심이라 한다. 참심제(參審制)라 함은 선거나 추첨에 의해 국민 중에서 선출된 자, 즉 참심원이 직업적인 법관과 함께 합의체를 구성하여 재판하는 제도를 말한다.

2007년 6월 「국민의 형사재판 참여에 관한 법률」이 제정되어 완전한 배심제는 아니지만 국민참여재판 배심원제도가 시행되었다. 동법은 피고인이 원하지 아니하거나 배제 결정이 있는 경우에는 국민참여재판을 하지 아니한다(동법 제5조 제2항). 배심제의 위헌 소지를 없애기 위해 배심원의 평결과 양형에 관한 의견은 법원을 기속하지 아니하도록 하고 있다(동법 제46조 제5항).

V. 헌법재판소

1. 헌법재판소의 구성

헌법재판소(憲法裁判所)는 9인의 재판관으로 구성되며, 국회가 선출하는 3인, 대법원장이 지명하는 3인, 대통령이 지명하는 3인, 모두 9인을 대통령이 임명한다. 헌법재판소의 장은 재판관 중에서 국회의 동의를 얻어 대통령이 임명한다. 헌법재판소 재판관의 임기는 6년으로 하며, 법률이 정하는 바에 의해 연임할 수 있다. 재판관의 정년은 65세로 한다. 헌법재판소장의 정년은 70세로 한다.

헌법재판소의 심판은 헌법재판소법에 특별한 규정이 있는 경우를 제외하고는 9인의 재판관 전원으로 구성되는 재판부에서 관장한다. 전원재판부의 재판장은 헌법재판소장이 된다. 헌법소원심판의 경우에는 사전심사를 위해 재판관 3인으로 구성되는 지정재판부를 둘 수 있다.

2. 헌법재판제도

헌법재판의 종류로는 위헌법률심판, 탄핵심판, 정당해산심판, 권한쟁의심판, 헌법소원심판 등이 있다. 위헌법률심판(구체적 규범통제)은 구체적인 소송사건이 제기되었을 때 법원의 제청에 의해 그 사건에 적용될 법률의 위헌 여부를 가리거나 헌법에 합치되도록 해석하여 법률의 합헌성을 통제하는 제도이다. 탄핵심판제도는 대통령 기타 공무원이 헌법이나 법률에 위반하여 직무집행을 한 때에는 국회가 탄핵소추를 의결하고 헌법재판소가 탄핵을 결정하는 제도를 말한다. 정당해산심판제도는 정당의 목적이나 활동이 민주적 기본질서에 위배될 때 정부의 제소의 의해 헌법재판소가 정당의 해산 여부를 결정하는 제도를 말한다. 권한쟁의심판은 국가기관 또는 지방자치단체들간의 권한의 존부나 범위에 관하여 분쟁이 발생한 경우에 헌법재판소가 권한의 존부·범위·내용 등을 명백히 함으로써 기관간의 분쟁을 해결하는 제도를 말한다. 헌법소원심판은 위헌적인 공권력의 행사 또는 불행사로 말미암아 헌법상 보장된 기본권을 침해당한 자가 공권력의 위헌 여부의 심사를 청구하는 제도를 말한다. 헌법소원심판은 권리구제형 헌법소원(헌재법 제68조 제1항)과 위헌심사형 헌법소원(동법 제68조 제2항)이 있다.

<학습확인문제>

1. 헌법의 기본원리는 헌법의 이념적 기초인 동시에 헌법을 지배하는 지도원리로서 입법이나 정책결정의 방향을 제시하며 공무원을 비로한 모든 국민, 국가기관이 헌법을 존중하고 수호하도록 하는 지침이 되며, 구체적 기본권을 도출하는 근거가 된다. (○, ×)

(해설) 헌법의 기본원리에서 구체적 기본권을 도출하는 근거가 될 수는 없으나, 기본권의 해석 및 기본권제한 입법의 합헌성 심사에 있어 해석기준의 하나라서 작용한다(헌제 1996. 4. 25. 92헌바47).

(정답 ×)

2. 어떠한 유형의 범죄에 대하여 특별히 형을 가중할 필요가 있기 때문에 그 형의 가중의 정도가 통상의 형사처벌과 비교하여 현저히 형벌체계상의 정당성과 균형을 상실한 것이 명백한 경우에도, 그 법률조항은 평등원칙에 반하지 않는다. (○, ×)

(해설) 법률조항은 형사특별법으로서 갖추어야 할 형벌체계상의 정당성과 균형을 잃은 것이 명백하므로 인간의 존엄성과 가치를 보장하는 헌법의 기본원리에 반하고 그 내용에 있어서도 평등원칙에 위반된다(헌재 2014. 11. 27. 2014헌바224 ? 2014헌가11(병합) 특정범죄 가중처벌 등에 관한 법률 제10조 위헌소원).

(정답 ×)

3. 누구든지 체포 또는 구속을 당한 때에는 법률이 정하는 바에 의하여 적부의 심사를 법원에 청구할 권리를 가진다. (○, ×)

(해설) 지문은 제5공화국 헌법의 내용이다. 현행 헌법 제12조 제6항 ⑥누구든지 체포 또는 구속을 당한 때에는 적부의 심사를 법원에 청구할 권리를 가진다.

(정답 ×)

4. 성폭력범죄의 처벌 등에 관한 특례법에 따라 등록된 신상정보를 최초 등록일부터 20년간 보존, 관리해야 한다는 규정은 개인정보저기결정권을 침해한다. (○, ×)

(해설) 비교적 경미한 성범죄를 저지르고 재범의 위험성도 많지 않은 자들에 대해서는 달성되는

공익과 침해되는 사익 사이의 불균형이 발생할 수 있으므로, 성폭력범죄의 처벌 등에 관한 특례법에 따라 등록된 신상정보를 최초 등록일부터 20년간 보존, 군리하여야 한다는 규정은 개인정보자기결정권을 침해한다(헌재 2015. 7. 30. 2014헌마340).

(정답 ○)

5. 건강기능식품의 기능성 광고와 같은 상업적 광고 표현은 사실, 지식, 정보 등을 불특정 다수인에게 전파하는 것으로서 언론·출판의 자유의 보호 대상이 된다. (○, ×)

(해설) 헌재 2018. 6. 28. 2016헌가8.

(정답 ○)

6. 집회 및 시위의 주최자는 집회 또는 시위의 질서 유지에 관하여 자신을 보좌하도록 18세 이상의 사람을 질서유지인으로 임명할 수 있다. (○, ×)

(해설) 집회 및 시위에 관한 법률 제16조 제2항 "집회 또는 시위의 주최자는 집회 또는 시위의 질서 유지에 관하여 자신을 보좌하도록 18세 이상의 사람을 질서유지인으로 임명할 수 있다."

(정답 ×)

7. 신법이 피적용자에게 유리한 경우 시혜적인 소급입법은 불가능하다. (○, ×)

(해설) 개정된 신법이 피적용자에게 유리한 경우에 이른바 시혜적인 소급입법을 하여야 한다는 입법자의 의무가 헌법상의 원칙들로부터 도출되지는 아니한다. 따라서 이러한 시혜적 소급입법을 할 것인지의 여부는 입법재량의 문제로서 그 판단은 일차적으로 입법기관에 맡겨져 있는 것이므로 이와 같은 시혜적 조치를 할 것인가를 결정함에 있어서는 국민의 권리를 제한하거나 새로운 의무를 부과하는 경우와는 달리 입법자에게 보다 광범위한 입법형성의 자유가 인정된다(헌재 1998. 11. 26. 97헌바65, 판례집 10-2, 685, 685-686)

(정답 ×)

8. 수형자의 청구인이 국선대리인의 변호사를 접견하는데 교도소장이 그 접견내용을 녹음, 기록한 행위는 청구인의 재판을 받을 권리를 침해하는 것이다. (○, ×)

(해설) 헌재 2013. 9. 26. 2011헌마398.

(정답 ○)

9. 사회적 기본권에 관한 법률유보는 주로 권리의 내용을 구체화하는 기본권구체화적 법률
유보를 의미하기 때문에, 국회가 사회적 기본권을 구체화하는 입법의무를 계을리할 경우
헌법재판소는 결정의 형식으로 스스로 입법을 할 수 있다. (○, ×)

(해설) 헌법재판소는 헌법재판의 형태로서 국가기관이 특정한 행위를 하지 않은 부작위의 위헌
성을 확인할 수 있을 뿐이다(헌재 2002. 12. 18. 2002헌마52).

(정답 ×)

10. 국회의원은 15인 이상의 찬성으로 의안을 발의할 수 있다. (○, ×)

(해설) 국회법 제79조(의안의 발의 또는 제출) ① 의원은 10명 이상의 찬성으로 의안을 발의할
수 있다.

(정답 ×)

11. 대통령이 거부권을 행사하여 국회에 환부하면 국회는 재의에 붙이고, 재적의원 과반수
의 출석과 출석의원 3분의 2 이상의 찬성으로 전과 같은 의결을 하면 그 법률안은 법률
로서 확정된다. (○, ×)

(해설) 헌법 제53조 제4항.

(정답 ×)

12. 비상계엄 하의 군사재판은 단심으로서 어떠한 경우에도 대법원에 상고할 수 없다. (○, ×)

(해설) 헌법 제110조 제4항 비상계엄하의 군사재판은 군인·군무원의 범죄나 군사에 관한 간첩죄
의 경우와 초병·초소·유독음식물공급·포로에 관한 죄 중 법률이 정한 경우에 한하여 단심으로
할 수 있다. 다만, 사형을 선고한 경우에는 그러하지 아니하다.

(정답 ○)

13. 종전에 헌법재판소가 판시한 헌법 또는 법률의 해석적용에 관한 의견을 변경하는 경우
에는 재판관 6인 이상의 찬성이 있어야 한다. (○, ×)

(해설) 헌법재판소법 제23조(심판정족수) 제2항 재판부는 종국심리(終局審理)에 관여한 재판관
과반수의 찬성으로 사건에 관한 결정을 한다. 다만, 다음 각 호의 어느 하나에 해당하는 경우에는

재판관 6명 이상의 찬성이 있어야 한다. 1. 법률의 위헌결정, 탄핵의 결정, 정당해산의 결정 또는 헌법소원에 관한 인용결정(認容決定)을 하는 경우, 2. 종전에 헌법재판소가 판시한 헌법 또는 법률의 해석 적용에 관한 의견을 변경하는 경우

(정답 ○)

14. 공권력의 불행사에 대한 헌법소원의 경우 불생사가 계속되는 한 청구기간에 제한이 없다. (○, ×)

(해설) 헌재 2002. 7. 18. 2000헌마707.

(정답 ○)

15. 헌법재판소법 제68조 제2항의 헌법소원은 위헌법률심판의 제청신청을 기각하는 결정을 통지 받은 날로부터 30일 이내이다. (○, ×)

(해설) 제69조(청구기간) 제2항 제68조제2항에 따른 헌법소원심판은 위헌 여부 심판의 제청신청을 기각하는 결정을 통지받은 날부터 30일 이내에 청구하여야 한다.

(정답 ○)

제2장

형법(刑法)

제 1 절 형법의 일반이론

1. 형법의 의의

형법이란 범죄의 성립요건을 규정하고(범죄요건), 이러한 범죄에 대하여 형벌 또는 보안처분을 법률효과로 규정하고 있는 법규범의 총체를 말한다. 즉, 어떠한 행위가 범죄이고 그 범죄에 대한 법률효과로서 어떠한 형벌 또는 보안처분을 과할 것인가를 규정한 법규범을 말한다.

이 가운데 가장 중요한 형법규범은 1953년 9월 18일 법률 제293호로 공포되고, 같은 해 10월 3일부터 시행된 형법전을 의미한다(협의의 형법). 형법전은 총칙과 각칙으로 나누어진다. 총칙에서는 범죄와 형벌의 일반적 요소를 규정하고, 각칙은 실질적 형법의 핵심이라 할 수 있는 구체적인 범죄와 이에 대한 형벌을 규정하고 있다. 형법전 외에도 많은 특별형법 및 행정형법 등에 범죄와 이에 대한 법률효과에 관한 규정이 포함되어 있다. 국가보안법, 군형법, 폭력행위 등 처벌에 관한 법률, 특정범죄가중처벌 등에 관한 법률, 관세법, 도로교통법, 식품위생법 등이 이에 해당한다. 이들 모두를 포함한 형사처벌규정을 광의의 형법이라 하며, 형법학의 연구대상이 된다.

우리나라에서 근대적 의미의 형법은 1905년 형법대전이 제정·시행되면서 시작되었다. 그 후 1911년 일본형법이 조선형사령에 의해 의용되었으며, 광복 후에는 미군정법령에 의해 종래의 형법이 그대로 존속되었고 이러한 상태는 대한민국정부 수립 후 지금의 형법이 제정되기까지 계속되었다.

현행 형법은 제1편 총칙과 제2편 각칙으로 구성되어 있으며, 총칙편은 제1조부터 제86조까지로 '제1장 형법의 적용범위', '제2장 죄', '제3장 형' 그리고 '제4장 기간'으로 이루어져 있다. 각칙은 제87조부터 제372조까지 있으며, 총 42장으로 구성되어 국가적 법익에 관한 죄, 사회적 법익에 관한 죄 및 개인적 법익에 관한 죄의 순서로 이루어져 있다.

2. 형법의 과제(기능)

형법은 공동체생활을 위해 본질적인 가치를 보호하는 데 기여한다. 수많은 가치 가운데 인간의 공동체생활을 위해 필수불가결한 전제로서 특히 중요한 것을 추출할 수 있는데(형법의 단편성), 이를 법익(예컨대, 생명, 건강, 자유, 소유권, 사회·공공생활의 안전과 질서, 국가의 존립, 국가의 기능, 형사사법기능 등)이라 한다. 이러한 법익은 특별한 보호가 요청되며, 이에 대한 형벌로 위협을 하게 된다. 즉, 형법의 과제(또는 기능)는 법익의 보호에 있다고 할 수 있다.

무릇 법익은 영구적으로 확정되거나 고정되는 것이 아니라, 공동체의 역사를 통해 형성된 사회적·경제적·문화적 상황에서 결정되며, 이는 결국 개인의 자유와 인격의 자유로운 발전에 기초하는 법치국가헌법 내에서 사회적 기능통일체로서의 공동체 유지에 필요한 기본조건 또는 목적설정이라 정의할 수 있다.

한편, 형법은 법익을 보호할 뿐만 아니라 인간행위의 성질도 형법적 가치판단의 대상으로 한다. 즉, 사회윤리적 행위가치도 형법의 보호대상이 된다. 법익의 보호가 결과에 대한 것이라면 행위가치의 보호는 행위 자체의 측면을 고려한 것이다. 따라서 범죄는 법익침해와 의무위반의 성질을 동시에 가지며, 불법 역시 결과불법뿐만 아니라 행위불법을 포함한다.

이러한 법익을 보호하는 것은 형법뿐만 아니라 민법이나 행정법 등도 있다. 특히 법익침해에 대하여는 민법상의 불법행위로 인한 손해배상책임도 중요한 기능을 담당하며, 손해배상의 최종적 방법은 금전손해배상으로 귀결된다.

따라서 모든 법익침해에 대하여 민사손해배상으로만 해결한다면, 즉 금전손해배상으로 해결한다면 돈이 아주 많은 사람에게는 거의 무한의 자유를 허용하게 되고, 반대로 돈이 전혀 없는 사람에 대해서는 아무런 책임을 물을 수 없게 되어, 결과적으로 중요한 법익을 충분하게 보호할 수 없게 된다.

결국 중요한 법익침해에 대하여 민사손해배상책임 외에 형사책임, 즉 형벌을 부과함으로써 충분한 법익보호가 가능해진다는 점에서 형법의 존재의미가 있다.

3. 형법의 정당성 요건: 한계

법익보호를 과제로 하는 형법이 법률효과로서 예정하는 형벌은 개인의 자유와 권리에 대하여 국가가 행사하는 가장 강력한 침해이다. 따라서 국가형벌권의 실현은 특별한 법적 보장을 요청하며, 이러한 법적 보장에 대한 고전적 표현이 바로 "법률 없으면 범죄 없고, 법률 없으면 형벌 없다"는 죄형법정주의(罪刑法定主義)이다. 이와 관련하여 죄형법정주의는 오늘날 현대국가의 실질적 법치국가원리(국민의 자유와 권리를 침해하는 경우에는 정당한 의회에서 정한 정당한 법률에 근거하여야 한다)에서 나오는 형법상 최고의 원칙으로 이해되고 있다.

그 구체적 내용으로는 ① 형법은 원칙적으로 성문의 법률에 의해야 하며, 따라서 관습형법은 행위자에게 유리한 경우를 제외하고는 허용되지 않는다는 법률주의(관습형법금지의 원칙), ② 가벌적인 행위(범죄구성요건)와 그 법률효과로서의 형벌(형벌구성요건)은 충분히 명확성을 확보해야 한다는 명확성의 원칙, ③ 형법은 제정 또는 개정 이후의 행위에 대하여만 적용되어야 하므로 원칙적으로 소급효를 허용해서는 안 된다. 다만 행위자에게 유리한 소급효는 인정된다고 하는 소급효금지의 원칙, ④ 입법의 흠결이 있는 경우에는 아무리 당벌성이 인정되더라도 행위자에게 불이익을 줄 수 없는 탓에 유사한 법규정을 유추적용하는 것은 허용되지 않는다는 유추금지원칙이 인정되고 있으며, 이러한 원칙들은 형법의 보장기능과 함께 특히 범죄자의 대헌장(마그나 카르타)으로서 기능한다.

4. 책임형법과 가치중립적 보안처분법

형벌은 언제나 사회윤리적 비난을 의미하며, 이러한 비난은 그 행위를 행위자에게 귀속시킬 수 있을 경우, 다시 말해서 행위를 행위자의 책임으로 포섭할 수 있는 경우에만 가능하게 된다(소위 책임원칙). 이와 같이 일정한 한계 내에서 인간의 자기결정의 가능성을 전제로 하는 형법상의 개인적 답책성(答責性)과 책임의 관계에 대하여 다양한 비판이 제기되고 있다. 이러한 비판 가운데 가장 극단적인 입장에서는 형법을 사회보호시스템으로 대체하여, 형벌은 사회치료적 처분으로 대체되어야 한다고 주장한다. 따라서 여기에서는 행위자에게 무엇을 귀속시킬 것인가는 문제되지 않고, 다만 사회적 관점에서 행위자의 사회적 적응을 위해 무엇이 필요한가가 문제될 뿐이다.

그러나 아직까지 입법자들은 이러한 입장을 받아들이고 있지 않다. 이러한 입장에 따르면 아무리 중대한 범죄를 저지른 자라고 하더라도 (사회)치료의 필요성이 없는 경우(우발범 등)에는 아무런 제재를 받지 않을 것이며, 반대로 아무리 경미한 범죄를 행한 자라도 특별한 경우, 즉 현저한 위해요소가 있는 경우에는 종신에 이르기까지 자유를 박탈하는 '치료처분'을 받을 수도 있을 것이다.

물론 이러한 결론은 법질서를 근본적으로 해치게 될 것이다. 왜냐하면 ① 그 시대의 상황에서 어떠한 사회도 제재에 대한 완전한 포기를 감수하지 않을 것이며, ② 수단의 불비례성으로 인해 본질적 정의의 원칙을 침해하게 될 것이기 때문이다. 뿐만 아니라 현재까지의 경험적 사실에 비추어 올바른 치료에 대한 연구가 불충분하므로 사회치료적 처분으로의 대체는 극단적인 법적 불안정을 야기할 수도 있다.

따라서 책임개념에 대한 다양한 문제점이 제기되는 가운데서도 형벌은 (상대적) 자유의사를 갖는 행위자의 책임을 전제로 하며, 책임은 행위자가 행한 행위를 전제로 한다고 이해해야 한다(행위형법).

5. 형벌의 의미와 목적

형벌의 본질과 관련하여 크게 절대적 형벌이론과 상대적 형벌이론으로 나눌 수 있다. 절대적 형벌이론이란 형벌에 대하여 이를 통해 달성할 수 있는 모든 범죄예방 목적을 배제하고, 오로지 이미 행해진 범죄와 관련을 맺는 것으로 이해하는 입장을 말한다. 즉, 형벌의 본질과 기능은 오로지 행해진 악행(범죄)에 대한 응보에 기초한다는 것이다.

이에 반해 상대적 형벌이론은 형벌의 목적을 강조한다. 왜냐하면 형벌은 장래의 범죄행위를 예방하는 측면에서 비로소 의미와 정당성을 갖는다고 보기 때문이다. 즉 이미 행해진 행위 자체는 형벌의 전제일 뿐, 더 이상 형벌의 근거가 되는 것은 아니라는 것이다. 그러나 구체적으로 이러한 목적 달성과 관련하여 상대적 형벌이론은 다시 두 가지 입장으로 나누어진다. 그 하나는 형벌의 목적을 행위자에 대한 작용으로서 범죄를 억제하고자 하는 소위 일반예방에 두는 견해이며(일반예방이론), 다른 하나는 형벌을 행위자를 교화·개선하여 재사회화하는 도구로 이해하는 소위 특별예방이론이다. 또 최근에는 응보사상과 일반예방사상 및 특별예방사상을 결합하여 형벌의 본질 및 정당성을 이해하고자 하는 통합이론이 주장되기도 한다.

형벌이 응보로서 작용하는 것은 사실이다. 그러나 이러한 응보를 위해, 즉 형벌을 과하기 위해 책임 또는 행위자의 행위가치와 일치해야 하는가는 별개의 문제이다. 이에 대해 국가는 보다 고차원의 정의의 수호자가 될 수 있는 것은 아니므로 부정되어야 하며, 오히려 국가형벌은 평화롭고 질서 있는 공동생활의 기초를 보호·유지하기 위한, 다시 말해서 중대한 법질서 침해를 방지하기 위한 합리적 목적에 근거해야 한다. 그 하나는 형벌은 특별예방사상이 말하는 행위자의 재사회화를 위해 필요한 한도 내에서 개별적인 제재에 그쳐야 하며, 다른 한편으로 범죄행위의 예방을 위해 잠재적 범죄자에 대한 위협(또는 설득)으로서 기능해야 한다. 특히 후자의 일방예방사상은 적어도 다음과 같은 점에 있어서 중요한 의미를 갖는다. 즉, 일반인의 의식 가운데 법질서의 유지 및 불가침성에 대한 사고가 형벌에 내재하는 공적인 불승인을 통해 항상 새로이 승인되고 강화된다는 것이다. 이러한 관점에서 형벌은 비로소 구체적인 경우에 특별예방의 요구가 결여된 곳에서도 정당화될 수 있게 된다.

그러나 형벌로서 예방목적이 저절로 수행되는 것은 아니다. 예방의 필요성이 형벌의 기초가 되기는 하나, 이러한 형벌을 정당화되기 위해서는 형벌에 내재하는 공적 비난을 행위자에게 귀속시킬 수 있어야만 한다. 따라서 형벌은 언제나 행위자의 책임을 전제로 한다. 여기서부터 책임원칙과 예방사상은 다음과 같이 결합된다. 즉 이들 양자는 형벌의 의미와 관련하여 상호 제한하는데, 한편으로는 형벌은 책임의 양을 초과할 수 없다. 따라서 일반예방 또는 특별예방의 근거들로부터 보다 중한 형벌을 과하는 것은 허용되지 않는다. 다른 한편으로는 형벌의 전제로서 책임은 형벌의 유일한 근거가 되는 것은 아니다. 따라서 책임을 통해 제한된 형벌의 양도 일반예방 또는 특별예방의 목적을 위해 요청되는 경우에는 부과되지 않을 수 있다.

6. 형법의 적용범위

1) 시간적 적용범위

형법이 어느 때를 표준으로 적용되는가, 즉 어느 때에 행한 범죄에 대하여 형법이 적용되는가의 문제를 형법의 시간적 적용범위라고 한다. 형법도 여타 법률과 마찬가지로 시행된 때부터 폐지될 때까지 효력을 갖는다. 다만, 행위시와 재판시의 형벌법규에 변경이 있는 경우에 행위시법을 적용하면 구법의 추급효를 인정하는 것이 되며, 재판시법을 적용하면 신법의 소급효를 인정하는 셈이 된다.

우리 형법은 제1조 제1항에서 행위시의 법률에 의한다고 규정하고 있지만(행위시법주의), 법률의 변경으로 그 행위가 범죄를 구성하지 않거나 형이 구법보다 경한 때에는 신법(재판시법)에 의한다는 예외를 같은 조 제2항에서 규정하고 있다. 이는 소급효금지의 원칙을 명문규정화한 것이며, 다만 행위자에게 유리한 경우에 이러한 소급효금지에 대한 예외를 인정하는 것이라 할 수 있다. 이에 따라 형사소송법 제326조 제4호는 범죄 후의 법령개폐로 형이 폐지되었을 때에는 면소판결을 하도록 하고 있다.

그러나 이러한 원칙과 관련하여 문제되는 것이 한시법이론(限時法理論)이다. 즉, 한시법이론이란 유효기간이 정해져 있어 미리 폐지가 예상되는 법률에 관하여 폐지 전의 행위에 대하여 행위시법의 추급효(追及效)를 인정할 것인가에 관한 이론을 말한다. 이에 대하여는 추급효인정설과 추급효부정설(우리나라 다수설), 그리고 동기설(우리나라 판례 및 독일의 통설) 등이 주장되고 있다.

2) 지역적 적용범위

어떤 장소나 지역에서 발생한 범죄에 대하여 형법이 적용되는가의 문제를 형법의 지역적 적용범위라고 한다. 이러한 형법의 지역적 적용범위에 관하여는 속지주의·속인주의·보호주의·세계주의의 네 가지 입법주의가 있는데, 우리 형법은 속지주의를 원칙으로 삼으면서(형법 제2조, 제4조) 동시에 속인주의(동법 제3조)와 보호주의(동법 제5조, 제6조)

를 가미하고 있다. 그리고 이와 관련하여 범죄로 인하여 외국에서 형의 전부 또는 일부 집행을 받은 자에 대하여는 형을 감경 또는 면제할 수 있다고(동법 제7조) 규정하고 있다.

3) 인적 적용범위

형법이 어떤 사람에 대하여 적용되는가의 문제를 형법의 인적 적용범위라고 하며, 원칙적으로 형법은 시간적·장소적 효력이 미치는 범위에서 모든 사람에게 적용되며, 다만 예외적으로 국내법(대통령과 국회의원) 및 국제법(치외법권 향유자 및 외국의 군대)에 따라 형법의 적용이 배제되는 사람이 있다.

제 2 절 범죄론

1. 범죄의 일반요소

실정법상 일반적 표지들을 통해 범죄행위(犯罪行爲)를 전체로서 파악할 때 일반적으로 구성요건에 해당하고 위법하며 책임 있는 행위가 범죄라고 정의된다. 물론 이들 개별요소들에 대하여 많은 논란이 있으며, 특히 행위개념과 관련하여 — 이들 견해대립의 실제적 의미는 이미 상실되었으나 — 인과적·목적적·사회적 행위론의 대립이 있다. 이러한 맥락에서 '구성요건'이란 입법자가 법률로 규정한 불법행위유형, 즉 범죄유형을 말하므로, '구성요건에 해당한다는 것'은 어떠한 행위가 특정한 범죄유형(예컨대, 살인, 상해, 절도 등)의 표지와 일치하는 것을 의미하며, '위법성'이란 구성요건에 해당하는 행위가 일반적으로 모든 사람을 구속하는 법질서의 행위규범에 반한다는 명시적이고 부정적인 가치판단을 나타내며, '책임'이란 그의 행위로 인하여 행위자에 대한 개인적 비난가능성을 말한다.

이러한 삼분적 범죄개념에도 불구하고 구성요건해당성과 위법성은 불법의 범주에 속하는 것으로 행위반가치와 결과반가치를, 그리고 책임은 심정반가치를 본질적 내용으로 하는 것으로, 이러한 불법과 책임이 일정한 행위에 대한 형법적 평가를 위한 결정적이고 실질적인 가치범주를 형성한다. 즉, 범죄란 불법(구성요건해당성＋위법성)하고 책임 있는 행위를 말한다.

1) 구성요건

일정한 범죄유형의 특수한 형법적 불법 내용을 서술하고 기초하는 모든 범죄유형적 불법표지를 좁은 의미의 구성요건 또는 불법구성요건이라고 한다. 따라서 어떠한 표지들이 불법유형적인 것으로서 구성요건에 속하는가는 형법적 불법이 존재하는가에 따라서 정해진다. 이처럼 불법유형의 기술을 의미하는 구성요건은 개별 범죄유형 자체를 나타내거나(절도나 강도 등) 또는 다른 범죄유형이나 비범죄적 행위들과 구분하는 기능을 갖는다. 오늘날의 이론에 따르면, 구성요건에는 다음의 두 가지 요소가 특히 중요한 의미를 갖는다. 즉, (외부적) 결과반가치를 나타내는 객관적 구성요건요소와 (내부적) 행위반가치를 나타내는 주관적 구성요건요소가 그것이다.

(1) 객관적 구성요건요소

객관적 구성요건요소는 해당 범죄구성요건에 있어서 반가치적 외부현상을 기술하는 모든 표지들을 말하며, 행위주체·행위객체·행위·결과·인과관계 등이 객관적 구성요건요소에 해당한다. 따라서 작위범(作爲犯)에 있어서는 일정한 행위, 즉 의사에 의해 지배되거나 지배될 수 있는 인간의 행태(따라서 무의식적인 반사운동은 행위가 아니다)가 여기에 속한다. 또한 구성요건은 일정한 결과(예컨대, 사망, 상해 등)를 요하므로 이들도 행위자에게 객관적으로 귀속될 수 있어야 한다. 물론 행위와 결과 사이에 인과관계의 존재가 유일한 전제는 아닐지라도 적어도 행위는 그러한 결과에 대한 원인적이어야만 한다. 그리고 구체적인 경우에 행위나 결과에 부가되는 특별한 행위유형(예컨대, 형법 제252조의 '촉탁 또는 승낙을 받아')들도 객관적 구성요건표지에 속하며, 행위자의 특별한 신분(예컨대, 공무원 범죄에 있어서 공무원 또는 소위 신분범)도 마찬가지이다.

부작위(不作爲), 즉 법적으로 명령된 행위를 하지 않은 것도 구성요건에 해당할 수 있다. 이러한 부작위는 법률규정에 의해 명시적으로 나오기도 하며(소위 진정부작위범), 일반적으로는 부작위에 의한 작위범(소위 부진정부작위범)으로서 원래 구성요건실현이 적극적 행위(작위)에 의할 것으로 예정되었으나 부작위로 실현한 경우를 말한다. 부진정부작위범은행위자가 구성요건에 속하는 결과를 방지할 의무가 있으며, 또한 이러한 의무에 위반한 부작위가 작위에 의한 구성요건실현과 동가치성을 갖는 때에 성립한다. 따라서 이때는 행위자에게 해당 법익을 위한 특별한 보증인지위가 인정될 수 있어야 하며, 이러한 보증인지위는 형식적으로는 법령, 계약, 선행행위 등으로부터 발생하며, 실질적으로 보호의무, 위험원과 관련한 안전의무로부터 발생한다.

그리고 법적으로 요구되는 주의를 다하지 못하여 법적으로 금지된 결과를 야기한 행위도 구성요건에 해당할 수 있다(과실범). 이러한 과실범에 있어서 행위반가치는 객관적 주의의무의 위반으로부터 도출된다. 객관적 주의의무위반이란 행위자가 보호되는 법익에 대한 위험을 인식 또는 예견하고 구성요건적 결과를 방지하기 위해 요구되는 주의의무를 다하지 않는 것을 말한다. 즉, 주의의무의 내용은 예견의무와 결과방지의무로 이루어져 있다.

> **범죄의 유형**
>
> 객관적 구성요건요소를 중심으로 범죄의 유형을 살펴보면 다음과 같다.
>
> 첫째, 행위주체를 기준으로 하여 일반범과 신분범으로 구분할 수 있다. 일반범이란 행위주체에 아무런 제한이 없는, 즉 누구라도 행위주체가 될 수 있는 범죄를 말하며, 신분범이란 일정한 신분(특별한 주체. 예컨대 형법 제129조 수뢰죄의 공무원 등)이 있는 자만이 행위주체가 될 수 있는 범죄를 말한다. 신분범은 다시 신분 있는 자의 행위만이 범죄로 되는 진정신분범과 신분이 없는 자의 행위도 범죄가 되지만, 일정한 신분 있는 자의 행위는 형이 가감되는 부진정신분범으로 나누어진다.
>
> 둘째, 보호법익에 대한 침해 여부를 기준으로 침해범과 위험범으로 구분된다. 즉 침해범이 범죄가 기수가 되기 위해서는 보호법익에 대한 현실적 침해가 있어야 하는 반면, 위험범은 보호법익에 대한 위험만 있어도 기수가 되는 범죄를 말한다. 위험범은 다시 보호법익에 대한 현실적 위험발생이 구성요건에 명시된 구체적 위험범과 현실적 위험발생이 아니라 일반적 위험성으로 족한 추상적 위험범으로 나누어진다.
>
> 셋째, 결과발생을 기준으로 결과범과 거동범으로 구분된다. 즉 결과범이란 범죄가 기수에 이르기 위해서는 행위와는 구별되는 일정한 결과가 외부세계에 나타나야 하는 범죄유형을 말하며, 거동범이란 결과발생을 요하지 않고 단지 구성요건이 요구하는 행위만 있으면 기수가 되는 범죄유형을 말한다.

  (2) 주관적 구성요건

　　주관적 구성요건은 행위자의 내부적 심리상태를 기술하는 구성요건표시를 말한다. 가장 대표적인 것이 고의이다. 즉, 구성요건에 해당하기 위해서는 객관적 구성요건 외에 객관적 구성요건의 실현을 향한 고의가 주관적 구성요건으로 요구된다. 이 밖에 특별한 개별 범죄에 있어서는 특수한 주관적 구성요건, 즉 목적·경향·표현 및 재산죄의 불법영득의사 등이 요구된다. 이때 고의는 일반적으로 구성요건실현에 대한 인식과 의욕이라고 정의되며, 이들 인식요소(확실성단계, 개연성단계, 가능성단계 및 가능성의 인식조차 없는 단계)와 의욕요소(목표지향의욕단계, 단순의욕단계, 감수단계 및 감수의사조차 없는 단계)의 결합에 의해 의도적 고의(목표지향의욕과 결합된 확실성에서 가능성까지의 인식), 지정고의(인식요소로서 확실성과 결합된 고의형태) 및 미필적 고의(인식요소로서 가능성과 의욕요소로서 감수의사의 결합)가 있다.

　　만일 행위자가 구성요건표지를 인식하지 못하고 행위를 한 경우에는(소위 사실의 착오 또는 구성요건착오) 형법 제15조 제1항에 의해 고의가 조각된다. 물론 착오가 과실에 의한 것인 때에는 법률이 명문으로 과실범처벌규정을 두고 있는 경우에 한하여 행위자는 과실범으로 처벌될 수 있다. 또한 고의와 과실이 결합하는 경우에는 결과적 가중범(상해치사, 강도살인 등)이 성립하며, 이때 기본적 구성요건의 고의실행(상해 또는 강도)이 중한 결과(살인)와 결합한 것으로 이들 사이에 인과관계가 인정되어야 하며, 중한 결과발생에 대한 과실이 있어야 한다(제15조 제2항).

2) 위법성

불법구성요건은 이미 해당 범죄유형의 모든 전형적 불법요소들을 포함하고 있으므로, 구성요건에 해당하는 행위는 일반적으로 위법하다. 그러나 구체적인 경우에 구성요건에 기술되어 있는 원칙적으로 금지되는 행위(예컨대, 상해)가 예외적으로 허용되는 특수한 상황(예컨대, 정당방위)이 존재할 수 있다. 이를 위법성조각사유라 하며, 위법성조각사유가 존재하면 일단 구성요건해당성에 의해 기초된 위법성징표는 다시 제거된다. 반면에 위법성조각사유의 부존재는 징표된 위법성을 확정한다.

우리 형법상 인정되고 있는 위법성조각사유로는 정당행위, 정당방위, 긴급피난, 자구행위, 의무의 충돌, 피해자의 승낙, 추정적 승낙이 있다. 이러한 위법성조각사유들은 일반적으로 우월적 이익의 원칙(구성요건해당행위에 의해 침해된 이익이 그 행위에 의해 보호된 이익과 충돌할 경우, 후자가 전자보다 우선하는 이익일 때 정당화된다. 피해자의 승낙과 추정적 승낙에 의한 행위)과 정당한 목적을 기초로 한다. 위법성조각사유의 성립요건은 원칙적으로 객관적 정당화상황, 상당성 및 주관적 정당화의사를 요구한다.

만일 행위자가 위법성을 조각하는 상황으로 오인한 경우에는 이를 허용구성요건착오(오상방위, 오상피난 등)로서 구성요건(또는 사실)착오에 준하여 취급한다(다수설에 따르면 책임고의가 조각되며, 과실범처벌규정이 있는 경우에는 과실범으로 처벌될 수 있음). 이와는 반대로 객관적으로 존재하는 위법성을 조각하는 사실관계를 인식하지 못하고 행위를 한 때에는 불능미수에 관한 규정이 준용된다. 또한 위법성조각사유에 해당하는 행위가 상당성을 초과한 경우(예컨대, 과잉방위, 과잉피난 등)에는 책임이 조각되거나 형이 감경 또는 면제될 수 있다.

3) 책임

형법적 의미에서 책임이란 행위자에게 그의 행위에 대한 개인적 비난가능성을 기초하고, 또 그 행위로부터 나타난 법의식 결여를 의미하는 심리적 요소를 말한다. 이러한 책임은 언제나 책임 있는 결정 가능성을 전제로 하며, 따라서 성인의 경우에는 특별한 책임조각사유가 존재하지 않는 한 법적으로 결정 가능성이 인정된다.

특별한 책임조각사유에는 ① 14세 미만의 형사미성년자, ② 행위의 불법을 이해하거나 또는 그에 따라 행동할 수 있는 정신적 능력을 결한 심신상실자, ③ 자신의 행위가 구성요건에 해당하는 것을 인식하였으나 불법한 것은 아니라고 오인한 경우로서, 회피

불가능한 금지착오(또는 법률착오) 그리고 ④ 과실범에 있어서 구체적인 행위자가 객관적 주의의무의 이행능력이 없는 경우 등이 있다.

이 밖에 법은 규범합치적 행위가 비정상적 동기로 인하여 더 이상 기대가능성이 없는 경우에는 책임비난을 포기하기도 한다(소위 면책사유). 그러나 고의 작위범에 있어서 면책사유는 명문규정으로 인정된 경우에만, 예컨대 강요에 의한 행위, 일정한 경우의 과잉방위, 과잉피난 또는 과잉자구행위 및 학설로 인정되는 면책적 긴급피난 등의 경우에만 적용될 수 있다.

2. 특수한 유형의 범죄

1) 미수범

형법에 있어서 범죄라고 할 때는 일반적으로 기수범을 의미한다. 그러나 행위자가 범죄의사로 직접적인 구성요건실현을 위한 행위를 개시했음에도 불구하고, 객관적 구성요건요소의 일부 또는 전부가 실현되지 않거나 흠결됨으로써 기수에 이르지 않은 경우를 미수라고 한다(형법 제25조 제1항). 미수(未遂)는 외관상 행위자에게 범죄의사가 있고 또한 실행의 착수라고 볼 수 있는 행위가 있기 때문에 범죄의 한 유형으로 이해된다. 이와 달리 실행착수 조차 인정되지 않는 경우는 원칙적으로 범죄에 해당하지 않기 때문에 불가벌이지만, 예외적으로 예비·음모를 처벌하는 규정이 있는 때에는 그 규정에 의해 처벌될 수 있다. 따라서 가벌적인 미수범과 불가벌인 예비·음모를 구별하는 기준이 바로 실행의 착수이다. 실행의 착수시기를 정하는 기준에 대하여, 오늘날은 개별적 객관설(절충설)에 따라 행위자의 범행 계획을 기초로 진행될 때 구성요건행위가 직접 개시되거나 또는 그와 밀접한 관련 있는 행위가 개시되면 실행의 착수가 인정된다.

우리 형법은 제25조(장애미수)에서 미수범의 형은 기수범보다 감경할 수 있다고 규정하고 있으며, 또한 제29조에서 모든 미수범을 처벌하지 않고 각칙에서 따로 정하도록 규정하고 있다. 제27조(불능범)에서 "실행의 수단 또는 대상의 착오로 인하여 결과발생이 불가능하더라도 위험성이 있는 때에는 처벌한다"고 규정하여 불능범과 구별되는 불능미수를 규정하고 있으며, 그 형을 감경 또는 면제할 수 있다. 또한 가벌적인 미수가 성립한 경우에도, 범죄가 완성되기 전에 행위자가 자의로 실행행위를 중지하거나 결과의 발생을 방지한 경우에는 중지미수가 성립하며, 그 형을 감경 또는 면제하도록 하고 있다(동법 제26조).

2) 다수 참가 형태의 범죄

하나의 범죄행위에 여러 사람이 가담한 경우에 대하여 형법은 다양한 유형의 정범과 공범에 관하여 규정하고 있다. 정범이란 직접 구성요건행위를 실현하는 범죄를 말하며, 공범이란 타인의 범죄(정범)를 사주하거나 도와주는 형태로 가담하는 범죄를 말한다. 오늘날 정범과 공범은 행위지배, 즉 구성요건 실현에 대한 의도적 장악이 인정되는지 여부를 기준으로 구별되는 것으로 이해한다.

(1) 정범(正犯)

정범에는 단독정범과 타인을 통해 죄를 범하는 간접정범(동법 제34조 제1항) 및 수인이 공동하여 죄를 범하는 공동정범(동법 제30조)이 있다. 정범의 본질은 행위지배에서 찾는 것이 오늘날의 통설이다.

따라서 타인을 도구로 이용하여 범죄를 실행한 간접정범에 있어서는 의사지배의 형태로 행위지배가 나타나며(예컨대, 고의 없는 자나 정신병자를 이용한 범죄 등), 2인 이상이 공동하여, 즉, 공동의 범행결의에 의해 분업적으로 구성요건을 실현하는 공동정범에 있어서는 기능적 행위지배로 나타난다. 따라서 공동정범은 각자가 역할분담에 따라 전체계획의 수행에 불요불가결한 부분에 대한 기능적 행위지배에 의해 각자가 전체 범죄구성요건실행에 대한 공동의 행위지배를 가진 정범이 된다.

(2) 공범(共犯)

정범과는 달리, 타인에게 범죄를 결의시키거나(교사범) 또는 고의적인 도움을 제공함으로써(종범) 타인의 범행에 관여하는 자가 공범(협의의 공범)이다. 따라서 공범은 언제나 정범을 전제로 하며, 이러한 점에서 공범은 언제나 정범에 종속적이다. 그러나 이러한 공범의 종속성은 정범의 가벌성 여부나 정도에 전적으로 종속적인 것은 아니다. 공범의 종속성 정도에 관하여 최소한의 종속형식, 제한적 종속형식, 극단적 종속형식 및 확장적 종속형식 등의 견해대립이 있다.

오늘날 일반적인 견해는 공범의 종속성은 정범이 구성요건해당성 및 위법성이 인정되면 족하고, 책임까지 요구하지는 않는다(제한적 종속형식). 따라서 수인의 공범이 있는 경우 각자의 책임에 따라 처벌될 뿐이다. 공범의 처벌은 원칙적으로 정범의 형과 동일하다(동법 제32조 제1항). 그러나 종범(從犯)의 경우에는 형을 감경한다(동법 제32조 제2항).

또한 정범의 행위가 전적으로 결여되었더라도 일정한 경우에는 공범의 성립이 인정된다. 즉 피교사자가 범죄의 실행을 승낙하고 실행의 착수에 이르지 아니한 때(효과 없는 교사, 동법 제31조 제2항) 또는 피교사자가 범죄의 실행을 승낙하지 아니한 때(실패한 교사, 동법 제31조 제3항), 전자의 경우에는 교사자와 피교사자를, 후자의 경우에는 교사자를 각각 예비 또는 음모에 준하여 처벌하고 있다.

제 3 절 법률효과

1. 형벌

현행법이 인정하는 형벌(刑罰)은 사형·징역·금고·자격상실·자격정지·벌금·구류·과료·몰수의 9가지가 있다(형법 제41조). 이를 형벌에 의해 박탈되는 법익의 종류에 따라 생명형·자유형·재산형·명예형의 4종류로 분류할 수 있는데, 형벌 가운데 사형은 생명형이고, 징역·금고·구류는 자유형이며, 자격정지·자격상실은 명예형이고, 벌금·과료 및 몰수는 재산형이다. 다만 몰수는 부가형이다(동법 제49조).

1) 사형

사형(死刑)이란 수형자의 생명을 박탈하는 것을 내용으로 하는 형벌로서 집행방법에는 교수·총살·참수·전기살·가스살·주사살·석살 및 교살 등이 있다. 우리 형법은 교수형을 규정하며, 군형법은 총살형을 인정하고 있다. 사형과 관련하여 폐지론과 존치론의 견해대립이 있다.

2) 자유형

자유형(自由刑)이란 수형자의 신체적 자유를 박탈하는 것을 내용으로 하는 형벌로서 우리 형법은 징역(수형자를 교도소 내에 구치하여 정역에 복무하게 하는 것을 내용으로 하는 자유형)·금고(수형자를 교도소에 구치하여 자유를 박탈) 및 구류(수형자를 교도소에 구치함. 기간이 1일 이상 30일 미만임)의 3종류를 인정하고 있다. 자유형과 관련하여 자유형의 단일화와 단기자유형의 제한 등이 문제되고 있다.

3) 재산형

재산형(財産刑)이란 범죄자로부터 일정한 재산의 박탈을 내용으로 하는 형벌로서 우리 형법은 벌금(범죄인에 대하여 일정한 금액의 지불의무를 강제적으로 부담케 하는 형벌)·과료(금액이 2천원 이상 5만원 미만인 점에서 벌금과 구별됨) 및 몰수(범죄반복의 방지나 범죄에 의한 이득의 금지를 목적으로 범죄행위와 관련된 재산을 박탈하는 형벌, 원칙적으로 부가형임)가 인정되고 있다. 재산형과 관련하여 총액벌금형제도 대신에 일수벌금형제도의 도입, 벌금분납제도, 벌금형의 집행유예제도 등이 논의되고 있다.

4) 명예형

명예형(名譽刑)이란 범죄자의 명예 또는 자격을 박탈하는 것을 내용으로 하는 형벌로서 자격상실(일정한 형선고의 효력으로서 당연히 일정한 자격이 상실됨)과 자격정지(일정기간 동안 일정한 자격의 전부 또는 일부를 정지시킴)가 인정되고 있다.

이와 같이 형법은 일정한 범죄에 대하여 일정한 종류와 범위의 형벌을 규정하고 있으나, 구체적 사건에 대한 정당한 형벌의 선고를 위해서는 형의 양정(또는 적용)이 이루어져야 한다. 즉 구체적인 사건에 대한 형벌이 정하여지기 위해서는 먼저, 적용할 수 있는 형벌범위(개개의 구성요건에 규정되어 있는 형벌, 법정형)가 전제되어야 하며, 이러한 법정형으로부터 법률상 및 재판상의 가중·감경을 거쳐 구체화된 형벌(처단형)의 범위 내에서 법원이 구체적으로 형을 양정하여 — 행위자의 책임이 가장 중요한 양정요소가 된다. 이 밖에도 형벌의 목적, 즉 특별예방이 고려된다 — 해당 피고인에게 선고하게 된다(선고형).

형의 양형과 관련하여 특별한 규정으로 집행유예(형을 선고함에 있어서 일정한 기간 동안 형의 집행을 유예하고 그 유예기간을 경과한 때에는 형의 선고의 효력을 잃게 하는 제도)·선고유예(범정이 경미한 범인에 대하여 일정한 기간 동안 형의 선고를 유예하고 그 유예기간을 경과한 때에는 면소된 것으로 간주하는 제도) 및 가석방(자유형을 집행받고 있는 자가 개전의 정이 현저하다고 인정되는 때에 형기만료 전에 조건부로 수형자를 석방하고 일정한 기간을 경과한 때에는 형의 집행을 종료한 것으로 간주하는 제도)제도가 있다.

2. 보안처분

보안처분(保安處分)은 (책임을 전제로 하는) 형벌로서 달성할 수 없는 특별예방목적에 기여한다. 보안처분을 과하기 위해서는 행위자의 특별한 위험성(필요성) 및 비례성 원칙에의 구속이 전제되어야만 한다. 이러한 보안처분은 대인적 보안처분과 대물적 보안처분, 그리고 자유박탈보안처분(치료감호와 중독자에 대한 금절치료소감호, 노동혐오자에 대한 노역장감호)과 자유제한보안처분(보안관찰, 보호관찰, 운전면허박탈, 직업금지 등)으로 나눌 수 있다.

우리나라의 보안처분제도는 형법이 아니라 몇몇 특별법(예컨대 소년법, 보안관찰법 등)에서 규정하고 있었으며, 1980년 12월 18일 법률 제3286호로 공포·시행된 사회보호법에 의해 우리나라도 보안처분이 본격적으로 도입되었다. 그러나 2005년 8월 4일 사회보호법폐지법률이 제정·공포·시행되어 보호감호제도는 폐지되었다. 다만, 치료감호에 대해서는 같은 날 치료감호법의 제정과 시행으로 개선·보완되었다.

1) 치료감호법상 보안처분

2005년 8월 4일에 사회보호법을 폐지하면서 심신장애 또는 마약류·알코올 그 밖의 약물중독상태 등에서 범죄행위를 한 자로서 재범의 위험성이 있고 특수한 교육·개선 및 치료가 필요하다고 인정되는 자에 대하여 적절한 보호와 치료를 함으로써 재범을 방지하고 사회복귀를 촉진하기 위한 목적(치료감호법 제1조)으로 치료감호법이 제정·시행되었으며, 이 법은 보안처분으로서 치료감호와 보호관찰을 규정하고 있다.

(1) 치료감호(治療監護)

치료감호란 심신장애자와 중독자를 치료감호시설에 수용하여 치료를 위한 조치를 행하는 보안처분을 말한다. 치료감호의 요건과 내용에 대해서도 사회보호법에서 정하고 있다.

(2) 보호관찰(保護觀察)

보호관찰은 가출소한 피보호감호자와 치료위탁된 피치료감호자를 감호시설 외에서 지도·감독함을 내용으로 하는 보안처분이다. 이는 피치료감호자를 사회적 지도에 의해 사회복귀와 교육의 목적을 달성하기 위한 자유제한적 보안처분으로서 치료감호에 대한 대체 내지 보충수단으로서 중요한 의미를 갖는다.

2) 보안관찰법상 보안처분

1989년 6월 16일에 사회안전법을 폐지하면서 보안관찰법이 제정·시행되었으며, 이 법은 특정한 범죄를 범한 자에 대하여 재범의 위험성을 예방하고 건전한 사회복귀를 촉진하는 동시에 국가안전과 사회안녕을 유지함을 목적으로 하는 처분인 보안관찰을 규정하고 있다.

3) 소년법상 보안처분

소년법상 보호처분이란 반사회성이 있는 소년(20세 미만의 자: 2013년 7월부터 19세로 조정됨)에 대하여 그 환경의 조정과 성행의 교정을 위한 처분을 말한다(소년법 제1조).

소년법 제32조가 규정하고 있는 보호처분으로는 ① 보호자 또는 보호자를 대신하여 소년을 보호할 수 있는 자에게 감호를 위탁하는 것, ② 수강 또는 사회봉사를 하게 하는 것, ③ 보호관찰관의 단기 또는 장기 보호관찰을 받게 하는 것, ④ 아동복지법상의 아동복지시설 기타 소년보호시설에 감호를 위탁하는 것, ⑤ 병원이나 요양소에 위탁하는 것, ⑥ 1개월 이내, 단기 또는 장기로 소년원에 송치하는 것이 있다.

4) 성폭력범죄자의 성충동 약물치료에 관한 법률

아동을 대상으로 하는 성범죄가 급증하면서 이에 대한 대책의 일환으로 2010년 6월에 제정되고 2012년 12월 28일에 개정된 「성폭력범죄자의 성충동 약물치료에 관한 법률」(일명 화학적 거세법)에 따르면, 성폭력범죄를 저지른 성도착증 환자에 대하여 검사의 청구가 있으면 법원은 15년의 범위 안에서 기간을 정하여 판결로 치료명령을 선고할 수 있게 되었다.

성치료명령의 내용은 성충동 약물치료를 말하며, 이는 성충동에 관여하는 호르몬인 '테스토스테론'을 억제하는 호르몬제를 주사하는 것을 의미한다. 이러한 약물치료는 형벌로 해결할 수 없는 재범 위험성을 억제하기 위하여 부과되는 보안처분으로 이해한다.

5) 전자장치 부탁 등에 관한 법률

수사·재판·집행 등 형사사법 절차에서 전자장치를 효율적으로 활용하여 불구속재판을 확대하고, 범죄인의 사회복귀를 촉진하며, 범죄로부터 국민을 보호하기 위하여(이 법률 제1조), 이전의 특정 성폭력범죄자에 대한 위치추적 전자장치 부착에 관한 법률을 2007년 8월 3일 「전자장치 부착 등에 관한 법률」로 개정하여 그 적용 범위를 확대하였다.

즉 성폭력범죄 등 특정범죄 이외에도 법에서 규정하는 살인, 강도 등의 범죄를 다시 범할 위험이 있다고 인정되는 사람에 대하여 전파를 발신하고 추적하는 원리를 이용하여 위치를 확인하거나 이동경로를 탐지하는 일련의 기계적 설비로서 대통령령으로 정하는 위치추적 전자장치(이하 전자장치)의 부착을 검사의 청구에 의하여 법원이 판결로 명령을 할 수 있도록 하였다(이 법률 제2조, 제4조, 제5조, 제9조 등).

〈학습확인문제〉

1. 형법이란 범죄의 성립요건을 규정하고, 이러한 범죄에 대하여 형벌 또는 보안처분을 법률효과로 규정하고 있는 법규범의 총체를 말한다. (   )

2. 1953년 9월 18일 법률 제293호로 공포되고, 같은 해 10월 3일부터 시행된 형법은 총칙과 각칙으로 나뉘며, 실질적 의미의 형법규정들로 이루어져 있다. (   )

3. 형법은 인간의 공동체생활을 위한 피수불가결한 전제로서 법익을 보호하고 그 기초가 되는 사회윤리적 행위가치를 보호하는 임무를 가진다. (   )

4. 법익보호를 하는 형법도 법치국가원칙의 지배를 받으며, 죄형법정주의가 법치국가원칙의 형법적 표현이다. (   )

5. 죄형법정주의는 법률주의원칙, 소급효금지원칙, 명확성원칙 및 유추금지원칙으로 이루어지며, 이들 원리는 다른 법영역에서도 동일한 효력이 인정된다. (   )

6. 형벌의 정당성 근거로서 응보형이론, 일반예방이론, 특별예방이론, 통합이론 등이 있으며, 이들 각 이론은 장점과 함께 단점(문제점)을 가지고 있어서 오늘날까지 정당성이 인정되는데 많은 문제가 있다. (   )

7. 법률의 변경이 있을 경우, 형법은 행위 시의 법률을 적용하는 것이 원칙이며, 다만 행위자에게 유리하게 변경된 경우에는 유리한 신법이 적용된다. (   )

8. 오늘날 형식적(실정법적) 범죄란 구성요건에 해당하고 위법하며 책임 있는 행위라고 정의된다. (   )

9. 입법자에 의해 법률로 정해진 불법한 행위유형을 구성요건이라 하며, 구성요건에는 객관적 요소와 주관적 요소로 이루어져 있다는 것이 오늘날 일반적으로 받아들여지고 있다. (   )

10. 우리 형법은 법적으로 요구되는 행위를 하지 않음으로써 불법한 결과를 야기한 부작위범도 처벌하고 있으며, 범죄의 성립을 위해 고의가 있는 경우는 물론 과실만 있어도 모두 처벌된다. (　　　)

11. 위법성은 위법성조각사유의 부존재라는 소극적 심사로 족하며, 형법은 정당행위, 정당방위, 긴급피난, 자구행위, 피해자의 승낙 등을 위법성조각사유로 규정하고 있다. (　　　)

12. 책임이란 행위자에게 그의 행위에 대한 개인적 비난가능성을 기초하고, 또 그 행위로부터 나타난 법의식 결여를 의미하는 심리적 요소를 말하며, 책임능력, 위법성인식 등이 핵심적 책임요소이다. (　　　)

13. 범죄의사로 실행행위가 개시되었으나 다른 객관적 구성요건요소의 일부 또는 전부가 결여된 범죄를 미수범이라고 하며, 모든 미수범죄도 기수범과 동일하게 처벌된다. (　　　)

14. 정범이란 직접 구성요건행위를 실현하는 범죄(또는 범죄자)를 말하며, 공범이란 타인의 범죄(정범)를 사주하거나 도와주는 형태로 가담하는 범죄를 말한다. 오늘날 정범과 공범은 행위지배, 즉 구성요건 실현에 대한 의도적 장악이 인정되는지 여부를 기준으로 구별되는 것으로 이해한다. (　　　)

15. 형법상 법률효과로 형벌과 보안처분이 인정되며, 형벌은 과거의 범죄행위에 대한 제재수단인데 반해 보안처분은 장래의 위험성을 예방하기 위한 수단이라는 점에서 구별되는 것으로 이해한다. (　　　)

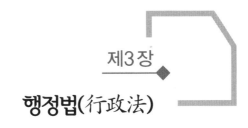

제3장
행정법(行政法)

제1절 행정법의 의의

I. 일상생활에서 경험하고 있는 행정과 행정법의 적용

행정법은 단일법전이 없다. 그 이유는 행정청이 너무나 다양한 행위형식과 행정작용을 하므로 그 근거 법규인 행정법규도 그 행위만큼 실로 다양하게 여기저기에 규정되어 있기 때문이다. 그렇다고 행정법이 마냥 다양하고 복잡하다고 하여 어려운 분야는 아니다. 학문을 함에 있어서 항상 유념해야 할 사항은 우리가 살고 있는 현실과의 관련성이다. 즉, 일상생활에서 행정법이 어떻게 우리와 접촉하고 있는가를 생각해 봄이 필요하다. 다음 예시 글에서 행정법이 무엇인지에 대하여 한번 생각해 보도록 하자.

"아침에 일어나서 한국전력공사법에 의해 설치된 한국전력공사가 공급하는 전기를 켜고 도시가스공사가 제공하는 가스를 공급받아 밥을 지어 식사를 하고 자동차관리법에 의해 안전하게 검증제조된 자동차를 도로교통법에 의거 취득한 운전면허자격으로 운전하여 도로법에 의해 설치된 도로를 타고 사립학교법에 의해서 인가받는 경성대학에 와서 고등교육법에 의해 교육부에 인가받은 과정으로 학습을 한 후에 때로는 도시철도법에 의해 설치된 지하철로 귀가하게 된다." 이와 같이 일상생활 영역에서 항상 접하고 있는 것이 행정현실이고 현대 행정에 있어서 국가 또는 공공단체가 제공하는 각종 사회기반시설의 설치와 이용, 그리고 국민건강보험법 등 4대보험을 비롯한 사회보장 행정 등을 규율하는 법규 등이 행정법이다. 또한 특정인에게 국세청에서 세금을 부과하려 하는 경우 세법에 의해서, 국방부에서 징집을 하려하는 경우에 병역법에 따라 각각 국세행정과 병무행정을 하게 된다. 여기서 국세행정과 병무행정의 근거가 되는 법을 우리는 일반적으로 '행정법'이라 부른다.

이와 같이 행정법은 우리가 일상생활에서 무의식적으로 제공받고 규율받고 있는 행정에 관한 법이고 또한 법치행정의 원리상 행정권의 작용근거가 되는 법이다. 그러면 행정법의 대상이 되는 행정은 무엇일까? 이하에서 살펴보기로 한다.

II. 행정의 개념 생성과 행정법의 출발

1. 행정의 개념

행정법의 대상으로서 행정이라는 개념은 절대왕정시기까지는 행정이란 관념은 없었고 근대 시민혁명을 거치면서 절대왕정이 무너지고 이후 국민의 기본권을 보장하기 위하여 개인의 자유보장이 안 된 중세 역사의 경험을 토대로 국가권력을 분할하고자 하는 권력분립주의 이론이 대두되면서 그 개념이 생성되었다.

이러한 권력분립의 이론은 국가의 통치작용을 입법·사법·행정작용으로 나누어 이들 작용을 각기 독립된 기관에 귀속시켜서 서로 견제와 균형의 관계를 유지하게 함으로서 권력의 남용을 방지하고 국민의 기본권을 보호하려는 원리이다.

여기에서 일반적으로 학자들은 법을 정하고 만드는 작용을 입법이라 하고 사실관계를 확정하여 무엇이 법인가를 선언하고 판단하는 작용을 사법이라 하며 법을 집행하는 작용을 행정이라고 하였다.

즉, 행정이란 법을 집행하는 작용을 의미하였다. 그런데 행정이란 개념은 시간의 변화에 따라 변천되었다. 현대 행정국가에 와서 행정은 단순한 집행을 넘어 준입법기능과 준사법기능도 담당한다. 그래서 집행의 의미를 갖는 행정을 실질적 의미의 행정이라 한다면 오늘날처럼 행정부가 공공의 이익을 위하여 수행한 모든 행정개념을 형식적 의미의 행정개념이라 부른다.

2. 행정법의 발달

행정법은 행정이란 관념이 성립했다고 해서 법치행정으로 이루어 지는 것은 아니고 행정법이 성립하게 된 것은 각국의 정치적·역사적 상황에 따라 다르다. 크게 보면 영미법계 국가와 대륙법계 국가가 서로 다른 길을 걸었는데, 영미법계 국가는 국가와 개인을 구별하지 않고 양자 모두 보통법이 지배했다. 영미법계 국가에서는 국가를 필요악(necessary evil)으로 이해했다. 국가라는 존재가 필요하기는 하지만, 개인의 권리를 침해할 가능성이 큰 조직이라 보는 것이다. 그래서 개인과 다른 어떠한 특권이나 우월적 지위를 국가에 인정하지 않고 국가와 개인의 관계를 개인과 개인의 관계에 준해서 보았기 때문에 사인간에 적용되는 보통법이 국가와 개인 사이에도 적용된다고 본 것이다. 따라서 특별법체계로서 행정법이 성립할 여지는 없었고, 행정법의 성립은 19세기 말과 20세기 초에 와서야 가능해졌다. 반면에 독일·프랑스 등 대륙법계 국가에서는 18세기부터 행정법체계가 형성되는데, 독일이나 프랑스는 성립원인이 다르다.

프랑스에서 행정제도가 발달한 이유는 자유주의 전통이 강했고, 그 결과 개인의 권리보호라는 점에서 행정제도를 발전시켰다는 역사적 차이가 있다. 여기서 행정제도란 사법권에 대해 행정권의 지위를 보장해주는 제도로서 그 요지는 행정에만 특수한 법체계의 형성과 특히 공공역무와 공법상 계약 등을 행정부 관할사건으로 두어서 민·형사사건을 다루는 사법법원과는 별개로 행정법원을 설치하였다는 점이다. 그래서 이러한 행정제도를 가지는 국가를 행정국가라고 부른다. 독일의 경우에 국가를 중시하는 사고가 두드러진다고 할 수 있다. 독일에서는 개인보다 공동체, 즉 국가를 공권력의 주체로 보아 개인에 비해 우월한 존재로 생각하는 경향이 다소 있었다. 그래서 개인과 개인의 관계, 그리고 개인과 국가의 관계는 다르다고 생각했다. 이런 내용들은 행정법의 역사 속에서 확인할 수 있다. 이렇게 각국의 역사적 발전모습의 차이가 행정법의 발전에도 영향을 미쳤다. 그리하여 결론적으로 보면 대륙법계 국가에서는 법치주의 확립 및 행정제도의 발전으로 행정법체계가 형성되었다고 할 수 있다.

Ⅲ. 헌법의 구체화 법으로서의 행정법

행정법은 공적 관계를 규율하는 '공법'(公法)으로서, '공법'의 범주에 포함되는 '헌법'과 밀접한 관계를 맺고 있다. 최상위법인 헌법은 행정법을 기속한다. 독일연방 헌법재판소장이었던 프리츠 베르너(Fritz Werner)가 1957년에 "헌법의 구체화법으로서 행정법"이라 말한 내용에서 적절히 표현되고 있다. 즉, 행정법은 헌법의 이념·원리에 따른다.

우리 헌법은 국가행정의 기본조직과 작용에 관한 법으로서 각종 행정 관련 규정들을 담고 있다. 행정조직에 관한 규정으로서 대통령·국무총리·행정각부·감사원·지방자치단체에 대해서 규정하고 있다. 행정작용에 관한 규정으로서 국민의 권리와 의무, 대통령과 정부의 권한, 경제관계에 관한 규정들을 담고 있다. 헌법이 행정법의 제1차로 고려해야 하는 최고의 규범이라 할 때 고려해야 할 헌법 규범이란 이렇게 실정화된 헌법조항뿐만 아니라 이 실정 헌법조항 이면에 있는 각종 원리나 이념도 포함하고 있다. 특히 국민주권이나 대의제의 원리, 민주주의의 원리, 기본권보장의 원리 등은 행정법에서 재구성되어야 하는 부분이다.

특히 헌법 제37조 제2항의 "국민의 모든 자유와 권리는 국가안전보장, 질서유지 또는 공공복리를 위해 필요한 경우에 한하여 법률로써 제한할 수 있으며, 제한하는 경우에도 자유와 권리의 본질적인 내용을 침해할 수 없다"는 조항은 헌법과 행정법의 관계를 가장 잘 설명하는 조항이라 할 수 있다. 앞서 설명한 행정의 주요한 목적은 헌법 제

37조 제2항에서 명시하고 있듯이 국가안전보장, 질서유지, 공공복리에 해당하며, 이러한 목적 실현을 위해서 국민의 자유와 권리를 제한할 필요가 있는 경우에 '법률'로 할 수 있고, 이 '법률'에 해당하는 것이 우리가 학습하게 되는 '행정법'이라 할 수 있다. 즉 동 조항은 행정법의 의의와 기능을 잘 설명하고 있으며, 더불어 국가행정의 한계를 설정해 놓은 것으로 행정법규범을 정립할 때, 또는 이 정립된 법을 집행할 때 헌법에 의해 보장된 국민의 권리를 무엇보다 먼저 고려해야 함을 내포하고 있다.

Ⅳ. 행정기본법의 제정

1. 제정취지

행정 법령은 국가가 제정한 법령의 대부분을 차지하고 있고 국민 생활과 기업 활동에 중대한 영향을 미치는 핵심 법령이나, 그동안 행정법 분야의 집행 원칙과 기준이 되는 기본법이 없어 일선 공무원과 국민들이 복잡한 행정법 체계를 이해하기 어렵고, 수많은 행정분야를 규율하고 있는 각각의 개별법마다 유사한 제도를 다르게 규정하고 있어 하나의 제도 개선을 위하여 수백 개의 법률을 정비해야 하는 문제점이 있었다.

이에 따라 신의성실의 원칙 등 학설·판례로 정립된 행정법의 일반원칙을 명문화하고, 행정 법령 개정 시 신법과 구법의 적용 기준, 수리가 필요한 신고의 효력 발생 시점 등 법 집행의 기준을 명확히 제시하며, 개별법에 산재해 있는 인허가의제 제도 등 유사한 제도의 공통 사항을 체계화함으로써 국민 혼란을 해소하고 행정의 신뢰성·효율성을 제고하며, 일부 개별법에 따라 운영되고 있는 처분에 대한 이의신청 제도를 확대하고, 법령이나 판례에 따라 인정되는 권익보호 수단에 더하여 처분의 재심사 제도를 도입하는 등 행정 분야에서 국민의 실체적 권리를 강화함으로써 국민 중심의 행정법 체계로 전환할 수 있도록 하고, 이를 통하여 국민의 권익 보호와 법치주의의 발전에 이바지하기 위하여 행정분야에 있어서 공통적으로 적용되어야 할 기본적인 원칙을 규율해야 할 이유가 있었다.

2. 행정기본법의 주요내용

1) 행정의 법 원칙 명문화(제8조부터 제13조까지)

헌법 원칙 및 그동안 학설과 판례에 따라 확립된 원칙인 법치행정·평등·비례·권한남용금지·신뢰보호·부당결부금지의 원칙 등을 행정의 법 원칙으로 규정하고 있다.

2) 법령 등 개정 시 신법과 구법의 적용 기준(제14조)

당사자의 신청에 따른 처분은 처분 당시의 법령 등을 따르고, 제재처분은 위반행위 당시의 법령 등을 따르도록 하되, 제재처분 기준이 가벼워진 경우에는 변경된 법령 등을 적용하도록 하고 있다.

3) 위법 또는 부당한 처분의 취소 및 적법한 처분의 철회(제18조 및 제19조)

(1) 행정청은 위법 또는 부당한 처분의 전부나 일부를 소급하여 취소할 수 있도록 하되, 당사자의 신뢰를 보호할 가치가 있는 등 정당한 사유가 있는 경우에는 장래를 향하여 취소할 수 있도록 규정하고 있다.

(2) 행정청은 적법하게 성립된 처분이라도 법률에서 정한 철회 사유에 해당하거나 법령 등의 변경으로 처분을 더 이상 존속시킬 필요가 없게 된 경우 등에는 그 처분의 전부 또는 일부를 장래를 향하여 철회할 수 있도록 하고 있다.

(3) 행정청이 당사자에게 권리나 이익을 부여하는 처분을 취소하거나 적법한 처분을 철회하려는 경우에는 취소·철회로 인하여 당사자가 입게 될 불이익을 취소·철회로 달성되는 공익과 비교·형량하도록 규정하고 있다.

4) 자동적 처분(제20조)

인공지능 시대를 맞아 미래 행정 수요에 대비하기 위하여, 행정청은 처분에 재량이 있는 경우를 제외하고 법률로 정하는 바에 따라 완전히 자동화된 시스템으로 처분을 할 수 있도록 규정하고 있다.

5) 제재처분의 제척기간 제도 도입(제23조)

행정청은 법령 등의 위반행위가 종료된 날부터 5년이 지나면 원칙적으로 해당 위반행위에 대하여 인가·허가 등의 정지·취소·철회, 등록 말소, 영업소 폐쇄와 정지를 갈음하는 과징금 부과 처분을 할 수 없도록 규정하였다.

6) 인허가의제의 공통 기준(제24조부터 제26조까지)

(1) 인허가 의제시 관련 인허가 행정청과의 협의 기간 및 협의 간주 규정 등 인허가의제에 필요한 공통적인 사항을 규정하였다.

(2) 인허가의제의 효과는 주된 인허가의 해당 법률에 규정된 관련 인허가에 한정하고, 주된 인허가로 의제된 관련 인허가는 관련 인허가 행정청이 직접 행하는 것으로 보아 관계 법령에 따른 관리·감독 등을 하도록 규정하였다.

7) 공법상 계약(제27조)

행정의 전문화·다양화에 대응하여 공법상 법률관계에 관한 계약을 통해서도 행정이 이루어질 수 있도록 공법상 계약의 법적 근거를 마련하고, 공법상 계약의 체결 방법, 체결 시 고려사항 등에 관한 일반적 사항을 규정하였다..

8) 수리가 필요한 신고의 효력(제34조)

법령 등으로 정하는 바에 따라 행정청에 일정한 사항을 통지하여야 하는 신고로서 법률에 신고의 수리가 필요하다고 명시되어 있는 경우에는 행정청이 수리하여야 효력이 발생하도록 함.

9) 처분에 대한 이의신청 제도 확대(제36조)

(1) 일부 개별법에 도입되어 있는 처분에 대한 이의신청 제도를 확대하기 위하여, 행정청의 처분에 대해 이의가 있는 당사자는 행정청에 이의신청을 할 수 있도록 일반적 근거를 마련하였다.

(2) 행정청은 이의신청을 받은 날부터 14일 이내에 이의신청에 대한 결과를 통지하도록 하고, 이의신청에 대한 결과를 통지받은 후 행정심판이나 행정소송을 제기하는 경우에는 그 이의신청 결정을 통보받을 날부터 90일 이내에 제기하도록 하는 등 이의신청 제도의 공통적인 사항을 정했다.

10) 처분의 재심사 제도 도입(제37조)

제재처분 및 행정상 강제를 제외한 처분에 대해서는 쟁송을 통하여 더 이상 다툴 수 없게 된 경우에도 처분의 근거가 된 사실관계 또는 법률관계가 추후에 당사자에게 유리하게 바뀐 경우 등 일정한 요건에 해당하면 그 사유를 안 날부터 60일 이내에 행정청에 대하여 처분을 취소·철회하거나 변경하여 줄 것을 신청할 수 있도록 하되, 처분이 있은 날부터 5년이 지나면 재심사를 신청할 수 없도록 했다.

11) 행정법제의 개선(제39조)

정부는 권한 있는 기관에 의하여 위헌으로 결정되어 법령이 헌법이나 법률에 위반되는 것이 명백한 경우에는 해당 법령을 개선하여야 하고, 행정 분야의 법제도 개선 등을 위하여 필요한 경우 관계 기관 협의 및 전문가 의견 수렴을 거쳐 개선조치를 할 수 있도록 했다.

제 2 절 행정법상의 기본개념

Ⅰ. 행정상 법률관계의 의의와 종류

1. 의의

행정상 법률관계란 법률관계 중에서 행정과 관련된 당사자 즉, 행정주체와 행정객체들 사이의 권리의무 관계이다.

부연하면, 국가, 공공단체, 공무수탁(公務受託) 사인(私人)과 같은 행정주체를 일방 당사자로 하는, 행정에 관한 모든 법률관계를 말한다.

행정상 법률관계는 행정에 관하여 행정주체와 행정객체가 권리(공권 또는 사권)와 의무(공의무 또는 사의무)를 다투는(공격, 방어하는) 관계를 말한다.

여기서의 당사자 중 행정주체(공무원으로 대표되는 당사자)는 권리를 주장하는 권리주체일 수도 있지만, 국민이 권리를 주장할 때에 그것을 들어주어야 하는 의무주체일 수도 있다. 행정객체(통상 국민) 또한 의무주체이면서 권리주체이기도 하다.

---

* 행정상 법률관계를 이해할 때 주의할 점

당사자 중 행정주체(결국 공무원)는 권리를 주장하는 권리주체일 수도 있지만, 국민이 권리를 주장할 때 그것을 들어 주어야 하는 의무주체일 수도 있다. 행정객체(통상 국민)는 의무주체이면서 권리주체이기도 하다.

그리고 행정주체가 한쪽 당사자가 되는 행정상 법률관계는 개인들 간의 법률관계(예: 민사관계 또는 사법관계)와 다른 것이 보통이지만(통상 공법관계라고 함), 일반 개인과 똑같이 취급되는 사법관계(私法關係)일 경우도 많다.

---

2. 행정상 법률관계의 종류

행정상 법률관계는 크게 행정조직법적 관계와 행정작용법적 관계로 나누어 볼 수 있다.

1) 행정조직법적 관계

행정조직 내부 관계로 행정주체 내부 즉, 부산광역시를 예를 들면 시장과 실장 국장 과장 등 행정기관장과 보조기관과의 관계와 행정주체 상호간 관계 즉 부산광역시와 경상남도 또는 중앙정부와 지자체와의 등을 들 수 있다.

2) 행정작용법적 관계

(1) 권력관계

행정청의 일방적 의사표시로서 행정객체인 상대방의 동의나 승낙을 얻지 않고 행정주체가 하명이나 행정상 강제수단 등 법률에 의하여 공권력의 주체로서 우월한 지위에서 행사하는 행정작용을 말한다.

이에 대한 구제 수단은 공법의 규율을 받으므로 항고소송을 통하여 분쟁을 해결한다.

(2) 관리관계

국가나 지자체 등 행정주체가 국유재산 또는 공유재산의 재산권의 관리주체로서 하는 행정작용이나 공기업의 경영 또는 공적사업의 이용관계를 규율하는 관계를 말한다.

관리관계는 원칙적으로 사법규정이 적용되지만 공공복리와 밀접한 관계는 특수한 공법규정이 적용되며 이에 대한 구제수단은 사법규정이 적용되는 경우는 민사소송으로 공법이 규율하는 영역은 당사자소송으로 해결한다.

II. 행정상 법률관계의 당사자

1. 의의

행정상 법률관계는 법률관계 또는 권리의무 관계이므로 권리와 의무의 귀속체가 있어야 하는데, 이들이 바로 '행정주체'와 '행정객체'이다. 다시 말해 행정주체와 행정객체가 '행정상 법률관계의 당사자'가 된다.

2. 행정주체

1) 행정주체

행정상 법률관계에서 행정권을 행사(행정기관이나 그 구성원인 공무원 등의 행위를 통하여)하고 그 법적 효과가 궁극적으로 귀속되게 하는 당사자를 말한다.

예를 들어 부산광역시장이 행정청으로서 권한을 행사하면 그 법적인 효력은 전부 부산광역시에 귀속된다. 이때 시장이 행한 법적인 효력의 권리와 의무의 귀속 주체가 행정주체이다

2) 행정주체의 종류

(1) 국가

원래부터 존재하는 본래적인 행정주체, 대통령을 중심으로 하는 행정기관을 통하여 행정권 행사; 대한민국을 말한다.

(2) 지방자치단체(보통지방자치단체: 특별시, 광역시, 특별자치도, 도·시·군·자치구)

    <판례>

① 서울시의회는 헌법소원을 제기할 수 있는 청구인적격이 없다.

기본권의 보장에 관한 각 헌법규정의 해석상 국민(또는 국민과 유사한 지위에 있는 외국인)과 사법인만이 기본권의 주체라 할 것이고, 국가나 국가기관 또는 국가조직의 일부나 공법인은 기본권의 '수범자'이지 기본권의 주체로서 그 소지자가 아니고, 오히려 국민의 기본권을 보호 내지 실현해야 할 책임과 의무를 지니고 있는 지위에 있을 뿐이므로 공

법인인 지방자치단체의 의결기관인 청구인 의회는 기본권의 주체가 될 수 없고, 따라서 헌법소원을 제기할 수 있는 적격이 없다(헌재 1998. 3. 26. 96헌마345).

② 춘천시는 헌법소원을 제기할 수 있는 청구인적격이 없다(헌재 2006. 12. 28. 2006헌마312).

③ 서초구는 재산권의 주체가 될 수 없다.

서초구가 재산권의 주체가 될 수 없다는 헌법재판소의 결정은 서초구가 재산권의 귀속주체가 될 수 없다는 뜻이 아니라 일반 국민처럼 재산권에 대한 권리를 행사할 수 없다는 의미이다(헌재 2006.2.23. 2004헌바50). ― 즉, 지방자치단체는 헌법소원을 할 수 없다는 말이다.

④ 지방자치단체의 피고적격

지방자치단체는 당사자소송, 손해배상소송, 손실보상소송의 피고가 되지만, 원칙적으로 항고소송의 피고는 아니다. 다만, 행정청이 폐지된 경우에 예외적으로 항고소송의 피고가 되는 경우가 있다.

(3) 공법상의 사단법인(공공조합)

① 개념

공법상의 사단법인은 공공조합이라고도 하는데, 특정한 공적 목적을 위하여 일정한 자격을 갖춘 사람(조합원)들의 결합체로서 법인격이 부여된 공법상의 사단법인을 말한다.

② 공법상 사단의 예

도시정비사업조합(구 도시재개발조합), 주택재개발조합, 주택재건축조합, 한국농어촌공사(구 농지개량조합), 농업협동조합, 산림조합 등 (16. 지방7급)

③ 피고적격

지방자치단체 이외의 공공단체는 법령에 의하여 위임받은 특정한 행정목적을 수행함에 있어서는 행정주체의 지위를 가진다. 국가나 지방자치단체는 그 기관(예 장관, 동작구청장 등)은 행정기관이 되고, 행정주체와 행정청이 분리되지만 기타 공공단체(공법상의 사단, 재단, 영조물법인)는 자신이 행정주체인 동시에 행정청의 지위를 함께 가진다. 따라서 국가나 지방자치단체는 당사자소송의 피고가 되지만, 항고소송의 경우에는 행정청이 피고가 되는데 비하여, 공공단체는 당사자소송의 피고가 됨은 물론 항고소송에서도 그 대표자가 아니라 단체 자신이 피고가 된다.

(4) 공법상의 재단법인

① 개념

공법상 재단이란 행정주체가 공공목적을 위하여 출연한 재산을 관리하기 위하여 설립한 공법상의 재단법인을 말한다.

② 구체적 예

한국학술진흥재단, 한국학중앙연구원, 공무원연금관리공단 등

③ 특징

공법상의 재단은 구성원은 없고 수혜자만 있다는 점에서 공법상 사단과 다르며, 인적·물적 결합체가 아니라 물적인 결합체란 점에서 영조물법인과 다르다.

(5) 영조물법인

① 개념

영조물법인이란 특정목적을 수행하기 위해 설립된 인적·물적 결합체로서 공법상의 법인격이 부여된 영조물을 말한다.

② 영조물법인의 예

㉮ 각종 공사: 한국전력공사, 한국토지공사, 한국방송공사, 서울특별시 지하철공사, 조폐공사, 대한주택공사, 대한석탄공사 등 각종의 공사

㉯ 각종 공단: 교통안전관리공단, 국립공원관리공단, 시설관리공단

㉰ 국립병원: 국립의료원, 국립대학병원

㉱ 국책은행: 한국은행, 한국산업은행, 수출입은행

③ 피고적격

영조물법인은 행정주체로서 권리·의무의 귀속주체가 된다. 예컨대, 서울대학교 직원의 고의·과실로 피해를 입은 개인은 서울대학교를 상대로 손해배상을 제기해야한다. 그러나 강원대학교의 경우에는 대한민국이 피고가 된다.

위 당사자는 비법인사단인 입주자대표회의이다(대법원 2015. 1. 29. 선고 2014다62657 판결).

④ 영조물과 영조물법인의 차이

영조물은 법인격이 없다. 따라서 권리·의무의 귀속주체가 되지 못한다.

　<판례>

교통안전공단은 영조물법인으로서 행정주체이므로 공단이 분담금 납부의무자에 대하여 한 분담금 납부통지는 행정처분이다(14. 국가9급) (대법원 2000. 9. 8. 선고 2000다12716 판결).

(6) 공무수탁사인(公務受託私人)

① 개념

국가나 지방자치단체는 행정권을 일반 사인(私人)에게도 부여하여 행정주체의 역할을 하게 할 수도 있는데, 이들을 공무수탁사인이라고 한다.

② 공무수탁사인으로 인정되는 예

토지수용을 하는 사업시행자, 별정우체국장, 학위수여를 하는 사립대 총학장, 선박

의 선장과 항공기 기장, 민영교도소장, 공증사무를 수행하는 공증인, 변호사협회, 의사협회가 회원에 대한 징계를 하는 경우, 건축공사에 대한 조사·검사를 하는 건축사는 공우수탁사인으로 인정된다.

③ 공무수탁사인으로 부정되는 예

행정보조자: 아르바이트로 공무를 도와주는 사인, 사고현장에서 경찰의 부탁에 의해 경찰을 돕는 사인

– 행정대행인(단순히 경영위탁을 받은 사인): 쓰레기수거인, 대집행을 실행하는 제3자, 자동차등록 대행자, 등록금을 징수하는 경우의 사립대 총학장, 공의무부담사인 ; 비상시를 대비하여 특정 기업에게 석유비축의무를 부과하는 경우의 사업주

제한된 공법상 근무관계에 있는 자: 국립대학의 시간강사

- 사인이 기업자나 공공사업의 시행자로서 토지수용권 등 공권력을 행사하는 경우
- 사인이 별정우체국의 지정을 받아 우정업무를 수행하는 경우

3. 행정객체

행정주체가 행정권을 행사하는 상대방이 행정객체이며 자연인과 법인을 막론하고 행정객체가 될 수 있는데, 일반국민이 가장 일반적인 행정객체이다.

그리고 국가가 행정객체의 지위에 서는 것을 인정하지 않고 있으나, 공공단체나 공무수탁사인이 국가에 대하여 행정권을 행사하는 경우도 있으므로 (행정주체 상호간의 관계라고도 할 수 있지만) 국가도 행정객체가 될 수 있다. 그러므로 행정주체는 또 다른 행정주체가 행정권을 행사할 때에는 행정객체가 될 수 있다.

Ⅲ. 행정기관

국가나 자치단체 등 행정주체는 권리 의무의 귀속 주체 법인으로서 기관을 통하여 행정작용을 한다. 즉 행정기관을 법적으로 구성하여 행정기관을 통하여 행정권을 행사한다. 그러한 행정기관의 종류와 개념은 다음과 같다.

1. 행정기관의 종류

행정기관은 행정관청·보조기관·보좌기관·의결기관·부속기관 및 자문기관으로 나누어 볼 수 있다.

1) 행정청

행정에 관한 국가의사를 결정하고 이것을 외부에 표시할 수 있는 권한을 가진 기관

을 말하는데, 대통령·국무총리, 행정각부의 장, 공정거래위원회 등 합의제 행정관청 등이 그 예이다.

(1) 의미

① 행정청이란 행정주체인 국가나 지방자치단체의 의사를 결정하여 이를 자기의 이름으로 외부에 표시할 수 있는 권한을 가진 행정기관을 말한다.

② 그 중 행정주체가 국가인 경우를 행정관청, 지방자치단체인 경우를 협의의 행정청이라 한다. 실정법상으로는 '행정기관의 장(기관장)'이라고 한다.

(2) 행정청의 종류

독임제: 대통령, 국무총리, 각부의 장관, 각처의 처장, 각청의 청장, 경찰서장, 소방서장, 세무서장 등이다.

합의제 행정청: 행정심판위원회, 토지수용위원회, 공무원소청심사위원회, 중앙선거관리위원회, 공정거래위원회, 금융위원회, 노동위원회, 한국저작권위원회, 감사원 등이다.

협의의 행정청: 광역자치단체장은 특별시장, 광역시장, 특별자치시장, 도지사, 특별자치도지사, 교육감이 있고, 기초자치단체장에는 시장, 군수, 구청장이 행정청이며 통상적으로 기관장이 행정청이며 행정처분 명의자이다.

(3) 행정청의 지위

① 권리·의무의 주체가 아니다.

② 행정청의 구성원이 교체(예컨대 기획재정부장관의 교체)되었다고 하더라도 기관으로서 한 행위는 변동되지 않는다.

③ 행정청이 폐지되었다고 하더라도 행정청이 행한 행위의 법적 효과는 영향을 받지 않는다.

2) 보조기관·보좌기관

보조기관은 행정관청에 소속되어 그의 권한 행사를 보조함을 임무로 하는 기관 정부조직법상 차관(차장), 실장, 국장, 과장, 반장, 팀장을 말한다.

보좌기관은 행정관청 또는 그 보조기관을 보좌하는 행정기관으로 정책의 기획, 연구, 조사 등 참모적 기능을 담당하는 기관을 말한다.

주요 보좌기관으로 대통령비서실의 비서 보좌관 정무특보 등을 말한다.

3) 의결기관

행정에 관한 의사를 결정할 수 있는 권한을 가진 합의제기관을 말하는데, 결정된 의사를 외부에 표시할 수 있는 권한이 없다는 점에서 행정관청과 구별되고, 의결기관이 결정한 의사는 행정관청을 구속한다는 점에서 단순한 자문기관과 구별된다. 행정심판위원회와 징계위원회 등이 그 예이다.

(1) 의미

① 의결기관이란 행정주체의 의사를 결정할 권한은 있으나 이를 자기의 이름으로 외부에 표시할 권한이 없는 행정기관을 말한다.

② 의결기관은 합의제 행정기관이지만 행정청이 아니며, 이 점에서 합의제 행정청과 구별된다.

(2) 종류

의결기관에는 공무원징계위원회, 교육위원회, 경찰위원회, 보훈심사위원회, 도시계획위원회, 광업조정위원회, 지방의회 등이 있다.

(3) 의결의 구속력

행정청은 의결기관의 의결에 구속된다. 따라서 의결기관의 의결사항인데 그 의결을 거치지 않은 행정청의 결정은 위법하고 당연무효이다.

<판례>

국립교육대학의 학칙에 학장이 학생에 대한 징계처분을 하고자 할 때에는 교수회의 심의·의결을 먼저 거쳐야 하도록 규정되어 있는 경우, 교수회의 학생에 대한 무기정학처분의 징계의결에 대하여 학장이 징계의 재심을 요청하여 다시 개최된 교수회에서 학장이 교수회의 징계의결내용에 대한 직권조정권한을 위임하여 줄 것을 요청한 후 일부 교수들의 찬반토론은 거쳤으나 표결은 거치지 아니한 채 자신의 책임 아래 직권으로 위 교수회의 징계의결내용을 변경하여 퇴학처분을 하였다면, 위 퇴학처분은 교수회의 심의·의결을 거침이 없이 학장이 독자적으로 행한 것에 지나지 아니하여 위법하다(대법원 1991. 11. 22. 선고 91누2144 판결).

4) 심의기관

(1) 의미

심의기관의 심의절차는 필수적이나, 심의기관의 의견이 행정청을 구속하지는 않는다. 따라서 심의기관의 심의절차를 거치지 아니한 행정청의 행위는 위법한데, 이에 대해서는 무효설(다수설)과 취소설이 대립하고 있다. 판례는 심의기관의 심의를 거치지 않은 행정청의 결정은 취소사유가 된다고 한다.

<판례>

행정청이 구「학교보건법」소정의 학교환경위생정화구역 내에서 금지행위 및 시설의 해제 여부에 관한 행정처분을 함에 있어 학교환경위생정화위원회의 심의를 거치도록 한 취지는 그에 관한 전문가 내지 이해관계인의 의견과 주민의 의사를 행정청의 의사결정에 반영함으로써 공익에 가장 부합하는 민주적 의사를 도출하고 행정처분의 공정성과 투명성을 확보하려는 데 있고, 나아가 그 심의의 요구가 법률에 근거하고 있을

뿐 아니라 심의에 따른 의결내용도 단순히 절차의 형식에 관련된 사항에 그치지 않고 금지행위 및 시설의 해제 여부에 관한 행정처분에 영향을 미칠 수 있는 사항에 관한 것임을 종합해 보면, 금지행위 및 시설의 해제 여부에 관한 행정처분을 하면서 절차상 위와 같은 심의를 누락한 흠이 있다면 그와 같은 흠을 가리켜 위 행정처분의 효력에 아무런 영향을 주지 않는다거나 경미한 정도에 불과하다고 볼 수는 없으므로, 특별한 사정이 없는 한 이는 행정처분을 위법하게 하는 취소사유가 된다(대판 2007.3.15. 2006두15806).

(2) 심의기관의 결정 구속력

① 심의절차는 필수적이다.

② 심의기관의 의견은 행정청을 구속하지 않는다.

③ 심의절차를 거치지 아니한 행정청의 행위: 위법 − 무효와 취소설(判)의 대립

5) 부속기관

행정권의 직접적인 행사를 임무로 하는 기관에 부속하여 그 기관을 지원하는 행정기관을 말하는데, 시험연구기관 및 교육훈련기관 등이 그 예이다.

6) 자문기관

부속기관의 하나로서 행정관청의 자문에 의하여 또는 자발적으로 행정관청의 의사결정에 참고가 될 의견을 제시하는 것을 주된 임무로 하는 행정기관을 말하는데, 국가안전보장회의와 국민경제자문회의 등이 그 예이다.

2. 행정주체와 행정청의 일치 여부

1) 행정주체와 행정청이 분리되는 경우

행정주체 중 국가와 지방자치단체는 행정주체와 행정기관이 분리되어 행정주체는 민사소송이나 당사자소송의 피고가 되지만, 항고소송의 피고는 처분을 행한 행정청이 피고가 되므로 행정주체는 행정청이 아니므로 피고가 되지 못한다.

2) 행정주체와 행정청이 일치되는 경우

그 외의 행정주체인 공법상 사단, 공법상 재단, 영조물법인은 행정주체의 성격과 행정청의 지위를 함께 가진다.

3) 국립대학의 경우

국립대 총장(대부분의 국립대는 영조물이지만, 영조물법인은 아니다)은 행정기관이면서 행정청이지만 행정주체는 아니다. 따라서 국립대와의 관계에서 당사자소송이나 민사소송은 국가를 상대로 제기해야 한다(단, 서울대학교, 울산과학기술대학교 제외).

제 3 절   행정법의 특수성

Ⅰ. 형식상의 특성

행정법의 형식상의 특성은 다음과 같다.

1. 성문성이다

행정법은 예측가능성과 법적 안정성의 필요성 때문에 다른 법보다 성문성이 강하게 요청된다. 그 결과 행정법은 원칙적으로 성문법의 형태로 존재한다. 다만, 불문의 행정법이 존재할 수 있다.

2. 단일법전의 부존재이다

행정법은 행정법이라는 단일법전이 존재하지 않는다. 행정에 관련된 수많은 법령을 통칭하여 행정법이라고 부르는 것이다. 최근에 행정법 단일 법전화에 관한 논의가 진전되어 행정법 전반에 적용될 수 있는 기본적 통칙에 해당되는 행정기본법이 제정되었다.

3. 형식과 내용의 다양성이다

행정법은 법규형식이 매우 다양하다. 헌법, 법률, 명령, 자치법규, 고시, 공고 등의 형태로 존재하며 행정조직에 관하여는 정부조직법과 각각의 행정기관에 설치에 관한 근거 법규가 있고 행정작용법규는 헌법규정부터 법령보충적 행정규칙까지 형식이 다양하고 행정구제 법규는 행정심판법과 행정소송법 그리고 공익사업을 위한 토지등의 취득 및 보상에 관한 법률을 비롯한손실보상 법규와 공무원의 불법행위와 공물의 설치 및 관리상의 하자로 인한 손해배상을 규정한 국가배상법 등이 있다.

Ⅱ. 성질상의 특성

첫째, 행정법은 재량성이 있다. 공공복리나 구체적 타당성을 실현하기 위해 행정청에게 재량을 부여하는 경우가 많이 있다. 둘째, 획일성·강행성이다. 다수의 국민을 대상으로 공익을 실현해야 하는 면에서 인정되는 특성이다. 따라서 사적자치가 배제되는 경우가 많다. 셋째, 명령성, 집단성, 평등성, 기술성이다. 권력관계에서 행정주체의 우월성이 인정되고 다수의 행정 객체인 국민을 상대하는 결과로 행정법은 명령성과 집단성,

평등성, 기술성 등의 특징이 있다.

Ⅲ. 내용상의 특성

행정법에는 행정의 목적상 공익우선성이 인정되며 둘째, 행정법관계중 특히 권력관계에서 행정주체의 우월성이 인정되므로 행정객체에게 주로 명령 강제하는 내용이 많다.

또한 행정법은 사법에 비해 행위규범성의 특성이 강하다. 왜냐하면, 사법관계에는 사석자치의 원칙이 적용되어 당사자간에 법률의 내용과 다른 계약을 체결할 수 있는 범위가 비교적 넓지만 행정법은 법에 정해진 대로 따라야 하는 경우가 많기 때문에 주로 어떻게 해라 하지 마라 하는 작위 부작위 수인 급부하명이 많다..

Ⅳ. 명령 단속규정성

행정법은 단속규범성이 강하다. 사법에는 효력규정이 많지만, 행정법에는 단속규정이 상대적으로 많다는 것이 하나의 특징이라고 할 수 있다. 단속규정이란 규정을 위반했을 때 처벌 또는 규제의 대상은 되지만 행위의 사법적 효력은 유지되는 것을 말한다. 예컨대, 무허가 음식점에서 음식을 판매한 행위는 행정법상의 단속대상으로 일정한 제재가 가해진다. 그러나 식당주인과 음식을 사먹은 사람의 관계는 유효한 것이다. 한편, 효력규정이란 규정을 위반했을 때 그 행위의 효력 자체가 부인되는 것을 말한다. 장기매매를 위한 계약(또는 도박계약)을 맺었더라도 그 계약은 무효로서 아무런 효력이 발생하지 않는다.

제 4 절 행정법의 지도원리

Ⅰ. 법치행정의 원리

1. 개념

법치행정(法治行政)의 원리는 행정법의 주요 개념 중 하나이다. 법치행정이란 모든 국가행정은 의회가 제정한 법에 따라 행해져야 함을 말한다. 즉, 인(人)의 지배가 아닌 법(法)에 의한 지배를 의미한다.

따라서 법치행정의 원리란 원칙적으로 모든 행정작용은 법에 기하여 행하여져야 한다는 원리로 행정법의 기본원리인 권력분립 원리에 기초하고 있다.

2. 목적

법치행정은 행정을 법에 구속시킴으로써 행정의 자의를 막아 국민의 자유와 권리를 보장하기 위한 것이 주된 목적이다. 행정이 법에 구속되면 오히려 행정의 효율성은 떨어질 수도 있으나 대량 반복적인 행정의 경우에 효율성이 증대되는 경우도 있을 수 있다. 따라서 행정의 효율성은 법치행정의 목적이 될 수도 있고, 아닐 수도 있다. 그렇지만 행정의 예견가능성은 행정작용의 예견가능성을 보장하고자 하는 것으로 법치행정의 내용으로 볼 수 있다.

Ⅱ. 법률적합성 원칙

모든 국가의 권력행사는 국민의 대표기관인 국회가 제정한 합헌적인 법률에 적합해야 한다. 행정의 관점에서는 이를 '행정의 법률적합성 원칙' 내지 '법치행정의 원칙'이라고 하며, 이 원칙은 다시 '법률유보', '법률우위'의 원칙, 그리고 '법률의 법규창조'의 원칙으로 세분된다.

1. 법률유보 원칙(적극적 의미의 법률적합성 원칙)

일정한 범위의 행정의 활동은 법률의 근거를 요한다는 원칙을 말한다. 그 범위와 관련하여 학설은 침해행정유보설, 급부행정유보설, 권력행정유보설 및 본질유보설 등이 있으나, 헌법 제37조 제2항의 법률유보조항(기본권 침해분야)과 국가에 의한 다양한 급부·복리 등의 제공에 있어서 평등원칙(헌법 제11조)의 준수 및 국민의 인간다운 삶과 행복을 최대한 보장해야 할 국가의무(헌법 제10조)의 실현을 위한 행정의 탄력성 등을 고려할 때, 침해행정의 분야는 당연하고 그 밖의 분야로서 법률의 근거를 요하는 행정활동의 범위는 국회의 판단에 맡겨야 한다는 본질유보설(오늘날 법률유보 원칙은 단순히 행정작용이 법률에 근거를 두기만 하면 충분한 것이 아니라 국가공동체와 그 구성원에게 기본적이고도 중요한 의미를 갖는 영역, 특히 국민의 기본권실현과 관련된 영역에 있어서는 국민의 대표자인 입법자가 그 본질적 사항에 대해서 스스로 결정하여야 한다는 요구까지 내포하고 있다(의회유보원칙)(헌재 1999. 5. 27. 98헌바70))이 판례로 지지받고 있다.

2. 법률 우위의 원칙(소극적 의미의 법률적합성 원칙)

행정권의 행사는 국회가 제정한 법률과 모순·저촉되어서는 아니 된다는 원칙을 말한다. 즉, 어떠한 법률이든 헌법재판소에 의해 위헌·무효의 결정이 있기 전까지는 모두 유효한 것으로서 모든 국가기관과 국민을 구속한다(처분 등이 있은 후에 헌법재판소에 의해 근거법이 위헌·무효로 된 경우 그 법률에 근거한 처분 등에 대하여는 취소설과 무효설의 대립이 있다).

3. 법률에 의한 법규창조 원칙

국민의 권리나 의무에 관한 '일반적·추상적인 규범'인 법규를 창조하는 힘은 국민의 대표기관인 국회에서 제정한 법률(민주적 정당성)에 의한다는 것을 의미한다(헌법 제40조). 법률적 효력을 갖는 대통령의 긴급재정·경제명령(헌법 제76조 이하) 등의 법규사항도 국회의 동의를 얻어야 법률적 효력을 갖게 한 것도 이러한 이유에 근거한다. 그러나 현대 행정은 복잡하고 전문화되면서 대부분의 법률안은 행정부에 의해 입안되어 의회에 제출되고 의회는 통법부로 전락하고 있고 다양한 행정수요에 대응하기 위해 일일이 국회가 법률을 제정하는 것은 현실적으로 불가능하며 따라서 행정입법에 대한 위임이 광범위하게 행해지고 있다. 이제는 법률만이 법규창조력을 가진다고는 할 수 없게 되었고 법률의 법규창조력의 적용영역도 줄어드는 추세이다.

4. 행정권의 법령에 대한 판단권과 해석권

1) 법령에 대한 행정의 판단권

행정의 법률적합성 원리와 공무원의 법령 준수의무(국가공무원법 제56조)를 고려할 때, 행정기관이 법령을 집행함에 직면하여 해당 법령에 대한 위헌·위법 여부를 판단하여 그 적용을 배제할 수 있을 것인가에 대해 의문을 가질 수 있다. 현행 법제상 법률의 위헌 여부에 대한 판단권은 헌법재판소가 가지며(헌법 제111조 제1항 제1호) 재판의 전제가 된 법률 및 하위법령(명령·규칙)의 위헌·위법 여부에 대하여는 해당 사건을 관할하는 법원의 권한으로(헌법 제107조) 한 점에 비추어 볼 때 행정기관은 '적용할 법령이 유효한 법령의 성립요건을 갖추었는지' 여부에 대한 형식적 판단권만을 가질 뿐 해당 법령의 위헌·위법에 대한 실질적 판단권을 갖지는 아니한다.

2) 행정해석의 법적합성을 위한 수단(정부유권해석제도)

행정은 국회가 제정한 법률이 정한 바에 따라 다양한 행위형식을 취하게 된다. 이러한 과정에서 행정은 필연적으로 관련 법률 또는 법률하위법령(시행령·시행규칙 등)의 조문에 대해 능동적·적극적인 해석·적용을 하게 된다.

이러한 법령해석의 합헌·합법성을 담보하기 위해 정부조직법상 법제사무를 관장하는 법제처는「법제업무 운영규정」(제7장)이 정한 바에 따라 관계 행정기관의 요청에 따라 해석상 의문이 있는 행정법령에 대한 정부유권해석을 행하게 된다(민사·상사·형사소송·행정소송 및 국가배상관계법령 등에 대한 정부유권해석은 법무부가 수행). 이러한 정부유권해석은 법적 구속력을 갖지는 않지만, 정부유권해석에 따라 법령을 집행한 공무원은 성실하게 법령을 집행한 공무원으로 평가될 수 있다.

Ⅲ. 사회국가(복리행정)의 원리

헌법은 인간다운 생활을 할 권리에 기초하여 여러 가지 사회적 기본권을 보장하고 국가의 복지증진의무를 규정(헌법 제34조 제2항)함으로써 복리국가주의를 채택하고 있는 바, '헌법의 구체화법'으로서 행정법은 이러한 사회국가원리를 그 구성부분으로 한다. 경제의 민주화 내지 배분적 정의를 목적으로 하는 사회적 약자를 위한 국가의 시장에 대한 규제·조정제도(헌법 제119조 제2항)로서 최저임금법이나, 상호부조의 원리에 입각한 사회연대성에 기초하여 국민간에 소득재분배의 기능을 하는 국민연금법 등은 사회국가 원리를 구현하는 것으로 평가할 수 있다.

Ⅳ. 민주주의 원리

"대한민국은 민주공화국이다"고 규정한 헌법 제1조 제1항의 취지에 따라서 행정의 조직과 작용은 민주적이어야 한다. 행정의 조직과 작용이 민주적이어야 한다는 것은 국민의 대표기관인 국회에서 제정한 법률에 기초하여야 하며, 행정정책을 수립·결정하는 과정에 대한 국민의 참여를 최대한 보장하여야 함을 의미한다. 이와 관련하여 헌법은 "공무원은 국민 전체에 대한 봉사자이며 국민에 대해 책임을 진다"(헌법 제7조 제1항)고 규정하는 한편 행정조직법정주의(헌법 제96조)와 지방자치의 제도적 보장(헌법 제8장) 및 적법절차조항(헌법 제12조 제1항)을 각각 규정하고 있다.

1. 행정조직법정주의

헌법의 기본원리인 민주주의 원리를 구현하기 위해 국가 및 지방자치단체의 조직을 법률로 정하도록 하는 외에(정부조직법·지방자치법), 국민의 공복으로서 공무원상을 구현하기 위해 국가공무원법 등은 공무원의 임용결격사유, 시험성적 등 능력의 실증에 의한 공무원임용제 등을 취하는 한편, 개별 공무원에 대하여는 성실의무를 비롯하여 직무전

념의무와 법령준수의무 등을 부여하고 있고, 공직자윤리법에서는 공무원에 대해 자신의 재산과 이해관계 있는 직무수행을 금지하도록 하는 이해충돌방지의무를 부여하는 한편, 일정한 공무원에 대한 재산등록·공개의무를 부여하고 있다.

2. 지방자치

민주주의 학교인 지방자치를 보장하기 위해 현행 헌법 제117조 제1항은 "지방자치단체는 주민의 복리에 관한 사무를 처리하고 재산을 관리하며 법령의 범위 안에서 자치에 관한 규정을 제정할 수 있다"고 규정하여 국가권력의 분권이 아닌 국가권력 중 행정권에 대한 분권으로서 지방자치를 인정하고 있다. 이러한 이유로 국가법령에 의해 자치사무로 된 사항과 관련하여서는 중앙행정청이 아닌 지방자치단체의 장(시·도지사)이 제1차적인 행정청으로서 사무를 처리하는 지위를 갖게 되고, 지방의회는 해당 국가 국가법령에 반하지 아니하는 한도에서 행정입법으로서의 규범제정권을 갖게 된다.

3. 행정참여 또는 협치행정

인간의 존엄과 가치 및 행복추구권의 구현을 국가목적으로 삼고 있는 현대 국가에 있어서는 의회보다는 행정의 기능과 역할에 대한 기대가 급증(현대국가의 행정국가화)하고, 고도정보사회에 즈음한 직접민주주의에 대한 요구에 응하여 '국민참여 행정' 내지 '민관협치에 의한 행정'을 위한 법제도가 점차적으로 증대하고 있다. '국민참여 행정'을 위한 주요 제도는 다음과 같다.

1) 청문(Hearing)

청문이라 함은 '행정청이 어떠한 처분을 하기 전에 당사자등의 의견을 직접 듣고 증거를 조사하는 절차'(행정절차법 제2조 제5호)로써 행정에 의한 일방적인 사실확정의 오류를 최소화하여 분쟁의 가능성을 예방하려는 제도이다. 이와 유사한 것으로는 다수의 이해관계가 대립하게 되는 도시계획 등과 관련한 국토계획법 제14조에 의한 주민 등 이해관계인 등의 의견제출제도가 있다. 이러한 청문절차를 거치지 않고 행정청이 일정한 처분을 하게 되면, 해당 처분에는 단순 위법의 흠이 있는 것으로 쟁송에 의한 취소 대상이 된다. 행정에 대한 국민참여의 질을 제고하기 위한 것으로는 행정정보에 대한 공개제도가 있다.

2) 입법예고

학사제도, 공중위생, 환경보전, 농지 기타 토지제도, 건축 등 다수 국민의 일상생활과 관련되는 중요분야의 법령을 제·개정 또는 폐지하고자 할 경우에는 당해 입법안을 마련한 행정청 또는 법제처장이 그 법령안의 입법취지·주요 내용을 항목별로 관보 또는 일간지에 게재하여 이해관계자들의 의견을 입법에 반영할 수 있도록 함으로써 행정입법과정에 국민이 참여할 수 있도록 하는 제도를 의미한다. 그러나 입법예고를 하지 아니하더라도 해당 법령의 효력에는 영향을 미치지 아니하는 규정도 존재한다(행정절차법 제41조, 법제업무운영규정 제14조).

3) 행정예고

행정청이 국민생활과 밀접한 관련이 있는 사안에 대하여 일정한 정책이나 제도를 수립·변경 및 시행에 앞서 국민에게 미리 알려 이에 대비할 수 있는 시간적 여유를 제공함과 아울러, 국민의 의견을 수렴하여 제도의 타당성 및 실효성을 제고하는 제도를 말한다(행정절차법 제46조).

4) 행정정보의 공개

행정을 비롯하여 국정 전반에 대한 국민의 참여(국민의 알 권리와 비판권)를 실효적으로 담보하기 위해 모든 국민은 누구든지 목적의 특정 없이 일정한 공공기관에 대해 해당 기관이 보유·관리하는 정보의 공개를 청구할 수 있도록 「공공기관의 정보공개에 관한 법률」 제5조가 보장하고 있다. 그 밖에 「민원 처리에 관한 법률」은 관계법령 등에 규정되어 있는 민원의 처리기관, 처리기간, 구비서류, 처리절차, 신청방법 등에 관한 사항을 종합한 민원처리기준표를 작성하여 관보에 고시하고 「전자정부법」 제9조 제3항에 따른 통합전자민원창구에 게시하도록 규정하고 있다.

그 밖에 국민생활과 관련된 행정정보로서 국회규칙, 대법원규칙, 헌법재판소규칙, 중앙선거관리위원회규칙 및 대통령령으로 정하는 행정정보 등에 대하여는 전자정부법 제12조가 별도로 인터넷을 통하여 국민에게 제공하도록 규정하고 있다.

V. 법치주의의 확대

1. 통치행위의 제한

통상 행정은 법률의 지배를 받는다고 해서 법치행정이라 한다. 이 법치주의의 적용을 받는 행정을 협의의 행정이라 한다. 그런데 모든 행정이 법치행정의 적용을 받는 것은 아니다. 법치주의의 적용을 받는 협의의 행정과 구별되는 행정영역으로 법치행정의 적용을 받지 않는 영역이 있는데, 이를 통치행위라고 한다.

여기서 법치주의의 적용을 받지 않는다는 것은 두 가지 의미를 포함한다. 하나는 의회가 제정한 법률의 적용을 받지 않는다는 의미이고, 다른 하나는 설사 분쟁이 발생한다 하더라도 소송의 대상이 되지 못한다는 의미이다. 즉 자의적인 행정, 법률로부터 자유로운 행정이 가능하다는 것이다.

통상 통치행위란 고도의 정치적 의미를 가진 국가행위 내지 국가적 이익에 직접 관계되는 사항을 대상으로 하는 행위에 있어서 이에 대한 법적 판단이 가능함에도 불구하고 재판통제에서 제외되는 행위를 말한다. 여기서 다음과 같은 의문이 제기된다. 즉, 헌법학에서 국가의 존립목적은 국민의 기본권 보호라고 설명한다. 그런데 '국가의 작용 중에 국민의 기본권을 침해하는 행위가 있는데, 이것이 소송의 대상이 되지 못한다는 것이 가능한가?'라는 섬이다. 따라서 헌법상의 민주적 법치국가론과 부합되지 않는 문제가 있다. 또 과연 이러한 통치행위의 관념을 인정할 수 있는가?

그런데 현대국가에서는 통치행위를 부정하는 이론보다 긍정하는 이론들이 많다. 현대국가에서도 사법심사가 어려운 고도의 정치성이 있는 국가행위들이 있기 때문이다.

예컨대, 비상시에 대통령이 계엄을 발했고, 이 계엄선포(戒嚴宣布)가 설령 법적인 하자가 있고 이로 인해 국민의 기본권이 침해되었다고 해서 과연 사법부가 이러한 정치행위를 제대로 판단할 수 있느냐는 점이다. 이러한 점에서 여전히 통치행위라는 관념을 각국에서 인정하고 있다고 말할 수 있다. 그러나 법원이 국민의 인권을 보장하는 최후기관이라는 것을 염두에 둔다면, 사법의 판단자제(判斷自制) 역시 이론적으로는 문제가 있다.

따라서 통치행위의 개념을 부정하는 것이 헌법 해석에 합치하는 것이라 말할 수 있다. 최근 유력설은 통치행위를 부정하고 있다. 이 학설은 이론적 근거로서 실질적 법치주의의 확립, 행정소송에 있어서 개괄주의가 인정되는 만큼 모든 행정작용은 사법심사의 대상에서 제외될 수 없다는 입장이다. 이렇게 헌법논리적 입장에서 본다면 통치행위 부정설이 이론적으로는 타당하다. 다만 법과 현실 사이의 괴리나 통치행위인정을 해야 할 현실적 필요성 등으로 인해 각국의 법원은 통치행위의 개념을 인정하고 사법심사를 자제하고 있다.

우리나라의 경우에도 다수설과 판례는 통치행위의 개념을 인정하고 있다. 대법원도 1963년 6·3 사태를 수습하기 위한 '비상계엄선포사건에 대한 재판권재정신청'에 대한 결정에서 "대통령의 비상계엄선포는 고도의 정치적·군사적 성격을 지닌 행위로서 누구나 일견 헌법이나 법률에 위반되는 것이 명백하게 인정되는 것이라면 몰라도 그렇지 아니한 이상 당연 무효라고는 인정할 수 없다"고 하고, "계엄선포의 당·부당을 판단할 권한과 같은 것은 오로지 정치기관인 국회에만 있다"고 하여 대통령의 비상계엄선포행위에 대한 사법심사를 거부하였다.

이러한 대법원 판례의 입장을 받아들여 학설은 통치행위의 개념을 인정하고 있는

데, 통치행위의 범위는 대통령의 국민투표회부권, 외교에 관한 행위, 군사에 관한 행위, 긴급재정·경제처분이나 명령 또는 긴급명령권 행사, 계엄선포, 사면권 행사, 영전수여권 행사, 국무총리·국무위원 임면, 법률안거부권 행사 및 국회 의사, 의원의 자격심사 등이다.

학설은 이렇게 통치행위의 개념을 불가피하게 인정하지만 사법심사배제의 범위를 넓히는 것은 헌법에 정한 원리들과 상충되는 결과를 낳기 때문에 학설은 이 개념을 인정하더라도 어느 정도 제한의 필요성을 느끼고 있다. 헌법재판소 결정은 이런 점에서 의미가 있다. 이 결정은 대통령의 긴급재정명령에 관한 헌법소원에 대해서 내려진 결정으로 헌법재판소는 "대통령의 긴급재정명령이 고도의 정치적 판단에 따라 발동되는 행위이고, 통치행위에 속하더라도 모든 국가작용은 국민의 기본권적 가치를 실현하기 위한 수단이라는 한계를 반드시 지켜야 하는 것이고, 헌법재판소는 헌법의 수호와 국민의 기본권 보장을 사명으로 하는 국가기관이므로 비록 고도의 정치적 결단에 의해 행해지는 국가작용일지라도 이것이 국민의 기본권 침해에 관련된 것인 때에는 당연히 헌법재판소의 심사의 대상이 된다"라고 판시하고 있다.

이 결정에 따르면 국가의 행위라고 하더라도 이를 정치적인 부분과 법적인 부분으로 나누어 정치적인 부분에 대해서는 통치행위의 개념을 인정하고, 법적인 부분에는 사법권의 심사가 미친다는 원칙을 천명한 것으로서 의미를 갖는다.

2. 특별행정법관계로의 전환(특별권력관계론의 부정)

특별권력관계(特別權力關係論)란 특별한 공법상의 원인에 기해 성립하고, 공법상 행정목적에 필요한 한도 내에서 그 특별권력주체에게는 포괄적 지배권이 인정되며, 그 상대방인 특별한 신분에 있는 자가 이에 복종하는 관계를 말한다. 이 특별권력관계이론의 특색은 특별권력을 발동하는 경우에 개별적이고 구체적인 법률의 근거를 요하지 않으며, 재판통제에서 배제된다는 점에서 법치주의가 적용되지 않는다는 점이다.

특별권력관계는 일반권력관계에 대비되는 개념이다. 일반권력관계란 국가와 국민의 관계를 말하는 것으로 이는 주로 국민의 권리나 의무에 관련된 관계이기 때문에 법치주의가 적용되는 반면, 특별권력관계란 국가 내부의 관계를 말한다.

이 특별권력관계의 종류로는 공법상 근무관계(공무원이나 군인의 근무), 공법상 영조물(국·공립대학, 교도소, 국·공립병원) 이용관계, 공법상 특별감독관계(특허기업, 공공조합에 대한 국가의 감독관계), 공법상 사단관계(공공조합과 조합원의 관계)가 있다. 그런데 특별권력관계론은 연혁적으로 반민주주의적이고 반법치주의적이어서 제2차 세계대전 이후 비판의 대상이 되고 있다.

현대의 학설들은 특별권력관계론 자체를 수정하는 입장과 이를 부정하려는 입장으로 크게 대별되고, 그 논거나 대안들이 각기 달라 학설이 다양해지고 있다. 수정이론으로는 대표적으로 기본관계·경영수행관계구분론을 들 수 있는데, 이 학설은 기본관계에 대해서는 법치주의를 전면적으로 적용시키고, 경영수행관계에 대해서는 완화시키자는 입장이다. 여기서 기본관계란 특별권력관계 자체의 성립·변경·종료 또는 구성원의 법적 지위의 본질적 사항에 관한 법률관계를 말한다. 이러한 기본관계는 중요하기 때문에 법치주의가 적용되어야 한다는 것이다.

반면에 경영수행관계는 특별권력관계에서 형성되는 경영수행적 질서에 관계되는 행위로, 이에 대해서까지 법치주의를 적용하는 것은 한계가 있다고 보고 있다. 특별권력관계 자체를 부정하는 학설 중 개별적·실질적 부정설이 있다. 이 학설은 공무원근무관계를 계약관계로, 공공시설이용관계는 사법관계나 관리관계로, 공·사단관계는 공법상의 계약관계나 권력관계로 환원시켜 실질적으로 특별권력관계를 부정한다.

지금은 특별권력관계라는 용어보다 특별행정법관계라고 지칭하는 것이 일반적이다. 특별행정법관계의 예로는 업무상 명령이 대표적인 특징이라 할 수 있다. 즉, 상급자의 하급자에 대한 업무 관련 명령은 공무원의 경우 국가공무원법 또는 지방공무원법에 의거한 특별행정법관계로, 군인의 경우 군인사법에 의거한 특별행정법관계로 보는 것이 타당하다.

3. 행정규칙에 대한 일반통제 가능영역 확대

행정규칙(行政規則)이란 행정기관이 정립하는 일반적·추상적 규율 중 법의 성질을 갖지 않는 것을 말한다. 행정규칙은 행정부가 제정하는 일반적·추상적 규율인 행정입법이라는 점에서 법규명령과 차이가 없다. 그러나 행정규칙은 일반국민의 권리·의무와 직접 관계되는 법규명령과 달리 1차로 행정사무를 담당하는 공무원을 수명자로 하므로 일반국민에 대한 구속력이 부정되어 법규성이 없다는 것이 다수설이다.

우리나라의 다수설은 법규를 국가와 국민 사이의 관계를 규율하는 규범으로 보아 법률로 유보되어야 할 사항으로 이해한다. 그래서 법규명령은 대외적 구속력이 있는 법규이고, 행정규칙은 대외적 구속력이 없는 비법규가 된다. 다만, 행정규칙이 현실적으로 수행하는 기능을 고려하고, 또한 재량준칙의 경우 평등원칙과 결합하여 사실적인 대외적 구속력을 갖기 때문에 준법규로 본다.

그러나 국가 내부에 있는 공무원에 대한 법적 규율이라 하더라도 행정규칙의 종류에 따라서는 일반국민에게 직접적인 효력을 미치는 경우가 있을 수 있다. 예컨대, 재량준칙은 행정청이 인·허가사무 등의 처분의 기준을 마련하는 것으로, 실제 행정관청은 그 허가와 불허가의 기준에 대해 행정규칙으로 내부적 기준을 마련하는 경우가 많다.

이 경우 처분의 상대방 입장에서는 오랜 세월 동안 행정규칙의 기준에 입각한 행정이 행해지는 관계로 허가기준에 관한 행정규칙이 마치 규범인 것처럼 의식하게 되고, 공무원 역시 그 행정규칙을 법으로 인식하게 된다. 이때 법에 의한 행정이 아니라 행정규칙에 의한 행정이 일상화되어 법치행정이 위협받게 된다. 즉, 행정청이 행정규칙을 설정한 경우에 행정은 명시적인 의사행위에 의해 자기를 구속하는 것이 되고, 나아가 행정규칙이 공표되어 순수하게 행정내부적인 성격을 상실한 경우 처음부터 규칙은 구속력을 갖는다.

이상과 같이 행정규칙의 법규성을 인정한다면 행정권에도 고유한 입법권이 있음을 전제로 하는 것이므로 삼권분립의 원칙이 헌법의 기본원칙이라 한다면 그에 대한 예외는 헌법이 명시적으로 규정한 경우에만 인정된다. 따라서 의회가 입법권을 행사하고 행정권은 입법이 수권한 경우에만 예외적으로 행정입법권을 행사할 수 있다는 것을 헌법이 명문으로 규정하고 있는 이상 이에 반한 행정권의 자율적인 입법권은 인정할 수 없는 것이다.

그러나 이렇게 헌법의 원리를 확인한다고 해서 문제가 모두 해결되는 것은 아니다. 담당 공무원이 행정규칙에 위반하여 재량권을 행사한 경우, 처분의 상대방은 위법한 행위라고 주장하기 쉽다. 특히 국민에게 유리한 행정규칙을 준수하지 않는 경우, 상대방인 국민의 입장에서 더욱 그렇다. 다른 말로 한다면 행정규칙에 대하여 법규성을 부인한다면 행정규칙에 의하여 위법부당한 처분을 당한 경우에 당사자는 법의 사각지대에 놓이게 되고, 법적 규율이 전혀 부재한 상황이 지속됨을 의미한다.

아무튼 행정규칙에 법규성을 인정하고자 한다면 헌법의 원리에 반하는 만큼 행정규칙의 법규성을 해결하기 위해서는 새로운 접근법이 필요하다. 최근 이런 차원에서 행정절차법은 행정규칙에 대해서 절차법적 규율을 시도하고 있다. 바로 '처분기준의 설정·공표' 제도로서 자세한 것은 후술하는 행정절차법에서 설명한다.

4. 법률유보의 심화

법률유보론(法律留保論)이란 법치행정의 적용범위에 관한 문제이다. 법치행정이란 행정이 집행됨에 있어서 그 법적 근거가 있어야 한다는 이론이다. 따라서 모든 행정이 집행되기 전에 법률이 필요하다는 전면적 유보설이 이론상으로는 논리적이다. 그런데 독일의 법치행정에서 보았듯이 입헌군주제에서의 법률유보는 침해유보에 한정되어 있었다. 즉, 국민의 권리·의무에 관계되는 법규사항만 법률의 근거를 요구한 것이었다. 따라서 이 입장에 의하면 상당히 광범위한 행정영역이 법률의 근거없이 행정주체의 판단에 따라 집행할 수 있는 영역으로 남게 되었고, 이는 행정의 자의를 인용하게 된다.

그래서 본 기본법 이후 법률유보의 범위를 확대시키려는 노력이 진행되었다. 이를 다른 의미로 보면 법규개념의 확장과 같은 맥락이다. 즉, 법규개념이 확장되면 의회가 법률로 규율해야 하는 영역이 확장되는 것이다. 그래서 등장한 학설이 전부유보설·권력행정유보설·급부행정유보설·본질성설이다.

● 전부유보설(全部留保說): 민주적 법치국가에서 모든 행정은 법률의 근거를 요한다는 입장이다. 그러나 이 학설은 의회에 상당한 부담을 주게 된다. 우리 현실을 보더라도 의회는 행정의 요청에 부응해서 신속히 법률을 제정·개성하지 못하고 있다. 그래서 이상론이라는 비판을 받으며, 우리나라에서 이 학설을 주장하는 학자는 없다.

● 권력행정유보설(權力行政留保說): 해당 행정작용이 침익적인지, 수익적인지를 불문하고 행정권의 일방적 의사에 의해 국민의 권리·의무를 결정하게 되는 모든 권력적 행정작용은 법률의 근거를 요한다고 본다. 그러나 현대행정에서는 권력행정뿐만 아니라 급부행정과 같은 비권력적 행정작용도 국민의 생존이나 생활과 관련하여 중대한 의미를 갖는다는 점에서 법률유보의 범위를 축소시켰다는 비판을 받는다. 이러한 권력행정유보설의 문제를 보완한 것이 급부행정유보설이다.

● 급부행정유보설(給付行政留保說): 법률유보 원칙이 급부행정 전반에 적용되어야 한다고 주장한다. 현대국가에서의 자유는 국가의 급부에 대한 공평한 참여와 그에 따른 수익을 의미하는 것으로 보아야 한다는 것을 근거로 내세운다.

● 본질성설(本質性說): 행정의 본질적 부분에 대한 규율은 법률에 유보되어야 한다는 입장이다. 여기서 본질적이라는 개념은 확정된 개념이 아니라, 당시 상황에 맞추어서 개별적·구체적으로 결정되어야 한다는 것이다.

법률유보에 관한 논의는 행정의 집행이 필요한 사항 중 법률이 선행적으로 제정되어 있지 않은 경우, 행정의 판단에 따른 집행을 어디까지 인정할 것인가의 문제이다. 따라서 가장 좋은 해결책은 의회가 입법을 통해 집행의 원칙을 사전에 정해주는 것이다. 그리고 설령 사전에 법률을 제정하지 못했다 하더라도 자의적인 행정이 이루어지는 경우, 의회가 이를 심의하여 적합한 법률을 제정하는 것이 필요하다. 따라서 의회의 노력이 법률유보의 문제를 해결해줄 수 있다.

그런데 문제는 의회의 전문성 결핍으로 또는 여력이 없어 법률을 제정하지 못하는 경우, 행정을 규율하는 규범은 공백이 된다. 일부 학자들은 이런 문제를 해결하기 위해 행정유보라는 개념을 새로 정립시켰다. 법률의 유보밖에 놓이는 행정영역, 즉 법률로부터 자유로운 행정이라 하여 행정권에 판단의 자유가 주어져 사법심사가 배제된다는 것이다. 그러나 행정유보란 영역은 인정하기 힘들다. 왜냐하면 법으로부터 자유로운 행정이란 있을 수 없고, 종래 법으로부터 자율적인 행정영역으로 분류되었던 소위 특별권력관계·재량행위·통치행위에 법률의 유보가 확대되는 것이 민주적 법치주의에 따른 추세이기 때문이다. 따라서 법률로부터 자유로운 행정이 행정의 자의를 의미하는 것은 아니다.

5. 재량행위에 대한 법적 통제 확대 및 강화

재량행위(裁量行爲)란 법률이 행정청에 그 요건의 판단 또는 효과의 결정에 있어 일정한 독자적 판단권을 인정하는 행정행위를 말한다. 재량행위란 행정행위의 한 종류로서 기속행위와 구별되는 개념이다. 기속행위란 법률이 어떠한 요건에서 어떠한 행위를 할 것인가에 대해서 의문의 여지없이 일의적으로 규정하고 있어서 행정청은 다만 그 법률을 기계적으로 집행함에 그치는 경우의 행위를 말한다.

이 재량행위와 기속행위를 구별하려는 것은 무엇보다도 행정소송의 대상을 확정하기 위함이다. 후술하겠지만 행정행위라는 개념을 강학적으로 정립한 이유는 행정소송의 대상을 확정하기 위함이다. 그런데 행정행위에 포함되는 것이라 하여 전부 행정소송의 대상이 되는 것은 아니다. 바로 재량행위는 행정소송의 대상이 되지는 않는다. 이러한 의미에서 재량행위 역시 법치행정의 예외라고 말할 수 있다.

그런데 이 재량행위는 정치적인 또는 역사적인 상황에 따라 개념과 범위가 상이하게 이해되었고, 법치주의를 이해하는 방식에 따라 재량행사의 폭이 달랐다. 영미법계 국가의 경우 초기에는 법치주의를 엄격히 적용해서 행정부의 모든 행위는 사법심사의 대상이 된다고 이해했다. 그래서 재량행위라는 개념을 부정했던 반면, 대륙법계 국가, 특히 독일 행정법학은 재량을 폭넓게 인정했다. 그러나 이러한 양자의 시각차는 현대국가들이 상호 접근하는 경향에 있다. 영미법계 국가에서는 국가의 행정범위가 확장되면서 정책을 중시하게 되었고, 이것은 재량행위의 인정으로 가지 않을 수 없었으며, 독일의 경우에는 1945년 이후 법치국가사상에 입각해서 재량의 폭을 좁히고, 이에 대한 통제를 강화함으로써 상호 접근하게 되었다.

재량행위란 선택의 문제이다. 그리고 이 선택의 권한을 행정부가 행사하도록 법률이 권한을 부여했다는 점에서 법원이 개입할 여지가 거의 없다. 그래서 재량행위에 대해서 법원은 판단권이 없다. 왜냐하면 행정청이 설령 재량을 그르쳤다 하더라도 이는 위법한 행위가 되는 것이 아니라 단지 부당한 행위에 그치기 때문이다. 위법한 행위에 대해서는 법원을 통한 구제가 가능한데, 부당한 행정청의 행위에 대해서는 법원의 통제가 미치지 못한다.

우리 행정소송법은 "위법한 처분이나 거부처분, 그리고 부작위"에 대해서만 판단권을 갖는다. 따라서 재량은 행정소송의 대상이 되지 못한다. 다만, 부당한 재량행사는 행정심판의 대상은 된다. 우리 행정심판법은 "위법 또는 부당한 처분, 거부처분 또는 부작위"에 대해서 심판권을 부여하고 있다. 이렇게 행정심판법이 재량행사에 대해 통제할 수 있도록 한 것은 행정심판이 행정청의 자율통제로서의 성격을 갖기 때문이라고 설명한다.

따라서 비록 재량행위와 기속행위를 구별하는 것이 쉬운 일은 아니지만, 재량행위의 범위를 확정하는 것은 매우 중요하다. 나아가 현대행정의 과제 중의 하나로 열거되는 재량행위의 통제범위를 확장시키는 것도 중요하다. 재량을 일면 인정하고, 타면 이에 대한 통제범위를 확장하려고 하는 것은 일응 모순되는 것처럼 보인다. 그러나 행정청에 재량을 인정하지 않으면 안 되는 경우가 불가피하게 존재한다. 그렇지만 재량행사가 행정청의 자의나 독단으로 귀결되면 안 된다. 그렇기 때문에 재량을 인정하면서도 공익에 합당한 재량행사가 되도록 할 필요가 있는 것이다. 또한 재량이란 법치행정의 예외영역인 만큼 재량의 인정이 법치주의를 형해화하도록 방치해서도 안 되는 것이다.

재량행위에 대한 통제는 종래 일탈과 남용이론으로 통제해왔다. 그러나 오늘날에는 행정절차법이 제정됨으로써 재량에 대한 절차법적 통제의 길이 열렸다. 우리 행정소송법 제26조는 "행정청의 재량에 속하는 처분이라 하더라도 재량권의 한계를 넘거나 그 남용이 있을 때에는 법원은 이를 취소할 수 있다"고 규정하고 있다. 이를 구체화한 내역을 보면 ① 재량권의 일탈, ② 목적위반, ③ 사실의 정확성, ④ 재량권의 불행사, ⑤ 비례원칙에 기한 통제, ⑥ 평등원칙에 기한 통제, ⑦ 재량권의 0(영)으로의 수축이론 등이다.

절차적 통제로는 절차민주주의의 4원칙이라 불리는 ① 의견제출 및 청문(聽聞), ② 문서의 열람(閱覽), ③ 처분의 이유부기(理由附記), ④ 처분기준의 설정·공표 등이 있다. 이에 대해서는 후술할 행정절차법에서 설명한다.

제 5 절   행정법관계의 특수성

I. 실체법상 차이

개인의 단독적인 의사표시 또는 이해관계인 사이의 자유로운 의사표시의 합치가 권리·의무의 내용을 이루게 되는 사법관계와 달리 처분청의 직권에 의한 사실확정과 확정된 사실에 대한 법 해석·적용을 내용으로 하는 법집행작용(행정에 의한 1차적·유권적 법 해석·적용 → 행정행위)이 중심을 이루고 있는 공법관계는 특수한 공법원리(행정행위의 공정성, 공익우선성 등 → 항고쟁송, 사정판결 재결제도)의 적용을 받는다.

1. 기본적인 차이

첫째, 사적자치의 원리에 입각하고 있는 민법 등 사법은 원칙적으로 재판규범이나, 행정법은 행정기관에 대한 행위규범인 동시에 재판규범의 기능을 수행한다. 즉, 행정법은 공법상 권리·의무의 주체(국가지방자치단체 등의 공법인)나 처분주체(행정청)가 행정활동을 함에 있어서는 행위의 기준규범이 되며, 행정객체인 국민(또는 주민)이 행정활동에 대하여 소송을 제기하는 경우에는 법원이 따라야 할 재판규범으로도 기능하는 것이다.

둘째, 민법 등 사법분야에 있어서는 행위(당사자의 효과의사)가 법에 우선하나(소위 사적자치의 원칙), 행정법 분야에 있어서는 행위에 앞서 법이 존재한다(소위 행정의 행위한계로서 법률유보의 문제). 이러한 이유에서 당사자 사이의 자유로운 법률행위를 통한 법관계의 형성·변경·소멸이 가능한 사법에는 시행령이나 시행규칙이 없는 반면, 행정법분야에서는 법치행정의 요청상 각종 처분은 법령에 근거를 두고 법령에 적합하여야 하는 법적 행위로서의 특징을 갖는 점에서 시행령이나 시행규칙 더 나아가서 행정규칙에 의한 통제까지 필요하게 된다.

2. 법관계 형성면에서의 차이

민사관계는 원칙적으로 매매계약에 있어서와 같이 계약 쌍방의 대립되는 의사표시 등의 합치로 성립되나(단독행위, 계약 또는 합동행위 등의 법률행위), 행정법관계는 행정청에 의한 일방적 사실확정과 확정된 사실에 대한 법의 해석·적용을 의미하는 법집행 활동을 중심으로 하여 성립된다(고권행위).

3. 법관계 효과면에서의 차이

사법관계에 있어서는 쌍방 당사자가 대등한 취급을 받는다. 이에 대하여, 공법관계인 행정법관계에 있어서는 뒤에서 살펴볼 행정처분으로 형성되는 법관계에 대해 공정력(공정력과 구성요건적 효력을 구별하여 설명하기도 한다), 불가쟁력·불가변력 및 자력집행력을 인정하는 등 일반 민사관계와 차이를 보이고 있다.

II. 쟁송법상의 차이

기본적으로 공법상의 법관계에 관한 다툼은 행정소송에, 사법관계에 관한 다툼은 민사소송에 의하게 된다. 현행법상 전자는 당사자 처분주의를 원칙으로 하면서 제한된 범위에서 심판기관에 의한 직권탐지를 허용하는 반면에, 후자는 당사자 처분주의에 따른다는 차이점 이외에도 다음과 같은 차이가 있다.

즉, 행정사건의 1심 법원은 행정법원 또는 지방법원본원합의부의 관할에 속하나 민사소송의 1심 법원은 지방법원과 지원의 단독부 또는 합의부의 관할사건으로 된다. 전자는 기본적으로 행정의 상대방인 사인을 원고로 하고, 권리주체가 아닌 처분청을 피고로 삼아(법집행주체인 행정청에게는 원고적격이 인정되지 않고 그 법집행에 위법이 있다는 원고의 주장에 대한 방어적 지위만 인정된다), 처분의 위법성 여부를 분쟁의 목적물로 삼는 항고쟁송을 중심으로 하는 반면, 후자는 기본적으로 권리주체인 국가 등과 사인을 소송 당사자로 하여 의사표시에 따른 권리·의무의 존부를 분쟁의 목적물로 삼는 당사자소송을 중심으로 한다는 차이점이 있다.

Ⅲ. 행정법관계에 대한 민법 규정의 적용 여부

행정법령은 민법총칙과 같은 규정이 없기 때문에 행정법관계를 규율함에 있어서 법령의 미비와 같은 어려움을 겪게 되는바, 이러한 어려움을 극복하고 법치행정을 구현하는 수단으로서 제기되는 것이 민법총칙 규정의 적용 여부이다.

1. 적용 가능한 민법 규정

민법총칙 규정 중 공법과 사법의 특성과 관계없이 일반적으로 통용될 수 있는 신의성실의 원칙·권리남용금지의 원칙 등 일반원칙이나 시효(취득시효·소멸시효제도)·부당이득의 법리·과실상계 등의 제도나 주소·기간의 계산 또는 효력발생의 요건으로서 도달 내지 송달의 법기술적 약속에 관한 민법의 규정은 행정법령에서 별도의 조항을 두고 있지 아니하는 범위 내에서 공법관계에도 적용된다.

2. 의사표시에 관한 규정

공익을 중시하는 행정법관계에 대하여는 개개인의 자유로운 의사표시에 따른 법질서의 형성을 중시하는 민법 규정은 원칙적으로 적용되지 아니한다. 물론 행정이 비권력적 행위로서「국가계약법」이나「지방계약법」등이 정한 바에 따라 계약의 형식으로 행정을 할 경우에는 민법의 의사표시에 관한 규정이 적용될 수는 있다.

그렇지만, 권력관계에 속하는 행정기관의 행위는 공무원에 의한 효과의사의 표시가 아니라 행정법령의 외부화로서 법적 행위에 속한다는 점에서 민법의 의사표시에 관한 규정은 원칙적으로 적용되지 아니하는 것이다. 예컨대, 행정기관인 공무원의 착오에 의하여 행하여진 행정처분이라도 민법 제109조에 의거하여 취소할 수 있는 것이 아니라 뒤에서 살펴보게 될 행정처분의 하자론에 따라 '취소할 수 있는 행정처분' 또는 '무효인 행정처분'이 될 뿐이다.

Ⅳ. 행정법관계상의 특수한 효력

국가권력 중 입법작용과 사법작용을 제외한 모든 국가작용을 의미하는 행정에 대한 법으로서 행정법은 "국민 기본권을 보장하고 있는 헌법의 구체화 법" 또는 "활동하는 헌법"으로서 의의를 갖는다. 이러한 행정법은 사적 이익의 조정을 목적으로 하는 민법과 달리 공익의 조정을 목적으로 하는 공법으로서 민법이나 상법 등과 같은 사법과는 다른 특수한 효력이 인정된다. 행정기관에 의해 형성되는 법관계에 있어 인정되는 특수한 효력은 다음과 같다.

1. 행정법관계에 대한 공정력

행정기관에 의한 공권력의 발동으로서 행정처분(확정된 사실에 대한 법집행행위) 등은 중대하고도 명백한 흠이 있어 당연무효로 되는 경우를 제외하고는 권한이 있는 기관(처분청 행정심판의 재결청, 행정법원 등)에 의하여 취소되기 전까지는그 효력이 유효한 것(사실상의 통용력으로서 적법성의 추정이 아닌 점에 주의를 요함)으로 되어 행정처분의 상대방은 물론 다른 행정기관 및 제3의 국가기관을 구속하게 된다. 이러한 효력을 공정력 또는 "예선적 효력", "하자 독립적 효력"이라고도 한다.

2. 행정법관계에 대한 존속력

행정기관에 의한 권한행사로 성립되는 법관계를 변경시키지 아니하고 그대로 존속할 수 있도록 함으로써 행정법관계의 법적 안정성을 유지하려는 제도이다. 이러한 제도에는 법령이 정한 일정한 기간(불변기간)이 경과하게 되면 해당 권한행사로써 행정처분 등의 효력유무를 행정심판이나 행정소송으로 다툴 수 없도록 행정심판청구권이나 행정소송제기권 자체를 박탈하는 불가쟁력(형식적 존속력)과 처분청이라고 할지라도 해당 행정처분 등을 임의로 취소·변경할 수 없도록 하는 불가변력(실질적 존속력)이 있다.

3. 행정법관계에 대한 자력집행력

행정법관계의 실효성을 담보하기 위한 수단으로서 사인이 행정처분 등에 의하여 부과된 대체적 의무를 이행하지 아니하는 경우에는 법원에 의한 판결의 힘을 빌리지 아니하고 행정 스스로가 그 내용을 강제·실현할 수 있도록 행정대집행법이나 국세징수법에 의한 대집행수단(자력집행력)을 인정하고 있다. 그 밖에, 행정법상의 의무위반행위에 대한 자발적인 의무이행의 촉구수단으로서 이행강제금이나 제재수단으로서 행정벌·과징금 등과 같은 제도를 허용하기도 한다.

V. 권리·의무의 특수성

1. 개관

개인이 국가에 대한 관계에서 갖게 되는 공권과 공의무는 크게 헌법에 의한 공권(각종 기본권)과 공의무(병역의무나 납세의무 등) 및 헌법의 구체화법으로서 개별 행정법에 의해 규율되고 있는 법률에 의한 공권과 공의무로 구분할 수 있다.

국민의 권리보호라는 측면에서 국가적 공권을 제외한 국민의 국가에 대한 개인적 공권과 공의무가 중심을 이루게 된다.

사법적 구제의 측면에서는 한때(헌법소원제도가 도입되기 이전), 법원에 의한 권리구제의 가능성과 관련하여 법률에 의해 보호되는 이익인지 여부에 주된 관심이 모아졌고, 법률로써 구체화되지 못한 기본권과 관련하여서는 국가의 국민보호의무(헌법 제10조 후단)를 배경으로 하는 기본권 규정의 직접적 효력을 인정하여 법원에 의한 권리구제의 길을 열어주려는 학문적 노력이 행하여졌다.

그러나 오늘날에는 법률에 의해 보호되고 있는 구체적인 권리가 행정기관에 의해 침해된 경우에는 법원에 의한 권리구제가, 그러하지 아니하고 헌법에 의해 보장되고 있는 기본권이 국가기관에 의해 침해된 경우 또는 법률에 의해 보호되고 있는 권리침해성이 인정되지 못하는 사건으로서 해당 사건이 보충성의 원칙과 기본권 침해에 대한 직접성·현재성의 요건을 갖춘 경우에는 헌법재판소에 의한 권리구제가 각각 가능하다.

2. 개인적 공권(행정법상 권리)

공권이란 공법관계에 있어서 자기 자신을 위하여 일정한 이익을 제3자나 행정주체 또는 행정청에 대하여 주장할 수 있는 법적인 힘을 말한다. 이러한 점에서 법이 국가 또는 개인에 대해 작위·부작위를 규정하고 있는 결과 그 반사적 효과로서 발생하는 반사적 이익(또는 사실상의 이익)과는 구별된다.

1) 공권의 성립요건

개인이 국가 등 행정주체에 대해 행사할 수 있는 (주관적)공권이 성립하기 위해서는 다음의 요건을 갖추어야 한다. 첫째, 강행법규가 존재해야 한다. 공권이 성립하기 위해서는 먼저 행정에게 일정한 작위 또는 부작위의무를 부여하는 강행법규가 존재하여야 한다. 따라서 관련 법령이 행정에게 재량을 부여한 경우에는 '재량의 0으로의 수축'이 없는 한 공권이 성립될 수 없게 된다.

다음으로, 해당 강행법규가 사익의 보호를 통해 공익을 구현하려는 것이어야 한다. 강행법규에 의하여 행정에게 일정한 작위나 부작위의무를 부여하고 있는 법의 취지가 공익뿐만 아니라 특정한 개인의 사익 또한 보호하고 있는 경우에는 개인의 국가에 대한 주관적 공권이 성립하게 된다(사익보호를 인정할 수 있는 것으로는 담배소매상인에 대한 거리제한, 수요공급규정 등이 있다).

끝으로, 공권이 성립되기 위해서는 위의 두 가지 요건 이외에 소송상 강제할 수 있는 힘이 있어야 한다는 주장이 있으나, 현행 소송법은 권리구제에 있어서는 열거주의가 아닌 개괄주의(권리침해를 받은 자는 누구나 법원에 소송을 제기하여 구제를 받을 수 있다)를 취하고 있는 점에 비추어 볼 때 적합하지 않은 견해라 할 것이다.

2) 공권과 반사적(사실상) 이익과의 구별

개인적 공권과 반사적 이익은 공익보호를 목적으로 하는 공법(행정법령)이 특정한 개인의 이익을 아울러 보호하고 있는가 여부와 관련하여 구별하는 것이 일반적이다. 이러한 개인적 공권과 반사적 이익간의 구별은 항고소송에 있어서 원고 적격과 관련하여 행정소송법 제12조의 "법률상 이익"을 인정할 수 있는가의 여부(공권의 성립범위) 및 국가배상법 제2조와 관련하여 국가배상을 청구할 수 있는 법익침해가 있는지 여부 등의 판단을 위한 것으로서 다음과 같은 학설과 판례의 대립이 있다.

(1) 학설

행정소송의 목적은 위법한 처분으로 인하여 침해된 개인의 권리회복에 있다고 보아 권리가 침해된 자만이 소송을 제기할 수 있다는 '법률상 보호이익설', 관련 법령의 목적이나 취지에 비추어 볼 때 공익과 함께 사익을 보호하고 있는 경우 그러한 이익을 침해당한 자에게는 원고적격이 인정된다고 하는 '권리회복설', 실체법상 보호되고 있는 이익이 아니라도 소송상 보호할 가치가 있다고 판단되는 경우 그러한 이익을 침해당한 자에게도 원고적격을 인정하여야 한다는 '법률상 보호이익설', 취소소송을 주관소송으로 보기보다는 행정행위의 객관적 적법성 보장에 중점을 두어 행정처분에 대한 소송수행에 가장 적합한 이해관계를 가지고 있는 자에게 공권의 성립을 인정하여야 한다는 '적법성 보장설' 등이 있다.

(2) 판례

법률상 보호되는 이익이라 함은 당해 처분의 근거 법규 및 관련 법규에 의하여 보호되는 개별적·직접적·구체적 이익이 있는 경우를 말하고, 공익보호의 결과로 국민 일반이 공통적으로 가지는 일반적·간접적·추상적 이익이 생기는 경우에는 법률상 보호되는 이익이 있다고 할 수 없다(대법원 2006. 3. 16. 선고 2006두330 전원합의체 판결).

3) 개인적 공권의 종류

행정객체가 행정주체에 대하여 갖는 권리로 참정권(선거직 공무원에 대한 선거권과 피선거권), 자유권(언론의 자유·직업선택의 자유 등), 수익권(공물이용권), 청구권적 기본권(재판청구권)과 같이 개별 행정관계법에 의하여 보호되고 있는 권리 등이 있다. 최근에는 행정개입청구권, 무하자재량행사청구권 등이 새로운 개인적 공권으로 주목받고 있다.

무하자재량행사청구권이란 재량행위 영역에서 행정청이 재량권을 하자없이 행사하여 달라는 절차적 공권이며 재량권이 축소되어 선택과 결정을 할 수밖에 없는 경우에는 특정 청구를 자기에게 발급해 달라는 구체적 청구권으로 전환된다.

행정개입청구권이란 특정인이 제3자에게 행정권의 발동을 청구할 수 있는 권리로서 경찰개입청구권을 들 수 있다.

4) 공권의 특성

개인적 공권은 단순히 주체인 국민의 개인적 이익을 위하여 부여된 것이 아니라 사회공공의 필요성을 위해 인정된 것이기 때문에 사권과 달리 권리주체에 대해 적절하게 행사할 의무가 요구된다. 그렇기 때문에 공권은 일반적으로 일신전속성을 가지며 그 성질에 따라 타인에게 양도 또는 담보로 제공하거나 포기 또는 상속의 대상이 되지 아니하기도 한다.

(1) 이전(양도)의 제한

행정청의 인가를 이전의 효력요건으로 하는 경우(하천법 제4조에 의한 하천점용권의 양도) 또는 이전 자체가 금지되는 경우(생활보호법 제29조의 보호받을 권리의 양도금지 등) 등이 있다.

(2) 포기의 제한

선거권·재판청구권과 같이 공익에 미치는 영향이 큰 공권은 원칙적으로 포기가 허용되지 아니하나 주로 권리자의 경제적인 이익을 위해 인정되고 있는 공권의 경우에는 예외적으로 권리자의 자발적 의사에 따른 포기가 허용된다.

(3) 보호의 특수성

개인적 공권은 행정심판법상으로는 이행 또는 취소심판을 통하여, 행정소송법상으로는 취소소송이나 부작위법확인소송 또는 그 공권행사에 대한 거부처분의 취소소송을 통해서 구제를 받거나 그러한 공권의 침해에 따른 신체상 또는 재산상의 피해에 대하여는 국가배상법에 의한 손해배상의 청구(판례상 민사소송)로 구제받을 수 있다.

(4) 대리의 제한

공권은 일반적으로 일신전속적 성질을 갖기 때문에 그 성질상 대리가 허용되지 아니하는 경우가 많다(예: 대리투표 또는 국가배상청구권에 대한 채권자 대위).

(5) 반사적 이익의 축소와 공권의 확대 경향

행정법규가 공익적인 견지에서 행정주체 또는 제3자에 대하여 일정한 의무를 부과하고 있는 결과 특정인이 간접적으로 이익을 받는 경우가 있는데 이를 "반사적 이익"(또는 사실상의 이익)이라고 한다. 이러한 반사적 이익은 법원에 의한 권리구제의 대상이 되지 아니하나 예외적으로 "재량의 0으로 수축" 등으로 인하여 반사적 이익이 공권으로 전환되어 손해배상을 통해 사후적으로 구제를 받을 수 있는 경우도 있다.

3. 개인의 공의무(행정법상의 의무)

공의무는 공권에 대응한 개념으로서 공익을 위한 공법상의 구속력을 말한다. 공의무는 주체에 따라 국가적 공의무와 개인적 공의무로 나뉘며 내용에 따라 작위의무·부작위의무·급부의무·수인의무 등으로 나누어진다.

1) 공의무의 특수성

공의무에는 공권에 대응한 특수성이 인정된다. 특히, 개인적 공의무(금전납부의무나 대체적 작위의무)에 대한 불이행이 있게 되면 행정권의 자력집행이, 그 밖의 의무위반이 있게 되면 행정제재(수익처분의 정지나 취소, 과징금, 과태료 등)가 가해지는 등의 특색을 갖는다.

2) 공의무의 승계

행정법상의 권리나 의무는 공익적 관점에서 인정되는 것이기 때문에 일반적으로는 이전성을 제한받고 있으나, 개별 법령에서 공의무의 승계를 인정하고 있는 경우도 있다(석유사업법 제8조, 제10조 등 참조). 물론, 법령에 의해 공의무의 승계가 인정된다고 하더라도 양도인에게 특유한 일신전속적 성질에 따른 법적 효과는 양수인에게 승계되지 아니하는 것으로 보아야 할 것이다. 더 나아가, 행정법령상 명문의 규정이 없다고 하더라도 공의무의 내용이 승계와 친숙한 것이고 법의 취지에도 반하지 아니하는 경우라면, 유사한 행정법의 규정이 있는 경우에는 그 규정에 따라, 유사한 행정법의 규정이 없는 경우에는 민법의 권리·의무에 관한 규정을 유추적용하여 공의무의 (포괄)승계를 인정하여야 할 것이다. 이러한 법령의 규정은 사업자가 자신의 위법행위로 인하여 부과된 행정제재를 회피할 목적으로 제3자에게 해당 사업을 양도·양수하는 탈법행위를 방지하는 효과도 있다(현재, 선의의 양수인을 보호하기 위해 일부 법령에서는 '행정처분사실 확인제도'를 시행하고 있다).

제 6 절　행정의 주요 행위형식

Ⅰ. 행정입법

1. 행정입법의 의의와 종류

행정입법(行政立法)이란 행정기관이 법조문의 형식으로 일반·추상적 규정을 정립하는 작용을 말한다. 엄밀히 행정입법이란 행정부에서 행하는 입법이다. 즉, 대외적 구속력을 갖는 법규범을 만드는 행위이므로 법규명령만이 행정입법에 포함된다. 법치주의의 취지에 부합하게 하려면 의회가 법률을 제정하는 것이 원칙이다. 그래서 19세기에는 행정입법은 국회의 입법권을 침해하여 권력분립의 원칙에 어긋나는 것으로 인식되었다. 그러나 20세기로 접어들어 행정기능의 확대강화로 말미암아 행정입법은 현대행정의 필요불가결한 것으로 인식되었다. 이는 현대행정이 전문화·기술화되어 이를 입법부가 규율하기가 쉽지 않고, 행정현상의 급격한 변화에 적응하기 위한 탄력적인 입법이 필요하였기 때문이다. 또한 전시 등 비상시에 대처하고, 지방자치의 실시에 따른 지방별 특수사정에 대응할 필요도 생겼다.

2. 법규명령의 근거와 종류

법규명령(法規命令)은 행정규칙과 구별된다. 즉, 법규명령은 법규성을 가지나 행정규칙은 법규성을 갖지 못한다. 앞서 본 것처럼 우리의 다수설이 말하는 법규성이란 국민과 행정권을 구속하고 재판규범이 된다는 의미이다. 법규명령은 의회입법의 예외이기 때문에 헌법적 근거가 필요하다. 헌법이 규정하는 행정입법으로는 대통령의 긴급명령과 긴급재정경제명령, 대통령령·총리령·부령, 중앙선거관리위원회 규칙이 있다.

대통령의 긴급명령, 긴급재정경제명령은 헌법 제76조가 규율하고 있는데, "내우·외환·천재·지변 또는 중대한 재정경제상의 위기에 있어서 국가의 안전보장 또는 공공의 안녕질서를 유지하기 위해 긴급한 조치가 필요하고, 국회의 집회를 기다릴 여유가 없을 때에 한하여 최소한으로 필요한 재정경제상의 처분을 하거나 이에 관하여 법률의 효력을 가지는 명령을 발할 수 있다"고 하며, 또한 "국가의 안위에 관계되는 중대한 교전상태에 있어서 국가를 보위하기 위해 긴급한 조치가 필요하고, 국회의 집회가 불가능한 때에 한하여 법률의 효력을 가지는 명령을 발할 수 있다"고 한다.

대통령령은 "법률에 구체적으로 범위를 정하여 위임받은 사항과 법률을 집행하기 위해 필요한 사항에 관하여" 발할 수 있다. 총리령·부령은 국무총리 또는 행정각부의 장이 "소관사무에 관하여 법률이나 대통령령의 위임 또는 직권으로" 발할 수 있다. 중앙선거관리위원회 규칙은 중앙선거관리위원회가 "법령의 범위 안에서 선거관리·국민투표관리 또는 정당사무 및 내부규율을 위해 발하는" 규칙을 말한다.

대통령의 긴급명령, 긴급재정경제명령은 법률적 효력을 가지는 행정입법(법률대위명령)이며, 총리령과 부령은 법률의 명시적 수권(위임명령)이나 또는 법률의 집행을 위해(집행명령) 발하는 명령으로 법률보다 하위적 효력을 가지는 법규명령이다.

3. 행정입법의 성립과 유효요건

행정입법은 의회입법의 예외적인 현상이기 때문에 헌법과 법률이 정하는 성립 및 유효요건을 갖추어야 한다.

1) 절차상의 요건

먼저 성립요건을 갖추어야 하는데, 행정입법은 헌법 또는 법률에 의해 수권을 받은 정당한 기관이(주체상의 요건) 수권의 범위 내에서 발해져야 하며, 상위법령에 저촉되어서는 안 되고, 실현가능하고 명백해야 한다(내용상의 요건). 대통령령은 법제처심사와 국무회의의 심의를 거치고, 총리령이나 부령은 법제처의 심사를 거쳐야 한다. 또한 국민의 권리·의무 또는 일상생활과 밀접한 관련이 있는 법령은 따로 입법예고를 해야 한다.

2) 형식상의 요건

행정입법은 조문의 형식으로 하며, 대통령령에는 국무회의의 심의를 거친 뜻을 기재하고, 대통령이 서명·날인하고, 그 번호와 일자를 명기하며, 국무총리와 관계국무위원이 부서한 전문을 붙여야 한다. 총리령·부령은 그 번호와 일자를 명기하고, 국무총리 또는 해당 부서의 장관이 서명·날인한다.

이상의 요건을 갖춘 법규명령은 외부에 공포하고(공포의 요건), 일정한 시간이 지나면 효력이 발생한다. 시행일은 특별한 규정이 없으면 20일을 경과함으로써 효력이 발생한다(효력발생요건).

이렇듯 법규명령에 엄격한 요건을 요구하는 것은 법규명령은 국민을 구속하는 힘을 가지는 규범이기 때문이다. 따라서 이러한 요건을 갖추지 않으면 당연 무효로 보아야 할 것이다.

4. 행정입법의 한계

행정입법에는 일정한 한계가 있다. 이 한계는 위임명령과 집행명령의 한계로 나눌 수 있다.

1) 위임명령의 한계

헌법 제75조 및 제95조는 포괄적 위임을 금지하고 있다. 즉, 위임명령(委任命令)은 "법률에서 구체적으로 범위를 정하여" 위임받은 사항에 관해서만 명령을 발할 수 있다. 이는 백지위임식 수권이 허용되지 않으며, 원칙적으로 법률에 의한 수권에 있어서는 행정입법의 규율대상 및 범위 등에 관하여 구체적으로 정하여 누구라도 행정입법에 의해 규율될 내용의 대강을 합리적으로 예측할 수 있어야 한다.

헌법상의 입법사항 예컨대, 국적취득요건, 재산권의 수용 및 보상 등, 조세법률주의, 죄형법정주의, 지방자치단체의 종류 등과 같이 법률로 정하도록 한 것은 적어도 그 기본적 내용이 법률로서 규정되어야 한다. 다만, 전적으로 법률로 규정해야 하는 것이 아니라 일정한 범위 내에서의 행정위임이 허용된다고 본다. 헌법상의 죄형법정주의와 관련하여 처벌규정을 위임할 수는 없다. 그러나 법률이 구체적인 기준을 정한 경우에는 위임이 허용된다는 것이 일반적인 견해이다.

법률에 의해서 수권된 입법권을 다시 하급기관에 수권하는 재위임도 원칙적으로 불가능하나, 위임받은 사항에 관한 대강을 정한 다음 세부적 사항을 하위명령에 재위임하는 것은 가능하다.

2) 집행명령의 한계

집행명령(執行命令)은 법률 또는 상위명령을 집행하기 위해 필요한 사항만을 규정할 수 있다. 즉, 상위명령을 집행하기 위해 필요한 형식·절차·세부적 사항 등에 관해서만 규정할 수 있는 것이다.

5. 행정규칙의 법규성

1) 행정규칙의 개념

'행정규칙(行政規則)'이란 행정기관이 법률의 수권(授權)없이 정립하는 일반적·추상적 규율을 말한다. 즉, 행정조직의 내부와 특별행정법관계에 있어서 그 조직 활동에 관한 것을 규율하는 것으로 사무분장규정, 국립대학학칙 또는 국립도서관규칙 등에 이에 해당된다.

행정규칙은 행정권의 당연한 권능(權能)으로서 법률의 수권 없이 이를 발할 수 있으나, 법규에 반할 수 없고 원칙적으로 특별행정법관계의 내부에서만 구속력을 가진다는 점에서 법규명령과 구별된다.

2) 행정규칙의 성질

종래에는 행정규칙의 법적 성질에 대하여 그 법규성을 인정하지 않는 견해가 지배적이었다. 그러나 오늘날에는 행정규칙의 법규성을 인정하거나 준법규성이 인정된다는 견해가 유력하다.

　판례에 의하면 행정처분의 세부기준을 정하고 있는 부령(시행규칙) 규정은 형식상은 법규명령이지만 실질적으로는 행정규칙으로 보고 있고, 일부 법령의 구체적인 위임을 받아서 정하고 있는 행정규칙은 형식은 행정규칙이지만 실질은 법규명령(법령보충규칙)으로 보고 있다.

II. 행정행위

1. 행정행위의 개념과 종류

　행정작용(行政作用) 중 가장 큰 비중을 차지하는 것이 행정행위(行政行爲)라고 할 수 있다. 따라서 행정행위의 개념·특질·종류 및 관련 사항들을 알아둘 필요가 있다. 행정행위란 개념은 실정법상 개념이 아니라 강학상의 개념으로서 이 강학상의 개념을 정립한 것은 항고소송의 대상을 확정짓기 위함이었다. 이를 바꾸어 말한다면 행정행위의 개념에 포함되지 않는 것은 항고소송의 대상이 되지 않기 때문에 권리 침해가 있더라도 행정소송상의 구제를 신청하지 못한다는 것을 의미하게 된다.

　우리나라의 다수설이나 판례는 최협의의 행정행위 개념을 취하고 있다. 최협의의 행정행위의 개념은 '행정청이 법 아래서 구체적 사실에 관한 법집행으로서 행하는 권력적 단독행위인 공법행위'를 의미한다. 따라서 공법상 계약, 공법상 합동행위, 행정입법, 통치행위, 사실행위, 사법행위 등은 배제된다. 이런 문제 때문에 학설 중에는 형식적 행정행위의 개념을 도입하여 소송대상을 넓히려는 학자들도 있다. 그 내용을 보면 실체법상의 행정행위에는 해당되지 않는다 하더라도 이를 항고쟁송의 형식에 의해 다투는 외에는 적절한 구제수단이 없는 경우, 이를 행정쟁송법(행정심판법, 행정소송법)상의 처분으로 파악하여 항고쟁송을 인정하려는 것이다. 이처럼 행정쟁송적 측면에서 특별히 그 처분성이 인정되는 행위를 형식적 행정행위라고 한다.

　이러한 형식적 행정행위의 개념은 일본에서는 아주 유력한 학설로 제기되었고, 우리나라에서도 긍정적으로 바라보는 시각들이 있다. 물론 이 형식적 행정행위의 개념을 부정하는 입장이 아직은 다수설이다. 이 형식적 행정행위의 범주에 포함되는 것으로, 예컨대, 사회보장부분에서의 급부결정, 보조금의 지급결정, 행정지도, 공공시설의 설치행위, 행정규칙이나 일반처분들도 거론되고 있다. 이러한 학설이 나올 수 있는 것은 강학상의 행정행위의 개념과 소송법상 처분개념이 다르기 때문이다.

　행정행위를 분류하는 방식으로는 ① 법률행위적 행정행위와 준법률행위적 행정행위, ② 기속행위와 재량행위, ③ 수익적 행위와 침익적 행위 및 복효적 행위, ④ 쌍방적 행정행위와 단독적 행정행위, ⑤ 대인적 행정행위와 대물적 행정행위 및 혼합적 행정행위, ⑥ 일반처분, ⑦ 수령을 요하는 행정행위와 수령을 요하지 않는 행정행위, ⑧ 요식행위와 불요식행위, ⑨ 적극적 행정행위와 소극적 행정행위 등이 있다. 이 중 기속행위와 재량행위에 대한 설명은 법치행정의 예외에서 보았고, 법률행위적 행정행위와 준법률행위적 행정행위는 행정행위의 내용에서 설명하기로 하고, 여기서는 행정법이론상 중요한 수익적 행정행위와 부담적 행정행위 그리고 복효적 행정행위만 설명하기로 한다.

먼저, 수익적 행정행위란 행정행위의 결과 그 상대방에게 권리나 이익을 부여하는 행정행위를 말한다. 다음으로, 침익적 행정행위란 행정행위의 결과 그 상대방에게 권리나 이익을 제한·박탈하는 것과 같이 국민에게 불이익을 주는 행정행위를 말한다. 마지막으로, 복효적 행정행위란 하나의 행정행위로 인해 이익을 보는 당사자도 있고, 반대로 침익을 받는 당사자들도 생겨나게 되는 행정행위를 말한다. 특히 현대행정에서는 하나의 행정행위에 대해서 이해관계를 갖는 범주가 넓어지고 있고, 그 이해관계를 조정하는 것이 중대한 문제로 부각되고 있다. 따라서 복효적 행정행위의 경우에는 이해관계인의 이해조절을 위한 행정기법들이 필요하고, 이러한 관계를 원활하게 할 수 있는 소송기법도 필요하다고 말할 수 있다.

예컨대, 먼저 행정절차의 문제로 행정청은 복효적 행정행위를 하기에 앞서 이해관계인에게 그 취지를 통지하여 의견을 제출하게 하거나, 청문이나 공청회에의 참가기회를 부여해야 한다. 행정절차법은 처분의 상대방이 아닌 자라도 처분에 의해 영향을 받는 자에 대해 직권 또는 신청에 의해 행정절차에 참여시킬 수 있다고 규정한 예는 대표적인 사례라고 할 수 있다. 또한 행정쟁송에서도 이해관계가 있는 제3자, 특히 부담을 받는 제3자에 대해 행정심판법은 고지제도를 채택하고 있다. 뿐만 아니라 심판청구인, 참가인적격, 제3자에 의한 재심청구 등의 방법이 활용되고 있다.

2. 행정행위의 내용

행정행위는 그 법률효과의 발생원인을 기준으로 하여 법률행위적 행정행위와 준법률행위적 행정행위로 구분한다.

먼저 법률행위적 행정행위란 행정청의 의사표시를 구성요소로 하고, 표시된 의사의 내용에 따라 법적 효과를 발생하는 행정행위를 의미한다. 이는 법률효과의 내용에 따라서 다시 명령적 행위와 형성적 행위로 구분된다. 명령적 행위에는 하명·허가·면제가 있으며, 형성적 행위에는 특허·인가·대리가 있다.

다음으로 준법률행위적 행정행위란 의사표시 외의 정신작용을 요소로 하고, 그 법적 효과는 행위자의 의사 여하를 불문하고 전적으로 법이 정한 바에 따라 발생하는 행정행위를 말한다. 이에는 확인·공증·통지·수리가 있다.

1) 명령적 행정행위

(1) 하명(下命)

작위·부작위·급부·수인의 의무를 명하는 행위로서 하명이 내려지면 국민은 그 내용에 따라 일정한 행위를 하거나 하지 않아야 할 의무를 진다. 예컨대, 무허가건축물에 대해서 30일 이내에 철거하라는 철거하명이 내려지면 당사자인 국민은 이에 따라야 한다.

(2) 허가(許可)

법규에 의한 일반적·상대적 금지를 특정한 경우에 해제하여 적법하게 일정한 행위를 할 수 있게 하는 행정행위를 말한다. 예컨대, 국민은 누구나 헌법상 영업을 할 수 있는 권리가 주어져 있으나, 헌법 제37조 제2항의 국가안전보장, 질서유지 그리고 공공복리를 위해서 이 권리행사가 상대적으로 금지되어 있다. 즉, 식품위생법에 따른 영업허가를 받지 않으면 안 된다. 식품위생법에 따른 영업허가를 받으면 헌법상의 자유권이 회복되어 영업할 수 있는 것이다. 그런데 허가로 인한 이익은 반사적 이익에 불과하며, 적극적으로 권리를 부여해 주지 않는 점에서 형성적 행위인 특허와 구별된다.

(3) 면제(免除)

법령에 의해 과해진 작위·급부·수인의 의무를 특정한 경우에 해제해주는 행정행위를 말한다. 세금을 납부하라는 납세의무(하명)를 면제해 주는 것이 이에 해당한다.

2) 형성적 행정행위

(1) 특허(特許)

형성적 행위의 대표적인 예이다. 형성적 행위란 행정행위의 상대방에 대하여 일정한 권리·능력·포괄적 법률관계 기타 법률상의 힘을 발생·변경·소멸시키는 행정행위를 말한다. 특허란 특정인을 위해 권리·능력 또는 포괄적 법률관계를 설정하는 행위로서 예컨대, 광업허가를 받으면 광업권이 설정되고, 어업허가를 받으면 어업권이 설정된다. 또한 공법인의 설립행위가 있으면 그 단체는 공법상의 법인격을 취득하게 된다. 특허는 앞서 본 허가와 구별되는데, 허가가 반사적 이익의 부여행위라면 특허는 권리의 설정행위이다. 허가로 인한 이익은 반사적 이익으로서 국가의 보호를 받지 못하는 반면, 특허는 권리로서 국가의 보호를 받는다.

(2) 인가(認可)

제3자(주로 사인)의 법률행위를 보충함으로써 그의 법률상의 효과를 완성시켜 주는 행정행위를 말한다. 예컨대, 사인 사이의 토지거래는 양자의 계약에 의해 성립하나, 국토이용관리법에 의거하여 관할행정청의 토지거래허가라는 인가를 취득해야만 법률행위의 효력이 발생한다.

(3) 대리(代理)

제3자가 해야 할 일을 행정청이 대신 행함으로써 제3자가 한 것과 동법적 효과를 발생시키는 행정행위를 말한다.

3) 준법률행위적 행정행위

(1) 확인(確認)

특정한 사실 또는 법률관계의 존부 또는 정부에 관해 의문이나 다툼이 있는 경우에 행정청이 이를 공적으로 확정하는 행정행위를 말한다. 예컨대, 선거가 있으면 당선인의 결정에 대해서는 의문이나 다툼이 있을 수 있기 때문에 선거관리위원회에서 누가 당선자인지를 공적으로 확정해야 한다.

(2) 공증(公證)

특정한 사실 또는 법률관계의 존재를 공적으로 증명하는 행정행위를 말한다. 각종 등기·등록, 회의록 등에의 기재, 각종 증명서의 발급, 영수증의 교부, 여권·검찰의 발급, 검인의 압날(壓捺) 등이 이에 해당한다. 공증이 있으면 공적 증거력이 발생한다. 이 경우 공적 증거력이란 추정에 불과하고, 반증에 의해 그 증거력이 부정될 수 있다.

(3) 통지(通知)

특정인 또는 불특정다수인에 대하여 일정한 사실을 알리는 행정행위를 말한다. 이에는 관념의 통지(특정한 사실에 관한 관념을 알리는 행위: 특허출원의 공고, 토지수용사업인정의 고시 등)와 의사의 통지(행위자의 의사를 알리는 행위: 집행의 계고, 납세의 독촉) 같은 것이 있다.

(4) 수리(受理)

타인의 행정청에 대한 행위를 유효한 것으로 받아들이는 행정행위를 말한다. 혼인신고의 수리와 같은 것이 이에 해당한다.

3. 행정행위의 성립과 효력

1) 행정행위의 성립

행정행위는 일정한 성립요건과 효력발생요건을 갖추어야만 효력이 발생한다. 그래서 행정행위는 정당한 권한을 가진 행정청이 그 권한의 범위 내에서 일정한 절차와 형식으로 발령해야 하며, 그 내용도 객관적으로 명확하고 실현가능해야 한다. 그러나 행정행위는 행정내부의 결정이 있는 것만으로는 아직 행정행위가 성립하였다고 할 수 없고 행정결정의 외부에 대한 표시행위이므로, 이것이 외부에 대하여 표시될 때 비로소 성립한다. 또한 행정행위는 법령이나 부관에 의한 특별한 제한이 있는 경우를 제외하고는 성립과 동시에 효력을 발생하는 것이 보통이다.

2) 행정행위의 효력

이상과 같이 행정행위가 성립요건과 효력발생요건을 갖추게 되면 그 내용에 따라 구속력·공정력·존속력(불가쟁력과 불가변력) 및 집행력이 발생한다.

(1) 구속력(拘束力)

행정행위가 유효요건을 갖추어 행해진 경우에는 그 내용에 따라 당사자들에 대해 법적 효력을 발생하는데, 이를 구속력이라 한다. 이때의 당사자로는 행정행위의 상대방, 행정기관, 이해관계인 등을 들 수 있다. 따라서 행정행위의 발령행정기관도 스스로 취소나 철회하지 않고서는 구속력으로부터 벗어날 수 없게 된다. 또한 행정행위에 불복이 있는 상대방은 법령이 정한 바에 따라 쟁송으로 다툴 수 있지만, 그 행위의 취소·철회가 있기까지는 그 행위에 구속된다. 행정행위의 구속력은 법령 또는 부관에 의해 제한되는 경우를 제외하고는 대개 성립과 동시에 발생한다.

(2) 공정력(公定力)

비록 행정행위에 하자가 있더라도 그것이 무효가 아닌 한 권한있는 기관에 의해 취소되기까지는 행정행위의 상대방이나 이해관계인들에 대하여 구속력이 있는 것으로 통용되는 힘을 말한다. 이렇게 행정행위에 공정력을 인정하는 것은 법적 안정성 때문이다. 만약 행정행위의 적법성에 대한 의심이 있을 경우 누구나 그 효력을 부인할 수 있다고 한다면 행정의 능률적인 수행이 불가능할 뿐만 아니라 행정법관계의 안정을 도모하기 어렵고, 행정행위를 신뢰한 자의 지위도 불안하게 만들 것이기 때문이다. 따라서 행정행위에 공정력이 인정되는 이론적 근거는 행정목적의 효율적 수행, 법적 안정성, 신뢰보호의 요청에 있다. 이렇듯 공정력은 행정법관계의 안정을 위해서 필요한 것이지만, 공정력을 인정하는 데는 일정한 한계가 있을 수밖에 없다. 공정력은 행정의사에 대하여 인정된 우월한 힘이므로 권력적 행정의 영역에서만 인정되고, 행정청의 비권력적 행위나 사실행위, 그리고 사법행위에서는 인정되지 않는다. 또한 무효인 행정행위 또는 행정행위가 존재하지 않는 경우에는 인정되지 않는다.

(3) 존속력(存續力; 不可爭力·不可變力)

① 불가쟁력이란 행정행위에 대한 쟁송제기기간이 경과한 후에는 상대방 또는 이해관계인은 더 이상 그 행정행위의 효력을 다툴 수 없게 되는 효력을 말한다. 행정소송법은 제20조에서 취소소송은 처분등이 있음을 안 날부터 90일 이내에 제기하도록 하고 있다. 또한 취소소송은 처분등이 있은 날부터 1년을 경과하면 이를 제기하지 못하도록 하

고 있다. 따라서 이 기간이 경과하면 불가쟁력이 인정되어 국가의 위법한 행위를 다툴 수 없게 된다.

② 불가변력이란 일정한 경우 행정행위를 발한 행정청 자신도 행정행위의 하자 등을 이유로 직권으로 취소·변경·철회할 수 없는 제한을 받게 되는 효력을 말한다. 이에는 준사법적 행위(행정심판 재결, 국가배상상심의회 결정, 토지수용위원회 재결 등) 등이 포함된다.

(4) 집행력(執行力)

행정행위에 의해 부과된 행정상 의무를 상대방이 이행하지 않을 때 행정청이 자기 강제력을 빌동하여 그 의무를 직접 실현시키는 힘올 말한디. 행정대집행법에 의한 대집행, 국세징수법에 의한 강제징수가 집행력의 근거법률이다.

4. 행정행위의 하자

행정행위의 하자(瑕疵)란 행정행위가 그 성립요건이나 효력요건을 갖추지 못한 경우를 말한다. 이에는 크게 두 가지가 있는데, 하나는 무효인 행정행위이고 다른 하나는 취소할 수 있는 행정행위이다.

① 무효인 행정행위란 행정행위로서의 외형은 갖추고 있으나, 그 하자가 중대하고 명백하여 처음부터 행정행위로서의 효력이 전혀 발생하지 않는 행정행위를 말하는 반면, ② 취소할 수 있는 행정행위란 행정행위의 성립에 하자가 있음에도 불구하고 권한 있는 기관에 의해 취소되기까지는 그 효력을 지속하는 행정행위를 말한다.

무효인 행정행위와 취소할 수 있는 행정행위는 구별의 필요성이 있는데, 이는 무효인 행정행위는 처음부터 효력이 발생하지 않지만, 취소할 수 있는 행정행위는 권한있는 기관에 의해 취소될 때까지는 공정력이 인정되어 일응 유효한 행정행위로 효력이 발생하기 때문이다. 이 무효인 행정행위와 취소할 수 있는 행정행위를 구별하는 기준은 다수설에 의하면 중대하고도 명백한 하자있는 행정행위만 무효인 행정행위가 되고, 하자가 이에 이르지 않으면 단지 취소할 수 있는 행정행위에 그친다고 한다.

여기서 하자의 중대성이란 행정행위의 발령근거가 된 법규가 중대한 것이 아니라 해당 행정행위가 그 적법요건을 충족시키지 못함으로써 지니게 되는 흠이 중대하다는 의미로 이해된다. 요컨대 흠의 중대성이란 어디까지나 법침해의 심각성이므로 이를 판단하기 위해서는 위반된 행정법규의 종류·목적·성질·기능 등과 함께 그 위반의 정도도 아울러 고려되어야 한다. 그리고 하자의 명백성이란 하자의 존재가 당사자의 주관적 판단이나 법률전문가의 인식능력에 의해서가 아니라 통상적인 주의력과 이해력을 갖춘 일반인의 판단에 따를 때 누구의 의심도 허용하지 않을 만큼 객관적으로 확실한가에 의해 결정된다.

따라서 행정법학에서 행정행위의 무효가 인정되는 경우에는 중대하고도 명백해야 하기 때문에 그 인정범위는 극도로 한정적이다. 하자있는 행정행위가 단지 취소할 수 있는 하자인 경우에는 공정력이 인정되고, 일정제소기간 내에 소송을 제기하지 않으면 불가쟁력이 발생하여 다투지도 못하게 된다. 이는 국민보다 행정편의적인 것으로 문제가 없지 않다. 이러한 것은 민법과 매우 다른 부분이다. 더불어 무효범위가 축소되면 하자가 승계되는 범위도 좁혀진다.

하자의 승계란 둘 이상의 행정행위가 전후(前後)로 연속하여 행해지는 경우, 후행행정행위에는 하자가 없더라도 선행행정행위에 하자가 있는 경우 선행행정행위의 하자를 이유로 후행행정행위를 다툴 수 있는 것을 말한다. 선행행위가 무효인 경우, 이 무효인 하자는 당연히 후행행정행위에 승계된다. 반면에 취소할 수 있는 하자는 다수설에 의하면 선행행위와 후행행위가 서로 결합하여 하나의 효과를 달성하는 경우 하자가 승계되고, 서로 독립하여 별개의 법률효과를 발생시킬 때 하자가 승계되지 않는 것으로 보고 있다. 즉, 하자가 승계되는 범위가 협소해지는 것이다. 이렇듯 행정편의적인 행정행위의 하자이론은 재검토가 필요하다.

Ⅲ. 기타 주요 행정작용

1. 행정계획

행정계획(行政計劃)이란 행정주체가 장래의 목표를 설정하고, 이에 필요한 수단을 조정하고 통합하는 작용 또는 그 결과로 설정된 활동기준을 말한다. 행정계획은 종래의 권력적 행정작용을 중심으로 하는 고전적 행정법학의 입장에서 볼 때는 전혀 새로운 행정수단이라 할 수 있다. 행정계획은 국가의 적극적인 사회형성활동, 다양한 행정수요에 효율적으로 대응하는 데 적합한 행정수단으로 많이 활용되고 있다.

행정계획의 유용성에도 불구하고 행정계획의 법적 성질이나 효력에 대해서는 아직도 일의적으로 규정하기가 어렵다. 이는 행정계획에 특유한 법적 형태는 존재하지 않기 때문이다. 따라서 행정계획은 다양한 법적 성질을 가질 수 있다. 외국의 입법례와 같이 입법자가 스스로 행정계획의 법적 형태를 정한 경우에는 문제가 없지만, 그렇지 않은 경우에는 그 법적 성질을 어떻게 파악할 것인가가 중요하다. 왜냐하면 행정계획을 어떻게 보느냐에 따라 권리구제가 달라지기 때문이다.

우리나라에서 주로 논의되는 문제는 국민에 대해 효력을 갖는 구속적 계획이면서 명령적 계획인 도시계획이다. 대법원은 구속적 계획에 대해 이를 행정행위로 보아 처분성을 긍정하고 있다. 대법원은 "도시계획법 제12조 소정의 도시계획결정이 고시되면 도시계획구역 안의 토지나 건물소유자의 토지형질변경, 건축물의 신축·개축 또는 증축 등 권리행사가 일정한 제한을 받게 되는데, 이런 점에서 볼 때 고시된 도시계획결정은 특정개인의 권리 내지 법률상의 이익을 개별적이고 구체적으로 규제하는 효과를 초래하게 하는 행정청의 처분이라 할 것이고, 이는 행정소송의 대상이 되는 것이라 할 것"이라 판시하고 있다.

반면에 대외적으로 구속력이 없는 행정계획에 대하여는 이에 의해 사실상 손해를 입었다 하더라도 이는 행정계획의 직접적인 효과가 아니라 반사적 효과에 지나지 않으므로 행정구제의 여지가 없다.

2. 행정지도

행정지도(行政指導)란 행정기관이 그가 의도하는 행정질서를 실현하기 위해 상대방의 임의적 협력을 기대하여 행하는 비권력적 사실행위를 말한다. 행정절차법은 제2조에서 "행정기관이 그 소관사무범위 안에서 일정한 행정목적을 실현하기 위하여 특정인에게 일정한 행위를 하거나 하지 아니하도록 지도·권고·조언 등을 하는 행정작용"이라 규정하고 있다. 행정지도의 본질은 말 그대로 행정청이 지도하는 것이다. 행정상대방이 이에 따를 것인지 여부는 전적으로 자유이다.

행정지도는 복잡한 현대행정에 부응하는 적절한 수단이다. 즉, 법적인 행정행위 이전에 상대방의 임의적 협력을 구하는 수단을 취함으로써 분쟁을 사전에 회피할 수 있고, 다양한 기술과 정보를 제공하는 장점이 있다. 그러나 행정지도는 책임소재가 불명확하고, 국민이 불가피하게 받아들이지 않으면 안 되는 강압적 수단을 배경으로 하여 국가의 행정목적을 달성하는 탈법적 수단이 되기도 하는 문제점이 있다.

행정지도는 상대방의 임의적 협력을 기대하며 행하는 사실행위이지만, 이에 대해서도 최소한 조직법적 근거가 필요하다. 즉, 행정지도라 하더라도 해당 행정청의 소관사무범위 안에 있어야 하기 때문이다. 그러나 행정지도 중에는 임의적 협조의 정도를 넘어서는 규제적·조정적 성질을 가지는 것이 있다. 이 경우에는 작용법적 근거가 필요하다.

행정지도는 상대방의 임의적 협력을 구하는 것이지만, 그 실태를 보면 행정지도라는 명목으로 법이 무시되거나 법령의 규정을 위반하는 행정지도가 행해지는 경우가 적지 않다. 이 때문에 행정지도에 대해 법적으로 규제할 필요가 생겨났다. 1996년에 입법된 행정절차법은 행정지도에 대한 일반원칙을 규정하고 있다. 이를 요약하면 ① 행정지도는 그 목적 달성에 필요한 최소한도에 그쳐야 하며, 행정지도에 있어서 상대방의 의사에 반하여 부당하게 강요하여서는 아니 된다. ② 행정기관은 행정지도의 상대방이 행정지도에 따르지 아니하였다는 것을 이유로 불이익한 조치를 취하여서는 아니 된다. ③ 행정지도의 방식으로 행정지도를 행하는 자는 그 상대방에게 해당 행정지도의 취지·내용 및 신분을 밝혀야 한다고 하여 실명제 원칙을 도입하고 있다. 나아가 행정지도에 대해서 서면의 교부를 요구하는 때에는 이를 교부하도록 하고 있다. ④ 행정지도의 상대방은 해당 행정지도의 방식·내용 등에 관하여 행정기관에 의견을 제출할 수 있다. ⑤ 다수인을 대상으로 하는 행정지도에 있어서는 행정기관은 행정지도에 공통적인 내용이 되는 사항을 공표하도록 하고 있다.

행정지도는 그 성격이 사실행위이므로 원칙적으로 이에 대한 권리구제는 허용되지 않는다. 또한 국가배상청구나 손실보상청구도 가능하지 않다.

3. 공법상 계약

공법상 계약이란 공법적 효과의 발생을 목적으로 하는 복수당사자 사이의 계약으로 이루어지는 공법행위이다. 공법상 계약은 공법적 효과의 발생을 목적으로 하는 점에서 사법상 계약과 구별된다. 공법상 계약은 사법상 계약과 다른 성질을 가지기 때문에 사법계약과 완전히 동일하게는 취급할 수 없다. 이것이 일종의 공법상 계약의 특수성이다. 이 특수성을 보면 공법상 계약은 부합계약의 형식을 취하는 경우가 많고, 또한 계약이 강제되는 경우가 적지 않다. 계약의 해지에 있어서도 사법상의 원리가 수정·제한되는 경우가 많고, 중대한 공익상의 필요가 있는 경우에는 행정주체에 의한 일방적인 계약내용의 변경·해지권을 인정해야 하는 경우도 있다.

일반적으로 계약은 대등한 관계에서 체결되는 것이기 때문에 행정주체의 우월성을 전제로 하는 행정법관계에서 계약이 성립할 수 있는지에 대해서는 논란이 있을 수 있다. 공법상 계약의 성립을 부인하는 견해는 국가의사는 우월하며, 공법상 계약을 인정하는 법규가 없고, 계약평등원칙에 배치된다는 점을 이유로 하고 있다. 반면에 공법상 계약의 성립가능성을 긍정하는 견해는 공법상 계약의 근거를 실정법규에서 구하거나 실제적인 필요성에서 구하고 있다. 그러므로 법규에 직·간접으로 이를 인정하는 규정이 있는 경우는 물론, 법규에 이를 특히 금지하는 규정이 없는 경우에는 법령에 위배되지 않는 범위 내에서 특정한 행정목적의 실현을 위해 당사자간의 합의에 의한 공법상 법률관계의 성립이 인정되어야 한다는 것이다. 행정작용에 있어서 공권력 발동에 의하는 것보다는 당사자간의 합의에 의하는 방법의 유용성이 증가하고 있는 것을 볼 때 공법상 계약을 인정하는 것이 바람직하다.

그 성립가능성을 인정하는 경우에도 그 체결에는 법률상 근거가 있어야 할 것인가와 같은 문제가 있다. 이것은 법치행정의 원리상 공법상 계약에도 법률의 근거가 필요하냐는 것이다. 학설을 보면 법률의 근거를 요한다는 견해도 존재하지만, 특별한 법적 근거가 없이도 가능하다고 보는 견해가 많다. 공법상 계약의 성립은 당사자의 의사합치에 의하는 것이고, 그 효력발생은 계약 자체가 새로운 법 정립의 근원으로서 작용하는 것이므로 명시적인 법적 근거 없이도 성립할 수 있다고 보아야 할 것이다. 또 공법상 계약은 공법적 성격으로 인해 많은 규제를 받게 되므로, 법적 근거를 요하지 않더라도 그 내용이 무제약적이지는 않기 때문이다. 그러나 실무적으로는 대부분의 공법상 계약이 실정법상의 근거를 가지므로 논쟁의 실익은 없다.

제 7 절   행정구제법

Ⅰ. 행정구제의 의의와 종류

행정구제(行政救濟)라 함은 행정작용으로 자기의 권리·이익이 침해되었거나 침해될 것을 주장하는 자가 행정기관이나 법원에 손해전보·원상회복 또는 해당 행정작용의 취소·변경을 청구하거나 기타 피해구제 또는 예방을 청구하고, 이에 대하여 행정기관 또는 법원이 심리하여 권리·이익 보호에 관한 결정을 내리는 것을 말한다.

행정구제는 크게 사전구제와 사후구제로 나누어지는데, 과거에는 사후구제가 원칙이었다. 즉, 행정작용 등으로 국민의 권리·이익의 침해가 발생한 경우에 해당 작용을 시정하거나 이로 인한 손해를 전보해주는 제도였다. 이에는 손해전보(손해배상, 손실보상)와 행정쟁송(행정심판, 행정소송)이 있다. 그러나 현대행정의 영역 확장으로 인한 권리·이익 침해의 가능성이 높아지고, 사후구제가 쉽지 않은 점 등이 문제되어 현대 행정법에서는 사전구제의 방법을 개발하고 있다. 사전구제란 위법·부당한 행정작용 등으로 인한 권리 침해가 발생하기 이전에 이를 예방하는 제도적 장치를 말한다. 사전구제제도로는 청원, 행정청에 의한 직권시정, 민원처리제도(국민고충처리위원회에 의한 구제), 행정절차 등을 들 수 있다. 행정구제는 아직까지는 법제상 사후구제 중심으로 되어 있다. 이 책에서도 사후구제를 중심으로 기술하되, 행정소송법에 대해서는 간략하게 설명하기로 한다.

Ⅱ. 행정상 손해전보

행정작용으로 인하여 개인의 권리·이익을 침해하고 재산상의 손해를 입힌 경우에 행정주체가 행하는 손해전보(損害塡補)는 주로 그 원인행위에 따라 위법한 행정작용으로 인한 행정상 손해배상(국가배상)과 적법한 행정작용으로 인한 행정상 손실보상으로 구별된다. 손해배상은 근대 개인주의적 사상에 바탕을 두고 개인적·보상적 책임주의를 기초원리로 삼은 데 대하여, 행정상 손실보상은 단체주의 사상에 입각하여 사회적·공평적 부담주의의 실현을 기본이념으로 하여 발전된 것이다. 따라서 양자는 개인의 재산권을 보장한다는 점에서 같은 것이지만, 연혁적으로는 서로 다른 원리에 기초를 두고 구성·발전된 것이라 할 수 있다.

오늘날에는 행정상 손해배상과 행정상 손실보상제도가 서로 융화하는 경향에 있다. 이러한 새로운 논의에 대해서 학자들은 그 방향에 공감은 표시하면서도 아직 전통적으로 분류해온 두 제도의 포기에 이를 정도로 현실여건이 성숙하지 않았다는 이유 또는 실정법이나 판례가 아직도 이러한 구분에 입각하고 있다는 이유로 두 개념을 나누어서 설명한다.

1) 행정상 손해배상

공무원의 직무상 불법행위로 인한 국가의 손해배상(損害賠償)은 원래 민사법상의 불법행위제도를 기반으로 한 것이나, 그 책임의 주체가 국가 또는 공공단체라는 점과 손해원인이 공행정이라는 점에서 민사책임과는 성질이나 효과가 다르다. 행정상 손해배상제도는 그 연혁에 있어서 국가무책임사상을 극복함으로써 발전된 제도이다.

근대국가 초기에는 국가무책임의 원칙이 지배적이었다. 즉, 근대에 들어서까지 통용되었던 영·미의 "왕은 불법을 행할 수 없다"는 사상과 독일 공무원법에서 통용되었던 위임이론 등에 의해 국가 스스로는 공무원의 위법행위에 대해 책임지지 않았다. 그리하여 공무원 자신이 개인적인 민사책임을 지는 것이 통례였다.

그러나 이러한 국가의 특권적 지위는 역사발전에 따라 점차 무너지지 않을 수 없었고, 각국에서는 입법이나 판례법으로 국가책임을 인정하는 방향으로 발전하게 되었던 것이다. 프랑스에서는 1873년 블랑코(Blanco) 판결에 의해, 독일은 1910년에 제정된 국가책임법을 계기로 하여 1919년의 바이마르헌법에 의해 국가배상제도가 확립되었다. 또한 영국은 1947년 국왕소추법을 통해서, 그리고 미국은 1946년의 연방불법행위청구법을 통해서 국가배상책임을 인정하게 되었다.

우리나라의 경우에는 헌법 제29조 제1항이 "공무원의 직무상 불법행위로 손해를 받은 국민은 법률이 정하는 바에 의해 국가 또는 공공단체에 정당한 배상을 청구할 수 있다"고 규정하고 있다. 이에 따라 제정된 국가배상법은 공무원의 직무상 책임, 영조물의 하자책임을 규정하고 있다. 공무원의 직무상 책임이란 ① 공무원이 그 직무를 집행함에 당하여, ② 고의 또는 과실로, ③ 법령에 위반하여, ④ 타인에게 손해를 발생시킨 경우에 국가가 부담하는 책임이다. 이때 국가가 책임을 부담한다고 하여 공무원의 책임이 면제되는 것은 아니다. 헌법 제29조 제1항 단서가 "공무원 자신의 책임은 면제되지 아니한다"고 규정하고 있기 때문이다. 그래서 공무원이 고의나 중과실로 인해 타인에게 손해를 입힌 경우에 피해를 당한 개인은 공무원에 대해서 손해배상을 청구할 수 있다. 그리고 국가도 해당 공무원 개인에 대해서 구상권(求償權)을 행사할 수 있다.

그리고 국가배상법 제5조에 따른 영조물(營造物)의 설치·관리의 하자로 인한 손해배상이 있다. 그 요건으로는 ① 공공의 영조물에, ② 설치·관리에 하자가 있어, ③ 타인에게 손해를 발생시킨 경우 국가 또는 지방자치단체가 손해를 배상하는 것이다. 보존의 영소물이란 행정주체가 직접 행정목적에 제공한 유체물로서 인공공물(도로·수도·하수도·제방·관공청사·병원 등), 자연공물(하천·호소 등) 및 동산(자동차·항공기·총기 등)과 동물(경찰견 등)도 당연히 포함된다. 설치상의 하자(瑕疵)란 해당 영조물이 그 성립 당시부터 안전성을 결하는 것을 말한다. 그리고 관리상의 하자란 해당 시설이 제조된 후의 후발적 하자를 의미하며, 이에는 유지·수선에 불완전한 점이 있는 경우가 해당한다. 피해자로서는 이 가운데 어느 하나의 하자만 주장해도 되므로 구별할 실익은 별로 없다.

2) 행정상 손실보상

행정상 손실보상(損失補償)이란 공공필요에 의해 적법한 공권력 행사에 의해 사유재산에 가하여진 특별한 희생에 대하여 사유재산권의 보장과 공평부담의 견지에서 행정주체가 행하는 조절적인 보상을 말한다.

재산권은 헌법 제23조 제1항에 의해 보장되지만 절대적인 보장은 아니다. 재산권의 내용이나 행사에는 일정한 제한이 따른다. 헌법 제23조 제2항은 재산권의 행사는 공공복리에 적합해야 한다고 규정하고 있다. 그래서 재산권의 내용이나 행사에 대한 제한이 사회적 구속성에 따른 제약인 경우에는 손실보상문제는 발생하지 않는다. 그러나 제한이 사회적 구속성을 벗어난 경우에는 손실보상의 문제가 발생한다. 헌법 제23조 제3항은 "공공필요에 의한 재산권의 수용·사용 또는 제한 및 그에 대한 보상은 법률로서 하되 정당한 보상을 지급해야 한다"라고 규정하고 있다.

손실보상은 국가배상의 경우와 달리 헌법규정에 근거하여 손실보상의 기준과 방법 등을 정한 일반법은 없고, 각 단행법(토지수용법·도시계획법 등)에서 이를 정하고 있다. 그래서 각 단행법률에 국민의 재산권을 침해하는 규정은 있으면서 이에 대한 보상규정이 없는 경우가 있을 수 있다. 헌법재판소는 도시계획법 제21조 제1항에 대한 헌법불합치결정을 내리면서 도시계획법 제21조는 특별한 희생을 초래한 공용침해에 대한 보상규정을 두지 않은 위헌의 법률이며, 다만 보상에 관한 새로운 입법이 이루어질 때까지 효력이 존속한다는 결정을 내렸다. 이 헌법재판소 결정은 손실보상규정이 없는 경우의 해결책으로서 이른바 위헌무효의 입장에 따른 것으로 평가할 수 있다. 다만, 헌법재판소는 바로 위헌의 결정을 내리지 않고 입법적으로 조치를 취하도록 하고 있다. 이것은 위헌 무효에 따른 효과를 바로 주장하게 된다면 발생할 수 있는 재정적·법적 혼란을 방지하기 위한 정책적 의도가 있는 것이다.

헌법에 따르면 손실보상의 기준은 정당한 보상을 해 주도록 하고 있다. 손실보상에 대한 일반법적 성격을 가지는 토지수용법과 보상의 내용을 구체적으로 정하고 있는「공공용지의 취득 및 손실보상에 관한 특례법」에 의하면 이때의 정당한 보상이란 완전한 보상을 의미한다. 즉, 침해된 재산의 객관적 가치에 한정되지 않고, 부대적 손실까지 포함하는 것이다. 부대적 손실도 포함되어야 하는 것은 토지수용 등에 따르는 이전료·영업상 손실 등도 본인의 의사에 반한 토지의 강제취득에 따르는 불이익이기 때문이다.

종래의 손실보상은 토지수용권을 중심으로 하여 그 상실 및 그와 부대하여 발생하는 경제적 손실에 대한 보상을 기본적인 내용으로 하고 있다. 그러나 오늘날에는 댐·공업단지·대규모 주택단지건설 등과 같이 공공사업이 대규모화되어 종래의 보상방식으로는 해결할 수 없는 문제들이 발생하고 있다. 그래서 생활보상이란 개념이 제기되고 있다. 즉, 공용침해로 생활의 근거를 상실하게 되는 피수용자에 대하여 생활재건에 필요한 정도의 보상을 하자는 새로운 보상기준이 주장되고 있다.

III. 행정심판

행정심판(行政審判)은 행정기관이 행하는 행정법상의 분쟁에 대한 심리 및 판정절차를 말한다. 실정법상으로는 이의신청·심판청구 등의 명칭도 사용된다. 행정심판은 행정기관이 행하는 분쟁에 대한 심판작용이기 때문에 심판작용이면서도 동시에 그 자체가 행정행위라는 이중적 성격을 갖는다. 행정심판은 준사법권으로 현대행정의 복잡성을 고려하여 사법기능을 보완하기 위해 만들어진 제도이다. 동시에 행정에 의한 자율통제의 제도로서 의미를 갖는다.

우리 헌법은 행정쟁송(行政爭訟)의 심판기관으로 독립한 행정재판소를 두지 않고, 영미법계 국가와 같이 행정사건도 일반법원의 관할로 하였다. 그러나 행정사건의 특수성을 감안하여 행정심판전치주의를 채택하여 취소소송의 제기에 있어서는 반드시 그 전심절차로서 행정심판을 거치도록 하였다. 그러나 1994년 행정소송법 개정으로 현재는 임의적 절차로 변경되었다. 따라서 법률이 달리 규정하는 경우를 제외하고는 당사자는 행정심판을 거치지 않고도 곧바로 행정소송을 제기할 수 있게 되었다. 행정심판을 규정하는 일반법으로서 행정심판법이 있다.

현행 행정심판법은 행정심판의 종류로서 취소심판, 무효 등 확인심판, 의무이행심판을 두고 있다. 취소심판은 행정청의 위법 또는 부당한 처분의 취소 또는 변경을 구하는 행정심판이다. 무효 등 확인심판은 행정청 처분의 효력 유무 또는 존재 여부에 대한 확인을 구하는 심판이다. 의무이행심판은 행정청의 위법·부당한 거부처분이나 부작위에 대하여 일정한 처분의 이행을 구하는 행정심판이다. 행정심판의 대상은 행정청의 처분 또는 부작위이다. 여기서의 처분이라 함은 행정청이 행하는 구체적 사실에 관한 법집행으로서의 공권력의 행사 또는 그 거부와 그 밖에 이에 준하는 행정작용을 말한다. 그리고 부작위라 함은 행정청이 당사자의 신청에 대하여 상당한 기간 내에 일정한 처분을 해야 할 법률상 의무가 있음에도 불구하고 이를 하지 않음을 밀한다.

일반인이 행정심판을 청구하는 것은 그리 어렵지 않다. 법에 의해 행정청이 처분을 하는 경우, 그 처분의 상대방에게 처분에 관해 행정심판을 제기할 수 있는지의 여부, 제기하는 경우의 재결청·심판청구절차·청구기간 등을 알려주도록 하는 제도가 있기 때문이다. 그래서 고지에 따른 청구기간에 맞추어 서면으로 재결청 또는 피청구인인 행정청에 청구서를 제출하면 된다. 청구서가 제출되면 행정심판위원회가 심리·의결을 한다. 이 의결내용이 재결청에 통보되면 재결청은 지체 없이 당사자에게 재결서 정본을 송달하고, 재결은 당사자에게 송달된 때 효력이 발생한다. 이러한 행정심판으로 권리나 이익이 구제되지 않으면 당사자는 행정소송을 제기할 수 있다.

Ⅳ. 행정소송

행정소송이란 행정상 법률관계의 분쟁을 법원이 심리·판단하는 행정쟁송절차를 말한다. 즉, 행정청의 위법한 처분 그 밖에 공권력의 행사·불행사 등으로 인한 국민의 권리 또는 이익의 침해를 법원의 소송을 통하여 구제하는 방법을 말한다.

이러한 행정소송은 항고소송과 당사자소송, 민중소송, 기관소송의 4가지가 있다.

① 항고소송이란 행정청의 처분 등에 대하여 제기하는 소송으로서 취소소송, 무효 등 확인소송, 부작위위법확인소송이 있다. 행정소송은 통상 항고소송에 해당한다. 가장 일반적인 항고소송의 형태는 취소소송이다. ② 당사자소송은 행정청의 처분 등을 원인으로 하는 법률관계에 관한 소송, 그 밖에 공법상의 법률관계에 관한 소송으로서 그 법률관계의 한쪽 당사자를 피고로 하는 소송을 말하는 것으로서 공무원, 지방의회의원, 국공립학교 학생 등의 신분이나 지위의 확인을 구하는 소송이나 공법상 계약에 관한 소송 등이 이에 해당한다. ③ 민중소송이란 국가 또는 공공단체의 기관이 법률에 위반되는 행위를 한 때에 직접 자기의 법률상 이익과 관계없이 그 시정을 구하기 위하여 제기하는 소송을 말하는 것으로서 선거무효소송·당선무효소송·국민투표무효소송·주민소송

등이 있다. ④ 기관소송이란 국가 또는 공공단체의 기관 상호간에 있어서의 권한의 존부 또는 그 행사에 관한 다툼이 있을 때에 이에 대하여 제기하는 소송을 말한다. 물론 헌법재판소법상 권한쟁의심판의 대상이 되는 것은 제외된다. 그렇다면 결국 동일한 지방자치단체 내의 기관간(예컨대, 한 지방자치단체의 장과 의회)의 권한의 다툼에 관한 소송이 이에 해당한다.

상기 제시한 행정소송의 종류 중 항고소송을 중심으로 행정소송의 절차를 기술하면 다음과 같다. 위법한 처분 등으로 관련법에 의해 보호되고 있는 개인의 이익이 침해되는 경우에는 당해 개인은 소송을 제기할 수 있다. 승소판결에 의해서도 원고의 권익구제가 실현될 수 없는 경우에는 권리보호의 필요성이 없는 것으로 되어 취소 등을 구할 이익이 없게 된다. 이때 당해 처분 등을 행한 행정청이 피고가 된다.

항고소송 중 취소소송과 무효 등 확인소송의 경우에 소송의 대상은 행정청의 처분 등이고 부작위위법확인소송의 대상은 행정청의 부작위이다. 처분 등이란 행정청이 행하는 구체적 사실에 관한 법집행으로서 공권력의 행사 또는 그 거부와 그 밖에 이에 준하는 행정작용 및 행정심판에 대한 재결을 말한다. 이를 요약하면 국민의 권리를 제약하거나 의무를 부과하여 법적 효과를 발생케 하는 공권력의 행사라면 통상 행정소송의 대상이 된다고 할 수 있다. 부작위란 행정청이 당사자의 신청에 대하여 상당한 기간 내에 일정한 처분을 하여야 할 법률상 의무가 있음에도 불구하고 이를 하지 아니하는 것을 말한다.

행정소송의 제1심 관할법원은 피고의 소재지를 관할하는 행정법원이다. 그러나 현재 서울 이외에는 행정법원이 설치되어 있지 않기 때문에 서울 이외의 지역에서는 지방법원 본원이 제1심 관할법원이다. 중앙행정기관 또는 그 장이 피고인 경우에는 대법원 소재지의 행정법원이 제1심 관할법원이 되므로 현재로서는 서울행정법원이 제1심을 관할한다.

행정소송은 처분이 있음을 안 날로부터 90일 이내에, 있은 날로부터 1년 이내에 제기하여야 한다. 둘 중 어느 하나라도 경과하게 되면 소송을 제기할 수 없게 된다.

행정소송은 공익과 관련된 소송이므로 법원이 필요하다고 인정할 때에는 직권으로 증거조사를 할 수 있고, 당사자가 주장하지 아니한 사실에 대하여도 판단할 수 있다. 마찬가지의 이유에서 행정소송이 제기되어도 처분은 원칙적으로 정지되지 아니한다(예외적으로만 집행정지가 허용됨). 특별한 일이 없는 한 소송은 구두변론으로 진행된다. 분쟁의 중요한 사실관계를 주장하지 않으면 당사자가 불이익을 받게 되기 때문에 당사자는 소송절차에서 충분한 증거자료를 제출하여야 한다. 입증책임과 관련하여서는 처분의 적법을 주장하는 피고에게 그 적법사유에 대한 입증책임이 있고, 이러한 입증이 합리적으로 수긍할 수 있는 경우에는 이와 상반되는 주장은 원고가 입증하여야 한다. 재판의 심리와 판결은 공개된다.

　행정소송 제기시에 소송요건이 결여된 경우에는 각하판결을 하고, 원고의 청구가 이유가 없는 경우에는 원칙적으로 기각판결을 하게 된다. 원고의 청구가 이유 있는 경우에도 청구를 인용하여 처분 등을 취소하는 것이 현저히 공공복리에 적합하지 아니한 경우에는 기각할 수 있다(이를 사정판결이라고 한다). 원고의 청구가 이유 있음을 인정하여 처분 등을 취소 또는 변경하거나 무효로 하는 판결을 하게 된다.

제 8 절   특별행정작용법

Ⅰ. 서언

　근대국가는 기본권 보장을 전제로 한 사적 영역의 보장을 중심적 원리로 하고 있다. 국가와 시민사회의 엄격한 이원적 분리가 특징이다. 시민사회는 아담 스미스(Adam Smith)가 말하는 것처럼 '보이지 않는 손'에 의해서 자율적으로 운영된다고 본 것이다. 그래서 행정은 질서유지를 목적으로 하는 최소한에 국한되었다. 이를 소극국가 또는 야경국가라고 부른다. 그래서 국가가 시민사회에 개입하는 것은 최대한 억제되었다. 반면 시민사회는 자율과 자치의 영역이었다. 소유권을 중심으로 해서 각종 인권이 보장되고, 이는 자본주의 경제의 발전을 가져온 요인이 되었다.

　그러나 이러한 근대국가는 상당한 어려움에 봉착한다. 그것은 소위 자본주의 경제가 가져온 각종 모순이 폭발하면서부터이다. 독점의 발생으로 인한 폐해가 늘어나고, 주기적인 공황이 엄습했다. 노사간의 대립과 빈곤의 문제가 사회적인 문제로 대두되었다. 자본주의의 발전에 따른 환경침해는 한 국가의 문제가 아니라 전세계적인 문제가 되어버렸다. 이것은 시민사회가 자율적으로 운영되리라는 아담 스미스가 제기한 전제의 몰락이라 하지 않을 수 없다. 이러한 자본주의 사회의 모순의 결정판은 1919년의 대공황, 양차에 걸친 세계대전으로 인류에게 엄청난 비극을 가져온 것이다. 이러한 문제의 해결을 위해 이제는 국가가 시민사회에 적극적으로 개입하게 되었다. 대표적인 것이 경제에 대한 국가의 개입으로, 각종 경제행정·규제행정 등이 그것이다. 또한 노사대립과 빈곤문제는 노동행정, 급부행정과 사회복지행정을 팽창시켰다. 환경침해에 대한 대책으로 환경법이 만들어지고, 환경행정이라는 영역도 발생하였다. 효율적인 국토이용을 위한 각종 지역개발행정의 발생, 공용부담행정의 확대라는 모습을 보여준다. 이러한 현대

국가를 우리는 적극국가·행정국가라고 부른다.

특별행정법은 이러한 현대 행정국가의 산물이다. 이러한 현대 행정국가에 대해서 전혀 비판이 없는 것은 아니다. 행정의 기능팽창에 따른 관료제화, 국가와 업계의 유착, 각종 부정부패의 문제가 발생한다. 학자에 따라서는 이를 '국가의 실패'라고 부르며 근대국가에서 빚어진 시장의 실패에 비유하기도 한다. 시장의 실패와 국가의 실패를 경험한 오늘날에는 시민사회에 대한 국가개입의 적정선을 찾으려는 노력이 많이 시도되고 있다. 신자유주의가 시장기능을 강조하는 것도 이러한 맥락에서 이해할 수 있다. 반면 시장의 폐해를 기억하는 학자들은 탈규제를 하더라도 오히려 일부 영역(환경·독점 등)에서는 더 적극적인 개입을 요청하고 있다. 이러한 점을 염두에 둔다면 특별행정작용법은 나름대로의 의미를 갖는다. 물론 이러한 현대국가들이 추가된 특별행정작용의 존재가 종래 질서행정의 중요성을 삭감시키는 것은 아니다.

II. 경찰행정법

1. 개념과 종류

경찰은 국민의 생명·신체 및 재산의 보호와 범죄의 예방·진압 및 수사, 치안정보의 수집, 교통의 단속 기타 공공의 안녕과 질서유지를 그 임무로 한다. 경찰은 국가의 일반 통치권에 기초를 둔 작용으로 사회의 평온하고 건전한 상태를 유지하는 소극적인 질서유지를 그 목적으로 한다. 경찰작용은 명령·강제 등의 권력적 작용을 그 수단으로 하는데, 경찰하명·경찰강제·경찰허가 등이 그 내용이라 할 수 있다.

전통적으로 경찰은 사법경찰과 (광의의) 행정경찰로 구분되고 있다. 사법경찰은 피의자의 체포 등 형사사법권의 보조적 작용을 말하고, 행정상의 목적을 위해 행하여지는 경찰은 행정경찰이라 한다. 행정경찰은 다시 보안경찰과 (협의의) 행정경찰로 구분된다. 전자는 일반사회질서의 유지를 목적으로 하는 일반경찰(예컨대, 교통경찰)이며, 후자는 특정분야의 행정에 부수하여 그 부문의 질서유지만을 목적으로 한다(노동경찰, 위생경찰, 산업경찰 등).

2. 경찰권의 한계

경찰은 사회공공의 안녕과 질서를 유지하기 위해 국민에게 명령·강제 등을 행하는 권력적·침익적 작용이므로, 그 발동에는 반드시 법률적 근거가 필요하다. 그러나 경찰권의 발동에 필요한 모든 사태에 대비해서 구체적 수권규정을 두는 것은 불가능하다.

이런 점에서 경찰작용의 개괄적 수권조항은 필요하다. 경찰관 직무집행법 제2조에 규정된 "공공의 안녕과 질서유지"를 그 근거로 드는 것이 일반화되어 있다. 나아가 개별적인 작용법상 근거가 있다 하더라도 경찰작용의 성질상 이러한 근거규정은 대개 상당히 광범위한 재량을 부여하는 것이 일반적이다.

경찰법규의 이러한 성격으로 인해서 경찰작용에는 조리상의 한계를 설정할 필요가 발생한다. 전통적인 경찰권 한계의 이론은 경찰권의 발동·행사를 제한하는 법원칙으로서 소극목적의 원칙, 공공의 원칙, 비례의 원칙, 평등의 원칙, 책임의 원칙을 들고 있다.

● 소극목적(消極目的)의 원칙: 소극목적의 원칙이란 경찰권은 사회공공의 안녕질서에 대한 위해의 방지·제거라는 소극목적을 위해서만 발동될 수 있고, 복리증진이라는 적극목적을 위해서 발동될 수는 없다는 원칙이다.

● 공공(公共)의 원칙: 공공의 원칙이란 경찰권은 공공질서를 위해서만 발동되고, 개인의 사적 사항에는 발동될 수 없다는 원칙이다. 여기에서 다시 사생활불가침, 사주소불가침, 사경제자유, 민사관계불간섭의 원칙이 파생된다.

● 비례(比例)의 원칙: 비례의 원칙이란 경찰권 발동은 묵과할 수 없는 장해 또는 장해발생의 직접적인 원인을 제거하기 위해서만 발동되고, 발동되는 경우에도 필요최소한도에 그쳐야 한다. 즉, 이미 사회적 장해가 발생했으면 그것을 제거하는 데 필요한 최소한도의 권력이 발동되어야 하며, 과도한 권력행사로 국민의 자유나 권리에 대한 지나친 침해는 위법이다. 또한 장래 발생할 장해에 대한 예방일 때는 이것이 필연적으로 예견되는 경우에만 권력을 발동해야 한다. 장해의 크기와 권력발동에는 비례가 유지되어야 하는 것이다.

● 평등(平等)의 원칙: 경찰권의 발동에 있어서는 상대방의 성별·종교·사회신분·인종 등을 이유로 하는 불합리한 차별을 해서는 안 된다.

● 책임(責任)의 원칙: 경찰권은 사회공공의 안녕질서에 대한 장해가 발생하거나 발생할 우려가 있는 경우, 환언하면 경찰위반상태가 있는 경우에 이러한 상태의 발생에 책임이 있는 자, 즉 경찰책임자에 대해서만 발동할 수 있다. 이를 경찰책임의 원칙이라고 한다. 경찰책임을 지지 않는 자에 대해서는 긴급한 필요가 있는 경우, 법령에 근거를 둘 때만 경찰권을 발동할 수 있다.

III. 급부행정법

급부행정(給付行政)은 배려적 활동에 의해 사회구성원의 이익추구활동을 직접적으로 조장해주는 공행정작용이라 정의할 수 있다. 급부행정이 출현하게 된 것은 사회국가원리에 따른 것이다. 사회국가원리란 모든 국민에게 그 생활의 기본적 수요를 충족시킴으로써 건강하고 문화적인 생활을 영위할 수 있도록 하는 것이 국가의 책임이면서, 이에 대한 요구가 국민의 권리로 인정되는 국가를 말한다. 이에 따라 행정은 소극적인 질서유지에 머물지 않고, 국민의 일상생활에 있어 필수적인 역무, 재화의 제공이나 지급도 국가의 책무로 된다.

급부행정의 종류에 대한 구분은 한결같지는 않으나 내용에 따라 구분한다면 공급행정(배려행정)·사회보장행정·조성행정 등으로 나눌 수 있다. ① 공급행정이란 현대 사회국가에 있어서 사회구성원의 생활관계에서 일반적으로 필요한 재화·역무 등을 공기업이나 공물을 통해 공급하는 급부활동이다. ② 사회보장행정은 개인이 건강하고 문화적인 생활을 할 수 있도록 배려하는 행정으로, 사회보험·사회원호 등이 이에 속한다. ③ 조성행정이란 사회공공의 복리를 증진하기 위해 개인의 사회경제활동에 적극적으로 관여하여 일정한 보호를 공여하는 급부활동을 말한다. 이하에서는 급부행정에서 주로 논의되는 공물·공기업행정에 대해서 살펴본다.

1. 공물

공물(公物)이란 행정주체에 의해 직접 행정목적에 제공된 개개의 유체물을 말한다. 공물은 행정목적에 따라 공용되고 있기 때문에 그 한도에서 사법의 적용을 받지 않고 특수한 법적 규율을 받는다. 공물은 목적에 따라 공공용물·공용물·공적 보존물로 구별된다. 또한 성립과정에 따라 자연공물·인공공물로 분류된다. 공공용물이란 직접 일반공중의 공동사용에 제공된 물건이며, 공용물은 행정주체 자신의 사용에 제공된 물건이다. 공적 보존물은 공공목적상 보존에 제공된 물건을 말한다. 자연공물은 그 자연적 상태에서 이미 공공목적에 제공될 수 있는 실체를 갖춘 물건을 말하며, 그 성립에 행정주체의 특별한 의사표시를 필요로 하지 않는다. 이에 반해 인공공물은 행정주체가 인공을 가하여 공공용에 제공함으로써 공물이 되는 물건을 말하며, 행정주체의 공용개시라는 의사표시가 있어야 공물로 성립한다.

이 공물은 행정주체가 관리한다. 여기서의 관리란 공물의 유지·수선·보관 등을 행하고, 그에 필요한 공물부담을 과하며, 공물을 일반공중의 이용에 제공하거나 그 점용허가를 하고, 공물이용의 장애사유를 예방·제거하는 행위를 말한다. 반면 경찰은 일반경찰권에 의거하여 공물의 사용과 관련하여 발생하는 사회공공의 안녕질서에 대한 위해에 대해서 경찰권을 발동할 수 있는데, 이를 공물경찰이라 한다. 공물관리와 공물경찰은 개념상 서로 구별되나 동일한 공물에 대해서 양자가 경합하는 경우도 많다.

이 공물에 대해서는 일반공중이 사용할 수 있는데, 이를 공물의 사용관계라고 한다.

공물의 사용관계는 일반사용과 특별사용으로 나누어진다. 일반사용이란 공물을 공물의 목적에 따라 공중이 사용하는 것을 말한다. 이에 비해 특별사용은 일반사용의 범위를 넘어서는 사용을 말한다. 이는 다시 허가사용, 특허사용, 관습법상의 특별사용 및 사법상 계약에 의한 사용으로 구별된다.

　　공물사용의 법적 성질에 대해서 과거에는 반사적인 이익으로 보는 것이 일반적이었다. 그러나 오늘날에는 공법상의 권리 또는 법률상 보호되는 이익으로 본다. 이러한 공물사용권을 공권으로 볼 수 있는 것은 헌법상의 사회국가원리로부터 도출되며, 구체적으로는 생활권적 기본권에서 찾을 수 있다. 물론 공물사용권은 합리적인 관점에서 제한이 가능하다. 일반사용의 경우에는 법령·조례 또는 공물규칙에 의해 제한할 수 있다. 허가사용의 경우에는 허가를, 특허사용의 경우에는 특허를 취득해야만 사용할 수 있다.

2. 공기업

　　공기업(公企業)이란 국가·지방자치단체·공공단체가 직접 사회공공의 이익을 증진하기 위해 경영하는 기업을 말한다. 공기업은 공익적 관점에서 기업을 운영하는 것으로 기업으로서의 수익성과 공익적 관점에서의 공익성을 모두 다 충족시키는 기업이다. 이런 공익적 성격으로 인해 특수한 공법적 규율이 인정되고 사법의 적용이 배제되는 경우가 있다. 공기업은 일반행정기관에 의해서 운영되는 경우도 있고, 독립된 법인격을 가진 특수법인에 의해서 운영되는 경우도 있다. 전자의 예로는 우편사업(정보통신부)과 철도사업(철도청) 등이 있다. 후자의 예로는 정부투자기관관리기본법의 적용을 받는 대한석탄공사·한국전력공사가 있다. 특수법인인 회사는 조직체의 성격에 따라 정부가 전액을 출자하는 공사와 정부가 그 자본금의 2분의 1을 출자하는 회사체사업으로 구분된다.

　　공기업은 사회공공의 이익을 위해 역무와 재화를 제공하는 활동인 만큼 국민은 이를 수급하고 이용할 수 있는데, 이러한 법률관계를 공기업이용관계라고 한다. 이러한 이용은 열차의 승차 등과 같은 일시적 이용과 수도·가스의 공급과 같은 계속적 이용으로 구분된다. 이와 같은 공기업의 이용은 기본적으로 수익성이 인정되어 사기업 이용과 별반 차이가 없으므로, 원칙적으로 사법관계로 보아야 한다. 그러나 공기업은 공익적 성격이 인정되는 만큼 사법과는 다른 특수한 규율이 부가될 수 있으며, 이런 점에서 보면 공법관계로 볼 수 있는 경우도 있다. 공기업의 이용은 통상 자유로운 합의에 의해 성립하지만, 경우에 따라서는 법적·사실적으로 강제되는 경우도 있다.

Ⅳ. 공용부담행정법

종래 공용부담(公用負擔)이라 함은 '특정한 공익사업의 목적'을 달성하기 위해 법률에 의해 국민에게 부과하는 원칙이나 물적 부담을 일컬었다. 그러나 오늘날에는 특정한 공익사업에만 한정되지 않는다. 공용부담은 개인의 권리에 제한 또는 박탈을 부과하는 것이기 때문에 엄격한 법률유보가 적용된다.

공용부담은 인적 공용부담과 물적 공용부담으로 나눌 수 있다. 인적 공용부담이란 공익목적 또는 공익사업의 충족을 위해 특정인에게 작위·부작위 또는 급부의무를 부과함을 말하는바, 부담금, 부역·현품, 노역·물품 등이 있다. 물적 공용부담이란 공익목적 또는 공익사업의 충족을 위해 국민의 재산권에 강제적으로 부과되는 경제적 부담으로서 공용제한·공용수용·공용환지 등이 있다.

1. 인적 공용부담

1) 부담금(負擔金)

부담금이란 공익사업에 특별한 이해관계를 가지는 자에게 그 사업의 경비 일부 또는 전부를 부담시키기 위해 과하는 공법상의 금전급부의무를 말한다. 이에는 이해관계에 따라 수익자부담금·원인자부담금·손상자부담금 등이 있다.

2) 부역(賦役)·현품(現品)

부역·현품이란 노역·물품 또는 금전 중에서 선택적으로 납부할 의무를 부담하는 인적 부담을 말한다. 부역·현품은 오늘날의 화폐경제시대에는 적절한 부담이 되지 못하며, 현행법상 그 예를 찾아보기란 쉽지 않다.

3) 노역(勞役)·물품(物品)

노역·물품이란 특정한 공익사업을 위해 특정사인이 노동력 또는 물품을 납부해야 하는 인적 부담을 말한다. 노역·물품은 금전에 의한 대납이 인정되지 않기 때문에 천재지변의 재난과 같은 불가피한 경우가 아니면 인정되지 않는다.

2. 물적 공용부담

1) 공용제한(公用制限)

공적 시설이나 공적 사업을 위해 국가 또는 지방자치단체 등이 사인의 재산권 행사에 제한을 가하는 행정작용을 말한다. 그 대표적인 예로 도시계획법 제21조에 의한 개발제한구역(Green Belt) 지정을 들 수 있다. 공용제한으로 인해 개인에게 특별한 희생을 부과하는 경우에는 법률규정에 의해 정당한 보상을 지급해야 한다.

2) 공용수용(公用收用)

국가 또는 지방자치단체 등의 특정의 공익사업을 위해 법령이 정하는 바에 따라 사인의 재산권을 강제적으로 취득하고, 아울러 피수용자에게는 손실보상이 주어지는 물적 공용부담을 말한다. 일반법으로 토지수용법이 있다.

3) 공용환지(公用換地)·공용환권(公用換權)

공용환지·공용환권은 행정계획에 따라 토지의 합리적 이용을 위해 일정지구 내의 토지의 구획·형질을 변경하고, 토지소유권 등을 강제적으로 교환·분합시키는 공용부담을 말한다. 이에는 토지구획정리사업, 농촌정비사업, 도시재개발사업에 의한 공용환지와 공용환권이 있다.

V. 기타 특별행정작용

이상에서 본 경찰행정법·급부행정법·공용부담행정법 외에도 토지행정법·환경행정법·경제행정법·재무행정법·군사행정법 등의 영역이 있지만, 이에 대한 설명은 생략하기로 한다.

<학습확인문제>

1. 행정개념의 성립은 시민혁명 이후 권력분립이 이루어지면서 성립된 개념이다. (○, ×)

2. 독일의 행정법학자인 오토마이어에 따르면 법치행정은 법률의 법규창조력, 법률우위의 원칙, 법률유보의 원칙으로 이루어진다. (○, ×)

3. 법률유보란 법률에 근거한 행정을 말하는 것으로 법률에 직접적 근거가 있을 것을 요구하지는 않으며 법률의 위임에 의하여 제정된 명령은 포함한다. (○, ×)

4. 우리나라 행정법규는 원칙적으로 영토 내에 있는 외국인에게도 일률적으로 적용된다. (○, ×)

5. 건축허가신청에 대하여 개정 후 조례를 적용하는 것은 신뢰보호원칙에 반하지 않는다. (○, ×)

6. 서울대학교 교직원의 고의 과실로 피해를 입은 개인은 서울대학교를 상대로 손해배상을 제기해야 하고 부산대학교의 경우에는 대한민국이 피고가 된다. (○, ×)

7. 행정법관계에서 권력관계에서는 행정객체는 공권력에 복종해야 하는 지위에 있지만 관리관계나 국고관계에서는 대등한 당사자로서의 지위에 있다. (○, ×)

8. 공권의 성립근거로서 공법상계약도 인정되며 공권이 침해되면 행정쟁송이 가능하지만 막연한 반사적 이익이 침해된 경우에는 행정쟁송을 제기할 수 없다. (○, ×)

9. 무하자재량행사청구권은 특정의 처분을 자기에게 해줄 것을 요구하는 권리가 아니라 행정청의 재량행위에 대하여 재량권의 법적 한계를 준수하면서 하자없는 재량의 행사를 해달라는 절차적 형식적 공권이며 경원관계에 있는 경우 경원자가 허가신청을 포기하는 경우 그 개인은 특정 처분을 자기에게 해줄 것을 요구할 수 있는 실체적 권리로 전환될 수 있다. (○, ×)

10. 사인의 공법행위는 강제력 공정력 집행력이 없고 행정청의 공법상 행정처분은 강제력 공정력 존속력이 있다. (○, ×)

11. 사인의 공법행위에서는 의사표시의 중요부분에 착오가 있는 경우에 취소할 수 없다. (○, ×)

12. 위임입법의 경우 행정입법의 규율대상과 범위 등을 합리적으로 예측할 수 있으야 하며 처벌법규나 기본권을 침해하는 경우 법령에서는 구체성과 명확성의 정도가 엄격해야 하나 법률이 조례로 주민의 권리 의무 사항에 관하여 범위를 정하지 않고 포괄적으로 위임하여 정할 수 는 있다. (○, ×)

13. 행정입법이 집행행위의 매개없이 직접 국민의 기본권을 침해하는 경우 항고소송의 대상이 되는 처분에 해당하기도 하고 헌법소원의 대상이 되기도 한다. (○, ×)

14. 행정입법부작위는 부작위위법확인소송의 대상이 아니고 헌법위반으로서 헌법소원 청구 대상이며 손해가 발생한 경우 국가배상청구도 가능하다. (○, ×)

15. 판례는 법령보충적 행정규칙은 그 자체로 법규성을 가지지는 않고 상위법령과 결합하여 법규성을 가지는 것으로 보고 재량준칙도 직접적으로 법규성을 가지지는 않고 평등원칙,행정의 자기구속의 원칙을 매개로 간접적 구속력을 가진다고 본다.(○, ×)

16. 재량행위의 위법성 판단은 재량권의 남용과 일탈, 재량권의 불행사도 기준이 되며 행정법규의 요건에 경험적 개념이면 행정청의 판단여지가 인정되지 않고 법원의 심사대상이 되며 고도의 전문적인 비대체적 결정인 경우에는 법원은 행정청의 판단을 존중하되 행정청의 결정이 형성되는 절차적 하자만을 심사한다. (○, ×)

17. 허가받은 자의 이익은 반사적 이익이고 특허받은 자의 이익은 법률상 이익이다. (○, ×)

18. 무허가 영업행위에 대한 사법상 효력은 유효하고 무인가 행위는 무효이다. (○, ×)

19. 허가는 자연적 자유의 회복으로서 안전 등을 이유로 상대적 금지를 한 것이므로 요건이 충족되면 행정청은 허가를 해야 하는 기속행위이고 특허는 신청자에게 새로이 권리나 능력을 설정하여 주는 재량행위이다. (○, ×)

20. 인가는 제3자의 법률행위를 행정청이 보충하여 법률적 효과를 완성시켜 주는 행정주체의 보충적 의사표시를 말한다. (○, ×)

21. 기본행위에 하자가 있으면 인가처분이 있더라도 기본행위가 유효로 되는 것은 아니므로 이해관계자는 기본행위를 다투어야 하고 기본행위는 적법하나 인가처분 자체가 하자가

있는 경우 인가처분을 다투어야 한다.(○, ×)

22. 확인은 다툼이 있는 경우에 공권적으로 판단하는 작용이므로 확인이 이루어 지면 불가변력이 발생한다. (○, ×)

23. 공증은 공적인 증거력이 발생하나 그에 대한 반증이 있으면 증거력을 다투고 번복청구할 수 있다. (○, ×)

24. 행정청의 의사를 통지하는 의사의 통지는 처분성이 있다. (○, ×)

25. 부담부 부관이 무효나 취소인 경우 행정처분은 그대로 두고 부담에 대해서만 독립적으로 쟁송이 가능하고 위법부관이 중요부분이면 행정처분 전체에 대하여 처분취소를 구하여야 한다. (○, ×)

26. 무효인 행정행위는 공정력이 없으므로 잘못 부과된 세금에 대하여 세금을 이미 납부한 경우에 부당이득반환청구를 민사법원에 제기하면 민사법원은 행정처분의 유효 무효여부에 대하여 판단할 수 있으나 취소사유에 불과한 과세처분인 경우에 차액에 대한 세금 부분에 대한 부당이득청구가 있는 경우에는 민사법원은 행정처분의 공정력이 미치므로 해당 처분에 대하여 하자를 판단할 수 없고 조세부과처분 취소소송을 먼저 제기하여 조세부과처분의 취소판결을 먼저 받아야만 공정력을 제거할 수 있기에 그 후에 민사소송으로 제기해야 한다. (○, ×)

27. 상대방이 처분의 내용을 이미 알고 있는 경우에도 우편송달이나 교부송달이 필요하다. (○, ×)

28. 불가변력이 있는 행정행위도 쟁소기간 이내이면 불가쟁력이 있다. (○, ×)

29. 선행행위의 하자는 후행행위에 승계되지 않고 하자의 치유는 취소할 수 있는 행정행위에만 인정되며 하자있는 행정행위의 전환은 무효인 행정행위에 인정된다. (○, ×)

30. 행정청의 예비결정과 부분허가도 처분성이 있으므로 행정소송대상이 된다. (○, ×)

(정답: 전 항목이 ○)

제4장

민법(民法)

제1절 총 칙

Ⅰ. 서언

1. 민법의 의미

형식적 의미의 민법은 1960년 1월 1일부터 시행되고 있는 현행 민법전(법률 제471호)을 말하나, 실질적 의미에서의 민법이란 사법의 일반법을 가리킨다. 즉, 일상적인 사생활관계에서의 가족관계(부부·친자·가족·가족상호간의 신분관계 등을 의미함)와 재산관계(노동의 제공을 포함하여 재화의 득실·처분·사용·수익에 대한 관계 및 손해배상관계 등을 규정함)를 정하는 일반법이다.

2. 민법의 법원(法源)

우리 민법 제1조에는 "민사에 관하여 법률에 규정이 없으면 관습법에 의하고 관습법이 없으면 조리에 의한다"라고 규정하고 있다. 여기에서 법률이라 하면 국회의 일정한 절차를 거쳐서 정부가 법률로서 공포한 것이어야 하며, 문서로 규정한 까닭에 성문법이라 한다. 민사에 관한 성문법으로는 민법전과 그 부속법, 특별법이 있고, 동시에 관습법과 조리도 법원으로 인정하고 있다. 판례가 법원인가에 대해서는 논란이 있다. 우리 법원조직법 제8조는 "상급법원의 재판에 있어서의 판단은 해당 사건에 관하여 하급심을 기속한다"고 규정하고 있으므로 해당 사건이 아닌 다른 사건에 대해서는 대법원의 판단은 기속력이 없어 이론상으로는 판례가 법원이라고 할 수 없다. 하지만 동종 사안에 대하여 같은 판결을 반복함으로써 사실상의 구속력을 갖게 되는 경우가 많아 판례도 실질적인 법원이라고 할 수는 있다. 따라서 민법전 외에 제2차적인 법원으로는 관습법·조리·판례를 들 수 있다. 이 외에도 헌법재판소의 판단은 성문 민법 규정의 개정을 수반하는 경우가 많고, 민사법에 관련된 헌법재판소의 판단이 많아지고 있기 때문에 민사법을 판단할 때 헌법재판소의 판단에 유의하여야 한다.

3. 민법의 기본원리

1) 근대 민법의 기본원리

근대 사회는 사회생활에 있어서의 모든 특권을 부정하여 모든 인간을 평등하게 대우하고 그의 자유로운 활동 보장을 지도원리로 하여 출발하였다. 따라서 근대 사회에 있어서 시민생활의 사법적 질서를 이루고 있는 근대 민법도 개인의 자유와 평등을 강조하여 다음과 같은 원칙을 그 지도원리로 삼았다.

(1) 소유권 절대의 원칙

근대 시민사회에서 사유재산이 보장되지 않으면 개인생활의 안전은 불가능해진다. 따라서 각 개인의 사유재산권에 대한 절대적 지배를 인정하여 소유권의 행사 및 처분을 소유권자 개인의 절대적 자유에 맡기고, 국가나 다른 개인은 이에 간섭하거나 제한을 가하지 못한다고 하는 것을 '소유권(所有權) 절대의 원칙' 또는 '사유재산권(私有財産權) 존중의 원칙'이라 한다.

(2) 계약자유의 원칙

사법상의 법률관계를 개인의 자유로운 의사에 따라 발생케 하는 것을 '개인의사 자치의 원칙', '사적자치(私的自治)의 원칙' 또는 '법률행위자유의 원칙'이라 하며, 이 원칙은 개인의 자유의사에 의한 계약에서 가장 많이 나타나기 때문에 '계약자유(契約自由)의 원칙'이라고도 한다.

(3) 과실책임의 원칙

개인이 타인에게 입힌 손해에 대해서 그 행위가 고의 또는 과실에 기인하는 경우에만 손해배상책임을 부과하고 고의나 과실이 없을 때에는 책임을 부과하지 않는다는 원칙을 '과실책임(過失責任)의 원칙'이라 한다.

2) 근대 민법의 기본원리 수정

(1) 소유권 절대의 원칙 수정

현대에서는 소유권의 행사는 절대적 자유가 아니라 사회적·국가적 견지에서 필요한 제한과 구속을 받아야 한다는 것이 당연시되었다. 근대 사회의 초기에 있어서 소유권 절대에 대한 제한은 예외적이고 소극적인 것이었으나, 현대사회에서는 이러한 제한은 일반적이고 긍정적인 것으로 생각될 뿐만 아니라 오히려 적극적으로 공공복리에 의한 제한은 인정되어야 할 것이라 생각되었다. 따라서 소유권을 제한하는 법률이 증대되고 있으며, 법 해석에 있어서는 공공복리 또는 권리남용금지의 법리가 작용한다.

(2) 계약자유의 원칙 수정

국가는 개인의 경제활동에 대하여 자유방임주의를 취했기 때문에 강행법규에 의한 계약자유의 제한은 가능한 한 피해야 하므로 계약자유의 제한은 예외적이었고 국가도 소극적 태도를 취하였다. 그러나 현대에는 계약자유를 제한하는 강행법규는 상당히 많으며, 계약체결을 강제하거나 계약의 내용을 변경하거나 그의 효력을 부인하는 등 계약자유의 원칙에 대한 수정에 적극적인 태도를 취한다. 따라서 법 해석에 있어서도 공공복리·사회질서·신의성실 등의 법리가 계약자유를 제한하게 된다.

(3) 과실책임의 원칙 수정

기업이 자신의 업무에서 생기는 이익을 독점하면서 종업원이나 일반 제3자에게 가한 손해는 고의나 과실이 있는 경우에만 손해배상책임을 진다는 것은 손해분담의 공평함을 잃은 것이므로 기업이 고의나 과실이 없어도 손해배상책임을 져야 한다는 무과실책임론이 대두되었다. 동시에 과실책임의 원칙에 입각하여 입증책임의 전환 또는 무과실책임을 인정하는 예외규정을 확장함으로써 무과실책임이 적용되는 범위가 확장되어가고 있다.

II. 권리의 주체

1. 권리능력

권리의 주체가 될 수 있는 법률상의 지위 또는 자격을 '권리능력' 또는 '인격'이라 하며, 이 자격을 갖는 자를 '권리능력자' 또는 '인'이라 한다. 이에 대하여 의무의 주체가 될 수 있는 자격을 '의무능력'이라 한다. 권리의무의 주체가 될 수 있는 권리능력자는 자연인과 법인이다.

2. 자연인

1) 권리능력

권리와 의무를 가질 수 있는 지위 또는 자격을 권리능력(權利能力)이라고 한다. 민법 제3조에는 "사람은 생존한 동안 권리와 의무의 주체가 된다"고 규정되어 있다. 따라서 자연인은 출생과 동시에 당연히 권리능력을 취득하며, 사망과 동시에 권리능력은 소멸한다. 민법상 출생시기에 관해서는 학설이 나누어져 있으나, 태아가 모체로부터 전부 노출한 때에 출생한 것으로 보는 것이 통설이다(전부노출설). 그러나 출생 전의 태아에게도 예외적으로 일정한 경우에 권리능력(權利能力)을 인정하는 경우가 있다(민법 제562조, 제762조, 제1001조, 제1064조, 제1000조 제3항 등 참조). 자연인의 권리능력은 성별·연령·직업·계급

·국적 등의 여하를 불문하고 평등하게 권리능력을 갖는 것이 원칙이다(권리능력평등의 원칙).

2) 의사능력

의사능력(意思能力)이란 '법률행위를 구성하는 의사표시를 함에 있어서 그 의사를 단독적으로 형성하고, 판단할 수 있는 능력' 또는 '자기 행위의 의미나 이에 따르는 결과를 정상적으로 인식하고 합리적으로 판단하며 자기의 의사를 결정할 수 있는 능력'이라고 한다. 법률행위를 유효하기 위해서는 반드시 필요한 능력이며, 의사능력이 없는 사람의 법률행위는 무효이다.

3) 행위능력

행위능력(行爲能力)이란 단독으로 완전·유효한 법률행위(계약 등)를 할 수 있는 자격 또는 지위를 말한다. 민법은 적극적으로 행위능력자를 규정하지 않고, 소극적으로 행위능력을 제한하는 기준을 세워 이에 해당하는 자를 제한행위능력자로 규정하였다.

(1) 미성년자

미성년자(未成年者)란 만 19세에 달하지 아니한 자를 말한다. 미성년자가 법률행위를 함에 있어 법정대리인(친권자 또는 친권자가 없을 때에는 후견인)의 동의없이 단독으로 한 경우 미성년자 본인 등은 그 법률행위는 이를 취소할 수 있다(민법 제5조 제2항). 취소는 미성년자 또는 법정대리인이 할 수 있다. 미성년자의 법률행위는 그의 법정대리인이 대리할 수 있다. 그러나 ① 단순히 권리만을 얻거나 의무만을 면하는 행위(민법 제5조 제1항 단서), ② 법정대리인이 범위를 정하여 처분을 허락한 재산의 처분행위(민법 제6조), ③ 미성년자가 법정대리인으로부터 허락을 얻은 특정한 영업에 관한 행위(민법 제8조 제1항)는 미성년자가 단독으로 유효하게 법률행위를 할 수 있다.

(2) 피한정후견인

피한정후견인(被限定後見人)이란 질병, 장애, 노령, 그 밖의 사유로 인한 정신적 제약에 의해 사무를 처리할 능력이 부족한 사람으로, 가정법원이 한정후견개시심판을 한 사람을 말한다. 가정법원은 피한정후견인이 한정후견인의 동의를 받아야 하는 행위의 범위를 정할 수 있다. 한정후견인의 동의를 필요로 하는 행위에 대하여 한정후견인이 피한정후견인의 이익이 침해될 염려가 있음에도 그 동의를 하지 아니하는 때에는 가정법원은 피한정후견인의 청구에 의하여 한정후견인의 동의를 갈음하는 허가를 할 수 있다(민법 제13조 제3항). 한정후견인의 동의가 필요한 법률행위를 피한정후견인이 한정후견인의 동의 없이 하였을 때에는 피한정후견인 혹은 한정후견인은 그 법률행위를 취소할 수 있다. 다만, 일용품의 구입 등 일상생활에 필요하고 그 대가가 과도하지 아니한 법률행위는 한정후견인이 취소할 수 없다(민법 제13조 제4항).

(3) 피성년후견인

피성년후견인(被成年後見人)이란 질병, 장애, 노령, 그 밖의 사유로 인한 정신적 제약으로 사무를 처리할 능력이 지속적으로 결여된 사람으로, 법에서 정해진 절차에 따라 가정법원에서 성년후견개시의 심판을 한 사람을 말한다. 피성년후견인의 법률행위는 원칙적으로 후견인이 취소할 수 있지만, 피성년후견인을 지정한 가정법원이 피성년후견인이 취소할 수 없는 법률행위의 범위를 정할 수 있다. 그리고 가정법원에서 정하지 않는 경우에도 피성년후견인은 일용품의 구입 등 일상생활에 필요하고 그 대가가 과도하지 아니한 법률행위는 유효하게 할 수 있다.

(4) 피특정후견인

피특정후견인(被特定後見人)이란 질병, 장애, 노령, 그 밖의 사유로 인한 정신적 제약으로 일시적 후원 또는 특정한 사무에 관한 후원이 필요한 사람으로 법에서 정해진 절차에 따라 가정법원으로부터 특정후견의 심판을 받은 사람을 말한다. 피특정후견인을 정할 때 법원은 특정후견의 기간과 사무의 범위를 정해야 하고 피특정후견인의 의사에 반하여 피특정후견인을 정할 수 없다.

(5) 제한행위능력자의 상대방 보호

가. 상대방의 확답을 촉구할 권리

제한능력자와 법률행위를 한 상대방은 제한능력자 또는 그 법정대리인에 대하여 1월 이상의 기간을 정하여 그 기간내에 취소할 수 있는 법률행위를 정하여 그 법률행위를 취소할 것인지 추인할 것인지의 확답을 하여 달라고 촉구할 수 있다(민법 제15조). 확답을 구하는 상대방은 법률행위를 한 제한능력자가 능력자가 되기 전이면 그의 법정대리인이며, 제한능력자가 능력자가 된 후라면 법률행위를 한 자이다.

나. 상대방의 철회권(撤回權)과 거절권(拒絶權)

제한능력자의 상대방은 제한능력자와의 계약 또는 제한능력자의 단독행위를 제한능력자측의 추인이 있을 때까지 계약을 철회하거나 단독행위를 거절할 수 있다. 제한능력자의 상대방에게 '철회권'과 '거절권'을 부여함으로써 제한능력자와의 계약 또는 제한능력자의 단독행위의 효력발생을 부인할 수 있도록 하여 상대방을 보호하는 것이다(민법 제16조).

다. 취소권(取消權)의 배제

제한능력자가 사술(詐術)을 써서 상대방에게 자기를 능력자로 믿게 하거나, 또는 법정대리인의 동의가 있는 것으로 믿게 한 때에는 그러한 제한능력자를 보호할 필요가 없으므로 제한능력자측의 취소권을 박탈한다(민법 제17조).

4) 주소

주소란 생활의 근거가 되는 곳을 가리키며(민법 제18조 제1항), 생활의 근거란 사람의 일반적 생활관계중심지를 말한다. 주민등록법상의 주소와 달리 주소는 동시에 두 곳 이상을 둘 수 있다(민법 제18조 제2항).

주소와 구별해야 할 개념으로서는 거소·가주소·현재지 및 본적지가 있다. '거소'란 사람이 다소 계속 거주하지만, 아직 그 사람의 생활의 근거지라고 할 만큼 밀접한 관계가 없는 장소를 말하며, 주소를 알 수 없으면 거소를 주소로 보고(민법 제19조), 국내에 주소가 없는 자에 대하여는 국내에 있는 거소를 주소로 본다(민법 제20조).

5) 부재자

부재자란 종래의 주소나 거소를 떠나 쉽사리 돌아올 가망이 없는 자를 말한다. 이러한 경우에 부재자의 잔류재산을 관리하고 잔존배우자나 상속인의 이익을 보호하기 위해 민법은 부재자의 재산관리에 관한 규정을 두고 있다(민법 제22조, 제26조 참조).

6) 실종선고

부재자의 생사가 일정한(보통실종기간 5년, 특별실종기간 1년) 기간 분명하지 아니한 때에는 법원은 이해관계인이나 검사의 청구에 의해 반드시 실종선고(失踪宣告)를 해야 한다(민법 제27조). 실종선고를 받은 자는 실종기간이 만료한 때에 사망한 것으로 본다(민법 제28조). 실종자가 생존한 사실 또는 실종기간 만료시와 다른 시기에 사망한 사실의 증명이 있으면 법원은 본인, 이해관계인 또는 검사의 청구에 의해 반드시 실종선고를 취소해야 한다. 그러나 실종선고 후 그 취소 전에 선의로 한 행위의 효력에는 영향이 없다(민법 제29조 제1항). 실종선고의 취소가 있을 때에 실종선고를 직접원인으로 하여 재산을 취득한 자는 선의인 경우에는 그 받은 이익이 현존하는 한도에서 반환할 의무가 있고 악의인 경우에는 그 받은 이익에 이자를 붙여서 반환하고 손해가 있으면 이를 배상해야 한다(민법 제29조 제2항).

3. 법인

1) 의의

법인(法人)이란 법률에 의해 권리능력이 인정된 단체 또는 재산을 말한다. 즉, 법인은 자연인(自然人)이 아니면서 권리·의무의 주체가 되는 사회적 조직체이다.

2) 종류

(1) 공법인(公法人)과 사법인(私法人)

공법인이란 국가 또는 공공단체와 같이 특별한 공공목적을 위해 특별한 법적 근거에 의해 설립된 법인을 말하며, 사법인이란 개인사업을 목적으로 사법의 규정에 의해 설립된 법인을 말한다.

(2) 영리법인(營利法人)과 비영리법인(非營利法人)

영리법인이란 구성원의 경제적 이익을 목적으로 설립된 법인을 말하며, 비영리법인이란 공익이나 이 밖에 영리 아닌 사업을 목적으로 설립된 법인을 말한다.

(3) 사단법인(社團法人)과 재단법인(財團法人)

민법은 비영리법인을 그 구성요소가 사단이냐, 또는 재단이냐에 따라 사단법인과 재단법인으로 구별한다. 사단법인은 일정한 목적을 위해 결합한 사람의 단체, 즉 사단을 그 실체로 하는 법인이며, 재단법인은 일정한 목적을 위해 바쳐진 재산, 즉 재단이 실체를 이룬 법인이다. 사단법인에는 영리를 목적으로 하는 영리사단법인(예컨대, 회사 등)과 영리를 목적으로 하지 않는 비영리사단법인(예컨대, 학회나 동창회 등)이 있으며, 전자에는 상법 규정이, 후자에는 민법규정이 적용된다. 재단법인에는 비영리법인(예컨대, 학교나 양로원 등)만이 있으며 민법규정이 적용된다.

3) 법인의 능력

법인도 권리의 주체이므로 권리능력과 행위능력 및 불법행위능력을 가지지만, 법인은 생물적·물리적 존재가 아니므로 자연인 천연의 성질을 전제로 하는 권리(생명권·친권·정조권 등)는 가질 수 없다.

(1) 법인의 권리능력

민법은 법인의 권리능력에 관하여 "법인의 법률의 규정에 좇아 정관으로 정한 목적의 범위 내에서 권리와 의무의 주체가 된다"(민법 제34조)고 규정하고 있다.

(2) 법인의 행위능력

법인의 행위능력에 관하여 민법은 아무런 규정을 두고 있지 않지만, 법인이 지닌 권리능력의 범위 내에서는 행위능력도 인정되어야 할 것이다.

(3) 법인의 불법행위능력

법인에 불법행위능력이 있느냐에 관해서는 논의가 있으나, 법인은 이사 기타 대표자가 그 직무에 관하여 타인에게 손해를 가한 때에는 그 손해를 배상할 책임을 진다(민법 제35조 참조). 즉, 법인은 불법행위능력이 있다.

4) 법인의 기관

법인이 독립한 인격자로서 사회적으로 활동하기 위해서는 법인의 의사를 결정하고 그 의사에 기하여 외부에 대하여 행동하고 내부의 사무를 처리하는 일정한 조직이 필요하다. 이 조직을 이루는 것이 법인의 기관(機關)이다. 법인의 기관으로서는 이사·사원총회·감사의 세 가지가 있다.

(1) 이사(理事)

대외적으로는 법인을 대표하고(대표기관), 대내적으로는 법인의 업무를 집행하는(업무집행기관) 상설 필수기관이다. 이사는 필수기관이므로 사단법인이나 재단법인이나 법인에는 반드시 이를 두어야 한다(민법 제57조). 이사는 법인의 사무에 관하여 법인을 대표하며 이사가 수인일 때에는 각 이사는 각자가 법인을 대표한다(민법 제59조 제1항). 정관이나 사원총회의 결의로 이사의 대표권을 제한할 수 있지만(민법 제59조 제1항 단서), 이사의 대표권에 대한 제한은 등기하지 아니하면 제3자에게 대항하지 못한다(민법 제60조).

(2) 사원총회(社員總會)

사단법인의 총사원으로서 구성되는 최고의사결정기관이자 반드시 두어야 하는 필수기관이므로 정관으로도 이를 폐지할 수 없다. 재단법인에는 사원이 없으므로 사원총회도 없다. 사원총회는 정관으로 이사 기타 임원에게 위임한 사항 외에는 사단법인의 모든 사무에 대하여 결정권을 가진다(민법 제68조).

(3) 감사(監事)

정관 또는 사원총회의 의결로써 둘 수 있는 임의기관이다(민법 제66조). 감사는 법인의 대표기관이 아니므로 이사와는 다르게 성명과 주소는 등기사항이 아니다.

Ⅲ. 권리의 객체

1. 의의

모든 권리는 일정한 사회적 이익을 그 내용 내지 목적으로 한다. 이 내용 내지 목적이 성립하기 위해 필요한 일정한 대상을 권리의 객체(客體)라고 한다. 권리의 객체는 권리의 종류에 따라서 다르다. 물권에 있어서는 일정한 물건, 채권에 있어서는 특정인(채무자)의 행위, 인격권에 있어서는 권리의 주체 등이 각각 권리의 객체이다. 민법총칙에서는 물권의 객체인 '물건'에 대해서만 규정하고 있다.

2. 물건의 의의

민법상 물건이란 유체물 및 전기 기타 관리할 수 있는 자연력을 말한다(민법 제98조). 물건이 되기 위해서는 다음과 같은 요건을 갖추어야 한다.

1) 유체물과 관리가능한 자연력

유체물(有體物)이란 고체·액체·기체와 같이 공간의 일부를 차지하는 유형적 존재를 말하며, 전기를 비롯하여 열·광·원자력 등과 같은 관리할 수 있는 자연력을 물건 속에 포함시켰다.

2) 배타적 지배가능성

물건은 사람이 지배할 수 있는 물체에 한정되므로 일·월·성·신·해양 등은 유체물이지만, 법률상의 물건이 아니다.

3) 비인격성

물건은 권리의 주체인 자연인 이외 외계의 일부이어야 하며, 자연인의 신체 및 그 일부는 물건이 아니다. 그러므로 의치·의안·의지 등도 신체에 고착하여 그 일부라고 볼 수 있는 때에는 신체의 일부이며 물건이 아니다.

4) 독립성(단일성)

물권이 객체인 물건은 배타적 지배에 복종하기 위해서는 원칙적으로 독립성 있는 물건이 아니면 안 된다(一物一權主義). 즉, 한 개의 물건이어야 하지만, 어떠한 상태에 있는 물건을 한 개로 보는지는 사회통념에 의한다.

3. 물건의 종류

민법은 물건을 동산과 부동산, 주물과 종물, 원물과 과실로 분류하고 있다.

1) 동산과 부동산

(1) 동산(動産)

동산이란 부동산 이외의 물건을 말한다(민법 제99조 제2항). 선박·자동차·항공기 등은 모두 동산이지만, 특별법(자동차저당법·중기저당법·항공기저당법 등)에 의해 부동산으로 취급하는 경우가 있다.

(2) 부동산(不動産)

부동산이란 토지 및 그 정착물을 말한다(민법 제99조 제1항). 여기서 토지는 일정한 범위의 지면에 정당한 이익이 있는 범위 내에서의 그 수직의 상하(공중·지하)를 포함한다(민법 제212조 참조).

2) 주물과 종물

물건의 소유자가 그 물건의 상용에 제공하기 위해 자기 소유인 다른 물건을 이에 부속하게 한 때에는 그 부속물을 종물(從物)이라 한다(민법 제100조 제1항). 이 경우에 부속물인 종물이 그 효용을 돕는 물건을 주물(主物)이라 한다. 예컨대, 배와 노, 건물과 선반, 시계와 시계줄 등이 이에 해당한다. 특별한 약정이 없는 한 종물은 주물의 처분에 따르므로(민법 제100조 제2항), 종물은 주물과 그 법률적인 운명을 같이 한다.

3) 원물과 과실

어떤 물건으로부터 생기는 수익을 과실(果實)이라 하며, 그 수익을 생기게 하는 물건을 원물(元物)이라 한다. 과실에 천연과실과 법정과실이 있다. 천연과실이란 물건의 용법에 의해 수취하는 산출물을 말한다(민법 제101조 제1항). 즉, 과실·곡물·가축의 새끼·목재·석재 등과 같이 원물과 경제적 목적에 따라 수취되는 물건을 말한다. 천연과실은 그 원물로부터 분리하는 때에 이를 수취할 권리자(예컨대, 원물의 소유자, 지상권자, 임차인 등)에게 귀속한다(민법 제102조 제1항). 법정과실이란 물건을 사용한 대가로서 받는 금전 기타의 물건을 말한다(민법 제101조 제2항). 예컨대, 지료·이자·차임 등이다. 법정과실은 이를 수취할 권리의 존속기간 일수의 비율로 취득한다(민법 제102조 제2항).

Ⅳ. 권리의 변동

1. 서언

우리의 사회생활관계 중에서 법률에 의해 규율되는 사회생활관계를 법률관계(法律關係)라고 한다. 법률관계에 있어서는 일정한 사실(생활관계)이 존재하면 일정한 효과가 발생하는데, 이 효과를 법률효과(法律效果)라고 하며, 이 법률효과를 발생하게 하는 원인이 되는 사실을 법률요건(法律要件)이라 한다. 그리고 이 법률요건을 구성하는 개개의 사실을 법률사실(法律事實)이라 한다.

예컨대, 갑이 을에게 자동차 1대를 500만원에 사라고 청약하고 이에 응하여 을이 승낙하면 매매계약이 성립한다. 이때 매도인 갑은 매수인 을에게 자동차대금 500만원을 청구할 수 있는 권리를 갖게 되고, 을은 갑에게 자동차의 이전을 청구할 수 있는 권리를 갖게 된다. 여기서 갑과 을의 매매관계는 민법 제563조 이하의 규율을 받게 되는 법률관계이다. 또 매매라고 하는 것은 법률요건이고, 매매를 구성하는 갑의 청약의 의사표시와 을의 승낙의 의사표시는 법률사실이다.

2. 법률행위

1) 의의

법률행위(法律行爲)라 함은 한 개 또는 수 개의 의사표시(意思表示)를 불가결의 요소(법률사실)로 하는 법률요건이며, 법이 그 의사표시의 내용에 따라 사법상의 효과를 생기게 하는 것을 말한다. 법률행위 중에는 한 개의 의사표시로서 성립하는 경우도 있고(예컨대, 취소·추인·유언 등), 몇 개의 의사표시로서 성립하는 경우도 있으며(예컨대, 매매계약·사단법인의 정관작성 등), 또 의사표시와 그 외의 법률사실과의 결합에 의해 성립하는 경우도 있다(예컨대, 질권설정 등).

2) 법률행위의 목적

법률행위의 목적은 법률행위의 내용이라고도 하는데, 이는 결국 그 법률행위에 의해 달성하려고 하는 법률효과를 의미한다. 법률행위가 유효하게 성립하기 위해서는 법률행위를 통하여 달성하고자 하는 것이 가능할 것, 확정할 수 있는 것이어야 하고 적법한 것이어야 하며 사회적 타당성을 잃은 것이어서는 아니 된다.

3) 법률행위의 해석

(1) 의의

법률행위의 해석이란 법률행위로 당사자가 의도하는 법률효과가 발생하도록 그 목적 내지 내용을 명확히 하는 것을 말한다.

(2) 기준

법률행위의 해석에는 그 기준이 있어야 하는데, 민법규정으로는 사실인 관습에 관한 제106조가 있을 뿐이다. 그러나 해석의 본질 및 외국의 입법례에 비추어 당사자의 목적, 관습, 임의법규, 신의성실의 원칙 등이 그 기준이 된다고 할 수 있다.

3. 의사표시

1) 의의

의사표시(意思表示)란 일정한 법률효과의 발생을 의욕하는 의사를 표시하는 행위를 말하며, 법률행위의 불가결한 요소가 되는 법률사실이다.

2) 의사와 표시의 불일치

표의자의 내심의 의사(내심적 효과의사, 내심의 진의)가 표시행위로부터 추단되는 의사(표시상의 효과의사)와 부합하지 않는 경우가 있다. 부합하지 않는 경우와 그 경우 법률행위의 효력은 다음과 같다.

(1) 비진의의사표시(非眞意意思表示)

비진의의사표시란 표의자가 의사(내심적 효과의사, 내심의 진의)와 표시(표시상의 효과의사)와의 불일치를 알면서 한 의사표시를 말한다(민법 제107조). 비진의 의사표시는 원칙적으로 하다(민법 제107조 제1항 본문). 그러나 상대방이 표의자의 진의가 아님을 알았거나 알 수 있었을 경우에는 무효로 한다(민법 제107조 제1항 단서). 이와 같이 무효로 되는 경우에 그 무효는 선의의 제3자에게는 대항하지 못한다(민법 제107조 제2항).

(2) 허위표시(虛僞表示)

허위표시란 상대방과 통정(통모)하여서 행한 진의 아닌 허위의 의사표시를 말한다(민법 제108조 제1항). 이 허위표시는 당사자간에 있어서는 무효이므로 아무런 효력도 생기지 않는다(민법 제108조 제1항). 그러나 허위표시의 무효는 허위표시임을 모르는 선의의 제3자에 대하여는 대항하지 못한다(민법 제108조 제2항).

(3) 착오(錯誤)

착오로 인한 의사표시란 내심의 진의와 표시의 내용이 일치하지 않다는 것을 표시자 자신이 알지 못한 것을 말한다. 착오의 종류로서는 표시상의 착오, 내용의 착오, 동기의 착오의 세 가지가 있다. 의사표시자가 의사표시의 중요한 내용에 관한 착오로 법률행위를 하였으며, 의사표시자에게 중대한 과실이 없는 경우에는 그 법률행위를 취소할 수 있다(민법 제109조 제1항).

3) 하자있는 의사표시

하자(瑕疵)있는 의사표시란 표시행위에 상응하는 효과의사가 있기는 하지만, 그 효과의사가 타인의 부당한 간섭, 즉 사기나 강박에 의해 방해된 상태에서 결정·표시된 것을 말한다. 타인의 사기나 강박에 의한 의사표시가 이러한 경우이다. 사기(詐欺)란 고의로 기망하여 착오에 빠지게 하는 행위를 말하며, 강박(强迫)이란 위법으로 타인에게 해악을 표시하여 공포심을 발생하게 하는 행위를 말한다.

의사표시자가 사기나 강박에 의하여 의사표시를 한 경우 의사표시자는 그 의사표시는 취소할 수 있다(민법 제110조 제1항). 그리고 상대방 있는 의사표시에 관하여 제삼자가 사기나 강박을 행한 경우에는 의사표시를 한 자의 상대방이 그 사실을 알았거나 알 수 있었을 경우에 한하여 의사표시자가 그 의사표시를 취소할 수 있다(민법 제110조 제2항). 그러나 그 의사표시의 취소는 선의의 제삼자에게 대항하지 못한다(민법 제110조 제3항).

4. 대리

1) 의의

대리(代理)란 타인(대리인)이 본인의 이름으로 법률행위(의사표시)를 하거나 의사표시를 수령함으로써 그 법률효과가 직접 본인에게 발생케 하는 제도를 말한다.

2) 종류

(1) 임의대리·법정대리

① 임의대리란 본인의 신임으로 그의 의사에 따라 대리권이 부여되는 것을 말하며,

② 법정대리란 법률의 규정에 의해 대리권이 부여되는 것을 말한다.

(2) 능동대리·수동대리

① 능동대리란 본인을 위해 제3자에 대하여 의사표시를 하는 대리를 말하며, ② 수동대리란 본인을 위해 제3자의 의사표시를 수령하는 대리를 말한다.

(3) 유권대리·무권대리

① 대리인으로서 행위를 하는 자가 정당한 대리권을 가지고 있는 경우를 유권대리라 하고, ② 대리권이 없는 자가 대리행위를 한 경우를 무권대리라고 한다(무권대리에 관하여는 후술한다).

3) 대리권

(1) 의의

대리권(代理權)이란 타인(대리인)이 본인의 이름으로 의사표시를 하거나 의사표시를 받음으로써 직접 본인에게 법률효과를 귀속시킬 수 있는 타인의 본인에 대한 법률상의 지위 또는 자격을 말한다.

(2) 발생원인

대리에는 법정대리권과 임의대리권이 있다. 대리권이 본인의 의사와 관계없이 법규가 정하는 바에 의해 발생하는 것이 법정대리권이고, 임의대리권은 그것을 수여하는 본인의 행위, 즉 본인의 의사에 기인한 이른바 '수권행위(授權行爲)'에 의해 발생한다.

(3) 범위

법정대리권의 범위는 법정대리권의 발생을 정하는 각 규정에 따라 정해진다. 임의대리권의 범위는 수권행위의 해석에 의해 결정된다. 위임장이 교부된 경우에는 그 기재문언이 대리권의 범위결정에 있어 중요한 자료가 된다.

4) 대리행위

(1) 대리행위의 표시(顯名主義)

대리인이 대리행위를 함에 있어서 '본인을 위한 것임을 표시'하고 의사표시를 해야 하는데(민법 제114조 제1항), 이를 현명주의라고 한다. 수동대리의 경우에는 상대방이 대리인에 대하여 본인을 위한 것임을 표시해야 한다(민법 제114조 제2항). 대리인이 본인을 위한 것임을 표시하지 아니한 때, 즉 대리의사를 표시하지 않은 때에는 그 의사표시를 자기를 위한 것으로 본다(민법 제115조 본문). 그러나 상대방이 대리인으로서 한 것임을 알았거나 알 수 있었을 때에는 대리의사가 표시된 것으로 본다(민법 제114조 단서).

(2) 대리행위의 효과

대리인이 그 대리권의 범위 내에서 한 대리행위에 의한 법률효과는 모두 직접 본인에게 귀속된다(민법 제114조). 대리는 법률행위에 관한 제도이므로 본인은 대리인의 불법행위로 인한 손해를 배상할 책임을 지지는 않는다. 다만, 이 경우에도 본인이 대리인의 사용자라면 사용자로서 배상책임을 지는 경우도 있다(민법 제756조).

(3) 대리인의 능력

대리인이 행한 법률행위의 효과는 직접 본인에게 귀속되고 대리인은 대리행위에 의해 재산상의 손해를 입을 염려가 없으므로 대리인은 의사능력만 있으면 족하고 행위능력자임을 요하지 않는다(민법 제117조).

5) 복대리

복대리(複代理)란 대리인이 자기 이름으로 선임한 자에게 자기(대리인)가 지닌 권한 내에서 본인의 대리행위를 시키는 관계이다. 대리인에 의해 선임된 자를 복대리인이라고 한다. 복대리인은 대리인을 대리하는 것이 아니고 직접 본인을 대리함으로, 복대리인의 행위는 직접 본인에게 법적효과가 귀속된다. 복대리인이 선임된 후에도 대리인은 복대리인의 범위내에서도 대리권은 소멸되지 않으며, 대리인도 대리행위를 할 수 있는 권한을 가진다. 대리인이 복대리인을 선임할 수 있는 권한을 복임권이라 하는데, 대리인에게 복임권이 있는가는 그 대리인이 임의대리인(의사표시에 의하여 대리인이 된 사람)인가 법정대리인(법률의 규정이나 법원에 의해 지정된 대리인)인가에 따라 다르다. 법정대리인은 원칙적으로 복임권이 있고, 임의대리인은 본인의 승낙이 있거나 부득이한 사유있는 때에만 복임권을 가진다(민법 제120조).

6) 무권대리

(1) 의의

무권대리란 대리권 없이 행한 대리행위, 즉 대리행위의 다른 요건을 갖추고 있으나 대리권만이 없는 법률행위를 말한다. 무권대리에는 표현대리와 협의의 무권대리가 있다.

(2) 표현대리

표현대리란 대리인에게 대리권이 없음에도 불구하고 마치 대리권이 있는 것과 같은 외관을 갖춘 경우에 그 무권대리행위에 대하여 본인이 책임을 지게 함으로써 이러한 외관을 신뢰한 선의·무과실의 제3자를 보호하고 거래의 안전을 보장하며 대리제도의 신용을 유지하기 위한 제도이다.

(3) 협의의 무권대리

대리권 없이 행하여진 대리행위, 즉 무권대리 중에서 표현대리의 요건을 갖추지 않은 경우를 협의의 무권대리라고 한다. 협의의 무권대리행위는 당연히 무효이지만 그 행위가 본인이 원하는 행위일 경우도 있을 것이므로, 본인이 추인하면 본인에 대하여 효력이 생기게 하고 본인이 추인하지 않는 경우에는 무권대리인 자신이 무거운 책임을 지게 하였다(민법 제135조).

5. 무효와 취소

1) 무효

법률행위의 무효(無效)란 법률행위가 성립한 당초부터 법률상 당연히 그 효력이 생기지 않는 것으로 확정되어 있는 것을 말한다. 무효인 법률행위는 특별하게 주장하는 자가 없더라도 법률상 당연히 효력이 발생하지 않는다. 무효의 효과는 누구나 주장할 수 있고, 제3자에 대해서도 언제나 이를 주장할 수 있는 것이 원칙이다(절대적 무효). 그러나 민법은 무효의 효과를 특정한 제3자에 대하여는 주장할 수 없는 것으로 하는 경우(민법 제107조 제2항, 제108조 제2항 등)가 있다(상대적 무효).

2) 취소

취소(取消)란 일정한 자(취소권자)의 의사표시에 의해 법률행위의 효과를 처음부터 소멸시키는 것을 말한다. 취소할 수 있는 법률행위는 취소되기까지는 일단 유효한 행위이지만, 취소되면 처음으로 소급하여 무효로 확정된다. 이에 반해 취소권자가 취소권을 포기하거나(추인) 또는 취소권이 소멸하면 처음부터 유효인 것으로 확정된다. 취소권을 행사할 수 있는 사람은 제한행위능력자, 하자있는 의사표시를 한 자, 그 대리인이나 승계인이다(민법 제140조). 취소한 법률행위는 처음부터 무효인 것으로 본다(민법 제141조 본문). 그러나 제한능력자는 취소된 법률행위로 인하여 받은 이익이 현존하는 한도에서 상환할 책임이 있다(민법 제141조 단서). 취소의 효과는 누구에 대하여서도 주장할 수 있는 것이 원칙이나, 거래의 안전을 보호하기 위해 착오나 사기 또는 강박에 의한 의사표시의 취소는 선의의 제3자에게 대항할 수 없다(민법 제109조 제2항, 제110조 제3항).

6. 법률행위의 부관(조건과 기한)

1) 의의

법률행위의 당사자가 법률효과의 발생 또는 소멸을 장래의 일정한 사실에 의존하게 할 수 있는데, 이러한 법률행위를 부관부(附款付) 법률행위(法律行爲)라고 한다.

2) 조건

조건(條件)이란 법률행위의 효과의 발생 또는 소멸을 장래에 일어날 것인지 명확하지 않은 사실에 의존시키는 법률행위의 부관을 말한다. 조건부 법률행위는 조건이 성취되지 않더라도 그 법률행위자체가 무효가 되거나 그 법률행위가 취소할 수 있는 법률행위가 되는 것은 아니다. 법률행위자체는 유효하지만, 조건의 성취에 따라 법률행위가 효력이 발생하지 않거나 소멸되는 것이다. 조건은 객관적으로 그 성부가 불확정한 장래의 사실이므로 과거 및 현재의 사실은 조건이 될 수 없다.

(1) 정지조건

법률행위 효력의 발생을 장래의 불확실한 사실에 의존시키는 조건을 말한다. 예컨대, "입학시험에 합격하면 시계를 사주겠다"고 하는 경우이다. 이러한 정지조건이 있는 법률행위는 조건이 성취(조건인 사실의 발생)한 때로부터 그 법률행위의 효력이 발생하고(민법 제147조 제1항), 불성취로 확정되면 무효로 된다.

(2) 해제조건

법률행위 효력의 소멸을 장래의 불확정한 사실에 의존시키는 조건을 말한다. 예컨대, "지금 학비를 주고 있지만, 낙제하면 학비를 중지하겠다"고 하는 경우이다.

3) 기한

기한(期限)이란 법률행위의 효력의 발생·소멸 또는 채무의 이행을 도래할 것이 확실한 장래의 사실의 발생에 의존시키는 법률행위의 부관을 말한다.

(1) 확정기한·불확정기한

기한은 도래할 것이 확실한 사실을 가리키지만, 그중에서 ① '내년 3월 1일부터'라고 하는 것과 같이 도래할 시기가 확정되어 있는 기한을 확정기한이라 하고, ② '내가 죽은 때'라고 하는 것과 같이 도래할 시기가 확정되어 있지 않은 기한을 불확정기한이라 한다.

(2) 시기·종기

① 시기(始期)란 법률행위 효력의 발생 또는 법률행위 효과로서 생기는 채무이행시기를 장래의 확정적 사실의 발생에 의존시키는 기한을 말하며, 예컨대 "내년 3월 1일부터 임대한다"고 하는 것과 같다. ② 종기(終期)란 법률행위 효력의 소멸을 의존케 하는 기한을 말하며, 예컨대 "내년 3월 1일까지 임대한다"고 하는 것과 같다.

V. 기간

기간(期間)이란 어느 시점에서 다른 어느 시점까지 계속된 시간의 구분을 말한다. 예컨대, '1월 1일부터 7월 말까지'라든지, '지금부터 7개월 동안' 등과 같은 시간의 경과를 표시하는 구분이다. 기간의 계산방법에는 순간으로부터 순간까지 계산하는 '자연적 계산법'과 역에 의해 계산하는 '역법적 계산법'이 있다. 즉, 기간을 시·분·초로 정한 때에는 자연적 계산법에 의해 즉시로부터 기산한다(민법 제156조). 기간을 일·주·월 또는 연으로 정한 때에는 역법적 계산법에 의해 기간의 초일은 산입하지 않고 익일로부터 계산하는 것이 원칙이다. 그러나 오전 영(0)시로부터 시작하는 때에는 초일도 산입한다(민법 제157조). 연령계산에는 초일인 출생일을 산입한다(민법 제158조). 또 기간의 말일의 종료로써 기간은 만료한다(민법 제159조). 기간을 주·월 또는 연으로 정한 때에는 역에 의해 계산하며, 그 주·월 또는 연의 처음으로부터 기산하지 아니하는 때에는 최후의 주·월 또는 연에서 그 기산일에 해당한 날의 전일로 기간이 만료하며, 월 또는 연으로 기간을 정한 경우에 만약 최종의 월에 해당일이 없는 때에는 그 월의 말일로써 그 기간이 만료한다(민법 제160조). 그리고 기간이 말일이 토요일 또는 공휴일에 해당한 때에는 기간은 그 익일로 만료한나(민법 제161소).

VI. 소멸시효

1. 시효의 의의

시효(時效)란 일정한 사실상태가 장기간 계속한 경우에 이 사실상태가 진실한 권리관계와 합치하느냐, 않느냐를 묻지 않고 그 사실상태를 그대로 존중하여 이를 권리관계로 인정하려는 제도를 말한다.

2. 시효제도의 존재이유

1) 사회질서의 유지와 안정

진실한 권리관계와 일치하지 않는 사실상태가 오래 계속되면 사회는 이 사실상태를 정당한 것으로 믿고 이를 토대로 여러 가지 법률관계를 형성하기 때문에 후일에 이르러 이 안정된 사실 상태를 뒤집으면 사회질서의 안정은 유지할 수 없게 된다. 시효제도의 근본적인 존재이유는 이 사실상태에 권리를 주어 사회의 안정을 도모하는 것이다.

2) 증거보존 내지 입증의 곤란

오랫동안 계속된 사실관계가 과연 정당한 권리관계에 합치하느냐의 여부는 이에 관한 증거자료를 통하여 판단하게 된다. 그런데 어떠한 사실에 기반한 증거자료는 장기간의 경과로 말미암아 이미 소멸된 경우가 적지 않다. 이 경우에까지 증거자료가 없다면 자신의 권리를 주장할 수 없다면 곤란한 일이 많다. 이 경우 권리자는 증거자료가 없더라도 특정한 상태의 지속이라는 사실을 입증함으로서 자신의 권리를 주장할 수 있게 한다.

3) 권리의 불행사

"권리 위에 잠자는 자는 보호할 필요가 없다"는 법언이 있다. 오랫동안 권리를 행사하지 않고 권리 위에 잠자고 있는 자는 법이 보호할 필요가 없다는 것이다.

3. 시효의 종류

시효에는 취득시효와 소멸시효의 두 가지가 있다. 취득시효(取得時效)란 권리행사의 외형인 점유 또는 준점유가 일정기간 계속됨으로써 권리취득의 효과가 생기는 시효를 말하며, 소멸시효(消滅時效)란 권리의 불행사라는 사실상태가 일정한 기간 계속됨으로써 권리소멸의 효과가 생기는 시효를 말한다. 민법은 취득시효에 관해서는 물권에 규정하고 있으며(제245조 이하), 소멸시효에 관해서는 총칙에 규정하고 있다(민법 제162조 이하). 소멸시효와 비슷한 것으로 권리의 제척기간이 있다. '제척기간(除斥期間)'이라 함은 권리관계를 신속하게 확정하기 위해 법률이 미리 정해 놓은 권리의 존속기간을 말하며, 이는 불안정한 권리를 일정한 기간 내에 확정하려는 제도이다.

4. 소멸시효의 기간과 효과

채권은 10년간 행사하지 아니하면 소멸시효가 완성한다(민법 제162조 제1항). 이 규정은 민법이나 다른 법령의 특별 규정에 10년보다 단기의 시효기간을 정한 이외의 모든 채권에 적용된다. 채권 및 소유권 외의 모든 재산권은 20년간 행사하지 아니하면 소멸시효가 완성한다(민법 제162조 제2항). 그러나 3년 또는 1년의 단기소멸시효에 걸리는 채권도 있다(민법 제163, 제164조 참조). 소멸시효는 권리를 행사할 수 있을 때로부터 진행하며(민법 제166조 제1항), 소멸시효의 효력은 그 기산일에 소급하여 효력이 생긴다(민법 제167조).

5. 소멸시효의 중단

시효의 중단이란 시효기간의 경과 중 시효의 바탕이 되는 사실상태와 상반되는 사실이 생긴 때에 이미 진행한 시효기간을 전혀 무효로 함을 말한다. 시효의 중단은 당사자 및 그 승계인 사이에만 효력이 있으며(민법 제169조), 시효가 중단된 때에는 중단까지의 경과한 시효기간은 이를 산입하지 아니하고 중단사유가 종료한 때로부터 새로이 진행한다(민법 제178조 제1항).

제 2 절 물권법

I. 의의

물권(物權)이란 권리자가 물건을 직접 지배하여 이익을 얻을 수 있는 배타적 권리이다. 물권법은 이러한 물권관계를 규율하는 법이다.

II. 물권의 특질

물권은 다음과 같은 점에서 채권과는 다른 특질을 갖는다. 먼저 물권은 권리자가 스스로 객체인 물건에 대하여 직접적·배타적으로 지배할 수 있는 권리이다(지배권). 물권을 가지는 사람은 특정인에 대하여 권리를 주장할 수 있는 것이 아니라 자신이 아닌 모든 사람에 대하여 권리를 주상할 수 있다(절대권).

III. 물권의 종류

1. 민법상 물권의 종류

민법은 점유권·소유권·지상권·지역권·전세권·유치권·질권·저당권의 8가지 종류의 물권을 인정한다.

1) 점유권
(1) 의의

점유권(占有權)이란 점유라는 사실 그 자체만으로 생기는 권리로, 지배하는 자에게 지배할 정당한 권리가 있느냐 없느냐와 관계없이 인정되는 권리이다. 점유권을 인정하는 이유는 사실상의 지배를 일단 권리라고 인정하여 보호함으로써 사회질서를 유지하는 것이다.

(2) 점유의 효력

점유자는 소유의 의사로 선의·평온·공연하게 점유한 것으로 추정하며(민법 제197조), 점유자가 점유물에 대해 행사하는 권리는 적법한 것으로 추정한다(민법 제200조). 선의의 점유자는 점유물에서 생기는 과실을 취득할 수 있으며(민법 제201조), 점유물의 훼손·멸실에 대한 책임이 경감된다(민법 제202조). 또한 점유자는 점유물에 관하여 비용을 지출한 경우에는 회복자에 대하여 일정한 범위 내에서 상환을 구상할 수 있다(민법 제203조). 점유자가 점유를 침탈당한 경우에는 방해배제를 청구할 수 있고(민법 제204조), 일정한 경우에는 자력으로 침해에 대한 방어와 회복을 청구할 수 있다(민법 제209조).

2) 소유권
(1) 의의

소유권(所有權)이란 타인의 개입 없이 물건을 사용·수익·처분 기타 방법으로 지배할 수 있는 완전한 권리이다. 소유권이 제한물권에 의해 일시적으로 제한받는 일이 있더라도 그 제한물권은 반드시 일시적이고, 그 제한물권이 없어지면 소유권은 당연히 원래 상태로 돌아오며 목적물이 멸실될 때까지 존재하여 그대로 방치하더라도 소멸시효에 걸리지 않는 항구성을 지닌다.

(2) 소유권의 취득

소유권을 취득하는 방법으로서는 원시취득과 승계취득이 있다. 취득시효, 선의취득, 무주물선점, 유실물습득, 매장물발견, 첨부 등은 원시취득의 원인이 되며, 매매, 증여 등과 같이 법률행위에 의한 취득과 상속, 공용징수 등과 같이 법률의 규정이 승계취득의 원인이 된다.

가. 취득시효

부동산의 경우 20년간 평온·공연하게 점유한 자는 등기함으로써 소유권을 취득하고, 또한 부동산의 소유자로 등기된 자는 10년간 소유의 의사로 평온·공연하게, 그리고 선의이며 과실없이 그 부동산을 점유한 경우 그 부동산의 소유권을 취득한다(민법 제245조). 동산의 경우 10년간 소유의 의사로 평온·공연하게 점유한 자는 그 소유권을 취득할 수 있는데, 그 점유가 선의·무과실로 개시된 때에는 5년간의 점유로서 그 소유권을 취득할 수 있다(민법 제246조).

나. 선의취득

평온·공연하게 동산을 양수한 자는 선의이며 과실없이 그 동산을 점유한 경우에는 양도인이 정당한 소유자가 아닌 때에도 즉시 그 동산을 취득한다(민법 제249조). 이 경우 그 물건이 도품·유실물인 경우에는 피해자나 유실자는 도난·유실한 날로부터 2년 내에 대가를 변상하지 않고 그 물건의 반환을 청구할 수 있다(민법 제250조). 다만 물건이 도품·유실물이라도 양수인이 경매, 공개시장, 같은 종류의 물건을 판매하는 상인에게서 선의로 매수한 경우에는 피해자 또는 유실자는 대가를 변상하고 반환을 청구할 수 있다(민법 제251조).

다. 무주물(無主物) 선점, 유실물(遺失物) 습득, 매장물(埋藏物) 발견

주인이 없는 동산을 소유할 의사를 가지고 점유한 자는 그 물건의 소유권을 취득한다(민법 제252조 제1항). 부동산의 경우 주인이 없을 경우에는 그 부동산은 국가의 소유로 된다(민법 제252조 제2항). 도품이 아닌 것으로서 점유자의 의사에 기하지 않고 점유를 이탈한 물건(유실물)을 습득한 자는 점유자나 경찰서에 돌려주어야 한다. 경찰서장은 물건을 반환받을 자에게 반환해야 하고, 반환받을 자를 알 수 없을 때에는 법률이 정한 바에 의해 6개월간 이를 공고한 후에도 소유자가 받아가지 아니할 때에는 습득자가 그 물건의 소유권을 취득한다(민법 제253조). 매장물을 발견한 자는 그 소유자에게 반환하여야 하지만, 소유자가 1년내에 반환을 청구하지 않으면 발견자가 그 물건의 소유권을 취득할

수 있다. 그러나 타인의 토지 기타 물건으로부터 발견한 매장물은 그 토지 기타 물건의 소유자와 발견자가 절반하여 취득한다(민법 제254조).

라. 첨부

첨부(添附)는 부합·혼화·가공을 총칭하는 것이다. 부합은 소유자가 다른 여러 개의 물건이 결합하여 쉽게 분리할 수 없는 1개의 물건이 되는 것을 말하고, 혼화란 소유자를 달리하는 물건이 혼합·융화되어 원물을 식별할 수 없게 되는 것을 말하며, 가공은 타인의 동산에 공작을 가하여 새로운 물건을 만드는 것을 말한다.

부동산의 소유자는 그 부동산에 부합한 물건의 소유권을 취득한다. 그러나 타인의 권원에 의해 부속된 것은 그렇지 않다(민법 제256조). 동산과 동산이 부합하여 훼손하지 않으면 분리할 수 없거나 그 분리에 과다한 비용을 필요한 경우에는 그 합성물의 소유권은 주된 동산의 소유자에게 속한다. 부합한 동산의 주종을 구별할 수 없는 때에는 동산의 소유자는 부합당시의 가액비율로 합성물을 공유한다(민법 제257조). 이 규정은 동산과 동산이 혼화(쌀과 콩의 혼합 등)하여 식별할 수 없는 경우에도 준용된다(민법 제258조).

타인의 동산을 가공한 때에는 그 물건의 소유권은 원재료의 소유자에게 속하지만, 가공으로 인한 가액의 증가가 원재료의 가액보다 현저히 다액인 때에는 가공자의 소유로 한다(민법 제259조 제1항).

(3) 공동소유

하나의 물건을 두 사람 이상이 소유하는 것을 공동소유라 한다. 민법은 공동소유의 형태로 공유·합유·총유를 규정하고 있다.

가. 공유(共有)

물건을 지분에 의해 다수인이 하나의 물건을 소유하는 형태이다. 공유물은 각자가 지분에 따라 사용·수익할 수 있고, 언제든지 공유물의 분할을 청구할 수 있다. 분할이 되면 각자는 지분에 따라 그 물건을 나누어 가지게 된다. 공유자는 다른 공유자의 동의없이 공유물을 처분할 수 없다. 다수인이 하나의 물건을 소유하는 경우에는 원칙적으로 공유로 추정되고, 지분은 공유자간에 약정할 수 있으며, 약정이 없는 경우에는 균등한 것으로 추정된다.

나. 합유(合有)

다수인이 조합체로서 물건을 소유하는 형태를 말한다. 이 경우 자신의 지분은 있지만, 그 물건의 분할을 청구할 수 없고 합유자 전원의 동의가 없으면 자신의 지분을 타인에게 양도할 수 없다.

다. 총유(總有)

법인이 아닌 사단의 사원이 집합체로서 물건을 소유하는 형태이다. 판례는 종중재산, 교회재산, 어촌계, 리·동재산 등은 구성원들의 총유재산이라고 한다. 이들 재산에 대해서는 구성원들은 분할청구를 할 수 없고, 공유나 합유에서 말하는 지분을 가지지 못한다. 이러한 재산은 구성원의 총회에서 사단의 정관 기타 계약에 의하여 재산관리에 관한 사항을 정하고 이들 정관 기타 계약에 따라 재산이 관리된다. 규약은 명시적으로 정한 것도 있지만, 종중(宗中)과 촌(村)의 경우에는 관습도 정관을 대신할 수 있다.

3) 지상권

지상권(地上權)이란 타인의 토지에 건물 기타 공작물이나 수목을 소유하기 위해 그 토지를 이용하는 권리이다. 지상권은 토지소유자와 지상권자의 약정과 지상권 등기로 발생한다. 지상권은 그 토지의 지표 위에만 미치는 것이 아니라 상하 전부에 미친다.

4) 지역권

지역권(地役權)이란 일정한 목적을 위해 타인의 토지를 자기 토지의 편익에 이용하는 권리이다. 즉, 일정한 토지의 이용가치를 증가시키기 위해 다른 토지에 지배를 미치는 권리가 지역권이며, 편익을 받는 토지를 요역지(要役地) 편익을 제공하는 토지를 승역지(承役地)라고 한다.

5) 전세권

전세권(傳貰權)이란 전세금을 지급하고 타인의 부동산을 점유하여 그 부동산의 용도에 좇아 사용·수익하며, 그 부동산 전부에 대하여 후순위 권리자 기타 채권자보다 전세금의 우선변제를 받을 수 있는 권리이다. 전세권은 타인의 부동산을 사용·수익한다는 점에서 용익물권이지만, 한편으로는 전세금의 반환채권에 대하여 담보물권으로서의 특질도 가지는 특수한 물권이다.

6) 유치권

유치권(留置權)이란 타인의 물건 또는 유가증권을 점유한 자가 그 물건이나 유가증권에 관하여 생긴 채권을 가지는 경우 그 채권을 변제받을 때까지 그 물건 또는 유가증권을 유치할 수 있는 권리이다. 예컨대, 시계를 수선한 자는 그 수선료를 지급받을 때까지 그 시계의 인도를 거절하고 계속하여 그 시계를 유치할 수 있는 권리이다.

7) 질권

질권(質權)이란 채권자가 채권의 담보로서 채무자 또는 제삼자(물상보증인)로부터 점유를 이전받은 동산 또는 부동산을 채무의 변제가 있을 때까지 유치함으로써 채무의 변제를 간접적으로 강제하는 동시에 변제가 없는 때에는 그 목적물로부터 다른 채권자에 우선하여 변제를 받는 권리이다.

8) 저당권

저당권(抵當權)이란 저당권자는 채무자 또는 제삼자가 점유를 이전하지 아니하고 채무의 담보로 제공한 부동산에 대하여 다른 채권자보다 자기채권의 우선변제를 받을 권리이다(민법 제356조).

2. 민법 외의 법률이 인정하는 물권

상법상 상사유치권·주식질권·선박저당권·선박채권자의 우선특권 등이 있으며, 특별법상 입목저당권·공장저당권 등이 있다.

3. 관습법에 의해 인정되는 물권

1) 분묘기지권

타인의 토지에 분묘를 설치한 자는 일정한 요건에 입각하여 그 분묘가 소재하는 토지에 대하여 지상권에 유사한 일종의 물권을 취득한다.

분묘기지권(墳墓基地權)은 판례에 의하여 인정되는 권리인데, ① 토지소유자의 승낙을 얻어 분묘를 설치한 경우, ② 토지소유자의 승낙을 받지 않았더라도 분묘를 설치하고 20년 동안 평온·공연하게 점유함으로써 시효로 인하여 취득한 경우, ③ 자기 소유의 토지에 분묘를 설치한 자가 분묘에 관해서는 별도의 특약이 없이 토지만을 타인에게 처분한 경우 가운데 한 가지 요건만 갖추면 성립한다고 하였다. 그러나 2001년 1월 13일부터 시행된 「장사(葬事) 등에 관한 법률」에 의해 토지 소유자 또는 묘지 연고자의 승낙없이 타인의 토지 또는 묘지에 설치된 분묘의 연고자는 그 분묘의 보존을 위한 권리를 주장할 수 없게 되었고, 공설묘지·사설묘지에 설치된 분묘의 설치기간은 15년으로 하며, 그 설치기간이 경과한 경우에는 15년씩 3회에 한하여 해당 설치기간을 연장할 수 있다. 따라서 이 법 시행일 이후부터 분묘기지권의 취득과 그 존속기간에 대한 제한을 받게 되었다.

2) 관습법상의 법정지상권

동일인의 소유에 속하는 토지와 그 토지상의 건물이 매매 등으로 각각 소유자를 달리하게 된 경우에는 특히 그 건물을 철거한다는 별도의 특약이 없는 한 건물의 소유자는 그 토지 위에 관습법상의 법정지상권(法定地上權)을 취득한다.

Ⅳ. 물권법정주의

물권은 특정한 사람에 대한 권리가 아니라 물권자가 아닌 모든 사람에게 주장할 수 있는 권리이기 때문에, 그 권리의 존재를 제삼자가 알 수 있도록 외부에 표상할 수 있는 방법(공시방법)의 확보가 매우 중요하다. 그런데 물권의 종류와 내용을 당사자가 임의로 창설할 수 있다면 이러한 모든 물권에 대한 공시방법의 확보는 매우 곤란할 것이다. 이러한 이유 등으로 인해 민법 제185조는 물권은 법률 또는 관습법에 의하지 않고서는 물권을 임의로 창설하지 못하도록 규정하고 있는데, 이를 물권법정주의(物權法定主義)라고 한다.

Ⅴ. 물권의 주체와 객체

1. 물권의 주체

물권의 주체는 법률관계 일반에 있어서의 주체와 마찬가지로 자연인과 법인이다.

2. 물권의 객체

1) 물권의 객체가 되는 물건

물권의 객체가 되는 것은 원칙적으로 '특정되고 독립한 물건'이다. 이때 물건이라 함은 유체물 및 전기 기타 관리할 수 있는 자연력을 말한다(민법 제98조). 물건은 동산 및 부동산으로 나누어진다. 물권의 객체가 되는 물건은 독립한 것, 즉 거래상 하나의 물건으로 생각되는 독립물이어야 하므로 물건의 일부나 구성부분은 원칙적으로 하나의 물권의 객체가 되지 못한다. 예외적으로 각종의 용익물권에 관하여 1필의 토지 일부나 1동의 건물 일부 위에 이를 설정하는 것은 인정된다.

2) 일물일권주의

하나의 물권에 대한 객체는 하나의 독립한 물건이어야 하는데, 이를 일물일권주의(一物一權主義)라고 한다. 일물일권주의에 의해 하나의 물건 위에는 앞의 물권과 동일한 내용을 갖는 물권은 다시 성립할 수 없지만, 소유권과 제한물권과 같이 서로 내용이 다른 물권의 경우에는 하나의 물건 위에 동시에 성립할 수 있다.

Ⅵ. 물권의 효력

민법이 인정하는 8가지 물권에는 물권이라는 공통의 요소를 중심으로 한 일반적 효력이 있는데, 이러한 효력으로 우선적 효력과 물권적 청구권이 있다.

1. 우선적 효력

1) 물권상호간의 우선적 효력

동일물 위에 성립하는 물권상호간에 있어서는 시간적으로 먼저 성립한 물권이 뒤에 성립한 물권에 우선한다. 그리하여 같은 부동산 위에 설정된 복수의 저당권은 성립의 시기에 따라 순위를 가지게 되며 1번 저당권, 2번 저당권 등으로 구별되며, 선순위의 권리는 후순위의 권리에 우선한다.

2) 채권에 우선하는 효력

동일물에 대하여 물권과 채권이 병존하는 경우에는 그 성립의 선후와는 관계없이 물권이 우선한다. 채권에 대한 물권의 우선적 효력은 채무자가 파산하거나 채무자의 채권자가 강제집행을 하는 경우에 두드러지게 나타난다.

2. 물권적 청구권

물권적 청구권이란 물권 내용의 실현이 어떤 사정으로 말미암아 방해를 받고 있거나 방해를 받을 염려가 있는 경우에 물권자가 방해자에 대하여 그 방해의 제거 또는 예방에 필요한 일정한 행위를 청구할 수 있는 권리로서 구체적으로는 다음과 같다.

1) 물권적 반환청구권

타인이 권원 없이 물권의 목적물을 점유함으로써 물권이 침해되는 경우에 인정되는 것이다. 즉, 목적물에 대한 점유를 빼앗긴 경우 이를 점유하는 자에 대하여 그 반환을 청구해서 빼앗긴 점유를 회복하는 것을 내용으로 한다.

2) 물권적 방해제거청구권

물건의 점유를 전면적으로 침해하는 것 외의 방법으로서 물권의 정상적인 실현이 방해를 받고 있는 경우에 방해자에 대하여 방해의 제거를 청구하는 것을 내용으로 하는 권리이다.

3) 물권적 방해예방청구권

물권이 현재 방해를 받고 있지는 않아도 장차 방해를 받을 염려가 있는 경우 물권자가 그 방해의 위험을 유지하는 자에 대하여 그 방해의 예방을 청구하는 권리이다.

Ⅶ. 물권의 변동

1. 의의

물권의 변동이란 물권의 발생·변경·소멸을 말한다. 이와 같은 물권변동은 그 원인이 되는 법률요건을 갖추어야 하는바, 이 법률요건으로는 법률행위와 법률의 규정의 두 가지가 있다. 법률행위로 인한 물권변동은 직접 물권변동의 효과를 발생시킬 것을 내용으로 하는 법률행위(물권행위)에 의해 물권이 변동되는 것이고, 법률의 규정에 의한 물권변동이란 시효, 혼동, 무주물 선점, 유실물 습득, 매장물 발견, 첨부, 상속, 공용 등의 경우에 있어서와 같이 당사자의 의사를 묻지 않고 법률상 당연히 물권변동이라는 법률효과가 발생하는 경우를 말한다.

2. 물권의 변동과 공시제도

물권은 배타성을 가지는 지배권으로서 어느 물건에 대한 누군가의 권리가 존재함을 일정한 표지에 의해 타인이 이를 알 수 있도록 해야 할 필요가 있는 바, 이를 해결하기 위한 것이 공시제도(公示制度)이다. 물권의 변동을 나타내는 공시방법은 동산은 점유의 이전(인도)이고, 부동산은 등기이다. 이 밖에 관습법상으로 인정되는 공시제도로서 수목의 집단이나 미분리 과실 등에 대하여는 명인방법(明認方法)이라는 특수한 공시제도가 있다.

3. 부동산물권의 변동과 등기

1) 등기의 의의

등기(登記)란 등기공무원이 부동산에 관해 등기능력이 있는 권리관계를 부동산등기부라는 공부에 기재하는 것을 말한다. 부동산의 소유권자가 누구이며 그 위에 누가 어떠한 권리를 가졌느냐의 여부를 외부에 공시함으로써 거래안전을 꾀하는 제도이다.

2) 등기의 유효성과 관련한 문제

(1) 이중보존등기

이중보전등기란 하나의 부동산에 대하여 두 개의 보존등기가 있는 것이다. 동일인 명의로 중복하여 보존등기가 이루어진 경우와 등기명의인을 달리하여 소유권보존등기가 이루어진 경우를 들 수 있다. 전자의 경우에 판례는 실체관계를 묻지 않고 등기의 선후에 따라 후의 등기를 무효로 처리한다(대법원 1981. 11. 18. 선고 81다1340 판결). 후자의 경우에 대하여 학설은 대체로 실체관계를 따져서 진정한 소유권에 바탕을 둔 보존등기의 유효성을 인정해야 한다는 입장이지만, 판례는 이중으로 경료된 소유권보존등기는 실체관계를 묻지 않고 후에 이루어진 등기가 절차상 무효라는 입장이다(대법원 1990. 11. 27. 선고 87다카2961, 87다453 전원합의체 판결).

(2) 중간생략등기

부동산이 A에게서 B에게로, 다시 B에게서 C에게로 전매된 경우 중간자인 B에게로의 등기를 생략한 채 A로부터 바로 C 앞으로 소유권이전등기를 하는 경우를 중간생략등기라 한다. 이는 중간자의 탈세 등의 목적을 위해 자주 이용되는 것이다. 판례는 이러한 중간생략등기에 대하여 A·B·C 전원이 중간생략등기에 관하여 합의를 하였을 경우에는 그 등기의 유효성을 인정한다(대법원 1994. 5. 24. 선고 93다47738 판결).

제 3 절   채권법

Ⅰ. 의의

채권이란 특정인(채권자)이 다른 특정인(채무자)에 대하여 일정한 행위(급부)를 청구하는 것을 내용으로 하는 권리로서 이러한 채권관계를 규율하고 채권의 실현을 강제하기 위한 법규가 채권법(債權法)이다. 채권법의 중심을 이루는 것은 '민법 제3편 채권(제373조~제766조)'이고, 이외에 특별법으로서 「주택임대차보호법」이나 「약관의 규제에 관한 법률」 등이 있다.

Ⅱ. 특질

물권법과 더불어 재산관계를 규율하는 채권법은 물권법과 비교할 때에 다음과 같은 특질을 가진다. 물권은 대세권 또는 절대권이지만, 채권은 특정의 상대방(채무자)에 대하여만 주장할 수 있다는 점에서 대인권 또는 상대권이다. 또한 물권은 하나의 물건 위에서로 양립할 수 없는 내용의 권리가 두 개 이상 동시에 성립할 수 없음을 의미하는 배타성을 가짐에 반하여, 채권은 이러한 배타성이 없으므로 같은 내용을 가진 채권이 동시에 둘 이상 병존해도 무방하며, 이때 병존하는 채권은 모두 평등하며 성립시기의 선후에 의한 우열의 차이가 없다(채권자평등의 원칙).

Ⅲ. 채권의 목적

1. 특정물채권

특정물채권(特定物債權)은 특정물의 인도를 목적으로 하는 채권을 말한다. 이것은 종류물의 인도를 목적으로 하는 종류채권(불특정물채권)과 대비된다. 특정물채권은 채권이 성립할 때부터 특정물의 인도를 목적으로 하는 경우뿐만 아니라 종류채권이나 선택채권과 같이 채권이 성립할 때에는 급부가 불특정한 경우에도 그 후 특정이 될 때에는 그 때부터 특정물채권이 된다.

특정물의 인도가 채권의 목적인 때에는 채무자는 그 물건을 인도하기까지 선량한 관리자의 주의(선관주의)로 보존해야 한다. 채무자가 이에 위반하여 목적물을 멸실 또는 훼손한 경우에는 채무자는 채무불이행책임을 진다.

2. 종류채권

종류채권(種類債權)이란 일정한 종류에 속하는 물건 중에서 일정량의 인도를 목적으로 하는 채권이다. 예컨대, A 회사 맥주 1상자를 주문하는 것처럼 일정한 종류에 속하는 물건의 일정량이면 어느 것이라도 좋다. 종류채권에서는 종류에 속하는 물건 가운데에서 어느 것을 인도할 것인지가 특정되어 있지 않다는 의미에서 이를 불특정물채권이라고도 한다.

3. 금전채권

금전채권(金錢債權)은 일정액의 금전 인도를 목적으로 하는 채권을 말한다. 이 채권을 발생시키는 원인으로는 증여·소비대차·매매·임대차·고용·도급·임치 등이 있다. 또한 채무불이행이나 불법행위로 인한 손해는 금전으로 배상함이 원칙이다.

4. 이자채권

이자채권(利子債權)은 이자의 급부를 목적으로 하는 채권이다. 민법은 이자에 관해 명문으로 규정하고 있지 않지만, 일반적으로 '금전 기타의 대체물의 사용 대가로서 원본액과 사용기간에 비례하여 지급되는 금전 기타의 대체물'이라 정의할 수 있다. 이자는 금전인 것이 보통이지만, 대체물도 이자가 될 수 있다.

민사상 금전소비대차는 이자가 없는 것이 원칙이므로 이자약정이 없으면 약정이자는 당연히 없으며, 이자약정은 있지만 이율이 없는 경우에는 민사채권은 연 5%의 법정이율이 적용된다(제379조). 그리고 변제기 도과후에는 지연이자가 붙게 되는데, 그 이율은 법정이율을 따른다. 다만 변제기 도과 후의 이자에 대하여 약정이 있었던 경우에는 지연이자는 그 약정이율로 한다. 이자는 당사자의 계약으로 정하는 것이지만, 이자율을 고율로 정하면 사회적 약자인 채무자를 곤란하게 만들 가능성이 있어 일정한 비율이상으로 이자를 정하는 것을 금지하고 있는데, 이 법률이 이자제한법이다. 이자제한법에 의하면 금전대차에 관한 계약상의 최고 이자율은 연 20퍼센트를 초과하지 않는 범위에서 대통령령으로 정하되 대차원금이 10만원 미만인 대차의 이자에 관하여는 적용되지 않으며, 계약상의 이자로서 최고이자율을 초과하는 부분은 무효로 한다.

5. 선택채권

선택채권(選擇債權)이란 채권의 목적이 선택적으로 정해져 있고, 선택으로 다수의 급부 가운데 어느 하나가 채권의 목적으로 확정되는 채권이다. 선택해야 할 여러 가지 급부는 선택할 가치가 있을 정도로 각각 다른 개성을 가지고 또한 독립한 가치를 가지는 것이어야 한다. 선택채권을 이행하기 위해서는 여러 개의 급부 가운데 어느 한 개를 결정하지 않으면 안 된다. 선택채권에서 급부를 정하는 권리를 선택권이라고 한다. 선택권을 가진 자를 선택권자라고 하는데, 선택권자는 당사자의 약정으로 정하지만 별도로 선택권자를 정해지지 않은 경우 채무자가 선택권을 가진다(민법 제380조).

6. 임의채권

임의채권(任意債權)이란 채권의 목적은 하나의 급부에 특정되어 있으나, 채권자 또는 채무자가 다른 급부를 가지고 본래의 급부에 갈음할 수 있는 권리(대용권·보충권)를 가지는 채권을 말한다.

Ⅳ. 채권의 발생

채권이 발생하게 되는 원인으로는 크게 두 가지로 나눌 수 있다. 하나는 채권·채무의 발생을 의욕하는 당사자간의 합의에 의한 것이고, 다른 하나는 당사자의 의사에 의하지 아니한 그 외의 모든 경우에 의한 것이다. 이때 전자를 '법률행위에 의한 채권의 발생'이라 하고, 후자를 '법률의 규정에 의한 채권의 발생'이라 한다.

1. 법률행위에 의한 채권의 발생

민법상 법률행위는 의사표시의 수 및 그 결합형태에 따라 단독행위·계약·합동행위 등의 세 가지로 나누어진다. 여기서 ① 단독행위란 한 개의 의사표시만으로 성립하는 법률행위이며, ② 계약은 서로 대립되는 두 개의 의사표시(청약이라는 의사표시와 승낙이라는 의사표시)의 합치에 의해 성립하는 법률행위를 말한다. 그리고 ③ 합동행위는 상호 대립적인 것이 아니라 공동목적을 위한 평행적·구심적인 2개 이상의 의사표시로 이루어진 법률행위이다(합동행위도 특수한 계약으로 보는 견해도 있다).

1) 단독행위에 의한 채권의 발생

민법은 유언과 재단법인 설립행위만을 단독행위에 의해 채권이 발생하는 경우로 규정하고 있을 뿐이다. 이외에 단독행위에 의해 채권관계가 발생하는 경우는 매우 드물다.

2) 계약에 의한 채권의 발생

계약은 두 당사자간에 서로 대립하는 두 개의 의사표시가 합치됨으로써 성립한다. 민법은 채권 발생원인의 하나인 계약에 대하여 근대 시민사회에서 많이 행하여지는 전형적인 15가지의 계약, 즉 증여·매매·교환·소비대차·사용대차·임대차·여행계약·고용·도급·현상광고·위임·임치·조합·종신정기금·화해에 대한 규정을 두고 있다. 다만 이들 전형계약은 예시적인 것에 불과하고, 다른 형태의 계약도 언제든지 존재할 수 있다.

(1) 증여(贈與)

증여는 당사자 일방(증여자)이 무상으로 재산을 상대방(수증자)에게 수여하는 의사표시를 하고 상대방이 이를 승낙함으로써 그 효력이 생기는 무상계약이다. 증여의 목적인 물건에 하자가 있거나 권리에 흠결이 있더라도 증여자는 그에 대한 담보책임을 지지 않는 것이 원칙이다. 증여의 의사가 서면으로 표시되지 않은 경우에는 각 당사자는 이를 해제할 수 있다.

(2) 매매(賣買)

매매는 당사자 일방(매도인)이 재산권을 상대방(매수인)에게 이전할 것을 약정하고 상대방이 그 대금을 지급할 것을 약정함으로써 효력이 생기는 유상계약이다. 계약을 체결할 때에 당사자의 일방이 상대방에게 교부하는 금전 기타의 유가물을 계약금이라 한다. 당사자 사이에 특별한 약정이 없는 때에는 이 계약금은 해약금으로 추정된다. 따라서 계약금을 교부한 자는 이를 포기하고, 계약금을 수령한 자는 그 배액을 상환하여 각각 매매계약을 해제할 수 있다(민법 제585조)·

매도인은 매매의 목적물인 재산권을 매수인에게 이전할 채무를 진다. 또한 매매에 의해 매수인이 취득하는 권리에 흠결이 있거나 권리의 객체인 물건에 하자가 있는 때에는 매도인의 과실유무를 묻지 않고 매수인을 보호하여 매도인은 일정한 책임(매도인의 담보책임)을 진다. 그 내용은 대금감액, 계약해제, 완전물급부청구, 손해배상 등이다.

(3) 교환(交換)

교환은 당사자 쌍방이 금전 외의 재산권을 상호 이전할 것을 약정함으로써 성립하는 계약이다. 교환은 유상계약이므로 매매에 관한 규정이 준용된다.

(4) 소비대차(消費貸借)

소비대차는 당사자 일방(대주)이 금전 기타 대체물의 소유권을 상대방에게 이전할 것을 약정하고, 상대방(차주)은 그와 같은 종류·품질 및 수량으로 반환할 것을 약정함으로써 성립하는 계약이다. 차주가 빌린 물건 그 자체를 반환하지 않고 다른 동종·동질·동량의 것을 반환하면 된나는 점에서 다른 대차형식의 계약, 즉 사용대차나 임대차와는 다르다.

(5) 사용대차(使用貸借)

사용대차는 당사자 일방이 상대방에게 무상으로 사용·수익하도록 하기 위해 목적물을 인도할 것을 약정하고, 상대방은 이를 사용·수익한 후 그 물건을 반환할 것을 약정함으로써 성립하는 계약이다.

(6) 임대차(賃貸借)

임대차는 당사자 일방(임대인)이 상대방에게 목적물을 사용·수익하도록 할 것을 약정하고 상대방(임차인)이 이에 대하여 차임을 지급할 것을 약정함으로써 성립하는 계약이다.

(7) 고용(雇傭)

고용은 당사자 일방(노무자)이 상대방(사용자)에 대하여 노무를 제공할 것을 약정하고 상대방이 이에 대하여 보수를 지급할 것을 약정함으로써 성립하는 계약이다.

(8) 도급(都給)

도급은 당사자 일방(수급인)이 어느 일을 완성할 것을 약정하고 상대방(도급인)이 그 일의 결과에 대하여 보수를 지급할 것을 약정함으로써 성립하는 계약이다.

(9) 현상광고(懸賞廣告)

현상광고는 광고자가 어느 행위를 한 자에게 일정한 보수를 지급할 의사를 광고의 방법으로 표시하고 이에 응한 자가 그 광고에 정한 행위를 완료함으로써 성립하는 계약이다. 광고에서 지정한 행위를 완료한 자 중에서 우수한 자에게만 보수를 지급하는 것이 우수현상광고이다.

(10) 위임(委任)

위임은 당사자 일방(위임인)이 상대방(수임인)에 대하여 사무의 처리를 위탁하고 상대방이 이를 승낙함으로써 성립하는 계약이다. 예컨대, 변호사에게 소송대리인으로서 소송을 수행하는 것을 부탁하는 것이나, 법무사에게 소송서류의 작성이나 등기의 신청을 부탁하는 것 등을 들 수 있다.

(11) 임치(任置)

임치는 당사자 일방(임치인)이 상대방(수치인)에 대하여 금전이나 유가증권 기타 물건의 보관을 위탁하는 것을 내용으로 하는 계약이다. 임치는 무상·편무계약을 원칙으로 하지만, 특약이나 관습에 따라 보수를 지급하기로 한 때에는 유상·쌍무계약이다.

(12) 조합(組合)

조합은 2인 이상의 조합원이 서로 출자를 하여 공동사업을 경영할 것을 약정함으로써 성립하는 계약이다. 민법상의 조합은 노동조합이나 농협과 같은 특별법상의 조합과는 구별된다.

(13) 종신정기금(終身定期金)

종신정기금계약은 당사자의 일방이 자기나 상대방 또는 제3자의 종신(사망)까지 정기로 금전을 기타의 물건을 상대방 또는 제3자에게 지급할 것을 약정함으로써 성립하는 계약이다.

(14) 화해(和解)

화해는 당사자가 서로 양보하여 당사자간의 분쟁을 정지할 것을 약정함으로써 성립하는 계약이다. 예컨대, A는 B에게 불법행위로 손해를 주었는데, B의 자신의 손해로 2,000만원을 청구하였고 A는 B의 손해가 1,000만원 밖에 되지 않는다고 주장하였는데, A와 B가 서로 양보하여 A가 B에게 1,500만원의 손해배상금을 주고 분쟁을 종식하는 것으로 합의한 경우가 화해의 예이다.

3) 합동행위에 의한 채권의 발생

합동행위의 일반적인 예로 재단법인 설립행위가 있지만 이는 설립자 전체가 합동하여 법인설립이라는 목적에 협력하는 것이지, 상호간에 채권·채무를 발생시키는 것과는 거리가 멀다는 것이 다수설의 견해이다.

2. 법률규정에 의한 채권의 발생

채권법의 규정에 의한 채권의 발생원인으로는 사무관리·부당이득·불법행위의 3가지가 있다.

1) 사무관리

사무관리(事務管理)란 의무없이 타인을 위해 사무를 처리하는 행위를 말한다. 예컨대, 이웃 사람의 출타 중에 수금하러 온 우윳값·신문 구독료 등을 지급하거나 집을 잃은 어린이에게 음식물을 제공하는 것과 같다. 민법은 이러한 사무관리를 사회부조 내지 사회연대의 차원에서 적법한 행위로 평가하여 관리자와 본인간에 일정한 법정채권관계를 설정하고 있다. 법정채권관계의 주요 내용은 관리자가 관리행위를 통해 지출한 비용을 상환해주도록 하고, 한편 관리자는 관리행위를 통해 받은 금전 등을 본인에게 인도하고 아울러 본인의 의사나 이익에 부합하도록 관리를 할 의무를 진다.

2) 부당이득

부당이득(不當利得)은 법률상의 원인 없이 타인의 재산 또는 노무로 인하여 이익을 얻고 이로 인하여 타인에게 손해를 준 경우에 그 이득을 반환하는 제도이다. 예컨대, 채무자가 그의 채무를 이행하였음에도 불구하고 그 변제한 사실을 잊고 채권자에게 2중으로 또 다시 변제를 하였다면 두 번째 변제의 수령을 법률상 정당화할 근거가 없으므로 채권자는 법률상 원인없이 이득을 얻은 것이 되며, 그 이득은 채무자에게 돌려주어야 한다.

부당이득과 관련하여 비채변제(非債辨濟)와 불법원인급여가 문제된다. 비채변제란 채무가 없음에도 불구하고 채무가 있는 것으로 잘못 알고 변제한 경우를 말한다. 채무가 없는데도 변제를 한 경우에는 변제자는 부당이득을 원인으로 반환청구를 할 수 있는 것이 원칙이지만, 민법은 채무가 없음을 변제자가 알면서 변제한 경우(악의의 비채변제)에는 그 반환을 청구할 수 없도록 하고 있다(민법 제742조). 채무가 없는 것을 알면서 변제하는 행위를 한 자를 법이 보호할 필요가 없다는 것이 그 취지이다. 또한 민법은 변제기에 있지 아니한 채무를 변제(기한 전의 변제)한 때에는 그 반환을 청구하지 못하도록 하고 있지만, 채무자가 착오로 인하여 변제한 때에는 채권자는 이로 인하여 얻은 이익을 반환해야 한다. 그리고 채무없는 자가 착오로 인하여 변제한 경우에 그 변제가 도의관념에 적합한 때에는 그 반환을 청구하지 못하며, 채무자 아닌 자가 착오로 인하여 타인의 채무를 변제한 경우에 채권자가 선의로 증서를 훼멸 또는 담보를 포기하거나, 시효로 그 채권을 잃은 때에는 변제자는 그 반환을 청구하지 못한다. 이 경우에 변제자는 채무자에 대하여 구상권을 행사할 수 있다.

불법원인급여(不法原因給與)란 불법한 원인에 기하여 행해진 급부를 말한다. 민법 제746조는 불법의 원인으로 인하여 재산을 급여하거나 노무를 제공한 때에는 그 이익의 반환을 청구하지 못하도록 규정하고 있다. 이는 사회적 타당성이 없는 행위의 결과를 복구하려는 자에 대하여 법이 협력할 수 없다는 취지에서 인정되는 제도이다. 예컨대, 도박으로 생긴 채무를 이행하기 위하여 금전을 지급했다거나 첩(妾)관계의 계속을 조건으로 금품을 주는 경우 등을 들 수 있다. 이 경우 채무를 이행한 자는 반환을 청구할 수 없다. 그러나 그 불법원인이 수익자에게만 있는 때에는 예외적으로 급여자의 반환청구를 인정한다(민법 제746조).

3) 불법행위

불법행위(不法行爲)는 법률의 근본목적에 어긋나고, 법률질서를 깨뜨리는 행위로서 법률이 그 본질상 이를 허용할 수 없는 것으로 평가하는 행위이다. 구체적으로는 타인에게 손해를 주는 위법한 행위이며, 행위자는 그의 행위로 말미암아 생긴 손해를 피해자에게 배상해야 한다. 이러한 취지에서 민법 제750조는 고의 또는 과실로 인한 위법행위로 타인에게 손해를 가한 자는 그 손해를 배상할 책임이 있다고 규정하고 있다. 손해배상은 금전으로 한다. 손해배상의 범위는 채무불이행에서와 같이 가해행위와 상당인과관계에 있는 손해의 전부를 배상해야 한다. 재산적 손해뿐만 아니라 정신적 손해(위자료)도 포함된다.

V. 채권의 효력

채권은 채권자가 채무자에 대하여 일정한 급부를 청구하는 권리이므로 채무자가 채무의 내용에 좇아 급부를 함으로써 채권의 내용이 실현된다. 따라서 채권의 기본적 효력은 채무자에 대하여 급부를 청구하고(청구력), 채무자가 한 급부를 수령하여 이를 적법하게 보유하는 데 있다(급부보유력). 채무자가 채무를 이행하지 않으면 채권자는 법원에 민사소송을 제기하여 채무의 이행을 명하는 판결을 받을 수 있다(소구력). 이러한 채권의 기본적 효력 외에 민법이 채권의 효력이라 하여 제387조 내지 제407조에서 규정하는 내용은 크게 3가지로 나눌 수 있다. 채무불이행과 그에 대한 구제로서의 강제이행과 손해배상, 책임재산의 보전을 위한 제도로서 채권자대위권과 채권자취소권, 채권자지체가 그것이다.

1. 채무불이행과 그 구제

채무자가 채무의 내용에 좇은 이행을 하지 아니한 때에는 채권자는 손해배상을 청구할 수 있다. 그러나 채무자의 고의나 과실없이 이행할 수 없게 된 때에는 그러하지 아니하다(민법 제390조). 여기서 채무자가 채무의 내용에 좇은 이행을 하지 아니한 것이 채무불이행이다. 민법은 채무불이행의 모습으로 이행지체와 이행불능 두 가지를 예정하고 있다.

1) 이행지체

이행지체(履行遲滯)란 채무자가 이행기에 있고 또한 그 이행이 가능함에도 불구하고 채무자가 그에게 책임있는 사유(귀책사유)로 위법하게 채무의 내용을 좇은 이행을 하지 않음을 말한다. '채무자지체'라고도 한다. 채무자의 이행지체가 있게 되면 채권자는 그 강제이행을 법원에 소구하여 채권의 만족을 꾀할 수 있다. 또한 채권자는 지체로 말미암아 생긴 손해의 배상, 즉 지연배상을 청구할 수 있다. 뿐만 아니라 채권자가 상당한 기간을 정하여 이행을 최고해도 그 기간 내에 이행하지 않거나 지체 후의 이행이 채권자에게 이익이 없는 때에는 채권자는 수령을 거절하고 이행에 갈음한 손해배상을 청구할 수 있다. 또한 계약에서 생긴 채무의 이행지체가 있는 경우 채권자는 일정한 요건에 따라 그 계약을 해제할 수 있다.

2) 이행불능

이행불능(履行不能)이란 채권이 성립한 후에 채무자의 귀책사유로 이행이 불가능하게 된 경우를 말한다. 이행불능의 경우에는 이행이 불가능하기 때문에 이행이 가능한 이행지체와 같이 본래의 급부에 대한 강제이행을 구할 수는 없다. 다만, 이행불능으로 인해 손해가 발생한 경우 채권자는 그 손해의 배상을 청구할 수 있고, 계약에 기초하여 채권·채무가 이행불능인 경우에는 채권자는 그 계약을 해제할 수 있는 등의 방법이 있다.

3) 불완전이행(적극적 채권침해)

채무자가 채무의 이행으로서 이행행위를 하였으나, 그것이 채무내용을 좇은 완전한 이행이 아니라, 하자있는 불완전한 이행이었기 때문에 채권자에게 손해가 생긴 경우를 불완전이행이라 한다. 예컨대, 수리공에게 지붕의 기와를 교체하는 일을 맡겼는데, 작업을 불완전하게 행하여 며칠 후에 내린 큰 비로 빗물이 새어 상당한 손해를 입은 경우 등이다.

불완전이행의 모습으로는 채무의 이행 자체를 불완전하게 하여 단순하게 계약의 목적을 달성하지 못한 경우와 그 불완전한 이행으로 부가적 손해가 발생한 경우의 두 가지가 있다. 불완전이행이 생긴 경우 이행지체 또는 이행불능으로 손해배상을 청구할 수 있고 특히 불완전이행으로 부가적 손해가 생긴 경우 불완전이행으로 인하여 생긴 부가적 손해의 배상도 청구할 수 있다.

2. 책임재산의 보전

채무자의 일반재산은 채권자의 최후의 담보가 되므로 민법은 채무자의 일반재산의 부당한 감소를 방지하기 위해 다음 두 가지 제도를 마련하고 있다.

1) 채권자대위권

채권자대위권(債權者代位權)이란 채권자가 자기의 채권을 보전하기 위해 채무자의 권리를 행사할 수 있는 권리를 말한다. 예컨대, A의 채무자인 B가 B자신의 채무자 C(제삼채무자)에 대하여 채권을 가지고 있음에도 불구하고 이를 행사하지 않고 있는 경우 B의 채권자 A가 이 B의 권리를 행사하고, B에 갈음하여 C로부터 그 급부를 추심해서 이를 B의 일반재산에 포함시키는 것 등이다.

2) 채권자취소권

채권자취소권(債權者取消權)이란 채무자가 자신의 채권자를 해함을 알면서 행한 채무자의 법률행위(사해행위)를 취소하여 채무자의 책임재산을 회복할 수 있는 채권자의 권리이다. 예컨대, A로부터 1천만원을 빌려 사용하고 있는 B가 그의 유일한 값진 재산인 아파트를 친구 C에게 증여하여 무자력으로 되어 버린 경우 A는 자신의 채권을 확보하기 불가능한 처지에 놓이게 된다. 이 경우 채권자 A가 위의 증여를 채권자를 해하는 행위(사해행위)로서 취소하고, 그 아파트를 C로부터 B에게로 회복시킬 수 있는 권리가 채권자취소권이다.

3. 채권자지체

채무자가 자신의 채무를 이행하기 위해 채무내용을 좇은 이행의 제공을 하였음에도 불구하고 채권자가 그것을 수령하지 않거나 기타의 협력을 하지 않았기 때문에 또는 협력을 할 수 없었기 때문에 이행이 지연되고 있는 상태를 채권자지체(債權者遲滯) 내지 수령지체(受領遲滯)라고 한다. 이때 채무자는 채권자지체로 생긴 손해의 배상을 청구할 수 있으며, 상당한 기간을 정하여 채권자에게 수령을 최고하고 그 기간 내에 수령하지 않으면 계약을 해제할 수 있다. 채권자지체 중 채무자의 주의의무는 경감되어, 채무자는 고의 또는 중대한 과실이 있는 경우에만 책임을 지고 경과실만 있는 경우에는 책임을 지지 않는다. 그리고 채무자의 경우 채권자지체 중에는 채권이 이자있는 것일지라도 그 이자를 지급할 의무가 없다. 채권자지체로 인하여 목적물의 보관 또는 변제의 비용이 증가된 때 채무자는 그 증가액을 채권자에게 청구할 수 있다.

VI. 다수당사자의 채권관계

채권관계의 당사자인 채권자 및 채무자는 각각 한 사람씩 있는 것이 보통이나 경우에는 따라서는 채무 또는 채권은 하나인데, 이 지급에 관하여 복수의 채권자 또는 채무자가 관여하는 경우가 있다. 이와 같은 경우를 다수당사자의 채권관계라고 하며, 이에는 다음과 같은 종류가 있다.

1. 분할채권관계

분할(가분)채권관계란 분할될 수 있는 하나의 거래에서 수인의 채권자 또는 수인의 채무자가 있고, 채권 또는 채무가 수인의 채권자 또는 채무자에게 분할하여 이행할 수 있는 경우의 다수당사자간의 채권관계이다. 채권자나 채무자가 다수인 경우 특별한 의사표시가 없으면 각 채권자 또는 채무자는 균등한 비율로 권리를 가지며 의무를 부담한다.

2. 불가분채권관계

채권자 또는 채무자가 다수이면서 채권의 목적물이 분할되어 이행될 수 없는 경우(소 한 마리의 인도채권 등)의 채권관계를 불가분채권관계라고 한다. 채권자가 다수인 때(불가분채권)에는 각 채권자는 모든 채권자를 위해 전부의 이행을 단독으로 청구할 수 있고, 채무자가 어떤 1인의 채권자에 대하여 이행한 때에는 모든 채권자에 대한 이행이 된다. 또 채무자가 다수인 경우(불가분채무) 1인의 채무자가 전부의 이행을 하면 채권은 소멸되고, 그는 다른 채무자에 대하여 구상권을 갖는다.

3. 연대채무

연대채무(連帶債務)란 수인의 채무자가 동일내용의 급부에 관하여 각자 독립적으로 전부의 급부를 해야 할 채무를 부담하고, 이 중 1인의 급부가 있으면 다른 채무자도 채무를 면하는 채권관계를 말한다. 연대채무는 보증채무와 더불어 인적 담보의 기능을 하지만, 각 채무자간에 주종관계가 없다는 점이 보증채무와 다르다. 채권자는 채무자에 대하여 마치 따로 독립한 채무자에 대한 것처럼 전부이행을 청구할 수 있으므로 그 채권의 효력은 매우 강하다.

연대채무의 납부관계에서는 각자의 부담부분이 정해져 있고, 비율이 불분명한 때에는 균등한 것으로 추정한다(민법 제424조). 연대채무자 중의 1인이 자기의 부담부분을 넘어서 변제하였을 때 그 채무자는 다른 연채채무자의 대하여 구상권을 행사할 수 있다(민법 제425조).

4. 보증채무

보증채무(保證債務)란 주채무자가 채무를 이행하지 않을 경우에 채무자가 아닌 보증인 스스로가 그 채무를 이행하기로 약정하여 성립되는 채무를 말한다. 즉, 채무자 아닌 제삼자에게 어떤 채무에 대한 이차적인 이행의무를 부담시킴으로써 채권을 확보하려는 담보제도이다. 보증채무는 채권자와 보증인 사이의 계약에 의해 성립한다. 보증채무는 주채무에 대한 종된 채무임으로 주된 채무가 존재하지 않으면 보증채무도 성립하지 않고, 또 주된 채무가 소멸하면 보증채무도 따라서 소멸하게 되는데 이를 보증채무의 부종성(附從性)이라 한다. 또한 보증채무는 주된 채무가 이행되지 않을 때 비로소 보충적으로 이행되는 것이니 이를 보증채무의 보충성(補充性)이라 한다.

주채무와 보증채무의 이행기가 도래한 때에 채권자는 주채무자와 보증인에 대하여 동시에 또는 순차로 이행청구를 할 수 있다. 채권자가 먼저 보증인에 대하여 이행청구를 한 경우에 보증인은 보증채무의 보충성을 기초로 한 최고·검색의 항변권을 행사할 수 있다. 즉, 채권자가 보증인에게 채무의 이행을 청구한 때에는 보증인은 주채무자에게 변제자력이 있다는 사실 및 그 집행이 용이함을 증명하여 주채무자에게 먼저 청구할 것과 그 재산에 대하여 집행할 것을 항변할 수 있다.

VII. 채권양도와 채무인수

1. 채권양도

채권양도(債權讓渡)란 채권의 동일성을 변하게 하지 않은 상태로 타인에게 양도하는 것을 말한다. 채권은 원칙적으로 양도할 수 있으나, 채권의 성질상 양도할 수 없는 때와 당사자의 특약으로 양도를 금지한 때 및 법률상 양도가 금지된 채권인 경우 채권은 양도될 수 없다. 채권양도는 당사자간의 계약으로 할 수 있으나, 그 양도방법은 채권의 종류에 따라서 다르다. 지명채권(채권자가 특정되어 있는 보통의 채권)의 양도는 양도인이 채무자에게 통지하거나 채무자가 승낙하지 아니하면 채무자 기타 제삼자에게 대항하지 못한다. 이때의 통지나 승낙은 확정일자가 있는 증서에 의하지 아니하면 채무자 외의 제삼자에게 대항하지 못한다.

채권양도가 가능하기 위해서는 우선 채권의 양도성이 보장되어야 하며, 나아가 채권을 증권화함으로써 양도가 원활하게 되어 유통성이 확보될 수 있다. 오늘날 채권양도는 금융거래의 중요부분을 차지하게 되었으며, 팩토링거래와 같이 채권양도를 기본적 법률관계로 하는 신종거래유형이 다양하게 발전되고 있다.

2. 채무인수

채무의 동일성을 유지하면서 채무자로부터 제삼자(인수자)에게 이전되는 것을 채무인수(債務引受)라고 한다. 채권이 채권자로부터 제삼자에게 양도될 수 있는 것과 마찬가지로 채무도 채무자로부터 제삼자에게 인수될 수 있다. 채무자와의 계약에 의한 채무인수는 제삼자가 채권자와의 계약으로 채무를 인수하여 채무자의 채무를 면하게 하는 것이다. 그러나 채무의 성질이 인수를 허용하지 아니한 때에는 그렇지 않으며, 이해관계가 없는 제삼자는 채무자의 의사에 반하여 채무를 인수하지 못한다. 채무자와 제3자(인수인) 간의 계약에 의한 채무인수는 채권자의 승낙이 있어야 그 효력이 발생한다. 채권자의 승낙 또는 거절의 상대방은 채무자 또는 제삼자이다. 채무자의 채무에 대한 보증이나 제삼자가 제공한 담보는 채무인수로 인하여 소멸한다. 그러나 보증인이나 제3자가 채무인수에 동의한 경우에는 그렇지 않다(민법 제459조).

Ⅷ. 채권의 소멸

채권의 소멸이란 채권이 절대적·객관적으로 존재하지 않게 되는 것을 말한다(절대적 소멸). 채권양도와 같이 채권의 주체가 변동하는 데 불과한 것(상대적 소멸)은 채권의 이전이며 채권의 소멸이 아니다. 채권은 여러 원인으로 소멸되지만, 민법이 규정하는 것으로는 다음과 같이 7종이 있다.

1. 변제

변제(辨濟)란 채무의 내용인 급부를 실현하여 채권을 소멸시키는 채무자 또는 제삼자의 행위로서 이행이라고도 한다. 본래의 변제자는 채무자이지만, 제삼자도 변제할 수 있다. 그러나 채무의 성질이나 당사자의 의사표시로 제3자의 변제를 허용하지 않는 경우에는 제삼자가 변제할 수 없다. 이해관계가 없는 제3자는 채무자의 의사에 반하여 변제하지 못한다(민법 제469조). 제3자가 변제한 때에는 변제자는 채무자에 대하여 구상권을 가진다.

2. 대물변제

대물변제(代物辨濟)란 변제자와 채권자의 계약에 의해 본래의 채무이행에 갈음하는 다른 급부를 함으로써 채권을 소멸시키는 것을 말한다. 채무자가 부담하는 본래의 급부에 갈음하여 다른 급부를 현실적으로 제공하고 채권자가 그 급부를 본래의 급부에 갈음하는 것으로 승낙하면서 이를 수령하는 경우에는 변제와 같은 효력이 생긴다(민법 제466조).

대물변제도 채권의 소멸이라는 효과를 낳는 변제의 일종이므로 그 기본적 성질은 변제와 같다. 다만, 대물변제에 있어서는 채권자의 승낙, 즉 본래의 급부에 갈음하여 다른 급부에 의해 채권을 소멸시킬 때에는 채권자와 변제자 사이의 합의가 필요하다. 대물변제는 변제와 같은 효력을 가지므로 그 성질이 허용하는 한 변제에 관한 규정이 적용된다.

3. 공탁

공탁(供託)이란 금전이나 유가증권 기타의 물건을 공탁소에 임치하는 임치계약을 말한다. 그러나 채권소멸원인으로서의 공탁은 채권자가 변제를 받지 않거나 받을 수 없을 때, 또는 변제자가 과실없이 채권자를 알 수 없는 경우에 그 채권자를 위해 변제의 목적물을 공탁소에 임치함으로써 채무를 면하는 것을 말한다. 채권자가 사망한 후 누가 채권을 상속받았는지 알지 못하거나, 채권자로 자칭하는 자가 다수인 경우 등 변제자의 과실없이 채권자를 알 수 없는 경우에 공탁으로서 채무를 면하게 된다.

4. 상계

상계(相計)란 채권자와 채무자가 서로 동종의 채권·채무를 가지는 경우에 그 채권과 채무를 대등액에서 소멸시키는 채무자의 일방적 의사표시이다. 상계를 주장하는 자의 채권을 자동채권이라 하고 그 상대방의 채권을 수동채권이라 한다. 상계하려면 쌍방의 채권이 상계에 적합한 상태에 있어야 한다(상계적상). 즉, 쌍방 당사자가 같은 종류를 목적으로 하는 채무를 부담하고 있어야 하며, 두 채권은 모두 변제기에 있어야 하고, 채권의 성질이 상계를 허용하는 것이어야 한다. 상계의 의사표시가 있으면 두 채무는 상계적상이 생긴 때에 소급해서 대등액의 채권이 소멸한다.

5. 경개

경개(更改)란 채무의 중요한 부분을 변경함으로써 신채무를 성립시키는 동시에 구채무를 소멸시키는 계약을 말한다. 구채무의 소멸과 신채무의 성립이 하나의 경개계약의 내용으로 되어 있기 때문에 양자 사이에는 인과관계가 있다. 따라서 구채무가 소멸하지 않으면 신채무도 성립하지 않으며, 신채무가 성립하지 않으면 구채무도 소멸하지 않은 것이 된다.

6. 면제

채무의 면제(免除)란 채권을 무상으로 소멸시키는 채권자의 행위, 즉 채권자의 일방적인 채권포기행위를 말한다. 민법상 채무의 면제에 채무자의 의사표시는 필요없고 채권자의 채무자에 대한 의사표시만으로 이루어지므로 면제는 단독행위이다.

면제로 채권은 소멸하며, 이 채권을 위해 존재하는 담보물권, 보증채무 등도 소멸한다. 다만, 제삼자가 면제의 대상인 채권에 대하여 정당한 이익을 가지고 있다면 면제로써 그 제삼자에게 대항하지 못한다.

7. 혼동

혼동(混同)은 채권과 채무가 동일한 주체에 귀속하는 것, 즉 한 사람이 동일한 채권의 채권자이자 채무자가 됨을 말한다. 예컨대, 채무자가 채권자를 상속한 경우에 혼동이 일어난다. 채권과 채무가 동일한 주체에 귀속한 때에 채권은 소멸한다. 그러나 그 채권이 제삼자의 권리의 목적인 때(채권질권 등)에는 채권은 소멸하지 않는다.

제 4 절   가족법(친족·상속법)

I. 가족법의 의의

민법 가운데 가족관계, 즉 남녀의 성적 결합과 부모·자식의 관계 그리고 유언 및 상속의 관계를 규율하는 부분을 가족법(家族法)이라고 하는데, 민법 제4편 친족과 제5편 상속이 이에 속한다. 민법 중 제4편 친족은 총칙, 가족의 범위와 자의 성과 본, 혼인, 부모와 자, 후견, 친족회, 부양, 호주승계(2005년 폐지, 2008년 1월 1일 시행)의 8장으로 되어 있으며, 제5편 상속은 상속, 유언, 유류분으로 구성되어 있다.

II. 가족법의 특질

가족법은 재산법에 대립하는 개념이라 할 수 있으며 다음과 같은 특질을 지닌다.

가족법도 재산법과 함께 민법의 일부를 구성하고 있음은 물론이지만, 가족법과 재산법이 규율하는 생활관계는 구성원리에 있어 차이가 있다. 신분권은 일신전속권이므로 원칙적으로 양도·상속을 할 수 없으며, 재산적 색채가 강한 것을 제외하고는 총칙상의 시효에 의한 취득이나 소멸도 있을 수 없다.

혼인·이혼·인지·입양·파양과 같은 신분법상 효과를 발생시키는 법률행위를 재산행위에 대하여 신분행위라고 한다. 신분행위도 신분법의 특수성에 따르므로 재산행위에 대하여 여러 가지 특색을 가지며, 민법총칙에 있는 모든 법률행위에 관한 규정이 친족상속법에 적용되는 것은 아니다.

신분행위는 합리적인 이해판단에 의해 행해지는 것이 아니라 비합리적·정의적인 요소를 가진다. 신분행위에 있어서는 행위자가 제한능력자인 경우에도 의사능력만 있으면 완전히 유효한 법률행위를 할 수 있다(17세 이상인 미성년자의 유언 등).

신분행위는 당사자의 진의를 중시하기 때문에 의사표시에 관하여 표시주의를 따를 수 없고, 의사주의에 입각하여 해결해야 한다. 그리고 신분행위에 관하여 대리는 원칙적으로 허용되지 않는다.

Ⅲ. 친족법

1. 친족의 의의와 범위

배우자(配偶者), 혈족(血族) 및 인척(姻戚)을 친족으로 한다(민법 제767조). 배우자는 혼인으로 결합된 부부 상호간의 관계를 말하며, 사실혼 부부의 상대방은 배우자가 아니다. 혈족에는 자연혈족과 법정혈족이 있다. 자연혈족관계는 출생에 의해 발생하며, 직계혈족과 방계혈족이 있다. 법정혈족은 혈연관계는 없으나 법률상 일정한 사실에 입각하여 자연혈족과 같은 관계를 인정하는 것으로서 양친자관계가 이에 해당한다. 인척은 혈족의 배우자, 배우자의 혈족, 배우자의 혈족의 배우자를 말한다. 인척관계는 혼인에 의해 발생하고, 혼인의 무효·취소, 이혼 또는 부부 일방의 사망 후 생존배우자의 재혼으로 종료한다. 민법상의 효력이 미치는 친족의 범위는 8촌 이내의 혈족과 4촌 이내의 인척, 그리고 배우자이다.

2. 가족의 범위와 자의 성과 본

1) 가족의 범위

배우자·직계혈족·형제자매뿐만 아니라 생계를 같이 하는 경우에는 직계혈족의 배우자, 배우자의 직계혈족 및 배우자의 형제자매도 가족의 범위에 포함된다(민법 제779조).

2) 자의 성과 본

자는 원칙적으로 부(父)의 성(姓)과 본(本)을 따르지만, 부모가 혼인신고시 모의 성과 본을 따르기로 협의한 경우에는 모의 성과 본을 따른다. 부가 외국인일 때 자는 모(母)의 성과 본을 따를 수 있으며, 부를 알 수 없는 자는 모의 성과 본을 따른다.

부모를 알 수 없는 자는 법원의 허가를 받아 성과 본을 창설한다. 다만, 성과 본을 창설한 후 부 또는 모를 알게 된 때에는 부 또는 모의 성과 본을 따를 수 있다.

혼인외의 출생자가 인지된 경우 자는 부모의 협의에 따라 종전의 성과 본을 계속 사용할 수 있다. 다만, 부모가 협의할 수 없거나 협의가 이루어지지 않은 경우에 자는 법원의 허가를 받아 종전의 성과 본을 계속 사용할 수 있다.

자의 복리를 위해 자의 성과 본을 변경할 필요가 있을 때에는 부, 모 또는 자의 청구에 의해 법원의 허가를 받아 이를 변경할 수 있다. 다만, 자가 미성년자이고 법정대리인이 청구할 수 없는 경우에는 친족 또는 검사가 청구할 수 있다.

3. 혼인

1) 약혼

(1) 의의

약혼(約婚)이란 장차 혼인(婚姻)을 하려는 혼인당사자간의 합의이다. 약혼에 의해 당사자들은 적당한 시기에 혼인할 의무를 지게 된다.

(2) 성립

약혼이 유효하게 성립하기 위해서는 일정한 요건을 갖추어야 한다. 즉, ① 약혼은 장차 혼인하려는 당사자의 합의가 있어야 한다. ② 남녀 모두 만 18세에 달해야 한다. ③ 근친관계에 있지 않아야 한다. ④ 약혼이 강행규정이나 사회질서에 위반하지 않아야 한다.

이상의 형식적 요건이 갖추어지면 약혼은 유효하게 된다. 따라서 약혼예물의 교환과 같은 의식이 행해지지 않더라도 무방하다.

(3) 효과

약혼이 성립되면 양 당사자는 상호 성실하게 교제하고 장차 약속한 대로의 부부공동체를 성립시킬 의무를 부담한다. 다만 약혼은 강제이행을 청구하지 못한다(민법 제803조). 혼인할 지위도 권리도 인정되므로 제삼자가 약혼 상의 권리를 침해하였을 때에는 불법행위(민법 제750조)가 성립된다.

(4) 해제

약혼은 정당한 사유가 있으면 언제든지 해제할 수 있다. 정당한 사유는 다음과 같다. ① 약혼 후 자격정지 이상의 형의 선고를 받은 때, ② 약혼 후 금치산 또는 한정치산의 선고를 받은 때, ③ 성병, 불치의 정신병 기타 불치의 악질이 있을 때, ④ 약혼 후 타인과 약혼 또는 혼인을 한 때, ⑤ 약혼 후 타인과 간음한 때, ⑥ 약혼 후 1년 이상 그 생사가 불명한 때, ⑦ 정당한 이유없이 혼인을 거절하거나 그 시기를 지연하는 때, ⑧ 기타 중대한 사유가 있는 때(민법 제804조)

약혼의 해제가 있게 되면 당사자간에는 처음부터 그 약혼이 없었던 것과 같이 되면서 손해배상문제와 약혼예물반환문제 등이 발생한다. 약혼을 해제한 때에는 과실이 없는 당사자가 과실 있는 상대방에 대하여 이로 인한 손해배상을 청구할 수 있다. 이 경우 재산상 손해 외에 정신상 고통에 대해서도 손해배상청구를 할 수 있다. 일반적으로 약혼시에 교환하게 되는 예물이나 기타 금품은 혼인의 불성립을 해제조건으로 하는 증여이므로 혼인이 성립되지 않게 되었을 때에는 서로 교환한 예물을 부당이득의 원리에 의해 반환해야 한다. 그러나 어느 한쪽에만 과실이 있는 경우는 책임이 없는 사람만이 반환청구권을 가지면서 반환의무를 지지 않게 되나, 귀책사유가 있는 자는 받은 예물을 반환해야 하고 준 예물에 대해서는 반환을 청구할 수 없다.

2) 혼인의 성립

(1) 의의

혼인이란 영속적인 공동생활을 목직으로 하는 남녀의 성적 결합을 말한다. 혼인은 양 당사자의 자유로운 합의에 의해 성립된다. 따라서 남녀가 아닌 경우나 일시적 기간을 정하여 혼인을 한 경우, 자유로운 합의에 기초하지 아니한 경우 등에는 유효하게 혼인이 성립될 수 없다.

(2) 성립

혼인이 성립하기 위해서는 ① 혼인할 남녀간의 의사합치가 있어야 한다. 혼인할 의사란 영속적인 부부관계를 성립시키려는 의사로서 정신적·육체적 결합의 의사를 말한다. ② 당사자가 혼인적령에 달해야 한다. 남녀 모두 만 18세가 혼인적령이다. ③ 미성년자와 피성년후견인은 부모의 동의를 얻어야 한다. ④ 민법 제809조에서 규정한 근친혼이 아니어야 한다. ⑤ 중혼이 아니어야 한다. 이와 같은 요건을 갖춘 경우라 할지라도 「가족관계의 등록 등에 관한 법률」에 정하는 바에 따라 혼인신고를 해야 혼인의 효력이 생긴다. 따라서 혼인신고가 이루어지지 않았을 때에는 법률혼으로 인정되지 않는다.

3) 혼인의 무효와 취소

외관상 혼인이 성립된 것처럼 보인다 하더라도 그 하자로 인하여 혼인이 무효 또는 취소될 수 있다. 혼인이 무효가 되는 원인에는, ① 당사자간에 혼인의 합의가 없는 때, ② 혼인이 제809조 제1항의 규정을 위반한 때(8촌 이내의 혈족관계), ③ 당사자간에 직계인척관계가 있거나 있었던 때, ④ 당사자간에 양부모계의 직계혈족관계가 있었던 때 등이 있다. 혼인취소의 원인에는, ① 제807조 내지 제809조(제815조의 규정에 의해 혼인의 무효사유에 해당하는 경우는 제외) 또는 혼인당사자의 일방 혹은 쌍방이 혼인중일 때 ② 혼인 당시 당사자 일방에 부부생활을 계속할 수 없는 악질 기타 중대한 사유가 있음을 알지 못한 때, ③ 사기 또는 강박으로 인하여 혼인의 의사표시를 한 때 등이 있다.

4) 혼인의 효력

(1) 일반적 효력

부부는 배우자로서 서로 친족이 되고, 상대방의 4촌 이내의 혈족 및 4촌 이내의 혈족의 배우자와의 사이에 인척관계가 생긴다. 그리고 상대방이 사망한 경우에는 상속인이 된다. 이 밖에 혼인으로 인한 일반적 효력으로는 부부상호간의 동거·부양·협조의

의무, 정조의무, 성년의제 등을 들 수 있다.

(2) 재산상 효력

혼인의 재산상 효력으로는 부부재산계약과 법정재산제의 인정, 공동생활비용의 분담, 일상가사대리권 등이 인정된다.

가. 부부재산계약과 법정재산제

부부 사이의 재산관계를 규율하는 제도를 부부재산제라고 한다. 부부가 혼인성립 전에 그 재산에 관하여 따로 약정하는 것을 부부재산계약(夫婦財産契約)이라 하고, 부부간에 재산계약을 체결한 바가 없으면 그 재산관계는 당사자의 의사 여하를 불문하고 법률의 규정에 의하는데, 이를 법정재산제(法定財産制)라고 한다.

우리 민법은 법정재산제로서 부부별산제를 채택하여 부부 일방이 혼인 전부터 가진 고유재산과 혼인 중 자기 명의로 취득한 재산은 그 특유재산으로 하고(민법 제830조 제1항), 특유재산은 부부가 각각 관리·사용·수익하도록 하였다(민법 제831조). 그리고 부부의 누구에게 속한 것인지 분명하지 아니한 재산은 부부의 공유재산으로 추정한다(민법 제830조 제2항).

민법 제830조를 해석함에 있어서 학설과 판례는 혼인 전부터 가진 고유재산과 혼인 중 상속이나 증여받은 재산은 각자의 특유재산으로, 그리고 혼인 중 취득한 가재도구 등은 누구에게 속한 것인지 분명하지 않은 재산, 즉 공동재산으로 해석하는 데 일치하고 있다.

나. 혼인생활비용의 공동부담

부부의 공동생활에 필요한 비용의 부담은 당사자간에 특별한 약정이 없으면 부부가 공동으로 부담한다(민법 제833조).

다. 일상가사대리권과 일상가사채무의 연대책임

부부는 일상가사에 관하여 서로 대리권이 있고, 부부의 일방이 일상가사에 관하여 제삼자와 법률행위를 한 때에는 다른 일방은 이로 인한 채무에 대하여 연대책임이 있다. 일상가사대리권이란 부부공동생활을 함에 있어서 필요로 하는 모든 사무에 대하여 부부 상호에 대하여 인정되는 대리권을 말한다. 따라서 부부의 일방이 일상가사의 범위 내에서 타방을 본인으로 하여 제삼자와 대리행위를 한 때에 다른 일방은 이로 인한 채무에 대하여 채무를 진다. 또 부부일방이 가사의 범위내에서 채무를 진 경우 부부쌍방이 연대책임을 진다.

일상가사의 내용·정도 및 범위는 각 가정의 사정 여하에 따라서 다르게 결정된다. 즉 부부의 직업, 사회적 지위, 재산 정도 등 여러 가지를 참작하여 결정해야 한다. 예컨대, 가정주부가 돈을 빌리는 경우 그 돈이 자녀들의 학비나 식비 등 일상가사비용으로 사용된다면 그 남편에게도 변제책임이 있으나, 일상가사와 관계없이 주부가 계를 한다든지, 사치나 유흥비로 쓴다든지 하는 경우는 남편이 별도로 보증을 서지 않는 한, 단지 그러한 사실을 알고 있었다는 것만으로는 남편에게 변제책임이 있는 것은 아니다.

(3) 사실혼

법률상 혼인이 성립되지 않은 채로 혼인생활을 영위하는 남녀관계를 사실혼(事實婚)관계라고 한다. 민법이 법률혼주의(法律婚主義)를 취하는 결과 혼인생활의 실질이 있는 남녀의 결합이라도 혼인신고를 하지 않는 동안에는 사실혼관계에 불과하다. 사실혼관계가 혼인관계는 아니지만 당사자가 이를 파기하였을 때에는 상대방에 대하여 손해배상의무를 진다고 판시하였다가 그 이후 법률상 혼인에 준하는 효력을 부여하게 되었다.

사실혼의 배우자에게는 상속권이 인정되지 않으며 일방적 해소가 가능하나 과실있는 당사자는 상대방에게 손해배상을 해야 한다. 그리고 사실혼관계의 실질에 비추어 혼인의 효과 중에서 부부공동생활의 실체가 있는 것을 전제로 하여 인정되는 혼인의 효과는 사실혼의 부부에게도 인정되어야 하지만, 혼인신고가 있는 것을 전제로 하는 효과나 제삼자에게 영향을 미치는 효과는 인정되지 않는다.

5) 이혼

(1) 이혼의 의의

이혼(離婚)이란 부부가 생존 중에 그들의 법률상 부부관계를 해소하여 서로 갈라서는 것을 말한다. 이혼의 방법에는 '협의상 이혼'과 '재판상 이혼'의 두 가지가 있다. 전자는 부부가 그 원인 여하를 묻지 않고 이혼에 합의하는 것을 말하고, 후자는 법률에 정해진 이혼의 원인에 의거하여 부부의 일방이 이혼의 심판을 청구하여 성립된 이혼을 의미한다.

(2) 협의상 이혼의 절차

협의상 이혼은 부부가 서로 협의 끝에 헤어지기로 합의하고 가정법원의 확인을 받아 「가족관계의 등록 등에 관한 법률」이 정한 바에 의해 신고함으로써 그 효력이 생긴다. 이때의 이혼신고는 당사자 쌍방과 성년자인 증인 2인이 연서한 서면으로 해야 한다. 사기 또는 강박으로 인하여 이혼의 의사표시를 한 자는 그 취소를 법원에 청구할 수 있다.

민법은 신중하지 않은 이혼을 방지하기 위해 협의이혼의 절차에 있어서 이혼숙려기간(離婚熟慮期間)를 두고 있다. 따라서 협의이혼을 하고자 하는 당사자는 양육해야 할 자(포태 중인 자를 포함)가 있는 경우에는 3개월, 양육해야 할 자가 없는 경우에는 1개월이 경과한 후 가정법원으로부터 이혼의사의 확인을 받아야만 이혼을 할 수 있다(민법 제836조의2). 또한 협의이혼시에는 자녀의 양육사항 및 친권자의 지정합의를 의무화하도록 하였다.

(3) 재판상 이혼의 절차

부부일방이 법에 정해놓은 이혼원인이 생겨 부부 중 일방이 이혼하려고 하는데 다른 일방이 이혼에 순순히 합의하지 않는 경우, 이혼을 하고자 하는 자는 상대방에 대하여 법원에 이혼을 청구할 수 있다.

협의상 이혼은 부부가 이혼하기로 합의만 하면 그 사유를 묻지 않고 이혼확인신청이 가능하나, 재판상 이혼은 일정한 사유가 있는 경우에 한하여 법원에 이혼을 청구할 수 있다. 민법 제840조에서는 재판상 이혼사유로서 ① 배우자에 부정(不貞)한 행위가 있을 때, ② 배우자가 악의로 다른 일빙을 유기한 때, ③ 배우자 또는 그 직계존속으로부터 심히 부당한 대우를 받았을 때, ④ 자기의 직계존속이 배우자로부터 심히 부당한 대우를 받았을 때, ⑤ 배우자의 생사가 3년 이상 분명하지 않을 때, ⑥ 기타 혼인을 계속하기 어려운 중대한 사유가 있을 때를 규정하고 있다.

재판상 이혼을 하려는 사람은 먼저 관할법원에 이혼의 조정을 신청해야 한다. 조정을 신청하지 아니하고 바로 소를 제기하면 법원이 직권으로 조정에 회부한다. 이것을 조정전치주의라고 하는데, 가정문제에 관하여는 될 수 있는 한 당사자들의 합의로 해결하는 것이 바람직하기 때문에 당사자들의 합의를 유도하기 위한 절차를 거치도록 하고 있다.

재판상의 이혼은 판결이 확정됨으로써 혼인해소의 효력이 발생한다. 법원은 부부관계 자체가 회복될 수 없는 정도로 파탄되었을 경우에도 혼인의 파탄에 대하여 전적으로 또는 주로 책임이 있는 배우자(유책배우자)가 이혼을 청구하는 경우에는 법원은 이혼을 허용하지 않는다(대법원 1991. 2. 26. 선고 89므365 판결).

(4) 손해배상청구권과 재산분할청구권

이혼을 할 경우에는 이혼 피해자는 이혼에 대하여 책임있는 자에게 손해배상을 청구할 수 있다. 이때의 손해배상청구는 자기의 재산상 손해에 대한 배상 외에 정신적 고통에 대한 배상도 청구할 수 있다. 후자를 위자료청구권이라 한다. 위자료라 함은 이혼에 따른 심리적 충격이나 불명예 등 이혼 그 자체로 인한 위자료와 부정행위 등 이혼원인인 개별적 유책행위로 인한 위자료 등 모든 정신적 고통에 대하여 그 이혼에 책임이 있는 사람으로부터 피해자가 배상받는 금전을 말한다. 따라서 상대 배우자뿐만 아니라 제삼자가 이혼에 책임이 있을 경우에는 그 제3자를 상대로 위자료를 청구할 수 있다.

민법은 위자료 지급책임을 이혼에 관하여 과실있는 배우자인 유책배우자에게만 인정하고 있으므로 부정한 행위(민법 제840조 제1호), 악의의 유기(민법 제840조 제2호), 배우자에 대한 부당한 대우(민법 제840조 제3호, 제4호) 등 이혼에 있어 과실있는 배우자는 무책배우자에 대하여 위자료를 지급할 책임이 있다. 반대로 협의이혼을 한 경우 상대방에게 이러한 과실이 없거나 쌍방에게 과실이 있는 때에는 위자료를 청구할 수 없거나 과실상계의 원리에 따라 배상액이 조정된다. 따라서 위자료 청구권은 유책주의 이혼법에서 기능하는 과실있는 상대방에 대한 이혼벌로서의 의미를 지닌다. 그러나 이혼율이 급증하고, 이혼부부의 80%가 협의이혼을 하는 현실에서는 위자료청구권보다 재산분할청구권의 의미가 보다 중요해진다.

부부관계가 원만할 때에는 부부의 재산이 누구의 명의로 되어 있든지 별로 문제가 되지 않지만, 이혼으로 인하여 결혼생활이 끝나게 될 때에는 부부의 재산관계를 청산, 정리할 필요가 있다. 이혼한 부부의 일방이 다른 일방에 대하여 재산의 분할을 청구할 수 있는 권리를 재산분할청구권이라 한다. 우리 민법은 이혼시 재산에 대한 기여도에 따라 각자의 몫에 해당하는 재산의 분할을 상대방에 대하여 청구할 수 있도록 하고 있으며, 서로간에 협의가 이루어지지 않을 때에는 법원에서 재산의 액수와 재산형성에 기여한 정도 등을 고려하여 구체적인 금액과 방법을 정하도록 하였다. 그러나 혼인생활 중 취득한 재산에 대하여 전업주부의 가사노동에 대한 입증이 어려워 전업주부의 기여도가 제대로 반영되지 않는 등의 문제점이 있었지만, 최근에는 부부평등의 원칙에 입각하여 당사자가 쌍방의 협력으로 이룩한 재산은 원칙적으로 기여도에 따라 분배되고 있다.

재산분할청구권 보전을 위한 사해행위취소권(제839조의3)이 있다. 이에 의하면 부부의 일방이 다른 일방의 재산분할청구권 행사를 해함을 알면서도 재산권을 목적으로 하는 법률행위를 한 때에는 다른 일방은 그 법률행위의 취소 및 원상회복을 가정법원에 청구할 수 있게 되었다.

(5) 이혼 후의 자녀문제

가. 양육권(민법 제837조)과 친권(민법 제909조)

이혼의 당사자는 그 자의 양육에 관한 사항을 협의에 의해 정할 수 있으며, 그 협의에는 양육자의 결정, 양육비용의 부담, 면접교섭권의 행사 여부 및 그 방법에 관한 사항이 포함될 수 있다. 그러나 양육에 관한 협의가 자의 복리에 반하는 경우에는 가정법원은 보정을 명하거나 직권으로 그 자(子)의 의사·연령과 부모의 재산상황, 이외의 사정을 참작하여 양육에 필요한 사항을 정하도록 하였다. 또한 양육에 관한 사항의 협의가 이루어지지 않거나 협의할 수 없는 때에는 가정법원은 직권으로 또는 당사자의 청구에 따라 이에 관하여 결정한다. 이 경우 가정법원은 양육에 관한 사항을 결정할 때 그 자(子)의 의사·연령과 부모의 재산상황, 이외의 사정을 참작하여야 한다. 가정법원은 자의 복리를 위해 필요하다고 인정하는 경우에는 부·모·자 및 검사의 청구 또는 직권으로 자의 양육에 관한 사항을 변경하거나 다른 적당한 처분을 할 수 있다. 재판상 이혼의 경우에는 가정법원이 직권으로 친권자를 정한다.

나. 협의이혼시 자녀 양육사항 및 친권자 지정 합의 의무화(민법 제836조의2 제4항 신설 및 제837조, 민법 제909조 제4항)

협의이혼시 자녀의 양육환경이 악화되는 문제가 있었을 수 있다. 이혼후의 양육환경을 보호하기 위하여 협의이혼하고자 하는 부부에게 양육자의 결정, 양육비용의 분담, 면접교섭권의 행사 여부 및 그 방법 등이 기재된 양육사항과 친권자 결정에 관한 협의서 또는 가정법원의 심판정본을 이혼확인시 의무적으로 제출하도록 하였다.

다. 면접교섭권(제837조의2)

이혼시 자녀를 직접 양육하고 있지 않은 부나 모에게 면접교섭권을 인정된다. 그러나 방탕한 생활이나 심한 알코올중독 등으로 자녀에게 악영향을 끼칠 우려가 있을 때에는 법원의 결정으로 자녀를 만나는 것을 제한하거나 만날 수 없도록 하였다. 직접 양육하지 아니하는 부모의 일방이 자신의 자에 대하여 면접교섭할 수 있는 권리를 인정하고 있으며 또한 자도 양육하지 않고 있는 부 또는 자에 대하여 면접교섭할 수 있는 권리를 가진다(민법 제837조의2 제1항). 자를 직접 양육하지 아니하는 부모의 직계존속도 예외적인 경우 면접교섭권을 가진다(민법 제837조의2 제2항)

4. 부모와 자

1) 친생자

친생자(親生子)는 자연의 혈연관계가 있는 친자관계로, 혼인을 한 부모 사이의 자인지 여부에 따라 혼인 중의 출생자와 혼인 외의 출생자로 나누어진다.

혼인 중의 출생자란 법이 정당하게 인정한 혼인관계에 있는 부부 사이에서 출생한 자녀를 말한다. 혼인 중의 자가 되기 위해서는 모가 혼인성립 후에 포태한 자이어야 하고, 부의 성적 교섭에 의해 포태한 자이어야 한다. 아내가 혼인 중에 포태한 자는 부의 자로 추정되고, 혼인성립의 날로부터 200일 후 또는 혼인관계 종료의 날로부터 300일 내에 출생한 자는 혼인 중에 포태한 것으로 추정한다(민법 제844조). 부는 친생부인의 소에 의해서만 이 추정을 부인할 수 있다(민법 제847조 내지 제852조). 부 또는 모는 자기의 자가 아니라고 판단될 때에는 법원에 친생부인의 소를 제기할 수 있다. 부인의 소는 자 또는 그 친권자인 모를 상대로 하여 출생을 안 날부터 1년 내에 제기해야 되었으나, 이는 헌법재판소 결정(헌재 1997. 3. 27. 95헌가14, 96헌가7)에 의해 효력이 중지되었다. 친생부인의 소는 부(夫)뿐만 아니라 처(妻)도 제소할 수 있으며, 제소기간도 친생부인사유를 안 날부터 2년 내에 행사하여야 한다.

혼인외의 출생자란 혼인하지 않은 남녀 사이에서 출생한 자로 사실혼·사통관계로부터 출생한 자 등을 말한다. 혼인 외의 자는 부 또는 모의 인지에 의해 법률상의 부자관계 또는 모자관계가 생긴다. 인지는 「가족관계의 등록 등에 관한 법률」이 정하는 바에 의해 신고함으로써 그 효력이 생긴다. 자와 그 직계비속 또는 그 법정대리인은 부 또는 모를 상대로 하여 인지청구의 소를 제기할 수 있다. 부 또는 모가 사망한 때에는 그 사망을 안 날로부터 2년 내에 검사를 상대로 하여 인지에 대한 이의 또는 인지청구의 소를 제기할 수 있다.

2) 양자

(1) 의의

양자제도는 혈연적 친자관계가 없는 자 사이에 법적 친자관계를 창설하는 것이다. 양부모관계는 양부모가 될 사람과 자(자본인(子本人) 또는 그 법정대리인)의 합의와 「가족관계의 등록 등에 관한 법률」에 따른 신고로 형성된다. 양자가 된다고 하여 양자와 친생부모 사이의 관계를 끊어지지는 않는다. 단 친생부모와 양자의 종전의 친족관계를 종료시키고, 양친과의 친족관계를 인정하며, 양친의 성과 본을 따르도록 하는 친양자제도(민법 제908의2 내지 제908조의8)도 존재한다. 친양자는 마치 양친의 친생자인 것처럼 양부의 성과 본을 따를 수 있을 뿐만 아니라 이 경우 가족관계등록부에도 양친의 친생자로 기재된다.

(2) 보통양자

가. 요건

보통양자(普通養子) 입양의 실질적 요건은 다음과 같다. ① 당사자간에 입양의 합의가 있어야 한다(민법 제883조 제1호). 당사자란 양친될 자와 양자될 자 또는 그의 대낙권자(代諾權者)이다. ② 양친은 성년자이어야(민법 제866조) 하지만, 기혼·미혼·남녀·유자(有子)·무자(無子)를 불문한다. ③ 15세 미만의 자가 양자로 될 경우에는 부모 또는 후견인(後見人)의 승낙을 얻어야 한다. ④ 양자가 될 자(子)는 연령을 가리지 않고 부모의 동의를 얻어야 하며, 배우자가 있는 자가 양자가 될 때에는 다른 일방의 동의를 얻어야 한다. ⑤ 양자될 자가 미성년인 때에는 부모 또는 다른 직계존속이 없으면 후견인의 동의를 얻어야 하며, 이때는 가정법원의 허가를 얻어야 한다(민법 제871조). 단 후견인이 피후견인을 양자로 하는 경우에는 가정법원의 허가를 얻어야 한다(민법 제872조). ⑥ 피성년후견인은 후견인의 동의를 얻어 양친이 될 수 있으며, 피성년후견인의 동의를 얻어 양자가 될 수도 있다(민법 제873조). ⑦ 양자는 남자에 한하지 않으나, 양친의 존속 또는 연장자가 아니어야 한다(민법 제877조 제1항).

입양이 효력을 가지기 위해서는 「가족관계의 등록 등에 관한 법률」에 따른 입양신고가 있어야 한다(민법 제878조).

나. 효과

양자는 입양한 때부터 양친의 혼인 중의 출생자로서의 신분을 취득하게 되며, 양부모의 혈족, 인척에 대해서도 친족관계가 발생한다. 따라서 양자와 양부모 및 그 혈족 사이에 서로 부양·상속관계가 생긴다. 양자가 미성년자인 경우에는 친생부모의 친권을 벗어나 양부모의 친권에 따른다. 그러나 양자의 종래의 친족관계에는 영향이 없다. 따라서 친생부모와의 친자관계에는 아무런 변화가 일어나지 않으므로 보통양자는 친생부모의 재산을 상속받을 수 있다.

다. 파양(破養)

양친관계는 파양에 의해서만 해소된다. 파양에는 협의상 파양과 재판상 파양이 있다. 먼저 협의상 파양은 당사자간에 파양의사의 합치가 있어야 한다(민법 제898조). 다음으로, 재판상 파양사유(제905조)는 ① 가족의 명예를 오독한 경우, ② 재산을 경도한 중대한 과실이 있는 경우, ③ 다른 일방 또는 그 직계존속으로부터 심히 부당한 대우를 받았을 때, ④ 자기의 직계존속이 다른 일방으로부터 심히 부당한 대우를 받았을 때, ⑤ 양자의 생사가 3년 이상 분명하지 아니한 때, ⑥ 기타 양친자관계를 계속하기 어려운 중대한 사유가 있을 때 이다. 이러한 사유가 있으면 이혼하고자 하는 일방은 먼저 가정법원에 조정을 신청해야 하며(가사소송법 제50조 제1항), 「가족관계의 등록 등에 관한 법률」이 정한 바에 따라 이혼신고를 함으로써 효력이 생긴다.

(3) 친양자

가. 요건

친양자(親養子)를 하려는 자는 ① 3년 이상 혼인 중인 부부로서 공동으로 입양할 것, 그러나 1년 이상 혼인 중인 부부의 일방이 그 배우자의 친생자를 친양자로 하는 경우에는 이 요건은 적용되지 않는다. ② 친양자로 될 자가 15세 미만일 것, ③ 친양자로 될 자의 친생부모가 친양자 입양에 동의할 것, 그러나 부모의 친권이 상실되거나 사망 그밖의 사유로 동의할 수 없는 경우에는 친생부모의 동의가 필요하지 않다. ④ 제869조의 규정에 의한 법정대리인의 입양승낙이 있을 것 등의 요건을 갖추어 가정법원에 친양자 입양을 청구할 수 있다(민법 제908조의2 제1항).

가정법원은 친양자가 될 자의 복리를 위해 그 양육상황, 친양자의 입양동기, 양친의 양육능력 및 이외의 사정을 고려하여 친양자 입양이 적당하지 않다고 인정되는 경우에는 친양자입양의 청구를 기각할 수 있다(민법 제908조의2 제2항).

나. 효력

친양자는 부부의 혼인 중의 출생자로 본다(민법 제908조의3 제1항). 친양자의 입양 전의 친족관계는 친양자 입양의 청구에 의한 친양자 입양이 확정된 때에 종료한다. 다만, 부부의 일방이 그 배우자의 친생자를 단독으로 입양한 경우에 있어서의 배우자 및 그 친족과 친생자간의 친족관계는 그렇지 않다(민법 제908조의3 제3항).

다. 파양

양친, 친양자, 친생의 부 또는 모나 검사는 ① 양친이 친양자를 학대 또는 유기하거나 그 밖에 친양자의 복리를 현저히 해하는 때, ② 친양자의 양친에 대한 패륜행위로 인하여 친양자관계를 유지시킬 수 없게 된 때의 어느 하나의 사유가 있는 경우에는 가정법원에 친양자의 파양을 청구할 수 있다(민법 제908조의5 제1항).

친양자 파양에 있어서는 당사자간의 협의상 파양이 인정되지 않고, 친양자 파양의 원인이 없는 한 일반적 입양의 재판상 파양원인이 있어도 친양자 파양을 청구할 수 없다(민법 제908조의5 제2항).

3) 친권

친권(親權)이란 부모가 미성년인 자녀를 보호·양육하는 데 필요한 모든 권리·의무를 말한다. 친권은 부모가 공동으로 행사하는 것이 원칙이지만, 부모의 의견이 일치하지 않는 경우에는 당사자의 청구에 의해 가정법원이 결정한다(민법 제909조 제2항). 부모가 협의이혼을 하는 경우에는 부모의 협의로 친권자를 정하고 친권자지정에 협의를 할 수 없거나 협의가 이루어지지 않는 경우에는 가정법원은 당사자의 청구 또는 직권으로 친권자를 지정하여야 한다(민법 제909조 제4항). 부부가 재판상 이혼을 한 경우에는 법원이 직권으로 친권자를 정한다(민법 제909조 제5항). 양자인 미성년자의 친권자는 양부모이다.

친권의 내용으로는 자의 신분에 관한 권리·의무로서 자를 보호하고 교양할 권리·의무와 거소지정권·영업허가권, 법률에 특별한 규정이 있는 자의 신분상의 행위에 대한 대리권·동의권·인도청구권 등이 있으며, 재산에 관한 권리·의무로서 자의 재산관리권과 재산상 법률행위의 대리권과 동의권 등을 들 수 있다.

자가 사망한 때, 자가 성년자가 된 때, 미성년인 자가 혼인한 때 친권은 소멸한다. 그러나 친권자가 사망하거나 자가 다른 사람의 양자가 되었을 경우 등에 있어서는 친권자가 변경된다. 친권을 남용하거나 현저한 비행 기타 친권을 행사시킬 수 없는 중대한 사유가 있는 때 가정법원은 친족 또는 검사의 청구에 의해 그 친권의 상실을 선고할 수 있다(민법 제924조).

5. 후견

후견(後見)제도란 정신적 제약으로 스스로 의사를 결정하거나 실현하는데 어려움을 겪는 사람이 후견인의 도움을 받아 존엄한 인격체로서 자신의 삶을 영위해 나갈 수 있도록 보호하고 지원하는 제도이다. 후견제도는 미성년후견제도와 성년후견제도로 나누어진다.

　미성년자에 대하여 친권자가 없거나 친권자가 있어도 법률행위의 대리권 및 재산관리권을 행사할 수 없는 경우에 미성년후견인을 두어야 한다(민법 제928조). 제1순위의 후견인은 최후로 친권을 행사하는 자가 유언으로 지정하는 지정후견인이다(민법 제931조). 법정후견인이 없을 때 가정법원이 친족 기타 이해관계인의 청구에 의해 후견인을 선임한다(민법 제936조).

　성년후견은 성년후견개시심판을 할 때 성년후견인을 두어야 하고(민법 제929조), 후견인이 사망, 결격, 그 밖의 사유로 없게 된 때에는 법원의 직권이나 청구권자(피성년후견인, 친족, 이해관계인, 검사, 지방자치단체의 장)의 청구에 따라 법원이 성년후견인을 선임한다(민법 제936조 제3항).

6. 부양

　우리 민법은 친족관계 또는 가족관계에 있는 자 중 자기의 자력 또는 근로에 의해 생활을 유지할 수 없는 자에 한하여 부양(扶養)을 받을 권리를 인정한다(민법 제975조). 이 부양을 받을 권리는 소위 친족권의 일종이며, 이 권리의 성질은 일정한 신분관계에 국한하여 인정되는 것이므로 일반재산권과는 다르다. 부양을 받을 권리는 일신전속권(一身專屬權)으로서 상속·처분·양도·포기의 대상이 될 수 없으며, 압류나 상계도 할 수 없다. 부양을 받을 권리가 제3자에 의해 침해된 경우에는 부양권자가 불법행위에 의한 권리침해에 관한 규정(민법 제750조)에 따라 손해배상을 청구할 수 있다.

　부양의무자의 범위는 친족인 직계혈족 및 그 배우자간, 기타 생계를 같이하는 친족간으로 한정되어 있다(민법 제974조). 부양의무자나 부양권리자가 다수인 경우 부양의무자 또는 부양권리자의 순위는 원칙적으로 당사자간에 협정된 바에 의해 정해지지만, 협정이 곤란하거나 불가능한 경우에 한하여 가정법원은 당사자의 청구에 의해 그 순위를 정한다(민법 제976조 제1항, 가사소송법 제2조 제1항 마류 제8호). 이 경우 가정법원은 제반 사정을 고려하여 적당하다고 판단할 때에는 다수인의 부양의무자 또는 권리자를 선정할 수도 있다(민법 제976조 제2항). 가정법원은 당사자의 협정 또는 심판이 있은 후일지라도 이에 관한 사정의 변경이 있을 때에는 당사자의 청구에 의해 그 협정이나 심판을 취소 또는 변경할 수 있다(민법 제978조).

　부양의 정도와 방법은 우선 부양 당사자간의 협정에 의한다. 만약 당사자간에 협정이 없을 때에는 가정법원은 당사자의 청구에 의해 부양받을 자의 생활정도와 부양의무자의 자력 기타 제반 사정을 참작하여 부양의 정도와 방법을 정하며(민법 제977조), 법원은 필요한 경우 부양의무자의 재산목록을 제출하도록 명할 수 있으며 부양의무자의 재산을 조회할 수 있도록 할 수 있다(가사소송법 제48조의2 및 제48조의3). 또 심판에서 금전의 지급, 물건의 인도, 등기 기타의 의무이행을 동시에 명할 수 있고(민법 제108조, 제97조) 부양에 관한 것이 정해진 경우라도 그 후에 이에 관한 사정의 변경이 있을 때에는 가정법원은 당사자의 청구에 의해 그 협정 또는 심판을 취소 또는 변경할 수 있다(민법 제978조).

　　과거의 부양료도 원칙적으로 청구할 수 있다. 즉, 생활의 여유가 있는 친족이 있음에도 불구하고 부양받을 권리자가 부양을 받지 못함으로써 빚을 졌거나, 또는 건강이 악화된 때에는 이미 부양료청구 전에 부양을 필요로 하는 상태에 있었으므로 부양의무자는 부양할 요건이 발생할 때부터 부양의무가 생겼다고 보아서 과거의 부양료청구에 응할 의무가 있다(대법원 1994. 5. 13. 선고 92스21 전원합의체 판결).

Ⅳ. 상속법

1. 상속

1) 의의

사람은 생존하는 동안 권리의무의 주체가 될 수 있음으로 자신이 사망하는 순간에 권리능력자가 될 수 없다. 사망한 자가 가진 재산상의 권리는 타인에게 이전하게 되는데, 누구에게 이전하게 되는가를 정하는 법이 상속법이다.

2) 상속의 개시

일반적으로 상속은 피상속인의 사망에 의해 발생하지만, 실종선고나 인정사망도 상속개시의 원인이 된다. 상속개시 장소는 피상속인의 주소지이다. 피상속인의 사망으로 당연히 상속법상의 효과가 발생하므로 상속인이 그 사실을 알았느냐의 여부는 문제가 되지 않는다.

3) 상속인과 상속순위

(1) 상속인

상속인(相續人)의 범위는 피상속인(사망자)의 직계비속, 직계존속, 형제·자매, 4촌 이내의 방계혈족 및 피상속인의 배우자이다. 이때의 배우자는 혼인신고를 한 배우자를 말하며, 사실혼의 배우자는 상속인의 범위에 포함되지 않는다. 이 범위에 속하는 상속인이 없는 경우에는 유산은 특별연고자의 분여청구가 없는 한 국가에 귀속한다.

(2) 상속순위

제1순위 상속인은 피상속인의 직계비속이다. 피상속인의 직계비속은 피상속인의 자녀와 손자녀(증손·현손 등 포함) 등을 의미한다. 남녀의 구별이나, 자연혈족인가 법정혈족

244 제 2 편 각론(各論)

인가, 친생자인가 양자인가, 혼인 중의 자인가 혼인 외의 자인가, 미혼인가 기혼인가를 불문한다. 태아는 상속순위에 관하여 이미 출생한 것으로 본다(민법 제1000조 제3항). 피상속인의 직계비속이 여러 명 있는 경우에 촌수가 같으면 그 직계비속들은 공동상속인이 되고, 촌수가 다르면 촌수가 가까운 직계비속이 먼저 상속인이 된다.

제2순위 상속인은 피상속인의 직계존속이다. 성별, 부계나 모계, 생가와 양가 등을 불문한다. 직계존속이 여러 명이 있는 경우에 그들의 촌수가 같으면 공동상속인이 되고 촌수가 다르면 근친자가 선순위의 상속인이 된다.

세3순위 상속인은 피상속인의 형제·자매이다. 동복과 이복의 여부는 불문한다.

제4순위 상속인은 피상속인의 방계혈족이다. 성별, 기혼이나 미혼, 부계나 모계 등을 불문한다. 직계혈족이 직계비속 및 직계존속을 의미하는 반면, 방계혈족은 자기의 형제·자매와 형제·자매의 직계비속(조카와 그 자녀 등 포함), 직계존속의 형제·자매(큰아버지, 고모 등 포함)와 그 형제자매의 직계비속(4촌 형제·자매가 여기에 해당됨)을 의미한다. 이러한 방계혈족은 무한으로 확대될 수 있기 때문에 법에서는 상속인의 지위를 가지는 방계혈족은 4촌으로 제한하고 있다.

피상속인의 배우자는 언제나 상속인이 된다. 배우자는 그 직계비속과 동순위의 공동상속인이 되지만, 직계비속이 없으면 피상속인의 직계존속과 동순위로 공동상속인이 된다. 직계존속도 없는 경우에는 단독상속인이 된다.

(3) 대습상속

상속인이 될 직계비속 또는 형제·자매가 상속개시 전에 사망하거나 결격자가 된 경우에 그 직계비속이나 배우자가 사망하거나 상속결격된 자의 상속순위에 갈음하여 상속인이 되는데, 이를 대습상속(代襲相續)이라 한다.

(4) 상속인의 결격사유

법적으로 상속인의 지위를 가지고 있더라도 상속인으로서의 결격사유가 있으면 상속을 받지 못하게 된다. 민법은 상속인의 결격사유로 5가지를 규정하고 있다(민법 제1004조). 즉, ① 고의로 직계존속, 피상속인, 피상속인의 배우자, 상속의 선순위나 동순위에 있는 자를 살해하거나 살해하려고 한 경우, ② 고의로 직계존속, 피상속인, 피상속인의 배우자에게 상해를 가하여 사망하게 한 경우, ③ 사기나 강박으로 피상속인이 양자를 하거나 상속에 관한 유언을 하는 것 또는 유언을 철회하는 것을 방해한 경우, ④ 사기나 강박으로 피상속인에게 양자를 하게 하거나 유언을 하게 하는 경우, ⑤ 피상속인이 양자를 한 것 및 상속에 관한 유언서를 위조·변조·파괴·은닉한 경우가 바로 그것이다.

또한 피상속인에 대한 부양의무를 이행하지 않거나 피상속인 또는 그 배우자나 피상속인의 직계비속에 대한 중대한 범죄행위를 행하거나 그 밖에 중대한 심히 부당한 대우를 한 경우에는 유언집행자는 가정법원에 그 사람의 상속권 상실을 청구하여야 한다(민법 제1004조의2, 시행일은 2026년 1월 1일).

상속인이 이러한 결격사유에 해당하는 경우나 법원에 따라 상속권 상실을 선고한 경우 그 상속인은 상속인으로서의 지위를 박탈당하게 된다.

(5) 참칭상속인과 상속회복청구권

상속이 개시되었을 때 상속인이 아닌 자나 상속인의 자격을 가지고 있지만, 정당한 순위에 있지 않은 자가 고의 또는 과실로 사실상 상속을 하는 경우가 있다. 이러한 경우에 진정하지 않은 참칭상속인(僭稱相續人)에 대하여 진정한 상속인이 상속의 회복을 청구할 수 있는데, 이를 상속회복청구권이라 한다. 상속회복청구권은 그 침해를 안 날로부터 3년 상속권의 침해가 있은 날로부터 10년을 경과하면 소멸한다(민법 제999조).

4) 상속의 효과

(1) 포괄적 권리·의무의 승계

상속인은 상속이 개시된 때부터 피상속인의 재산에 관한 포괄적 권리·의무를 승계한다. 즉 상속인에게 승계되는 것은 단순히 구체적인 권리·의무만이 아니며, 그 밖에 아직 권리·의무로서 구체화하고 있지 않은 재산법상의 법률관계 내지 법적 지위도 포함하는 것이다. 다만, 여기에는 두 가지 예외가 있으니 ① 피상속인의 일신에 전속한 것은 승계되지 않는다. ② 분묘에 속한 1정보 이내의 금양임야(분묘 또는 그 예정지 주위의 벌목이 금지되는 임야)와 600평 이내의 묘토인 농지, 족보와 제구의 소유권은 제사를 주재하는 자가 단독승계한다(민법 제1008조의3).

(2) 유증 및 기여분과 상속분의 산정

상속인이 다수인 경우에는 상속은 공동상속이면서 균분상속을 하게 된다. 즉, 상속인이 여러 명인 때에는 상속재산은 각 상속인의 공유이고, 각자의 상속분을 똑같이 나누게 된다.

상속재산은 상속분에 따라 분할하며, 상속분은 균분이다. 다만 배우자가 다른 상속인과 공동상속을 하는 경우 배우자의 상속분은 다른 공동상속인의 상속분의 1.5배이다(민법 제1009조 제2항).

한편 상속인 중에서 유증이나 증여와 같은 특별수익자가 있거나 상속재산의 형성에 기여를 한 사람이 있는 경우에는 상속재산은 균등하게 분배되지 않는다. 유증에 의한 재산의 증여는 법에 저촉되지 않는 한 유효한 것이므로 상속인 중에서 특정인이 유증을 받은 경우에는 법정상속분보다 더 받을 수도, 적게 받을 수도 있게 된다. 그러나 유증이나 증여로 받은 재산이 법정상속분보다 적은 경우에는 상속인은 그 부족한 부분에 대하여 상속인으로서의 권리를 가지게 된다(민법 제1008조).

또한 공동상속인 중에서 피상속인의 재산유지나 재산증가에 특별한 기여가 있거나, 피상속인을 부양하였던 자가 있는 경우에는 기여분이 인정된다(민법 제1008조의2). 기여분의 정도는 상속재산 중에서 공동상속인이 협의해서 정하게 되며, 공동상속인에게 배분될 상속재산은 이러한 기여분을 제외한 나머지 재산이 된다. 따라서 기여분이 인정되는 상속인은 자신의 고유한 상속분에 기여분을 더해서 받게 되는 것이다. 만약 공동상속인 간에 기여분의 정도에 대한 협의가 되지 않는 경우에는 기여자의 신청에 따라 가정법원에서 정하게 된다.

5) 상속의 승인과 포기

(1) 의의

상속재산에는 예금과 같은 적극적인 재산도 있고 채무와 같은 소극적인 재산도 있다. 상속의 효력은 상속인의 의사와 관계없이 또한 상속인이 알든 모르든 법률상 당연히 생기기 때문에, 만약 피상속인에게 채무가 많은 경우에는 오히려 부담이 될 수도 있다. 이에 상속인을 보호하기 위해 상속의 승인과 포기제도를 두고 있다. 상속의 승인은 상속을 포기하지 않겠다는 의사표시이다. 상속의 포기는 상속의 효력을 부인하는 것으로 피상속인의 권리·의무가 자기에게 이전되는 효력을 상속이 개시된 때로 소급하여 소멸시키는 의사표시이다.

(2) 승인·포기의 기간

승인과 포기를 할 수 있는 기간은 상속인이 상속개시가 있음을 안 날로부터 3개월 이내이다(민법 제1019조 제1항).

(3) 단순승인

단순승인(單純承認)이란 피상속인의 권리·의무를 무제한·무조건으로 승계하는 상속형태 또는 이를 승인하는 상속방법을 말한다. 상속인이 상속재산에 대한 처분행위를 한 때, 상속인이 상속개시가 있음을 안 날로부터 3개월의 기간 내에 한정승인 또는 포기를 하지 않은 때, 상속인이 한정승인 또는 포기를 한 후에 상속재산을 은닉하거나 부정소비하거나 고의로 재산목록에 기입하지 않은 때에는 상속인이 단순승인을 한 것으로 본다(민법 제1026조).

그러나 3개월의 고려기간이 지나면 단순승인을 한 것으로 간주하는 것은 상속인의 귀책사유없이 상속재산의 채무초과상태를 알지 못한 때에 피상속인의 채무를 상속인에게 부담시키는 결과가 되어 상속인의 재산권과 사적자치권을 제한하게 되는 것이다. 따라서 이 규정(민법 제1026조 제2호)은 헌법불합치결정(헌재 1998. 8. 27. 96헌가22 등)을 받게 되었다. 이에 따라 제1019조 제3항이 신설되었다. 이 규정에 따라 3개월의 기간 내에 단순승인을 한 경우, 상속인이 상속재산에 대한 처분행위를 함으로써 단순승인을 한 것으로 간주되는 경우 및 상속인이 3개월의 기간 내에 한정승인 또는 포기를 하지 않음으로써 단순승인으로 간주되는 경우에 상속인에게 중대한 과실없이 상속채무의 초과사실을 알지 못하였다면 그 사실을 안 날로부터 3개월 내에 한정승인을 할 수 있게 되었다(민법 제1019조 제3항).

(4) 한정승인

한정승인(限定承認)이란 상속인이 상속으로 얻은 재산의 한도 내에서 피상속인의 채무와 유증을 변제하는 상속형태 또는 그러한 조건으로 상속을 승인하는 것을 말한다.

단순승인은 피상속인의 모든 재산, 즉 적극재산과 소극재산(부채)을 조건없이 상속받겠다는 의사표시를 말한다. 단순승인의 경우에는 엉뚱하게 부채만을 상속받아 고통을 받을 수도 있게 되므로 주의할 필요가 있다. 한정승인은 피상속인의 상속재산의 한도에서 피상속인의 부채를 상속받겠다는 의사표시이므로 이 경우에는 상속재산이 있으면 받게 되고, 상속재산이 부족해도 부채를 상속받을 염려는 없다.

한정승인의 의사표시는 상속인이나 그 대리인이 가정법원에 서면으로 해야 한다. 이러한 방식에 의하지 않은 의사표시는 한정승인으로서의 효력이 없다.

(5) 상속의 포기

포기는 상속재산의 유무를 묻지 않고, 상속을 받지 않겠다는 의사표시이다. 포기를 하려는 자는 3개월의 고려기간 내에 가정법원에 포기의 신고를 해야 한다. 상속을 포기하면 포기자는 처음부터 상속인이 아니었던 것으로 되어 상속재산에 관한 적극·소극 등 일체의 재산을 처음부터 승계하지 않았던 것으로 된다.

2. 유언

1) 의의

유언(遺言)은 유언자의 사망과 동시에 유언의 내용에 따라 법률효과를 발생시키고자 하는 법률행위이다. 사람은 출생과 더불어 권리능력을 취득하고 사망과 동시에 그 능력을 상실하게 된다(민법 제3조). 따라서 사람은 죽으면 법률행위를 하지 못하게 되는 것이다. 그러나 유언은 유언자가 죽기 전에 행한 법률행위에 대하여 죽은 후에 법률효과를 인정한다는 점에서 특수한 측면이 있다고 할 수 있다.

2) 유증과 상속의 관계

유언은 유언자가 사망함으로써 효력이 생기는 법률행위이기 때문에 필연적으로 상속제도와 밀접한 관계를 가지고 있다. 유언자가 유언을 통해 생전에 자기의 재산을 처분하게 되는 경우에는 유언자의 재산을 상속받을 상속인에게는 이해관계가 생기게 된다. 이와 같이 유언을 통해 재산을 일정한 자에게 이전하게 하는 유언자의 단독의사표시를 유증(遺贈)이라고 한다.

자본주의 사회에서는 사유재산제도가 인정되고 법률행위의 자유가 인정되므로 유언자가 자신의 재산을 어떻게 처분하는가는 전적으로 유언자의 자유라고 할 수 있다. 따라서 유언자의 법률행위인 유증은 상속인의 재산상속에 우선하여 적용된다고 할 수 있다. 즉, 유증을 받은 사람은 상속인에 우선한다고 할 수 있다. 그러나 현대의 자본주의는 수정자본주의를 의미하고 있기 때문에 법률행위의 자유는 공공복리와 같은 합리적인 근거에 의해 제한된다. 따라서 유증의 경우에도 상속인의 상속받을 권리를 완전히 무시할 수 없기 때문에 법적으로 세한을 받게 되는 것이다. 즉, 상속인을 완전히 배제하는 유증은 상속인이 가지는 유류분에 의해 제한된다. 이러한 측면에서 본다면 유증은 상속법의 규정을 위반하지 않은 한도에서 자유롭게 인정된다고 볼 수 있다.

3) 유언을 할 수 있는 능력

만 17세 이상의 사람만이 유언할 수 있다(민법 제1061조). 따라서 만 17세 이상이면 미성년자나 피한정후견인, 피성년후견인도 유언을 할 수 있게 된다. 그러나 만 17세 이상이라도 피성년후견인인 경우에는 의사능력이 정상인 상태에 있을 때에만 유언을 할 수 있다. 피성년후견인의 의사능력이 정상이라는 판단은 의사가 확인하고, 이러한 사실을 유언서에 기록한 후 서명날인해야 한다(민법 제1063조).

4) 유언의 방식

유언은 정해진 방식에 따라 해야만 효력이 발생한다(민법 제1060조). 이와 같이 유언에 방식을 요구하는 것은 유언을 제한하기 위한 것이 아니라 유언의 진실성을 확보하기 위한 것이다. 유언은 죽은 사람이 살아있을 때 행한 의사표시에 대하여 법률효과를 부여하는 것이기 때문에 유언을 한 사람이 사망한 후에는 유언의 진정함을 증명하기 어렵게 된다.

따라서 일정한 방식으로 진실성을 확보하지 않으면 유언이 위조나 변조될 염려가 많아진다. 이러한 이유로 민법은 유언을 법이 정한 방식에 따라 행한 경우에만 효력이 있다고 규정하고 있다.

민법은 유언방식으로 자필증서에 의한 유언, 녹음에 의한 유언, 공정증서에 의한 유언, 비밀증서에 의한 유언, 구수증서에 의한 유언 등 5개로 규정하고 있다(민법 제1065조).

(1) 자필증서(自筆證書)에 의한 유언

자필증서에 의한 유언은 말 그대로 유언자가 자필로 유언서를 작성하는 것이다. 유언의 내용과 작성연월일·주소·성명 등을 반드시 자필로 작성하고 날인해야 유효하다(민법 제1066조). 자필증서에 의한 유언은 유언자가 자필로 직접 작성하므로 위조나 변조의 염려가 비교적 적다고 할 수 있다. 그러므로 자필증서에 의해 유언서를 작성할 때에는 별도로 증인이나 증명을 요구하지 않는다.

그러나 자필증서에 의한 유언서를 보관하는 사람이나 발견한 사람은 유언자가 사망한 후 지체 없이 법원에 유언서를 제출하여 검인을 받아야 한다(민법 제1091조). 또한 법원이 봉인된 유언서를 개봉하는 때에는 유언자의 상속인(또는 대리인)과 기타 유언에 이해관계를 가지고 있는 자의 참여가 있어야 한다(민법 세1092조). 특정인에 의해 유언서가 위조되거나 변조되는 것을 방지하고 유언에 따른 불필요한 분쟁의 발생을 방지하기 위한 조치라고 할 수 있다.

(2) 녹음(錄音)에 의한 유언

녹음에 의한 유언은 유언자가 유언의 내용, 유언을 행하는 연원일, 성명을 말하여 녹음하고, 이러한 유언행위에 참여한 증인이 유언의 정확함과 증인의 성명을 녹음함으로써 성립한다(민법 제1067조). 녹음에 의한 유언은 유언자가 글을 쓸 수 없는 상황에 있을 때 유용하게 사용할 수 있다.

녹음에 의한 유언의 경우에도 녹음을 보관하는 사람이나 발견한 사람은 유언자가 사망한 후 지체 없이 법원에 녹음을 제출하여 검인을 받아야 하고(민법 제1091조), 법원이 봉인된 녹음을 개봉하는 때에는 유언자의 상속인(또는 대리인)과 기타 유언에 이해관계를 가지고 있는 자의 참여가 있어야 한다(민법 제1092조).

(3) 공정증서(公正證書)에 의한 유언

공정증서에 의한 유언은 증인 2인이 참여한 상태에서 유언자가 공증인 앞에서 유언의 내용을 말하면 공증인이 유언자가 말한 것을 필기하고, 유언자와 증인에게 그 내용을 낭독하여 유언의 내용을 확인하게 한 후, 유언자와 증인이 유언의 내용이 맞는다는 것을 승인하여 각자 서명이나 기명날인을 함으로써 성립하게 된다(민법 제1068조).

그리고 공증인을 통해 유언서를 작성하기 때문에 자필증서나 녹음에 의한 방식과 달리 유언자가 사망했을 때 지체없이 법원의 검인을 받을 필요가 없다(민법 제1091조). 그러나 유언서를 개봉할 때에는 역시 유언자의 상속인(또는 대리인)과 기타 유언에 이해관계를 가지고 있는 자의 참여가 있어야 한다(민법 제1092조).

(4) 비밀증서(祕密證書)에 의한 유언

비밀증서에 의한 유언은 유언자가 자신의 성명을 기입한 증서를 봉인하고 날인한 후 2인 이상의 증인에게 제시하여 자신의 진정한 유언서임을 표시하고, 봉인한 유언서에 증인에게 제시한 연월일을 기재한 후, 유언자와 증인이 각자 서명하거나 기명날인함으로써 성립한다(민법 제1069조).

그러나 봉인된 유언서는 표면에 기록된 증인에게 제시된 날로부터 5일 내에 공증인이나 법원서기에게 제출하여 봉인서상에 확정일자를 받아야 한다(민법 제1070조). 그리고 유언서를 개봉할 때에는 유언자의 상속인(또는 대리인)과 기타 유언에 이해관계를 가지고 있는 자의 참여가 있어야 한다(민법 제1092조).

(5) 구수증서(口授證書)에 의한 유언

구수증서에 의한 유언은 유언자가 질병이나 기타 급박한 사정으로 인하여 앞에서 열거한 4가지 방법에 의해 유언을 할 수 없는 상황에 있을 때 이용하는 방식이다.

구수증서에 의한 유언은 유언자가 2인 이상의 증인을 참여하게 한 상태에서 증인 1명에게 유언의 내용을 말하여 유언서를 작성하게 하고, 작성된 유언서를 낭독하게 하여 유언자와 증인이 유언의 내용이 정확함을 확인한 후에 각자 서명 또는 기명날인하면 성립된다(민법 제1070조). 피성년후견인이 유언을 하기 위해서는 의사능력이 있는 상태에 있어야 하고, 이를 의사(醫師)가 확인해야 하지만, 구수증서에 의한 유언의 경우에는 그렇게 할 수 없는 급박한 상황이기 때문에 의사에 의한 확인이 없다고 하더라도 유언은 유효하다(민법 제1070조 제3항).

구수증서의 방식에 따라 작성된 유언서는 증인 또는 이해관계인이 급박한 사정의 종료한 날로부터 7일 내에 법원에 검인을 신청하여 검인을 신청하여야 한다(민법 제1070조). 그리고 유언서를 개봉할 때에는 역시 유언자의 상속인(또는 대리인)과 기타 유언에 이해관계를 가지고 있는 자의 참여가 있어야 한다(민법 제1092조).

5) 유언의 취소와 철회

유언은 일반적인 법률행위와 달리 유언을 한 사람이 사망했을 때 효력이 발생한다(민법 제1073조). 유언자가 살아있는 때에는 유언을 철회할 수 있느냐의 문제가 발생한다.

부담있는 유증을 받은 자가 그 부담의무를 이행하지 아니한 때에는 상속인 또는 유언집행자는 상당한 기간을 정하여 이행할 것을 최고하고 그 기간 내에 이행하지 아니한 때에는 법원에 유언의 취소를 청구할 수 있다(민법 제1111조).

한편 유언자는 유언의 효력이 발생하기까지는 언제든지 그 유언을 없던 것으로 철회할 수 있다(민법 제1108조). 유언이 중복되어 행해진 경우나 유언이 행해진 이후에 유언의 내용과 다른 법률행위가 행해진 경우에는 먼저 행해진 유언은 나중에 행해진 유언이나 법률행위와 다른 부분에 한해서 그 유언을 철회한 것으로 인정하고 있다(민법 제1109조). 이는 나중에 행한 의사표시에 더 큰 의미를 부여하는 것이다. 또한 유언자가 고의로 유언증서나 유언으로 증여하려고 했던 목적물을 파손시킨 경우에는 그 파손된 부분에 관한 유언의 내용은 철회한 것으로 간주된다(민법 제1110조).

6) 유언의 증인이 될 수 있는 자격

유언에 참여하는 증인은 누구나 가능한 것은 아니다. 증인은 유언의 진실성에 대하여 보증하는 지위를 갖게 되므로 행위능력이 있는 자일 것이 요구된다. 따라서 미성년자, 피성년후견인, 피한정후견인과 같이 행위능력이 제한되는 자는 유언의 증인이 될 수 없다(민법 제1072조). 유언은 만 17세 이상이면 미성년자나 피한정후견인, 피성년후견인도 할 수 있지만, 다른 사람의 유언에 대하여 증인이 되는 것은 타인의 권리·의무에 영향을 미치는 행위이기 때문에 제한하는 것이다. 그리고 유언에 의해 이익을 얻게 되는 자, 이익을 얻게 되는 자의 배우자와 직계혈족은 증인이 되지 못하며, 유언이 공정증서에 의한 것인 경우에는 공증인법에서 정한 결격자도 증인이 되지 못한다(민법 제1072조 제2항).

7) 유증의 승인과 포기

유증을 받은 자, 즉 수증자는 유언자의 사망 후에 언제든지 유증을 받을 것을 승인하거나 포기할 수 있다(민법 제1074조). 그리고 이러한 유증의 승인이나 포기는 유언자가 사망한 때에 한 것으로 간주된다. 즉, 유언자가 사망한 때로 소급하여 유언의 효력발생과 동시에 유증의 승인 또는 포기를 하게 되는 것이다.

유증의 승인이나 포기의 의사표시를 한 경우에는 이를 다시 취소할 수 없다(민법 제1075조).

유증의무자나 이해관계인은 상당한 기간을 정하여 수증자에게 유증의 승인이나 포기를 확답할 것을 최고할 수 있으며, 유증을 받은 자가 이 기간 내에도 확답하지 않으면 승인한 것으로 인정된다(민법 제1077조).

3. 유류분

자본주의 사회에서는 사유재산제도를 인정하므로 자기 재산을 처분하는 것은 원칙적으로 자유이다. 유언자가 자신의 재산을 처분하는 것이므로 자유롭게 인정되지만, 여기에는 일정한 제한이 있다. 민법은 유류분을 규정하여 상속인의 지위에 있는 자에게 일정 범위의 재산은 상속되어야 한다는 것을 규정하고 있다(민법 제1112조). 즉, 상속인에게 일정 범위의 상속재산을 상속받을 권리를 인정하고 있다. 이는 유언자가 자신이 부양해야 할 가족에게 재산을 주지 않고 유산을 처분하는 경우에는 남아있는 가족이 경제적 곤란을 당할 수 있고, 나아가 이러한 가족에 대하여 사회적 부양이 필요하게 되므로 공공의 이익에 배치되는 결과가 되기 때문이다.

유류분(遺留分)은 상속인이 받을 수 있는 최저한도의 상속분이라 할 수 있다. 배우자와 직계비속은 자신의 법정상속분의 2분의 1, 직계존속은 법정상속분의 3분의 1이 유류분으로 인정된다. 따라서 증여나 유증으로 인하여 상속인이 자신의 유류분에 해당하는 재산을 상속받지 못하게 되면 그만큼 증여나 유증을 받은 사람에게 돌려 달라고 청구할 수 있다.

〈학습확인문제〉

1. 민사에 관하여 법률에 규정이 없으면 관습에 의하고 관습이 없으면 조리에 의한다. (○, ×)

(해설) "관습"이 아니라 "관습법"이다. 민법 제1조

(정답 ×)

2. 미성년자가 법정대리인의 동의없이 단독으로 한 법률행위는 미성년자 본인이 이를 취소할 수 있다. (○, ×)

(해설) 민법 제5조 제2항 및 민법 제140조

(정답 ○)

3. 피성년후견인이란 질병, 장애, 노령, 그 밖의 사유로 인한 정신적 제약으로 사무를 처리할 능력이 지속적으로 결여된 사람으로, 법에서 정해진 절차에 따라 가정법원에서 성년후견 개시의 심판을 한 사람을 말한다. (○, ×)

(해설) 민법 제9조

(정답 ○)

4. 실종선고를 받은 자는 실종기간이 만료한 때에 사망한 것으로 추정된다. (○, ×)

(해설) 사망하는 것으로 본다. 민법 제28조

(정답 ×)

5. 특별한 약정이 없는 한 주물은 종물의 처분에 따른다. (○, ×)

(해설) 종물은 주물의 처분에 따른다. 민법 제100조

(정답 ○)

6. 의사표시자가 의사표시의 중요한 내용에 관한 착오로 법률행위를 하였으며, 의사표시자에게 중대한 과실이 없는 경우에는 그 법률행위를 취소할 수 있다. (○, ×)

(해설) 민법 제109조 제1항

(정답 ○)

7. 대리행위를 유효하기 위해서는 대리인이 행위능력자이어야 한다. (○, ×)

(해설) 민법 제117조

(정답 ×)

8. 임의대리인은 본인의 승낙이 있거나 부득이한 사유있는 때에만 복임권을 가진다. (○, ×)

(해설) 민법 제120조

(정답 ○)

9. 취소할 수 있는 법률행위는 취소되기까지는 일단 유효한 행위이지만, 취소되면 처음으로 소급하여 무효로 확정된다. (○, ×)

(해설) 민법 제141조

(정답 ○)

10. 일반적으로 채권은 10년간 행사하지 아니하면 소멸시효가 완성한다. (○, ×)

(해설) 민법 제162조 제1항

(정답 ○)

11. 물권은 법률에 의하는 외에는 임의로 창설하지 못한다. (○, ×)

(해설) 민법 제185조

(정답 ×)

12. 특정 부동산에 대한 소유권은 없지만 10년간 부동산의 소유자로 등기된 자는 소유의 의사로 평온·공연하게, 그리고 선의이며 과실없이 그 부동산을 점유한 때에 그 부동산의 소유권을 취득한다. (○, ×)

(해설) 민법 제245조

(정답 ○)

13. 동일물에 대하여 물권과 채권이 병존하는 경우에는 그 성립의 선후와는 관계없이 물권
    이 우선한다. (○, ×)

(해설) 물권은 채권에 우선한다. 예컨대 동일한 부동산에 전세권을 가진 자는 임차권을 가진 자
에 보다 우선하여 그 부동산을 사용할 수 있다.

(정답 ○)

14. 소유권자는 소유권을 방해할 염려가 있는 행위를 하는 자에 대하여 그 침해의 예방을
    청구할 수 있다. (○, ×)

(해설) 민법 제214조

(정답 ○)

15. 유상계약에서 계약금을 교부한 경우 계약금을 교부한 자는 이를 포기하고, 계약금을 수
    령한 자는 그 배액을 상환하여 각각 매매계약을 해제할 수 있다. (○, ×)

(해설) 민법 제565조

(정답 ○)

16. 불법행위는 법률의 근본목적에 어긋나고 법률질서를 깨뜨리는 행위로서 법률이 그 본질
    상 이를 허용할 수 없는 것으로 평가하는 행위이고, 이 행위를 한 자는 자신에게 과실의
    존재여부와 무관하게 책임을 진다. (○, ×)

(해설) 민법 제750조

(정답 ×)

17. 혼인은 「가족관계의 등록 등에 관한 법률」에 정하는 바에 따라 혼인신고를 해야 혼인의
    효력이 생긴다. (○, ×)

(해설) 민법 제812조

(정답 ○)

18. 협의상 이혼시 양육에 관한 사항의 협의가 이루어지지 않거나 협의할 수 없는 때에는 가정법원은 직권으로 또는 당사자의 청구에 따라 이에 관하여 결정한다. (○, ×)

(해설) 민법 제837조 제4항

(정답 ○)

19. 유언은 반드시 자필로 기술하여야 하고 상대방에게 유언서가 도달하여야 효력이 있다. (○, ×)

(해설) 유언은 특정한 방식에 따라 해야 져야 유효하게 성립하고 상대방없는 단독행위여서 상대방에 도달하여야 효력이 성립하는 것은 아니다. 민법 제1060조부터 제1071조까지 참조.

(정답 ×)

20. 피상속인의 형제자매도 유류분을 주장할 수 있다. (○, ×)

(해설) 민법 제1112조

(정답 ×)

제5장
상법(商法)

제1절 총 칙

I. 상법의 의의

1. 형식적 의미의 상법

상법의 개념은 형식적 의미의 상법과 실질적 의미의 상법으로 나눌 수 있다. 형식적 의미의 상법이란 상법전을 말한다. 현행 상법전은 1962년 1월 20일에 법률 제1000호로 제정·공포되었는데, 총칙·상행위·회사·보험·해상·항공운송의 6편으로 구성되어 있다.

제1편 총칙(總則)에서는 상사적용법규와 상법의 적용범위에 관한 통칙규정을 두고, 다음으로 기업의 주체인 상인과 그 보조자인 상업사용인에 관하여 규정하고 있다. 또 상인에 적용되는 제도로서 상호·상업장부·상업등기에 관하여 규정하고, 끝으로 영업양도에 관한 규정을 두고 있다. 제2편 상행위(商行爲)에서는 상행위의 의의와 이에 적용되는 특수한 법칙, 상행위를 위한 특별한 제도인 상호계산과 익명조합, 그리고 각종 특수한 상행위에 관하여 규정하고 있다. 제3편 회사(會社)에서는 회사제도에 관한 통칙과 합명회사·합자회사·유한책임회사·주식회사·유한회사에 관한 규정을 두고 있다. 제4편 보험(保險)은 손해보험과 인보험에 관하여, 그리고 제5편 해상(海商)은 해상운송 등 해상영업의 조직과 활동에 관하여 규정하고 있다. 제6편 항공운송은 항공운송 영업의 조직과 활동 및 그 책임의 제한에 관한 규정을 담고 있다.

2. 실질적 의미의 상법

실질적 의미의 상법이란 형식적 의미의 상법, 즉 상법전에 구애되지 않고 이론적 입장에서 통일적으로 파악되는 상법이라는 특별한 법영역을 말한다. 그런데 이러한 법영역을 어떻게 파악할 것인가가 문제로 대두된다. 일반적으로 이야기하면 상법은 상인의

조직 또는 활동에 관하여 규정하고 있기때문에 일반 사적 생활관계를 규율하는 민법과
는 다르며 민법에 대해서 특별법의 관계에 서 있는 것이라 할 수 있다. 실질적 의미의
상법이란 기업에 관계하는 개체의 이익을 조정하는 법이라 한다. 이 견해가 현재 우리
나라의 통설이다.

3. 상법의 법원과 그 적용순위

실질적 의미의 상법이 존재하는 형식, 즉 실질적 의미의 상법에 속하는 법규의 각
종류를 상법의 법원(法源)이라 한다. 상법의 법원 중 가장 중요한 것은 물론 제정법인 상
법전인데 상사특별법령·조약·관습법·자치법규도 상법의 법원에 속한다.

1) 제정법

상법의 대상인 기업은 다수인과 관계가 있고 또 기술적인 것이기 때문에 상법의 명
료성·확실성·기술성이 요구되고 있는데 제정법(制定法)은 이러한 요구에 응함에 있어
가장 중요한 법원이 된다. 제정법의 중요성은 기업의 조직에 있어서 특히 큰바, 이는 명
확한 기초 위에서만 신속하고 확실한 기업활동이 가능하기 때문이다.

제정법에는 상기한 상법전 외에 상사특별법령으로서 상법시행법, 상법 시행령, 채
무자회생 및 파산에 관한 법률 등 다수가 존재한다. 또 상사조약 중 선박의 충돌·해난
구조에 관한 조약과 같이 조약 당사국의 국민상호간의 법률관계를 직접 규율하는 것은
그 비준·공포와 동시에 상법의 법원이 된다.

2) 상관습법

상기한 제정법은 모든 기업의 복잡한 법률관계를 전부 규정할 수 없으며, 또 그 고
정성 때문에 부단히 진전하는 기업의 새로운 수요에 응할 수 없다. 여기에 상법의 법원
으로서 제정법의 한계가 있으며 경제의 실제적인 요구에 의해서 형성되는 상관습법의
중요성이 있다. 백지어음의 효력에 관한 상관습법(商慣習法)의 중요성이 인정되어 어음법
제10조에 명문화된 것은 좋은 예이다.

3) 상사자치법규와 보통거래약관

회사 정관과 같이 기업이 그 조직 등에 관하여 자치적으로 제정한 법규라든가, 보험
약관·운송약관 등과 같이 기업이 집단적 거래의 편의상 설정하여 거래의 상대방에게
따를 것을 요구하는 보통거래약관 등을 자치법규라고 하는데, 이는 실제적인 기업활동
에 있어서 대단히 중요한 역할을 하고 있다.

상거래의 신속성과 편리성·통일성을 위하여 일반적으로 보통거래약관에 의한 계약
이 인정된다. "약관"이란 그 명칭이나 형식에 관계없이 사업자가 일방적으로 미리 작성

하여 둔 정형적인 계약의 내용(약관규제에 관한 법률 제2조 제1호)을 말한다. 학설과 판례는 이러한 약관에 구속력을 부여하고 있으므로, 보통거래약관 역시 상법의 법원으로 볼 수 있다.

4) 상사법원의 적용순위

상법 제1조는 "상사에 관하여 본 법에 규정이 없으면 상관습법에 의하고 상관습법이 없으면 민법의 규정에 의한다."고 규정하고 있다. 이 조문은 상법전, 상관습법 및 민법전의 적용순위를 명확히 할 뿐이고 민법전이 상법의 법원이라는 의미도, 상법의 법원이 상법전과 상관습법에 한한다는 의미도 아니며, 단지 상사에 관해서는 "상법전 → 상관습법 → 민법전"의 순서로 적용됨을 의미할 뿐이다. 특별법이 일반법에 우선한다는 원칙에 따라 상사에 관하여 적용되어야 할 법규의 적용순서는 "상사자치법 → 상사특별법령 및 상사조약 → 상법전 → 상사관습법 → 민사특별법령 및 민사조약 → 민법전 → 민사관습법"인 것이 된다.

상사자치법규는 강행규정에는 반할 수 없으나 임의규정은 변경할 수 있는 것이기 때문에, 효력이 인정되는 한 가장 우선적으로 적용된다.

II. 상법의 특색

1. 영리성

영리성(營利性)은 기업의 본질이자 상법의 일관된 특성이며, 상법의 적용범위를 정하는 기본개념인 상인과 상행위 역시 영리성을 기초로 하고 있다(상법 제4조, 제5조, 제46조, 제47조). 회사의 개념에 있어서도 동일한 상황이며(제169조), 상인의 행위가 일반적으로 유상이고(제61조), 법정이율이 보통보다 높은 것(제54조)도 그 예이다.

2. 신속성

기업에 있어서는 영리활동을 집단적·반복적으로 행하기 때문에 신속한 처리가 요구된다. 보험약관·운송약관 등의 정형적인 보통거래약관이 이용되는 외에 계약의 청약의 효력(제51조, 제52조), 낙부의 통지의무(제54조), 단기소멸시효(제64조) 등이 그 예이다.

3. 외관주의

집단적·반복적인 거래를 안전·신속하게 처리하기 위해서는 외부적으로 나타난 것을 기준으로 할 필요가 있다. 부실등기에 의한 책임(제39조), 명의대여자의 책임(제24조),

표현지배인의 권한(제14조), 표현대표이사의 행위에 관한 책임(제395조), 유가증권의 문언증권성(제131조, 제157조, 제854조) 등 그 예는 대단히 많다.

4. 공시주의

기업에 관한 각종 사항을 공시하여 집단거래의 원활과 안정을 보장할 필요가 있다. 상업등기제도가 공시주의(公示主義)의 대표적 예이며, 회사 특히 주식회사의 경우에는 등기사항이 대단히 많다. 또 주식회사에서는 대차대조표를 공고할 것을 요구하고 있다(제449조).

5. 획일주의

기업에 있어서 개성이 없는 집단적인 법률관계를 획일적으로 처리하는 예로서 정형적인 보통거래약관을 이용하는 외에 주식이나 사채의 청약에 있어서 청약서의 이용(제302조, 제474조) 등이 있다. 운송인의 손해배상액의 법정(제137조)도 기업의 보호와 더불어 획일적 처리의 요청에 응하기 위한 것이며, 또 회사의 설립무효 등의 판결이 당사자는 물론 제3자에 대해서도 효력이 미치는 것(제190조) 등도 획일적 처리의 요청에 기한 것이다.

6. 법적 확실주의

다수의 법률관계가 특정한 행위의 존재를 전제로 해서 순차적으로 행해지는 기업관계에서는 기존의 법률관계를 가능한 한 존중할 필요가 있다. 이러한 법적 확실의 요청에 기해서 처리되는 예로서는 회사의 설립무효 등의 소에 있어서 제소기간의 제한(제184조)이라든가 판결의 소급효의 부정(제190조 단서) 등이 있다.

7. 책임의 가중·경감

기업의 신용을 유지하고 상대방을 보호하기 위해 기업관계자의 의무를 강화하여 책임을 가중하는 반면, 기업의 기술적 성격이라든가 기업의 보호를 위해 기업의 책임을 경감하는 것도 있다. 강화·가중의 예로서는 상인간의 매매에 있어서는 매수인의 목적물의 검사와 하자통지의무(제69조)와 목적물보관의무(제70조), 다수채무자의 연대책임(제57조) 등이 있으며, 경감의 예로서는 주주의 유한책임(제331조) 외에 가액을 명시하지 않은 고가물에 대한 운송인의 면책(제136조), 운송인의 손해배상액의 법정(제137조) 등이다.

8. 기업의 유지

일단 성립한 기업은 이를 유지하려는 요청이 있다. 상법은 영업양도(제41조 이하), 회사의 합병(제174조 이하), 회사의 계속 및 조직변경(제229조 등), 1인회사와 같은 제도를 인정함으로써 기업 해체의 방지에 노력하고 있다. 이 밖에 정관변경의 자유라든가 상기한 제소기간의 제한도 기업의 유지를 위한 역할을 한다.

III. 상법의 역사

1. 고대 및 중세

고대의 원시적 집단경제는 이른바 종족본위의 폐쇄적 가내경제였다. 각 집단은 상호 고립되었고, 집단 내부에 있어서는 분업이 지극히 유리하였으므로 교환의 현상은 없었지만, 천연산물에 의해 직접 수요를 충당하는 자연경제의 현상이었을 뿐이었다. 물론 집단 내의 인구가 증가하고 수요가 증대함에 따라 종류가 다른 천연산물을 가지고 있는 다른 집단과의 사이에 교환을 하는 것이 유리함을 자각하게 되었으나, 포괄적인 상법이 성립하기에는 지극히 부족한 현상이었다.

중세에 이르러 상법은 비로소 일반 사법과 독립된 기원을 보게 되었다. 이미 9세기경부터 이탈리아를 중심으로 한 지중해 연안에 상업도시가 발달하였다. 이들 도시에서는 상인이 지배적 세력을 가지고 있었으므로 이들을 위한 새로운 법이 요청되었다. 초기에는 이들 상인도 도시의 재판관 및 도시법에 복종하였으나 점차 동업자의 조합인 길드(guild)를 조직하여 자치규약과 자주적인 재판관할권을 갖게 되었다. 이러한 중세의 상법은 주로 관습법에 의해 형성되었으며, 상인단체에 특유한 계급법이었다. 또한 특정 상인단체 또는 도시의 법으로서 지방법에 불과하였으며, 그 내용은 사법뿐만 아니라 행정법·형법·소송법 등과 같은 공법적 규정도 포함하였다.

2. 근대 상법

경제사정의 발전으로 중세의 봉건제도가 점차 붕괴되기 시작하고 자본주의 경제는 각 부문에 확충되어 비약적으로 발전하였다. 정치적으로는 중앙집권국가의 형성을 확립하고 경제적으로는 길드 및 도시경제에 갈음하여 국가경제가 출현하게 됨에 따라 상법도 현저하게 변화하였다. 종래의 관습법 외에 성문법이 중요성을 가지게 되었고 그 성문법은 다시 국가법으로 발전하였다. 아울러 상법은 점차 종래의 계급법적 정신으로부터 탈피하여 상사법으로서 일반화하는 경향이 나타났다. 또 그 내용은 그때까지의 행정법적 규정에 대하여 사법적 규정이 중요성을 띠게 되었다.

국가에 의해 제정된 통일적 상사입법의 효시로서 가장 현저한 것은 프랑스 루이 14
세 때의 상사조례(1673년)와 해사조례(1681년)이다. 진정한 의미의 근대적 상법전이라 할
수 있는 것은 1807년 9월 15일 나폴레옹 1세가 제정한 프랑스 상법전이다. 이 법전은 내
용에 있어서 루이 14세 때의 두 조례를 모방하였으나 모든 계층을 포괄한 민법전이 따
로 존재함에도 불구하고 상사에 관한 특별법전이 제정된 것이었으며, 그 내용의 우수성
과 나폴레옹의 제국정복이라는 정치적 이유에 의해 제국에 미친 영향이 크다.

독일에서는 1794년에 상법 규정을 포함한 프러시아 일반국법이 제정되었으나 연방
전체를 통한 상법이 없었으므로, 경제적으로 일체임에도 불구하고 법규는 각 주와 각
지방에 따라 달랐다. 그리하여 1871년 독일제국의 성립과 동시에 제국법으로서 보통독
일어음조례 및 보통독일상법이 제정되었다. 이 보통독일상법은 프랑스 상법전을 모방한
우수한 내용의 것이었으나 그 제정 후에도 수정·증보가 빈번하였다. 특히 민법전 제정
과 아울러 그 조화를 위한 상법 개정은 불가피한 일이었다. 이와 같이 하여 1897년 5월
10일 독일제국 상법전(HGB)이 제정되어 1900년 1월 1일부터 민법전과 아울러 시행되었다.

영미법계의 여러 나라에서는 법제의 근본이 대륙제국과는 완전히 다른 형식을 채택
하였다. 19세기 후반 이후에 많은 성문법이 제정되었으나 이것도 대부분 오랫동안의 판
례를 정리한 것에 불과하였다. 회사법의 영역에서 지도적인 역할을 담당한 것은 영국이
며 최초의 주식회사는 1602년 설립된 네델란드 동인도회사(Dutch East India Company)였다.
외국으로의 항해를 위한 모험에 소요되는 금전을 마련하기 위하여 일정한 증서의 발행
을 통하여 거대자금을 모을 수 있었고, 이것이 주식회사의 시작이라 볼 수 있다. 미국의
사정을 보면 주에 따라 상법의 내용이 다르기 때문에 실제에 있어서 불편을 면치 못하
므로 각 주 대표자로 구성된 통일주법위원회에서 통일상법안(1952년)이 기초되었고, 이
것이 각 주에 실제 적용됨으로써 실질적으로 통일화운동이 이루어지고 있다.

3. 한국 상법

우리나라처럼 근대국가로서의 출발이 늦은 국가에서는 기업을 진흥하여 경제활동
을 활발하게 하는 것이 국가적 요청이었다. 따라서 실제 수요가 없더라도 기업제도를
도입하여 회사를 설립할 필요가 있었다. 상법전의 편찬도 일본상법의 의용이라는 특수
한 사정이 있었다고는 하지만, 이러한 관점에서 행해졌다고 보아야 한다.

먼저, 한일합방 이후 조선민사령에 의해서 일본 상법이 강제로 적용되었는데, 1945
년 해방 이후에도 상당 기간 동안 일본 상법이 의용되었다. 일본 상법의 모델이 된 것은
독일 상법이었다. 그 후 1961년 7월 15일에 공포된 구법령정리에 관한 특별조치법에 의

해 종래 의용된 일본 상법은 그 효력을 상실하고, 1962년 1월 20일 법률 제1000호로서 상법전이 어음법(법률 제1001호)·수표법(법률 제1002호)과 함께 공포되었다. 이 새로운 상법은 1963년 1월 1일부터 시행되었는데, 그 내용면에 있어서는 종래의 의용상법과 큰 차이가 없었다. 다만, 회사편의 주식회사제도에 관해서는 많은 개정이 이루어졌는데, 종래 대륙법계 특히 독일법계에 속하던 것을 미국의 법제에 가깝게 하였다. 이 상법은 1984년 회사편을 중심으로 대개정이 이루어진 후, 1991년 보험·해상법을, 1995년에 총칙과 상행위 및 회사법의 일부를 개정한 후, 1998년 IMF로부터 구제금융을 지원받는 등 전반적인 경제여건의 변화로 인한 기업구조조정의 필요성이 증대되어 다시 회사법 중 일부를 개정·신설하게 되었다.

제 2 절   상행위

I. 상인

1. 서언

기업 그 자체로는 권리·의무의 주체가 될 수 없기 때문에 기업적 생활관계에서는 권리·의무의 귀속자로서의 자연인 또는 법인을 필요로 한다. 기업적 생활관계에서 권리·의무의 주체, 즉 기업의 주체를 일반적으로 상인이라 하나, 상법은 그 적용범위와 한계를 명백히 하기 위해 일정한 행위를 영업으로 하거나 일정한 방식으로 영업을 하는 자를 상인으로 정하여 상법의 적용을 받도록 하고 있다.

상법이 형식적으로 정한 상인에는 당연상인과 의제상인이 있다. 다만, 일정규모 미만의 상인인 소상인에 대해서는 상법 규정의 일부를 적용하지 않고 있다.

2. 당연상인

당연상인(當然商人)이란 자기명의로 상행위를 하는 자를 말한다(제4조). 여기서 '상행위'란 상법 제46조에 열거된 각종 거래행위(기본적 상행위)와 특별법인 담보부사채신탁법 제23조 제2항에 의한 사채총액의 인수(절대적 상행위)를 말한다. 다만, 상법 제47조의 보조적 상행위는 상인의 개념을 전제로 했기 때문에 이에 포함되지 않는다.

3. 의제상인

점포 기타 유사한 설비에 의해 상인적 방법으로 영업을 하는 자와 회사(민사회사)는 상행위를 하지 않더라도 상인으로 보며(제5조), 이를 의제상인(擬制商人)이라고 한다. 농림업·어업·광업 등 소위 원시산업 등을 하는 자는 영업의 종류보다 그 경영방식이나 기업형태에 착안하여, 상행위를 하지 않더라도 상인이 되는 길을 열어준 것이다. 그 결과 자신이 경작한 야채라든가 자기가 잡은 생선을 점포를 가지고 판매하는 자는 야채나 생선을 타인으로부터 매입·판매하는 자와 동일하게 상인이 된다. 또한 회사에는 상사회사와 민사회사가 있는데, 민사회사는 상사회사와 달리 상행위를 하는 것이 아니므로 당연상인은 아니지만 상사회사와 같은 경영설비로 영업하는 한, 이를 상인으로 취급하는 것이 실질상 합리적이라는 점에서 상인으로 여긴 것이다. 따라서 원시산업을 목적으로 하는 회사도 상행위를 목적으로 하는 회사처럼 상인이 된다.

4. 소상인

상법은 자본금 1천만원 미만의 상인으로서 회사가 아닌 자를 소상인(小商人)이라 하여(상법 시행령 제2조), 소상인에 대해서는 상법 중 지배인·상호·상업장부와 상업등기에 관한 규정을 적용하지 않기로 하고 있다(제9조). 이들 규정을 영업규모가 매우 작은 자에게 적용하는 것은 가혹하거나 불필요하고, 또 규모가 큰 다른 상인에 대해 상호전용권 등으로 방해할 필요가 없기 때문이다.

II. 상인의 보조자

1. 서언

상인의 규모가 확대됨에 따라 상인은 모든 영업활동을 혼자 할 수 없게 되어 타인의 보조를 받는 것이 필요하게 되어 있는데, 영업활동은 개성이 희박하기 때문에 타인이 보조를 받기에 적당하다고 할 수 있다.

상인의 보조에는 다음과 같은 종류가 있다. 먼저, 상업사용인과 같이 특정의 상인에 종속하여 영업의 활동을 보조하는 자가 있다. 다음에 스스로 독립된 상인이면서 특정의 상인과 계속적인 관계에 서거나(예컨대 대리상), 불특정 다수의 상인을 위한 보조기관이 되는 자(예컨대, 중개인·창고업자 등)가 있다. 이들 중 스스로가 독립된 상인인 후자에 관해서는 후술할 '기업의 거래'에서 살펴보기로 하고 여기서는 단지 상업사용인에 관해서만 설명하기로 한다.

2. 상업사용인

상업사용인(商業使用人)이란 고용계약에 의해서 특정한 상인에 종속하여 대리권의 여부가 특히 문제가 되는 지위에 있는 보조자를 말한다. 상업사용인을 이용하는 상인(영업주)은 회사이든 또는 개인상인이든 상관없다(다만, 지배인은 상업등기와 밀접한 관계가 있기 때문에 소상인은 그것을 이용할 수 없다고 여긴다). 상업사용인은 상인에 종속하는 자이기 때문에 대표이사처럼 회사조직 자체의 일부를 구성하는 자는 포함되지 않는다. 또 상업사용인은 대리권이 문제가 되어 있는 지위에 있는 보조자이기 때문에 단순한 고용인인 기사·공원·급사 등은 제외한다. 상법은 상업사용인으로서 지배인(제11조), 부분적 포괄대리권을 가지는 사용인(제15조) 및 물건판매점포의 사용인(제16조) 등 3종류에 관해서 규정하고 있다.

1) 지배인의 권한

지배인(支配人)이란 영업주에 갈음하여 그 영업에 관한 모든 재판상 및 재판 외의 행위를 할 권한(대리권)을 가진 상업사용인이며, 상업사용인 중 가장 중요한 것이다(제11조 제1항). 지배인의 이러한 강력한 대리권을 지배권이라 한다.

지배권의 실질적 내용은 상기한 바와 같이 영업주에 갈음하여 그 영업에 관한 모든 재판상의 행위(소송행위) 및 재판 외의 행위(일반의 법률행위)를 하는 것이며, 지배인이 아닌 점원 기타 사용인의 선임 또는 해임에 관한 권한도 포함한다(제11조 제2항). 다만, 지배권은 현재의 영업의 존속을 전제로 하는 것이기 때문에 폐업 또는 영업양도와 같은 영업 자체의 처분행위라든가 신규영업의 개시, 지점의 설치 등에는 미치지 않는다. 한편 영업주가 지배권의 실질적 내용에 제한을 가해도 선의의 제3자에 대해서는 그 제한을 가지고 대항할 수 없다(제11조 제3항). 그러나 지배권의 행사방법에 대한 제한으로, 수인의 지배인이 공동해서 지배권을 행사하게 하는 것은 가능하다(다만, 이 경우에 있어서도 지배인 1인에 대한 의사표시는 영업주에 대하여 그 효력이 있다)(제12조).

이러한 점들에 비추어볼 때 지배인의 지배권은 대표이사의 대표권과는 특히 다음과 같은 점에서 서로 다르다. 즉 대표권은 그 성질이 단체법에 고유한 대표관계인데 반해, 지배권은 개인상인의 경우에는 물론 회사의 경우에서도 개인법상의 대리관계이다. 또 대표권은 그 범위가 특정한 영업소의 영업에 한정되지 않고 영업전반에 미치는 데 대해, 지배권은 그 지배인이 속한 특정한 영업소의 영업에 한정된다. 나아가 불법행위에 있어서는 대표이사의 불법행위는 회사 자체의 불법행위가 되지만, 지배인의 불법행위에 대해서는 영업주는 사용자책임을 진다.

2) 지배인의 선임과 종임

지배인의 선임자 또는 해임자는 영업주 자신 또는 그 대리인이다(제10조). 지배인은 전기한 바와 같이 포괄적인 권한을 가지고 있지만 특별한 수권이 없는 한 다른 지배인을 선임 또는 해임할 권한은 없다(제11조 제2항). 회사의 경우에는 그 대표기관이 지배인을 선임 또는 해임하지만 그 의사결정의 방법에는 일정한 제한이 있다(제203조, 제274조, 제393조, 제564조).

지배인의 선임은 대리권의 수여를 필요로 하므로 민법이 정하는 대리권의 소멸 원인에 의해서 영업주와 지배인의 법률관계가 종료한다. 이 밖에 영업의 폐지라든가 회사의 해산도 지배인의 퇴임사유가 된다. 그러나 개인상인의 경우 영업주의 사망이 지배인의 퇴임사유가 되지 않는 것에 주의하지 않으면 안 된다(제50조). 이는 지배인(상인의 다른 대리인도 동일함)이 영업주보다 오히려 영업과 밀접한 관계를 가지고 있고 영업의 상속의 경우에 지배권의 소멸에 의해 영업이 단절되거나 거래의 안정을 해칠 위험이 있기 때문이다.

지배인의 선임과 종임, 그리고 공동지배의 관한 사항은 그 지배인을 둔 본점 또는 지점의 소재지에 등기하지 않으면 안 된다(제13조).

3. 기타의 상업사용인

1) 부분적 포괄대리권을 가진 사용인

상법은 영업의 특정한 종류 또는 특정한 사항에 대한 위임을 받은 사용인(근대적 기업에서는 부장·과장·계장·주임 등으로 불림)에 관하여 부분적이지만 포괄적이고 획일적인 대리권을 인정하고 있다(제15조). 즉, 대리권이 위임을 받은 특정한 종류 또는 사항에 한해서 인정되는 점에서는 지배인과 다르지만, 그 범위 내에서 재판상의 행위를 제외한 모든 행위를 할 수 있으며 그 대리권에 가해진 제한은 선의의 제3자에게 대항할 수 없다.

2) 물건판매점포의 사용인의 의무

물건의 판매를 목적으로 하는 점포의 사용인은 그 점포에 있는 물건의 판매에 관한 모든 권한이 있는 것으로 본다(제16조 제1항). 이는 외관주의의 일례로서 거래의 안전을 보호하기 위한 것이다. 따라서 상대방이 악의인 경우에는 적용하지 않는다(제16조 제2항, 제14조 제2항).

4. 상업사용인의 의무

상업사용인의 영업주에 대한 의무는 민법의 고용에 관한 규정에 의하지만, 그 외에 상법은 사용인의 특수한 부작위의무를 정하고 있다. 즉, 사용인은 영업주의 허락이 없으면 자기 또는 제3자의 계산으로 영업주의 영업의 부류에 속한 거래를 하거나 회사의 무한책임사원, 이사 또는 다른 상인의 사용인이 되지 못한다(제17조 제1항). 같은 조는 사용인이 자기 또는 제3자의 계산으로 영업주의 영업의 부류에 속한 거래를 하는 것과 동종의 영업을 목적으로 하는 회사의 무한책임사원 또는 이사가 되는 것을 제한하는 한도에 있어서 경업금지의무를 규정하고 있는 것이다. 이 경업금지의무는 전기한 이사의 *그것*과 다소 다르지만 그 취지는 동일한 것이며, 사용인이 이 의무에 위반하여 자기 또는 제3자의 계산으로 거래를 한 경우 영업주는 개입권(탈취권)을 행사할 수 있다(제17조 제2항). 그러나 이 조문은 경업금지의무를 정하는 외에 사용인이 스스로 영업을 하는 것에 대해서 그 종류를 묻지 않고 제한하고 있으며, 회사의 무한책임사원, 이사 또는 다른 상인의 사용인이 되는 것도 그 회사나 상인의 영업의 종류를 묻지 않고 제한하고 있다. 이를 사용인의 겸직금지의무라 한다. 오로지 영업주를 위해 근로할 것을 목적으로 하는 것이다.

나아가 영업주의 개입권의 행사는 영업주의 사용인에 대한 계약의 해지 또는 손해배상의 청구에 영향을 미치지 않으며, 개입권의 행사는 그 거래를 한 날로부터 2주간 내 또는 거래가 있은 날로부터 1년 내에 행사해야 한다(제17조 제3항, 제4항).

Ⅲ. 상행위

1. 상행위의 종류

1) 기본적 상행위

이는 상법 제46조에서 열거하고 있는데, 이들 상행위(商行爲)를 영업으로 하는 자는 상인자격을 취득한다. 기본적 상행위는, 그 개개 행위 자체에는 상행위성은 없으나 그 행위를 영리를 목적으로 반복·계속할 때 상행위가 된다. 다만, 오로지 임금을 받을 목적으로 물건을 제조하거나 노무에 종사하는 행위는 상행위가 아니다(제46조 단서).

2) 보조적 상행위

상인이 영업을 위해 하는 행위를 상행위로 보아 이를 보조적 상행위라고 한다(제47조 제1항). 예컨대, 상인이 지배인을 선임한다거나 영업자금을 차입한다거나 하는 행위가 이에 해당한다. 보조적 상행위는 상인이 영업으로서 하는 행위와 달리 영리성을 가지지 않지만 영업을 위한 수단적 행위이기 때문에, 상법은 이에 대해서도 상행위편의 일반적 규정을 적용하기 위해 상행위로 하였다. 개인 상인의 경우에는 영업 이외의 활동이 있기 때문에 특정한 행위가 영업을 위한 행위인가 아닌가가 불명확하므로 상법에서는 상인의 행위를 영업을 위해 하는 것으로 추정하고 있다(제47조 제2항).

3) 준상행위

의제상인이 영업으로서 하는 행위는 상행위에 준해서 취급되는바, 이를 준상행위라 한다. 예컨대, 광산업자가 광물을 매각한다거나 어업회사가 어류를 매각한다거나 하는 행위가 이에 해당한다. 상인이 영업을 위해 하는 행위는 상기한 바와 같이 고유의 상인 인가 의제상인인가를 묻지 않고 상행위가 되는데 반해, 상인이 영업으로 하는 행위는 고유의 상인의 경우에는 물론 상행위가 되지만 의제상인의 경우에는 상행위가 되지 않는다. 따라서 이 점을 보완하기 위해 의제상인이 영업으로 하는 행위를 상행위에 준해서 취급하는 것이다.

2. 상행위에 관한 특칙

본래 상행위도 법률행위이므로 민법을 적용받는다. 그러나 기업거래는 집단성·개성 상실 외에 영리성·신속성·안정성 등의 특색이 있으므로 이로 인하여 민법의 일반원칙을 보충 또는 변경하기 위한 특칙이 필요하다. 이하에서 이러한 특칙을 살펴본다.

1) 상사대리(商事代理)

상행위의 대리방식에 있어서는, 민사대리와는 달리, 대리인이 본인을 위한 것임을 표시하지 아니해도 본인에 대하여 효력이 생긴다(비현명주의, 제48조 본문). 그러나 상대방이 본인을 위한 것임을 알지 못한 때에는 대리인에 대해서도 이행을 청구할 수 있는 것으로 하여(제48조 단서) 불측의 손해로부터 상대방을 보호하고 있다.

상행위의 위임에 의한 대리권은 본인이 사망해도 소멸하지 않는다(제50조). 여기서 상행위의 위임에 의한 대리권을 수여하는 행위인 위임이 위임자에게 상행위인 경우(예컨대, 지배인의 선임)라고 해석한다.

2) 상사계약(商事契約)의 성립

계약은 청약과 그 승낙에 의해 성립하는 것이지만, 상사계약서에서는 신속성이 요구된다. 대화자간의 경우에는 즉시 상대방이 승낙하지 아니하면 그 청약은 효력을 상실한다.(제51조) 상인이 상시 거래관계에 있는 자로부터 그 영업의 부류에 속하는 계약의 청약을 받은 때에는 지체없이 낙부의 통지를 발송해야 하고 이를 해태한 경우에는 승낙의사의 유무를 불문하고 청약을 승낙한 것으로 본다(제53조). 또한 상인이 그 영업부류에 속하는 계약의 청약과 동시에 견품 기타 물건을 받은 경우에는 그 청약을 거절해도 청약자의 비용으로 그 물건을 보관해야 한다(제60조 본문).

3) 원칙적 연대채무

채무이행을 확보하기 위해 채권의 인적 담보를 강화하는 것은 거래의 안정성은 물론 거래를 촉진하는 것이 된다. 따라서 수인이 그 1인 또는 전원에게 상행위가 되는 행위로 인하여 채무를 부담하는 때에는 별단의 특약이 없는 한 그 수인의 채무자는 연대하여 변제할 책임이 있다(제57조 제1항).

상행위로 인하여 생긴 채권의 소멸시효기간은 민사채권의 10년보다 단축되어 5년이다(제64조). 이는 기업거래상의 채권·채무관계를 신속하게 종결시키고자 하는 취지에서 단축한 것이다.

4) 상사법정이율(商事法定利律)

상행위로 인한 채무의 법정이율은, 민사이율이 연 5분임에 대하여(민법 제379조), 연 6분이다(상법 제54조). 기업거래는 영리성을 가지므로 당사자간에 이자에 대한 약정이 없는 경우에도 상인은 상사법정이율에 의한 이자를 청구할 수 있다(제55조 제2항). 또 상인이 그 영업범위 내에서 타인을 위해 금전을 체당한 경우에도 체당한 날 이후의 법정이자를 청구할 수 있다.

5) 상사유치권(商事留置權)

상인간에는 다수의 거래가 계속 행해지고 거래의 개성은 문제되지 않는다. 따라서 상인간에 있어서 그 쌍방을 위해 상행위인 행위에 의해 생긴 채권에 대해서는 채권자는 변제를 받을 때까지 그 채무자에 대한 상행위로 자기가 점유하는 채무자 소유의 물건 또는 유가증권을 유치할 수 있다(제58조).

상사유치권은 담보되는 채권과 유치되는 목적물간의 견련관계가 요구되지 않는다는 점과 채무자의 소유물이어야 한다는 점에서 민사유치권과는 다르다. 특히 상법은 특정기업의 거래에 관한 상사유치권에 대해서도 특칙을 두고 있다(제91조, 제111조, 제120조, 제147조).

6) 상호계산(相互計算)

상호계산은 상인과 비상인간 또는 상인간에 상시 거래관계가 있는 경우에 일정한 기간의 거래로 인한 채권·채무의 총액에 관하여 상계하고 그 잔액을 지급할 것을 약정하는 계약이다(제72조). 거래관계가 계속하는 경우에 거래할 때마다 일일이 자금을 준비하여 지급하는 대신 일정시점까지 결제를 연장하여 최후에 일괄하여 상계하고 그 잔액을 지급함으로써 결제가 매우 간단하게 이루어진다. 상호계산은 기업의 목적인 거래 자체가 아니라, 업종의 여하를 불문하고 기업에 의한 거래수단으로 이용되는 대차결제의 기술적 제도이다. 상인이 이 계약을 한 때에는 부속적 상행위로 된다. 이러한 상호계산의 법적 성질은 상법상의 특수한 계약이라 본다.

Ⅳ. 조합기업

1. 상사조합

조합이란 2인 이상이 출자하여 공동사업을 행하기 위해 결합된 단체이다(민법 제703조). 이를 민법상의 조합(계약적 조합)이라 하는데, 이는 특별법상의 조합(예컨대, 노동조합 및 각종 협동조합)과는 그 법적 싱질을 전혀 달리한다. 상행위 또는 영리사업을 목적으로 하는 민법상의 조합은 상사조합(商社組合)이라고 불려진다.

2. 익명조합

익명조합이란 익명조합원이라는 출자자가 기업이윤의 분배를 받을 것을 목적으로 하여 상인, 즉 영업자와 체결하는 재산출자계약이며(제78조), 외부적으로는 영업자의 개인기업에 지나지 않는다. 익명조합원이 출자한 재산은 법적으로는 영업자의 소유물이 되고(제79조), 익명조합원은 영업자의 행위에 관하여 제3자에 대해서 직접적으로 권리를 취득하는 일도 의무를 부담하는 일도 없다(제80조, 제82조). 그러나 내부적으로는 출자이며 소비대차가 아니기 때문에 익명조합원은 영업자로부터 확정된 이자의 지급을 받는 것이 아니라 영업성적에 따라 변동하는 이익의 분배를 받는다(제82조 제1항). 그 반면 출자가액을 한도로 하여 손실을 부담하게 되는 간접유한책임을 지게 된다(제82조 제2항). 즉, 영업자의 영업에 의해 손실이 발생한 경우 영업자의 채권자에 대해 직접 책임을 지는 일은 없으나, 자신의 출자액의 반환을 받을 수 없는 경우가 발생한다는 것이다. 따라서 익명조합원은 재산출자 이외에 신용, 노무는 출자의 목적으로 하지 못한다(제86조, 제272조 준용). 또한 익명조합원은 합자회사의 유한책임사원과 마찬가지로 업무집행상의 권리도 의무도 없으며(제86조, 제278조 준용), 다만 감시권을 가질 뿐이다(제86조, 제277조 준용). 익명조합은 조합계약의 해지 또는 당연종료사유로 종료한다. 조합계약이 종료한 때에는 영업자는 익명조합원에게 출자가액을 반환해야 한다. 그러나 출자가 손실로 인하여 감소된 때에는 그 잔액을 반환하면 된다(제85조).

익명조합은 자본가가 자신의 성명이 외부에 표출되는 것을 피하여 유한책임의 이익을 향유하면서 확정적인 이자가 아닌, 영업성적에 따라 변동하는 기업이윤을 분배받을 수 있도록 하는 제도이다.

3. 합자조합

합자조합이란 조합의 업무집행자로서 조합의 채무에 대해 무한책임을 지는 무한책임조합원과 출자가액을 한도로 유한책임을 지는 유한책임조합원이 상호출자하여 공동사업을 경영할 것을 약정하는 계약이다(제86조의2). 합자조합은 영미법상의 Limited Partnership(LP.)을 우리 상법이 직접 계수하였다는 점에서 대륙법계에서 뿌리를 내린 익명조합 및 합자회사와는 차이점이 있다. 합자조합은 최근 인적 자산의 중요성이 강조됨에 따라 인적 자산을 수용하기 위한 공동기업의 하나로서 2011년 상법 개정에 의해 신설되었다.

합자조합은 독립된 법인격을 가지지 않는 계약의 한 형태를 취한다는 점에서 앞에서 본 상사조합이나 익명조합과 유사하나, 유한책임조합원이 외부에 표출된다는 점 및 계약에서 정한 출자가액을 한도로 하여 조합채무자가 직접 유한책임을 진다는 점에서 합자회사와 유사하다. 또한 합자조합은 내부적으로는 상사조합과 유사한 성격을 가지는 동시에(제86조의8 제4항), 외부적으로는 각종 등기의무가 부가되어 있는 점 등(제86조의4 제1항 제1호 등) 합자회사와 유사한 성격을 가지고 있다.

합자조합은 익명조합과 유사한 성격을 가지는 한편, 내부관계에 대해서는 민법상의 조합에 관한 규정이 적용된다는 점, 보다 사적자치가 광범위하게 허용된다는 점에서 차이가 있으며, 외부적으로는 유한책임조합원이 외부에 표출된다는 점 및 각종 등기가 요구된다는 점에서 합자회사와도 유사한 성격을 띠고 있다. 인적 자산을 유용하게 활용할 수 있는 기업형태로서 널리 이용될 것으로 기대된다.

제 3 절   회사법

Ⅰ. 회사의 개념과 종류

1. 회사의 개념

회사란 "상행위나 그 밖의 영리를 목적으로 하여 설립한 법인"을 말한다(제169조).

1) 영리성

회사는 영리를 목적으로 한다는 점에서 공익법인인 비영리법인과 구별된다. 회사를 정의하는 경우의 영리성이란, 단순히 대외적인 수익활동에 의하여 이익을 올리는 것만을 목적으로 하는 것이 아니고 그 올린 이익을 구성원에게 분배하는 것을 목적으로 한다는 의미이다. 현행법상 공익법인이라 하더라도 일정한 요건하에서 대외적인 수익사업을 할 수는 있다. 그러나 그 수익사업을 통하여 올린 이익을 사원이나 출자자에게 분배하지 않는다는 점에서 회사와 결정적으로 다른 것이다. 또한 회사가 해산한 경우 잔여재산은 출자자인 주주에게 분배되나, 공익법인이 해산한 경우 잔여재산이 있다 하더라도 이를 그 사원이나 출자자에게 분배하는 것은 예정되어 있지 않다. 궁극적으로는 국고에 귀속된다.

2) 법인성

회사는 법률 규정에 의해 설립되고 설립절차의 완료 후 본점소재지에서 설립등기를 함으로써 법인격을 취득한다. 회사의 법인격은 청산절차의 종료로 소멸한다. 상법은 법률관계의 간명한 처리를 위해 모든 회사를 법인(法人)으로 하고 있다.

회사가 법인격을 갖는다는 것은 회사는 그 구성원인 사원과 별개의 인격체로 취급한다는 의미이다. 즉, 법인으로서 회사는 독립하여 권리·의무의 주체가 되며, 자기명의로 재산을 취득할 수 있다. 독립한 인격체로서 회사는 주소·기관·상호 등을 가지며 설립과 동시에 상인자격을 취득한다. 또한 회사와 그 구성원인 사원은 법적으로 독립한 인격을 갖기 때문에 사원이 회사의 행위에 대해 권리·의무의 주체가 되지 않으며, 회사의 채무에 대해 책임을 지는 일도 없다.

그러나 회사와 사원의 법적 독립성은 언제나 예외없이 인정되지는 않는다. 법인격은 회사가 사회적으로 유용한 기능의 수행을 예정하여 창안 된 법적 기술에 불과하다. 따라서 이 법적 기술이 본래의 목적과 기능을 벗어나서 부정한 목적을 위해 남용될 때 법인격을 박탈할 필요가 있고 이는 가능한 것으로 이해되고 있다. 회사의 법적 독립성을 관철하면 정의와 형평에 반하는 결과로 되는 경우에 특정한 사안에 한해 일시적으로 회사의 법인격을 부인하고 그 배후에 있는 실체를 포착하여 구체적으로 타당한 해결을 꾀하려는 법이론이 바로 "법인격부인론"이다. 회사의 법인격이 부인되면 회사를 그 배후에 있는 자연인의 결합체로 파악하여 이들의 경제적·인적 관계를 고려하여 회사의 행위의 재산을 사원의 행위 또는 재산으로 본다.

3) 사단성

일반적으로 사단이란 사람의 집합체 중, 그 구성원 개개인을 초월한 독립된 단일체로서 존재하고 활동하는 것이며, 그 구성원이 단체와의 사원관계를 통하여 결합하는 것이라고 풀이하고 있다. 사람의 집합체 중에서 위의 사단에 대립되는 개념이 바로 민법상의 조합이다. 조합은 계약에 의해서 성립되며, 구성원 개개인을 초월한 독자적인 단체로서의 존재가 인정되지 않는다.

회사의 사단성 여부와 관련하여 이른바 '1인 주식회사가 합법적으로 인정되는가'라는 문제가 논의되어 왔었다. 이 점에 대해 통설의 입장에서는 ① 주식회사의 경우 주주가 1인으로 되더라도 해산사유가 되지 않는다는 점(제227조 제3호, 제285조 제1항, 제517조 제1항 참조), ② 주식회사의 경우 주식양도의 자유가 원칙적으로 인정되므로(제335조), 일시적으로 1인 주주에게 모든 주식이 양도되어 1인 주식회사가 된다 하더라도 그 주주는 자유롭게 언제든지 주식의 일부를 타인에게 양도할 수 있으며, 이런 방식에 의해 즉시 주주가 복수가 될 수 있으며 사단성은 부활하게 된다. 즉, 1인 주식회사라 하더라도 잠재적 사단성을 가진다는 점 등을 그 근거로서 제시하고 있다. 특히 2001년 상법 개정에서는 주식회사의 경우 1인 주주만으로도 회사의 성립을 인정한다는 것을 명문으로 밝힘으로써 1인 주식회사의 존속 및 성립의 합법성 여부에 관한 논의가 일단락되었다.

2. 회사의 능력

1) 권리능력

회사는 법인으로서 자연인과 동일한 권리·의무의 주체가 될 수 있는 일반적 권리능력을 갖는다. 그러나 개개의 권리를 향유할 수 있는 능력, 즉 개별적 권리능력(權利能力)에는 일정한 제한이 인정되고 있다.

첫째, 회사는 법인이므로 권리의 성질상 자연인만이 가질 수 있는 권리, 즉 친권·상속권 등 신분권이나 생명 또는 신체에 관한 권리는 가질 수 없다. 그러나 명예·신용에 관한 권리와 상호권은 인정된다. 회사는 원칙적으로 다른 단체의 구성원, 즉 조합원·발기인 및 사원이 될 수 있으나, 성질상 개인적 활동이 요구되는 타인의 사용인·이사 등 다른 단체의 기관이 될 수 없다.

둘째, 회사의 법인격은 법률에 의해 제한될 수 있다. 회사는 다른 회사의 무한책임사원이 되지 못한다(제173조). 왜냐하면 다른 회사의 사업결과에 따라 운명이 좌우됨으로써 회사의 독립성을 상실할 위험이 있을 뿐만 아니라 실질상 유한책임으로 무한책임회사를 운영하는 결과가 되기 때문이다. 그러나 유한책임사원 또는 주주가 될 수 있다. 그리고 청산 중의 회사 및 파산 중의 회사는 청산과 파산의 목적범위 내에서 존속하기 때문에(제254조, 제542조 등, 파산법 제4조) 이 범위 내에서만 권리능력을 갖는다.

셋째, 회사의 권리능력은 정관상의 목적범위에 의해 제한되는가에 관해서는 다툼이 있다. 공익 또는 비영리법인에 대한 정책적 보호규정(민법 제34조)이 회사에 유추 적용될 수 없고, 회사는 광범위한 목적사업을 수행하는 점에서 성질상·법률상 제한 외의 모든 법률행위를 할 수 있다고 할 것이며, 악용의 소지와 공시의 불완전으로 선의의 제3자가 발생할 수 있으므로 거래의 안전과 제3자의 보호를 위해서는 목적에 의한 권리능력의 제한을 부정해야 할 것이다. 판례는 그 제한을 인정하고 있지만 회사의 목적은 가능한 한 광범위하게 해석하여 회사의 목적인 영업뿐만 아니라 영업과 관련된 행위를 포함하는 것으로 봄으로써 결과에 있어서는 큰 차이가 없다.

2) 행위능력과 불법행위능력

회사의 영업활동은 자연인의 현실적 행위를 통해 이루어지게 되는데, 이를 회사의 기관이라 한다. 법인실재설에 의하면 회사기관의 행위는 회사 자신의 행위로 인정되고 이 의미에서 회사는 행위능력(行爲能力)을 갖는다. 동시에 회사기관의 불법행위는 회사의 불법행위가 된다고 할 것이므로 회사도 불법행위능력이 있다. 따라서 회사를 대표하는 사원이 그 업무집행으로 인하여 타인에게 손해를 가한 때에는 회사는 그 사원과 연대하여 배상할 책임이 있다(제210조, 제389조 등).

3. 회사의 종류

상법상 회사는 합명회사, 합자회사, 유한책임회사, 주식회사, 유한회사의 5종으로 한다(제170조).

1) 합명회사

합명회사는 2인 이상의 무한책임사원으로 구성된 회사를 말한다. 무한책임사원은 모두가 스스로 경영에 참여하게 된다. 합명회사의 경제적 실체는 개인기업의 연합체로서 법인격이 부여된 조합이라 할 수 있다. "합명회사의 내부관계에 대하여 정관 또는 상법에 다른 규정이 없으면 조합에 관한 민법의 규정을 준용한다"고 정하여, 합명회사의 인적 결합성을 명확히 나타내고 있다(제195조).

2) 합자회사

합자회사는 무한책임사원과 유한책임사원으로 조직된 회사를 말한다(제268조). 합자회사도 익명조합과 마찬가지로 10세기경부터 지중해 연안에서 해상기업에 이용되어 왔던 콤멘다라는 계약형태로부터 분화·발전해 왔다는 연혁상의 공통점을 가진다. 또한 기능면에서도 스스로 경영에 참가하여 인적 무한책임을 지는 자본가와 출자만을 하고 유한책임을 지는 자본가와의 결합에 의한 복합적 조직의 공동기업형태라고 하는 구조상의 공통점을 가진다. 그리고 유한책임사원의 출자가 재산출자에 한정된다는 점도 익명조합의 경우와 같다(제272조, 제86조). 그러나 익명조합과의 차이점은 첫째, 합자회사는 독립된 법인이며(제169조), 둘째, 스스로 경영에 참가하지 않는 자본가인 유한책임사원도 약속한 출자액을 한도로 하여 회사채권자에 대해서 직접 책임을 진다는 점이다(제279조).[12] 이와 같이 유한책임사원의 책임은 유한이라는 점에서 익명조합원과 같지만 회사채권자에 대해서 직접책임을 진다는 점에서 차이가 있다.

3) 주식회사

주식회사는 회사의 자본이 '주식'으로 구성된 회사로, 스스로 경영에 참가하지 않는 자본가(주주)들로부터 회사의 자본이 모집된다. 주주는 회사의 채권자에 대하여 투자자본(주금)을 한도로 간접의 유한책임을 진다는 점이 주식회사의 특징 중 하나이다. 따라서 회사의 자본이 회사 채권자에 대한 유일한 담보재산이므로 상법은 자본의 충실·유지를 위한 엄격한 규정을 두고 있다. 주주와는 별도로 회사경영에 참가하는 자는 이사라고 하는 제3자 기관제를 채택하고 있다는 점에서 소유와 경영이 분리된다는 특징이 있다.

주식회사는 사원자격(주주)과 기관자격(이사)이 분리되어, 정치상의 삼권분립과 같이 주주총회, 이사회 및 대표이사, 감사라고 하는 기관으로 분화되어 견제와 균형이 합리적으로 이루어질 수 있도록 구상되었다. 우리나라의 주식회사 선호현상으로 인하여 대부분의 주식회사가 규모 영세적인 폐쇄회사가 많다는 점은 특이한 점이다.

4) 유한회사

유한회사는 사원의 균일한 비례적 단위의 출자로 이루어진 자본금을 가지고, 사원은 원칙적으로 그 출자금액을 한도로 하여 회사에 대하여만 책임을 지는 회사를 말한다(제546조). 유한회사는 중소규모의 기업형태로서 이용될 것을 염두에 두고 만들어진, 말하자면 축소판 주식회사이다. 주식회사에 대응하는 기본적인 특색은 그 간이성과 폐쇄성이며, 폐쇄성을 가진다는 점에서 인적회사와도 공통점을 가진다. 다만 거대한 기업이라도 폐쇄적인 회사는 유한회사의 형태를 이용할 수 있을 것이다.

유한회사의 사원도 주주와 마찬가지로 사원이 된 후에는 회사채권자에 대해서 아무런 책임도 지지 않는다(제553조). 그러한 의미에서 주식회사의 주주와 마찬가지로 '사원무책임의 원칙'이 인정된다. 그러나 설립시에 정관에 표시된 자본액에 부족한 부분이 발견되었을 때에는 사원에게도 차액전보의 의무를 가함으로써 자본충실을 꾀하도록 하였다(제550조, 제551조)는 점은 주식회사와 다른 점이다.

5) 유한책임회사

유한책임회사란 그 설립, 운영, 해산과 관련하여 사적자치를 널리 인정하여 내부적으로는 민법상의 조합의 실질을 가지는 인적회사이면서도, 외부적으로는 사원의 유한책임이 인정되는 주식회사의 요소를 가진 회사이다. 2011년 상법 개정에 의해 도입되었다.

유한책임회사는 최근 그 수요가 증가하고 있는 인적 자산의 중요성을 전제로 이를

---

12) 예를 들면 100만원의 출자를 약속한 유한책임사원이 30만원을 이미 이행하였다고 한다면 나머지 70만원으로 회사채권자에 대해 직접 변제하여야 한다는 것이다.

적절히 수용할 수 있는, 소규모의 공동기업에 활용될 수 있는 구조를 취하고 있다.

Ⅱ. 회사의 설립·변경·소멸

1. 상인자격의 득실

모든 회사는 성립하면서부터 상인이 되기 때문에(제5조 제2항) 상인자격과 분리되어 존재할 수는 없고, 그 법인격의 득실과 상인자격의 득실은 항상 일치한다. 즉, 회사는 본점의 소재지에서 설립등기를 함으로써 성립하기 때문에(제172조) 상인자격도 그 성립등기를 한 때에 취득한다. 또 회사는 해산 후에도 청산의 목적범위 내에서 존속하고(제245조 등) 청산의 종료에 의해서 소멸하기 때문에 상인자격도 그때에 소멸한다. 따라서 청산 중인 회사도 상인자격을 가지고 있다.

2. 회사의 설립

회사의 설립이란 회사라는 하나의 단체의 형성과 함께 회사라는 하나의 법인을 성립시키는 것이다. 회사를 설립하기 위해서는 회사의 목적이라든가 상호 등을 정한 근본규칙인 정관을 작성하고, 회사의 구성원인 사원과 그 출자를 확정해야 하며, 회사를 위해서 활동하는 기관을 갖추지 않으면 안 된다. 이렇게 하여 회사의 실체가 형성되고 끝으로 설립의 등기가 행해지면, 그 실체에 대하여 법인격이 부여되는 것이며 원칙적으로 관계기관의 허가를 요하지 않는다(준칙주의).

인적회사(합명회사·합자회사)에 있어서는 사원의 수가 적고 지분의 양도에 의한 사원의 변동이 곤란하기 때문에 사원과 그 출자가 설립 당시에 확정된다(제179조 제3호·4호, 제270조). 그리고 사원의 전부 또는 일부가 원칙적으로 법률상 당연히 업무집행 및 회사대표의 권한을 가지기 때문에(제200조, 제207조 등) 회사의 기관도 정관의 작성에 의해서 갖추어진다. 그러나 회사의 재산에 대한 중요성은 비교적 적기 때문에 설립단계에서 출자를 현실적으로 이행할 필요는 없다. 결국 인적회사의 실체를 완성하는 절차는 정관에 흡수되어 있다.

이에 대해 주식회사에서는 사원인 주주의 수가 많고 주식의 양도에 의한 주주의 변동이 원칙적으로 자유이기 때문에(제335조 제1항), 주주를 설립시에 정관에 의해 확정하는 것은 적당하지 않고 또한 불가능하다. 이 때문에 사원과 그 출자는 현물출자의 경우(제290조 제2호)를 제외하고는 정관에 의해 확정되지 아니한다. 또 주주는 회사의 기관 중 주주총회를 구성하는 데 지나지 않기 때문에 이사·감사 등은 주주의 자격으로부터 분리되어 선임된다(제382조, 제409조). 그러나 주식회사에 있어서는 회사의 재산이 중요성을 가지기 때문에 출자전액을 설립의 단계에서 현실적으로 이행하지 않으면 안 된다(제295조, 제305조). 이렇게 주식회사에 있어서는 인적회사의 경우와 비교하여 정관의 작성 외에도 그 설립 절차가 매우 복잡하다. 또한 주주상호간의 신뢰관계가 중시되지 않으며, 회사재산만이 회사의 채권자에 대한 유일한 담보이기 때문에, 설립 절차에 관한 규정이 엄격하다. 유한회사의 설립절차는 인적 회사에 비하여 복잡하지만, 주식회사에 비해서는 대단히 간이화되어 있다.

3. 회사의 정관

회사의 정관(定款)이란 회사의 근본규칙을 정한 것으로서 상사자치법규의 일종이다. 정관의 기재사항에는 법정기재사항과 임의적 기재사항이 있는데, 법정기재사항에는 절대적 기재사항과 상대적 기재사항이 있다. 절대적 기재사항이란 정관에 반드시 기재해야 하고 그 기재가 없는 경우에는 정관 전체가 무효로 됨을 말하며, 상대적 기재사항은 정관에 기재하지 않아도 정관 전체가 무효로 되는 것은 아니지만, 정관에서 정하지 않으면 그 효력이 인정되지 않는 사항을 말한다.

1) 정관의 기재사항

(1) 절대적 기재사항

주식회사 정관의 절대적 기재사항은 ① 목적, ② 상호, ③ 회사가 발행할 주식의 총수, ④ 액면주식을 발행하는 경우 1주의 금액, ⑤ 회사가 설립시에 발행하는 주식의 총수, ⑥ 본점의 소재지, ⑦ 회사가 공고를 하는 방법, ⑧ 발기인의 성명·주민등록번호·주소이다(제289조).

(2) 상대적 기재사항

정관에 기재함으로써 그 효력을 발생시키는 상대적 기재사항은 변태설립사항이라고도 하며, ① 발기인이 받을 특별이익과 이를 받을 자의 성명, ② 현물출자를 하는 자의 성명과 그 목적인 재산의 종류·수량·가격과 이에 대하여 부여할 주식의 종류와 수, ③ 회사성립 후에 양수할 것을 약정한 재산의 종류·수량·가격과 그 양수인의 성, ④ 회사가 부담할 설립비용과 발기인이 받을 보수액의 4가지가 인정되고 있다(제290조). 이러한 변태설립사항은 정관의 상대적 기재사항으로 함과 동시에 주식청약서에 기재하게 하고(제302조 제2항 제2호), 회사의 설립 전에 법원이 선임한 검사인의 검사를 받게 하고 있으며(제299조, 제310조), 그것이 부당할 때에는 발기설립의 경우 법원이, 모집설립의 경우에는 창립총회가 이를 변경할 수 있게 하고 있는(제300조, 제314조) 등 엄격한 요건을 부과하고 있다.

2) 정관의 변경

회사의 근본규칙인 정관도 일정한 요건이 갖추어지면 이를 변경할 수 있다. 주식회사에 있어서는 주주총회의 특별결의를 요하고(제433조 제1항, 제434조), 또한 회사가 수종의 주식을 발행하고 있는 경우에 일정한 정관변경이 어느 종류의 주주에게 손해를 주게 될 경우에는 주주총회의 결의 외에 그 종류의 주주총회(종류주주총회)의 결의가 있어야 한다(제435조). 주주총회의 정관변경에 관한 특별결의는 출석한 주주의 의결권의 3분의 2 이상의 수와 발행주식 총수의 3분의 1 이상의 수로써 한다(제434조, 제435조 제2항).

유한회사에서도 정관의 변경은 총사원의 반수 이상과 종사원의 의결권의 4분의 3 이상의 동의를 요하는 특별결의에 의하도록 하고 있지만, 합명회사나 합자회사와 같은 인적회사에 있어서는 총사원의 동의를 요하고 있다(제204조, 제269조). 이들 인적회사에 있어서는 어느 사원의 의사도 무시할 수 없기 때문이다.

4. 회사의 계속·조직변경

1) 회사의 계속

회사의 계속이란 기업유지의 정신에서 해산 후 청산이 종료되기 전에 회사를 해산 전의 회사로 부활시키는 것을 말하는데, 인적회사에 있어서는 총사원의 동의에 의해서 그리고 물적 회사에 있어서는 주주총회 또는 사원총회의 특별결의에 의해서 회사를 계속할 수 있다. 그러나 회사가 법원의 강제적인 해산명령 또는 해산판결에 의해 해산된 때에는 회사의 자치적인 절차에 의한 계속은 인정되지 않는다. 회사의 계속이 확정된 경우에 이미 해산등기를 하였을 때에는 본점 소재지에서 2주간 내에, 지점 소재지에서는 3주간 내에 계속의 등기를 해야 한다(제229조 제3항, 제530조 제1항, 제611조). 다만, 회사의 계속이 확정된다 하더라도 해산 중에 청산인이 한 행위는 그 효력을 잃지 않는다.

2) 회사의 조직변경

회사의 조직변경이란 회사가 그 법인격의 동일성을 유지하면서 다른 종류의 회사로 변경되는 것을 말한다. 이 제도는 종래의 회사를 해산하고 다른 종류의 회사를 다시 설립하는 번거로움을 피하기 위함이며, 기업유지의 정신에 그 기초를 두고 있다.

조직변경은 형태가 유사한 회사상호간, 즉 합명회사·합자회사 상호간 및 주식회사·유한회사 상호간에 있어서만 인정된다. 어떠한 경우에 있어서도 총사원 또는 총주주의 동의를 요구하고, 또한 채권자 보호를 위한 배려를 하고 있다(제242조, 제286조, 제604조, 제607조). 또 유한회사를 주식회사로 조직변경을 하는 경우에는 법원의 인가가 요구되는데(제607조 제3항), 이는 유한회사에 비해 엄격한 주식회사의 설립절차를 잠탈하는 것을 방지하기 위함이다.

조직변경의 경우에 있어서 변경 전의 회사에 관해서는 해산의 등기를, 변경 후의 회사에 관해서는 설립의 등기를 하지 아니하면 안 된다(제243조, 제86조 제3항, 제606조, 제607조 제5항). 그러나 이는 실제로 회사의 해산 및 설립의 취지는 아니라 등기의 편의상의 것에 지나지 않는다.

5. 회사의 해산과 청산

1) 해산의 의의와 원인

회사의 해산이라 함은 회사의 법인격의 소멸을 초래하는 원인이 되는 법률사실을 말한다. 해산에 이어 기존의 법률관계를 마무리하는 절차를 청산이라 한다. 회사의 법인격은 원칙적으로 해산에 의해 즉시 소멸하는 것이 아니고, 청산의 절차가 완전히 종료될 때까지 청산의 목적의 범위 내에서 존속한다(제245조, 제268조, 제542조 제1항, 제613조 제1항). 이는 회사가 합병하는 경우를 제외하고는 자연인과 달라서 상속에 관한 제도가 없기 때문에 해산에 의해 즉시 법인격이 소멸한다면, 회사 내외의 이해관계인들이 손해를 받을 우려가 있으므로 법률관계의 정리를 하기 위해 청산절차가 필요하기 때문이다.

주식회사의 해산원인에는 존립기간의 만료 기타 정관이 정한 사유의 발생(제517조 제1호, 제227조 제6호), 합병 및 파산(제517조 제1호, 제227조 제4호·5호), 상법 제530조의 2의 규정에 의한 회사의 분할 또는 분할합병(제517조 제1호의2, 신설), 해산을 명하는 재판(제176조, 제520조), 주주총회의 특별결의(제517조 제2호, 제518조, 제434조) 등이 있다.

인적회사의 해산원인에 있어서 주식회사 및 유한회사와 특히 다른 점은 사원이 1인이 되면 해산원인이 되어 이른바 1인회사가 인정되지 않는다는 점이다(제227조 제3항, 제269조).

2) 청산절차

회사가 해산하게 되면 원칙적으로 청산절차에 의해서 회사의 법률관계가 종료된다. 한편 합병의 경우에는 한 회사의 법인격이 소멸하더라도 청산이 필요하지 않고, 또한 파산의 경우에는 파산 절차에 의해서 법률관계가 종료된다.

회사의 청산에는 임의청산과 법정청산의 2종류가 있다. 임의청산은 정관의 규정 또는 사원의 동의에 의해 자치적으로 결정한 방법에 따라 행하는 청산이며, 법정청산은 청산인이 현존 사무를 종결하고 채권을 추심하며 채무를 변제하고 잔여재산을 분배하는 등 법정절차에 따라 행하는 청산이다. 주식회사에서는 주주 상호간의 신뢰관계가 없고, 또한 회사재산이 회사채권자에 대한 유일한 담보이기 때문에 반드시 법정청산에 의하지 않으면 안 된다. 유한회사에 있어서도 법정청산에 한해 인정되는데, 합명회사와 합자회사에 있어서는 사원상호간에 신뢰관계가 있고 또한 사원의 인적 책임 때문에 회사재산의 처분방법을 자유로이 선택할 수 있다(제247조, 제269조).

청산사무가 종결한 때에는 청산인은 결산보고서의 승인을 위한 주주총회를 소집하여 그 승인을 얻어야 한다(제540조 제1항). 청산인은 승인을 받은 후 청산종결의 등기를 해야 하며(제542조 제1항, 제264조), 회사의 장부 기타 영업과 청산에 관한 중요한 서류는 청산종결의 등기 후 10년간, 전표 또는 이와 유사한 서류는 5년간 보존해야 한다(제541조 제1항). 이로써 회사는 완전히 소멸한다.

3) 휴면회사의 해산

최후의 등기를 한 후 5년을 경과한 주식회사는 영업을 폐지하고 실제 소멸한 회사로 보아 일정한 절차를 거친 후 해산한 것으로 본다(제520조의2). 이는 휴면회사(休眠會社)의 등기가 악용될 위험이 있다는 점 등을 고려하여 이러한 위험을 제거하기 위한 목적을 가진 규정이다. 법원행정처장은 최후의 등기를 한 후 5년을 경과한 회사에 대하여 본점의 소재지를 관할하는 법원에 아직 영업을 폐지하지 않았다는 신고를 하도록 관보로써 공고한다. 그리고 이러한 공고가 있을 경우에 법원은 해당 회사에 대하여 그 공고가 있었다는 사실의 통지를 발송해야 한다. 만약 공고를 한 날에 이미 최후의 등기를 한 후 5년을 경과한 회사로서 공고한 날로부터 2월 이내에 대통령령이 정하는 바에 따라 신고를 하지 않은 회사는 그 신고기간의 만료일에 해산한 것으로 간주된다. 그러나 회사는 그 후 3년 이내에는 주주총회의 특별결의(제434조)에 의해서 회사를 계속할 수 있는데, 그러한 특별결의가 없는 회사는 3년이 경과한 때에 청산이 종결된 것으로 본다.

제 4 절   보험법

Ⅰ. 보험일반

1. 보험의 개념

보험(保險)이란 교통사고·화재·해난·사망·지진 등의 우발적인 사고에 대처하기 위해, 동일한 우발적 사고발생의 위험 아래에 있는 다수인으로부터 보험료를 받아 공동재산을 적립하여 이 중에서 현실적으로 사고가 발생한 자에 대하여 보험금을 지급하는 제도이다. 보험사고는 사전에 예측할 수 없는 것이지만 다수인에 대한 대수적 통계에 의해 과거의 경험이나 자료에 비추어 거의 확실한 사고발생률을 산출할 수 있다. 이를 기초로 하여 일정한 기간 중에 보험자가 지급할 보험금의 합계액을 예측하여 가입자로부터 징수할 보험료를 산출할 수 있다.

보험에는 다수의 가입자가 직접 단체를 형성하고 자금을 갹출하여 그 구성원 중에서 보험사고를 당한 자에게 보험금을 지급하는 상호보험과 보험회사가 영리를 위한 목적으로 다수인과 보험계약을 체결하는 영리보험이 있다. 상법은 영리보험에 대해서 규정하고 있으며, 상호보험에 대해서도 그 성질이 허용하는 한도 내에서 상법의 규정이 준용된다고 하고 있다(제664조).

2. 보험의 분류

1) 손해보험

손해보험(損害保險)이란 현실적으로 손해가 발생한 때에 그 실손해를 전보하기 위한 보험계약이다. 보험을 인수한 자를 보험자라 하고 그 상대방으로서 보험료를 지급하는 자를 보험계약자라고 한다. 또한 계약 당사자는 아니나 피보험이익의 주체로서 보험사고가 발생한 경우에 보험금을 수령할 자를 피보험자라고 한다. 피보험자는 보험계약자와 동일인인 경우도 있고 그렇지 않은 경우도 있다. 전자를 '자기를 위한 보험계약'이라하고, 후자를 '타인을 위한 보험계약'이라 한다.

상법이 규정하고 있는 손해보험으로서는 화재보험·운송보험·해상보험·책임보험 및 자동차보험이 있으나, 이 밖에도 사회적 요구에 의해 생겨난 신종보험으로서 보증보험·신원보증보험·원자력보험 등이 이에 속한다.

2) 인보험

인보험(人保險)은 보험자가 사람의 생명 또는 신체에 관하여 보험사고가 생길 때 계약에서 정한 바에 따라 보험금액 기타 급여를 할 책임을 지는 보험계약이다. 이 보험은 보험사고가 사람에 관해 생긴 것이라는 점에서 손해배상계약과 대응하는 관계에 있다. 이러한 인보험계약에는 생명보험계약과 상해보험계약이 있는데, 전자는 보험사고가 발생하면 손해액과 관계없이 일정한 금액을 지급하는 정액보험이며, 후자는 정액보험일 수도 있고 상해의 정도에 따른 부정액보험일 수도 있다.

II. 보험계약의 성립

1. 보험계약의 성립

1) 청약과 승낙

보험계약도 일반계약의 경우와 마찬가지로 당사자의 합의(청약과 승낙)에 의해 이루어진다. 따라서 청약에 대한 승낙의 의사표시가 이루어진 시점이 바로 보험계약이 성립된 시점이 되며, 원칙적으로 보험계약이 성립되어 있어야만 보험자와 보험계약자 사이의 권리와 의무관계가 형성된다. 특히 보험자가 보험계약자로부터 보험계약의 청약과 함께 보험료 상당액 전부 또는 일부의 지급을 받은 때에는 다른 약정이 없으면 30일 이내에 그 상대방에 대하여 낙부의 통지를 발송하게 하고 있으며(제638조의2 제1항), 만약 보험자가 그러한 통지의무를 해태한 경우에는 당연히 해당 청약에 대한 승낙이 있는 것으로 간주된다(제638조의2 제2항).

2) 보험계약의 당사자

보험계약의 당사자는 보험자와 보험계약자이다. 보험자란 보험계약자와 보험계약을 체결하고, 보험사고가 발생한 경우에 손해의 보상(손해보험의 경우) 또는 약정금액의 지급(정액보험의 경우)을 할 의무를 지는 자를 말한다. 보험자가 될 수 있는 자는 주식회사와 상호보험회사에 한한다. 그리고 보험사업을 영위하기 위해서는 재무부장관의 허가를 받아야 한다. 보험계약자란 보험자와 보험계약을 체결하고 보험료를 지급할 의무를 지는 자를 말한다. 보험계약자의 자격에는 아무런 제한이 없다.

이와 구분하여 보험계약관계자란 계약 당사자인 보험계약자와는 구별되는 개념이면서도 보험계약상의 권리·의무관계를 가지는 자로서 피보험자 또는 보험수익자가 이에 해당된다.

3) 보험계약의 요소

(1) 보험의 목적

보험의 목적이란 보험계약에서 정한 사고발생의 객체가 되는 경제상의 재산 또는 사람을 말한다. 손해보험의 목적인 재산으로는 유체물인 물건뿐만 아니라 채권도 포함하며 단일물은 물론이고 집합물이나 포괄적인 물건도 될 수 있다. 따라서 보험의 목적의 종류에 따라 개별보험·집합보험·특정보험·총괄보험으로 구분된다. 인보험의 목적은 사람으로서 특정인뿐만 아니라 단체의 구성원도 가능하다. 그러나 사망보험의 경우는 전술한 바와 같은 제한이 있다(제732조).

(2) 보험사고

보험사고란 보험계약상 보험자의 보험금지급의무를 구체화하는 일정한 사고를 말한다. 보험사고는 그 발생이 우연하고 가능해야 하며 확정할 수 있어야 할 뿐 아니라 사회질서를 위반하지 않을 것을 그 중요한 요건으로 하고 있다.

(3) 보험기간

보험기간이란 보험자의 위험부담기간 또는 책임의 존속기간을 말한다. 즉, 보험자의 책임이 개시되어 종료될 때까지의 위험기간 내지 책임기간을 말한다.

(4) 보험금액, 보험료 및 보험금

첫째, 보험회사가 계약에 의해 손해를 전보하는 경우의 최고한도액을 보험금액이라한다. 피보험이익이 없으면 보험은 성립될 수 없으므로 당사자가 정한 보험금액은 보험가액을 초과할 수 없는 것이 원칙이다.

둘째, 보험료란 보험자가 보험사고의 발생시에 보험금을 지급하는 데 대하여, 보험계약자가 지급하는 보수이다. 보험계약자는 약정된 보험료를 지급할 의무를 진다(제638조). 타인을 위한 보험의 경우 보험계약자가 보험료의 지급을 지체하는 때에는 피보험자또는 보험수익자가 그 권리를 포기하지 않는 한, 보험료의 지급의무를 면할 수 없다. 보험자의 책임은 다른 약정이 없으면 최초의 보험료를 지급한 때로부터 개시된다(제656조).

셋째, 보험금이란 보험자가 보험금액의 범위 내에서 사고 발생시에 현실적으로 지급하는 금전을 말한다. 약정된 보험사고가 발생하여 손해가 생긴 때에 보험자는 그 손해에 대한 보상의무를 진다(제665조).

2. 보험계약의 효과

1) 보험자의 의무

보험자는 보험기간 내에 보험계약에서 약정된 보험사고가 발생한 경우에는 피보험자 또는 보험수익자에게 일정한 보험금액 기타의 급여를 지급할 의무를 진다(제638조). 그러나 ① 보험계약자 또는 피보험자가 의무를 해태하여 발생한 보험사고의 경우(제655조), ② 보험사고가 보험계약자 또는 피보험자의 고의 또는 중대한 과실로 인하여 발생한 경우(제659조), ③ 보험사고가 전쟁 기타의 변란으로 인해 발생한 경우(제660조), ④ 보험약관에 면책규정이 있는 경우에는 보험금을 지급하지 아니할 수도 있다. 예컨대, 보험목적의 성질이나 하자 또는 자연소모로 인하여 발생한 손해는 보험자가 이를 보상할 책임이 없다는 규정 등이 이에 해당된다(제678조 참조). 보험자의 보험금지급의무는 3년의 소멸시효기간이 적용된다.

이외에도 보험계약이 성립되고 나면 보험자는 지체 없이 보험증권을 작성하여 보험계약자에게 교부해야 한다(제640조 제1항 본문). 그러나 보험계약자가 보험료의 전부 또는 최초의 보험료를 지급하지 않은 때에는 보험증권교부의무가 없다(제640조 제1항 단서). 보험계약자가 보험사고가 발생하기 전에는 언제든지 해당 보험계약을 해지할 수 있는데, 이 경우에는 보험자가 미경과보험료를 반환해야 한다(제649조). 또한 보험계약의 전부 또는 일부가 무효인 경우에는 보험자는 보험계약자와 피보험자 또는 보험수익자가 선의이며 중대한 과실이 없는 때에 한하여, 보험료의 전부 또는 일부를 반환해야 한다(제648조). 그러나 보험계약자의 사기로 인하여 무효로 된 초과보험의 경우에는 보험자는 그 사실을 안 때까지의 보험료를 청구할 수 있다(제669조 제4항).

2) 보험계약자·피보험자·보험수익자의 의무

보험계약은 유상계약이기 때문에 보험계약자가 보험사에 대하여 보험료를 지급하여야 한다는 것이 가장 기본적인 의무이다(제638조). 보험료의 전부나 일부의 지급이 있은 때로부터 보험자의 보상책임이 발생하게 되므로, 보험자의 보상책임의 발생요건이다. 보험료 지급의무는 1차적으로 보험계약자가 부담하는 것이 원칙이다. 그러나 타인을 위한 보험일 때 보험계약자가 파산선고를 받거나 보험료의 지급을 지체한 때에는 피보험자 또는 보험수익자가 권리를 포기하지 않는 한 그 보험료를 지급해야 한다(제639조 제2항). 보험료의 지급의무는 2년의 시효로 소멸한다(제662조).

이 외에도 보험계약자는 보험기간 중 사고발생의 위험이 현저하게 변경 또는 증가된 경우와 보험사고가 발생한 경우 등에는 각종의 통지의무를 부담하게 되며, 보험계약자와 피보험자는 이러한 손해의 방지에 노력하여야 할 의무가 있다.

3. 보험계약의 종료

1) 당연종료

보험기간이 만료되면 해당 보험계약은 당연히 소멸된다. 그러나 보험계약기간이 만료되지 않았더라고 하더라도 보험사고 발생의 객체가 소멸되었다든가 피보험이익의 절대적인 상실이 있는 경우에도 해당 보험계약은 당연히 소멸된다. 예컨대, 물건 보험의 경우에 있어서 보험의 목적이 멸실되거나 인보험의 경우에 있어서 피보험자가 사망한 경우가 이에 해당된다고 할 수 있다.

2) 실효

보험기간이 만료되기 전이라도 법정사유 또는 계약에 의해 정해진 사유로 보험관계 내지 보험계약의 효력이 자동적으로 소멸되는 경우가 있다. 예컨대, 보험자가 파산선고를 받은 후 3월이 경과한 때 그 효력이 상실되며(제654조), 선박보험의 경우에도 선박의 양도, 선박의 선급변경 및 선박의 관리이전이 있으면 보험계약의 효력이 상실된다(제703조의2). 그리고 보험계약자가 보험료를 계속적으로 지급하지 않은 경우에 그 유예기간이 경과하면 보험계약의 약관에 의해 해당 보험계약의 효력이 상실되는 경우도 있다(생명보험표준약관 제14조).

3) 보험계약의 해지

(1) 보험계약자에 의한 해지

보험계약자는 보험사고가 발생하기 전에는 언제든지 해당 보험계약의 전부 또는 일부를 해지할 수 있다(제649조 제1항 본문). 그러나 타인을 위한 보험계약의 경우에는 보험계약자가 그 타인의 동의를 얻지 아니하거나 보험증권을 소지하고 있지 않으면 해당 계약을 해지할 수 없다(제649조 제1항 단서). 상법 제649조 제1항의 규정에 의해 보험계약자가 해당 보험계약을 해지한 경우에는 당사자 사이에 다른 특약이 없으면 보험자는 미경과보험료의 반환청구에 응해야 될 의무가 발생한다(제649조 제3항).

보험자가 파산의 선고를 받은 때에는 보험계약자가 해당 계약을 해지할 수 있다(제654조 제1항). 그러나 보험계약을 해지하지 않았더라도 파산선고 후 3개월이 경과되면 해당 계약의 효력은 당연히 상실된다(상법 제654조 제2항 참조).

(2) 보험자에 의한 해지

보험계약자는 보험계약의 체결 후 지체 없이 보험료의 전부 또는 제1회의 보험료를 지급해야 할 의무가 있는데, 이를 지급하지 않은 경우에는 다른 약정이 없는 한 계약성립 후 2월이 경과하면 그 계약은 해제된 것으로 본다(제650조 제1항). 계속보험료의 지급이 지체되고 있는 경우에 보험자는 상당한 기간을 정하여 보험계약자에게, 그리고 타인을 위한 보험의 경우에는 그 타인에게도 최고하고 그 기간 내에 보험료가 지급되지 않은 때에는 보험자는 해당 계약을 해지할 수 있다(제650조 제3항).

보험계약자와 피보험자가 보험계약을 체결하기 전에 보험자에 대하여 중요한 사항을 알려야 할 의무가 있는데, 보험계약자 또는 피보험자가 고의 또는 중대한 과실로 이러한 의무를 위반한 경우에는 보험자가 해당 보험계약을 해지할 수 있다(제651조).

보험기간 중 해당 보험사고의 발생위험이 보험계약자, 피보험자 또는 보험수익자의 고의 또는 중대한 과실로 인하여 현저하게 변경되었거나 그 위험의 가능성이 증가된 때에는 보험자는 보험료의 증액을 청구하거나 해당 계약을 해지할 수 있다(제653조). 그러나 보험계약자, 피보험자 또는 보험수익자에게 고의 또는 중대한 과실이 없었다고 하더라도, 보험계약자 또는 피보험자가 보험사고의 위험이 현저하게 변경·증가되었다는 사실을 알고도 지체 없이 보험자에게 통지하지 않으면, 보험자는 그러한 사실을 안 날로부터 1월 내에 해당 계약을 해지할 수 있다(제652조 제1항). 다만, 보험자가 위험변경증가의 통지를 받은 때에는 1월 내에 보험료의 증액을 청구하거나 해당 계약을 해지할 수 있다(제652조 제2항).

4) 취소

보험자는 보험계약을 체결한 때에 보험계약자에게 보험약관을 교부하고 그 약관의 중요한 내용을 알려주어야 할 의무가 있다. 만약 보험자가 이러한 의무를 위반한 경우 보험계약자는 보험계약이 성립된 날로부터 1월 내에 그 계약을 취소할 수 있다(제638조의3).

Ⅲ. 손해보험계약의 특유한 문제

1. 피보험이익

손해보험은 사고로 인하여 손해를 받은 자에게 보험금을 지급하여 사고발생 전과 동일한 상태로 회복해주는 것을 목적으로 한다. 즉, 사고에 의한 손해를 전보해주는 소극적인 작용을 가지는 데 지나지 않는 것이고, 적극적으로 이득을 부여하는 것은 아니다. 만약 이를 허용하게 되면 보험은 도박과 같게 되어 사회질서에 위반하는 것으로 되기 때문이다. 여기서 유효한 보험계약이 성립하기 위해서는 원칙적으로 보험의 목적물에 사고가 발생하게 됨으로써 피보험자가 경제적인 손해를 받는 관계에 있을 것, 즉 보험의 목적에 대한 피보험자의 경제적인 이해관계가 있어야 한다. 이를 피보험이익 또는 보험계약의 목적이라 한다. 손해보험에 있어서 사고 발생시에 지급되는 보험금은 실손해를 초과할 수 없는 것이고(실손해전보원칙), 피보험이익의 가액을 한도로 보험금이 지급되므로 피보험자가 적극적으로 이득하게 될 여지가 없다.

피보험이익은 경제적인 이익으로서 금전으로 산정할 수 있어야 하며(제668조), 위법한 것이거나 선량한 풍속 기타의 사회질서에 반하지 않는 적법한 것이어야 하고 이미 확정된 것이거나 적어도 보험사고의 발생시까지는 확정될 수 있어야 한다.

2. 보험가액

1) 보험가액의 의의

보험가액(保險價額)이란 피보험이익의 금전적 평가액을 말한다. 보험법상 보험가액의 기능은 보험자가 지급할 수 있는 보험금 액수에 대한 법률상의 한도를 확정하고, 보험금액과 관계에서 일부보험과 전부보험, 그리고 초과보험 등을 판정하는 기준이 된다는 데 있다. 왜냐하면 보험금이 보험가액을 초과할 수가 없기 때문이다.

2) 보험가액의 평가시기

보험가액은 시간과 장소에 따라 끊임없이 변동하므로 그 평가 내지 보험가액결정의 시기가 중요한 문제로 부각된다. 당사자간에 보험가액을 정하지 않은 경우에는 사고발생시의 가액을 보험가액으로 한다(제671조).

이와 같이 보험가액의 평가에 관한 분쟁을 사전에 방지하기 위해 당사자가 사전에 보험가액을 정하고 있는 보험을 기평가보험이라 하고, 그 정함이 없는 보험을 미평가보험이라 한다.

3. 보험자대위와 보험위부

1) 보험자대위

보험자가 보험자로부터 보험금을 지급받음으로써 이중의 이득을 하는 경우가 있다. 이러한 경우에 있어서 보험자가 피보험자에게 보험금을 지급하고 난 뒤에 피보험자가 보험의 목적에 대하여 가지는 권리 및 제3자에 대하여 가지는 일체의 권리를 보험자가 취득하는 것을 보험자대위(保險者代位)라고 한다. 이를 인정하는 이유는 손해보험은 피보험이익에 생긴 손해를 보상하는 것을 목적으로 하는 것이지, 결코 피보험자에게 이득을 주기 위한 제도가 아니기 때문이다. 상법 제681조에서 보험목적에 관한 보험대위(잔존물대위)를 규정하고 있으며, 제682조에서 제3자에 대한 보험대위(청구권대위)를 규정하고 있다.

2) 보험위부

보험위부(保險委付)란 해상보험 특유의 제도로서, 보험목적이 전부 멸실된 것과 동일시할 수 있는 경우에 피보험자가 자기의 보험목적에 대한 권리를 보험자에게 이전하고, 보험자로부터 보험금액의 전부를 지급받는 단독행위를 말한다. 이러한 보험위부를 인정하는 취지는 피보험자가 전손(全損)을 증명하는 것이 어렵고, 그 손해액을 산정하는 것도 더욱 곤란하기 때문에 피보험자가 보험금을 신속하게 수령하게 함으로써 그 손해의 조기전보를 가능하게 하도록 하기 위함이다. 따라서 위부권의 행사는 무조건이어야 하며, 보험목적의 전부에 대하여 해야 한다(제714조 제1항, 제2항).

보험위부를 하기 위해서는, 피보험자가 보험사고로 인하여 선박 또는 적하(積荷)의 점유를 상실하여, 이를 회복할 가능성이 없거나 회복하기 위한 비용이 회복하였을 때의 가액을 초과하리라고 예상될 경우(제710조 제1호), 선박이 보험사고로 인하여 심하게 훼손되어 이를 수선하기 위한 비용이 수선하였을 때의 가액을 초과하리라고 예상될 경우(제710조 제2호), 적하가 보험사고로 인하여 심하게 훼손되어 이를 수선하기 위한 비용과 그 적하를 가액을 초과하리라고 예상될 경우(제710조 제3호), 선박 또는 적하가 포획된 때(제710조 제4호) 및 선박 또는 적하가 관공서에 압수되어 6월 이상 환부되지 않은 때(제710조 제5호)에 한하여 위부할 수 있다.

제 5 절 해상법

I. 서언

1. 해상법의 의의

해상법은 해상기업에 관한 법으로서 형식적 의의의 상법뿐만 아니라 기업법으로서 실질적 의의의 상법 일부를 구성한다. 실질적 의의의 해상법(海商法)이란 해상기업의 특유한 생활관계를 규율하는 법을 말한다. 형식적 의의의 해상법이란 상법 제5편의 '해상' 관련 규정을 말하며, 이는 해상기업조직(선박·선박소유자·선장), 해상기업활동(해상운송), 해상기업위험(공동해손·선박충돌·해난구조), 해상기업금융(선박채권)의 순서로 규정되어 있다.

2. 해상법의 특성

해상기업의 자주성은 연혁적으로 육상기업보다 앞서 발전했으므로 그 후 성립한 민·상법의 경우와 다르다는 데 있다. 따라서 상관습이나 상관습법이 광범하게 인정되고 있다(자주성). 해상기업은 자본과 위험의 대규모성·국제성 등을 특성으로 한다.

3. 우리나라의 해상법

우리나라의 해상법은 군사혁명정부의 법령정비사업의 일환으로 1962년 1월 20일 법률 1000호로 공포·시행되었다. 이때까지 이용하던 의용상법은 보험법을 포함하고 있었다. 현행 상법은 선박소유자의 책임제한에 대해 1976년 런던해사채권 책임제한조약을 수용하고, 해상물건운송에 관해 1968년 헤이그-비스비 규칙 및 1978년 함부르크 규칙을 수용하고, 해상운송관계인의 이해관계를 조정하고, 해상운송실무에 부적합한 규정을 정비하고 있다.

II. 해상기업의 조직

1. 물적 조직

선박(船舶)이란 상행위 기타 영리를 목적으로 항해에 사용함을 말한다(제740조).

따라서 상법상의 선박이라 함은 ① 선박일 것, ② 영리선일 것, ③ 항해선일 것의 요건이 갖추어진 것을 말한다.

선박은 부동산 외의 물건이므로 동산에 해당하나(민법 제99조), 그의 특수성으로 인해 해상법상 특수한 취급을 하고 있다. 선박은 갑판·기관·선실 등으로 구성된 합성물이다. 합성물은 단일물과 마찬가지로 한 개의 물건이다.

한편, 이와는 달리 항해의 일부를 구성하지 않는 물건 중 속구, 즉 나침반·해도·닻·보트 등이 있다. 속구는 독립한 물건이며, 주물의 경제적 효용을 높이는 점에서 보면 종물과 유사하지만 주물 그 자체의 효용과 직접적인 관련이 없다는 점에서 종물과 다르다. 그러나 선박의 권리·의무관계를 분명히 하기 위해 선박에 부속한 물건의 내역을 기재한 속구목록을 선박에 비치하도록 하고 있는데, 속구목록에 기재된 선박의 종물로 추정하며(상법 제742조), 선박의 처분에 따른다(민법 제100조 제2항).

선박은 동산이지만 그 규모가 크고, 가격이 고액이어서 법적으로 부동산과 같이 취급하고 있다. 20톤 이상의 선박은 등기하도록 하고, 이 등기에는 부동산등기에 관한 규정을 준용한다(선박등기법 제5조). 또한 선박의 담보는 질권이 아닌 저당권에 의하고(상법 제871조, 제873조), 그에 관한 강제집행에는 부동산의 강제집행에 관한 규정을 준용하며(제678조), 형법상으로 선박을 건조물처럼 취급하고 있다(형법 제319조). 그러나 소형선박은 동산과 같이 취급한다. 그러므로 권리관계는 등기에 의해 공시되지 않고(선박등기법 제2조), 양도방법은 인도에 의하며, 담보의 설정도 질권에 의한다.

2. 인적 조직

자기소유의 선박을 해상기업에 이용하는 자(선박소유자), 선박을 공유하고 해상기업에 이용하는 자(선박공유자)·선박임차인·정기용선자 등이 해상기업의 주체이며, 해상기업의 보조자로 선장·해원·선박사용인·도선사 등이 있다.

선장은 특정선박의 지휘자이다. 광의로는 선장 외에 동시에 선박소유자·선박공유자를 포함하며, 협의로는 선박소유자의 피용자로서 항해를 지휘하고, 그의 대리권을 가지는 자를 말한다. 선장의 권한은 포괄정형성(상법 제773조 제1항)과 불가제한성(제775조)을 가지므로 지배인·이사·선박관리인과 유사하다. 이들과의 차이는 선박권력을 가진다는 점과 대리권의 범위가 항해단위로 정해진다는 점이다. 선장은 선박권력이라 지칭되는 선박 등에 대한 가택권적 지배권(선원법 제11조), 선원·여객 등의 자에 대한 명령권(선원법 제6조 등), 선박을 영토로 한 선장의 경찰권을 가진다.

그런 반면에 다음과 같이 해원감독의무(선원법 제6조), 감항능력주의의무, 선박서류비치의무, 재선의무(선원법 제10조), 항해성취의무, 구조의무, 항해에 관한 보고의무(선원법 제

21조), 재외국민의 송환의무(선원법 제19조) 및 수장의무, 유류품의 보관의무 등의 기타 의무를 부담한다.

3. 해상기업주체의 책임제한

해상기업의 주체가 선박의 운항과 관련하여 발생하는 일정한 범위의 채권에 대하여 책임액을 일정액으로 제한할 수 있음을 말한다. 책임제한의 형식은 나라에 따라 다소 차이가 있었다.

해상기업주체의 책임을 제한하는 근거에 관해서는 유기체설과 정책설이 있다. 정책설은 책임제한을 안보 및 산업정책상 인정할 필요가 있다고 본다. 폐지론도 있지만 연혁적 이유와 자국해운업자의 보호라는 국가적 필요에서 당분간 종속이 예상된다.

이러한 책임제한을 주장할 수 있는 자로는 선박소유자(제746조)·선박소유자의 무한책임사원·선장·해난구조자·책임보험 등이 있으며, 선박소유자에는 용선자(제749조 제1항 제1호)·선박관리인(제749조 제1항 제2호)·선박운항자(제749조 제1항 제3호)를 포함한다.

상법은 1976년 통일조약의 취지를 살려서 책임제한 채권의 범위를 선박 관련 채권, 운송물 등의 지연으로 인한 채권, 타인의 권리 침해로 인한 채권으로 제한하고 있다. 그러나 ① 고의 등에 의한 손해채권, ② 선장 등의 선박소유자에 대한 채권은 책임제한에서 제외되는 채권이다.

Ⅲ. 해상(물건)운송계약

1. 해상운송계약의 개념

해상운송(海上運送)이란 "해상에서 선박에 의한 물건 또는 여객의 운송"을 일컫는다. 해상기업에는 해상운송업·예선업·해난구조자 등이 있으나 해상운송업이 중심이 되고 있다. 해상물건운송계약이란 해상운송인이 상대방(용선자 또는 송하인)에 대해 선박에 의한 물건의 운송을 인수하고 상대방은 이에 대해 보수를 지급하기로 하는 계약을 말한다.

해상운송계약은 도급계약, 기본적 상행위, 부합계약의 성질을 가진다.

상법에서 해상운송계약의 주체는 운송인으로 표시한다. 이러한 운송인에는 선박소유자·선박임차인·정기용선자 등이 포함된다. 그래서 구법에서 선박소유자로 표시하던 것을, 신법에서는 운송인으로 표시하고 있다.

2. 해상물건운송계약의 성립

기본 당사자는 해상물건운송인과 상대방으로서, 용선계약에서의 상대방은 용선자이며, 개품운송계약에서는 송하인이다. 기타 당사자로는 운송주선인·수하인·선적인이 있다.

용선계약에서 각 당사가 발행하는 용선계약서는 계약의 성립요건과 무관한 증거증권에 불과하다. 운송계약 후 운송인이 상대방의 청구로 발행하는 선하증권도 성립요건과 무관하다.

3. 해상물건운송의 효력

해상운송계약의 효력에서는 운송인의 권리와 의무를 다룬다. 의무는 그 내용에 따라 선적관련의무·항해관련의무·양육관련의무로 나눈다. 해상물건운송인의 의무 가운데 선적관련의무에는 선박제공의무·선적준비완료의 통지의무·정박의무·운송물의 수령 및 적부의무·선하증권교부의무 등이 있고, 항해관련의무에는 감항능력주의의무·발항의무·직항의무·보관의무 등이 있다.

IV. 해상기업의 특수제도

1. 선박충돌

선박충돌(船舶衝突)이란 2척 이상의 선박이 해상이나 내수에서 접촉하여 손해를 일으키는 것을 말한다(제843조). 결국 선박충돌이 있기 위해서는 ① 2척 이상의 독립선박사이에 충돌이 있어야 하며, 이 가운데 일방은 항해선이어야 한다. ② 수면에서 접촉해야 하며, ③ 이러한 충돌로 인해 손해가 발생해야 한다.

불가항력이나 원인불명으로 인한 충돌시 각 피해자는 스스로 위험을 부담해야 하므로 상대방에 대해 손해배상을 청구하지 못한다(제844조). 일방의 과실로 인한 충돌의 경우에는 과실있는 선박소유자가 타선의 손해를 배상해야 한다(제845조). 선박충돌의 대부분을 이루는 쌍방의 과실로 인한 충돌에서는 과실의 경중을 판단할 수 있는가에 따라 손해배상액의 부담액이 달라진다. 과실의 경중을 판단할 수 있는 때에는 그에 따라 각 선박소유자가 책임을 지고, 이를 판단할 수 없을 때에는 각 선박소유자가 균분하여 책임을 진다(제846조 제1항).

일방의 과실로 인한 충돌에서는 과실있는 선박소유자가 제3자에 대해 손해배상책임을 진다(제845조). 쌍방의 과실로 인한 충돌일 경우 제3자의 사상으로 인한 손해에 대해서는 선박소유자 쌍방이 연대하여 지급해야 하며(제846조 제2항), 재산상의 손해에 대해서는 과실의 경중에 따라 손해배상책임을 진다(제846조 제1항).

2. 해난구조

해난구조(海難構造)란 해난에 처한 선박 또는 적하 기타의 물건을 의무없이 구조함을 말한다. 구조에는 구조계약이 체결되어 그에 대한 의무로 이루어지는 구조와 의무없이 이루어지는 구조가 있으며, 해난구조는 좁은 의미의 구조형태인 후자에 해당한다.

법적 성질에 대해서는 사무관리설·준계약설·부당이득설·특수법률요건설의 대립이 있다.

해난구조가 인정되려면 ① 항해에 관한 위난에 처해야 하고, ② 해난구조의 목적물은 항해선 또는 그의 적하 기타의 물건일 것(제849조) 등의 요건을 갖추어야 한다.

V. 선박채권

1. 선박우선특권

선박우선특권(船舶優先特權)이란 일정종류의 채권에 있어서 그의 채권자가 선박, 운임 등에 대해 다른 채권자보다 우선하여 변제받을 수 있는 해상법상 특수한 담보권을 말하는 바, 우선특권이라고도 한다. 이러한 선박우선특권은 선박 등을 지배하는 권리를 내용으로 하므로 물권적 권리에 해당하고, 정확히는 물권의 처분권만을 파악하고 있는 점에서 담보물권의 성질을 가진다고 할 수 있다.

선박우선특권제도를 인정하는 이유는 우선 선박소유자의 책임제한에 따라 예상되는 채권자의 불이익 완화가 목적이며, 부차적으로 임금채권의 확보, 배상청구권의 확보, 긴급자금의 확보 등에 유용하기 때문이다.

선박우선특권은 그에 관한 일정한 채권이 성립하는 경우에만 인정되는 특수한 담보권으로서 공시방법이 없으면서 선박저당권에 우선하는 효력이 있다(제872조). 따라서 선박우선특권을 과도하게 인정하면 나머지 선박저당권자나 선박질권자 등의 담보권을 사실상 무의미하게 할 수도 있으므로 일정한 제한을 할 필요가 있다. 우리 상법은 네 가지 경우에만 선박우선특권을 인정한다.

선박우선특권의 대상은 선박과 운임, 그리고 그 부수채권이다.

선박우선특권자는 상법 기타의 법률에 따라 다른 채권자보다 먼저 채권을 변제받을 수 있는 권리가 있으며, 제한된 범위 안에서 민법의 저당권에 관한 규정을 준용한다(제861조 2항). 선박우선특권의 목적물인 물권이나 채권이 제3자에 이전하더라도 선박채권자는 그 제3자에 대해서 우선특권을 행사할 수 있다(제869조). 이러한 효력을 추급권이라 한다.

2. 선박저당권

선박저당권(船舶抵當權)은 등기선박을 저당권의 목적으로 하는 해상법상 특유한 저당권으로서 해상기업자가 이용할 수 있는 선박금융제도의 일종이다. 선박은 본래 동산이지만, 부동산과 유사한 성질을 가지므로 담보물권으로 취급할 실익이 있으며, 적용규정은 대개 민법의 저당권에 관한 규정을 준용한다(제871조 제3항).

선박저당권의 대상으로는 선박과 그 속구(屬具)를 들 수 있다.

선박저당권 상호간에는 순위는 등기 순으로 한다(제871조 제3항, 민법 제331조, 민법 제370조).

선박우선특권과 선박저당권의 양자가 경합하는 때에는 선박우선특권이 선박저당권에 우선한다(상법 제872조). 왜냐하면 선박우선특권은 해상법이 특별히 정한 일종의 법정담보권리라 할 수 있으므로 약정담보권인 선박저당권에 우선하는 명문규정을 둘 필요가 있다.

3. 선박질권

선박은 미등기선과 20톤 미만의 비등기선에 한해 질권의 목적으로 할 수 있다(제873조). 이에 대해서는 동산질권에 관한 민법의 규정이 적용된다(제329조 이하).

제 6 절 항공운송

Ⅰ. 항공운송법의 개념

항공운송법이란 항공기를 사용하여 물건 또는 사람을 운송하는 항공운송의 조직과 운영 및 책임에 관한 사항을 규율하기 위한 법을 말한다. 상법의 제6편은 2011년 5월 23일 상법 개정시 신설된 규정이며, 항공운송의 사법적 관계를 규율하기 위한 기본법규로서의 역할을 한다. 이외에도 항공운송의 공법관계를 규율하는 것으로 항공안전법 등이 있다.

그러나 항공운송은 국제간 운송이라는 특성이 존재하고 있어, 상법은 사실상 국제협약의 중요사항을 국내법화한 것으로 볼 수 있으며, 우리나라는 2007년 몬트리올협약에 가입하고 있다.

II. 항공운송의 조직

1. 항공기의 개념

항공운송을 하기 위한 물적 조직으로 대표적인 것이 항공기이다. 상법상 항공기는 상행위나 그 밖의 영리를 목적으로 운항에 사용하는 항공기를 말한다. 다만, 대통령령으로 정하는 초경량비행장치는 제외한다(제896조).

2. 항공운송법의 적용범위

운항용 항공기에 대하여는 상행위나 그 밖의 영리를 목적으로 하지 않아도 상법 제6편의 규정을 준용한다, 그러나 국유 또는 공유 항공기에 대하여는 운항의 목적 또는 성질을 고려하여 상법 6편이 준용되지 않는 경우가 있다.

3. 항공여객운송인의 책임

운송인은 여객의 사망 또는 신체의 상해로 인한 손해에 관하여는 그 손해의 원인이 된 사고가 항공기상에서 또는 승강(乘降)을 위한 작업 중에 발생한 경우에만 책임을 진다. 여객 1명당 11만3천100 계산단위의 금액까지는 운송인의 배상책임을 면제하거나 제한할 수 없다.

이를 초과하는 부분에 대하여는 ① 그 손해가 운송인 또는 그 사용인이나 대리인의 과실 또는 그 밖의 불법한 작위나 부작위에 의하여 발생하지 아니하였다는 것 또는 ② 그 손해가 오로지 제3자의 과실 또는 그 밖의 불법한 작위나 부작위에 의하여만 발생하였다는 것의 어느 하나를 증명하면 배상책임을 지지 아니한다.

4. 항공물건운송인의 책임

운송인은 운송물의 멸실 또는 훼손으로 인한 손해에 대하여 그 손해가 항공운송 중(운송인이 운송물을 관리하고 있는 기간을 포함한다. 이하 이 조에서 같다)에 발생한 경우에만 책임을 진다. 다만, 운송인이 운송물의 멸실 또는 훼손이 운송물의 고유한 결함, 부적절한 포장, 전쟁 등, 출입국 등 공공기관의 행위나 불가항력 등의 사유로 인하여 발생하였음을 증명하였을 경우에는 그 책임을 면한다(제913조).

다음으로 운송인은 운송물의 연착으로 인한 손해에 대하여 책임을 진다. 다만, 운송인이 자신과 그 사용인 및 대리인이 손해를 방지하기 위하여 합리적으로 요구되는 모든 조치를 하였다는 것 또는 그 조치를 하는 것이 불가능하였다는 것을 증명한 경우에는 그 책임을 면한다(제914조).

운송인의 손해배상책임은 손해가 발생한 해당 운송물의 1킬로그램당 19 계산단위의 금액을 한도로 하되, 송하인과의 운송계약상 그 출발지, 도착지 및 중간 착륙지가 대한민국 영토 내에 있는 운송의 경우에는 손해가 발생한 해당 운송물의 1킬로그램당 15 계산단위의 금액을 한도로 한다(제915조).

5. 항공운송증서

운송인이 여객운송을 인수한 경우라면 여객에게 상법 제921조에서 규정한 사항을 기재한 여객항공권을 교부하여야 한다. 여객항공권은 운임에 대한 지급증명과 항공운송채권을 표창하는 증서라고 보아야 한다.

한편 송하인은 운송인의 청구를 받아 상법 제923조 법정사항을 기재한 항공화물운송장 3부를 작성하여 운송인에게 교부하여야 한다.

6. 지상 제3자의 손해에 대한 책임

항공기 운항자는 비행 중인 항공기 또는 항공기로부터 떨어진 사람이나 물건으로 인하여 사망하거나 상해 또는 재산상 손해를 입은 지상(지하, 수면 또는 수중을 포함한다)의 제3자에 대하여 손해배상책임을 진다. 다만, 항공기 운항자는 전쟁, 폭동, 내란 또는 무력충돌의 직접적인 결과로 발생하였다는 것, 항공기 운항자가 공권력에 의하여 항공기 사용권을 박탈당한 중에 발생하였다는 것, 오로지 피해자 또는 피해자의 사용인이나 대리인의 과실 또는 그 밖의 불법한 작위나 부작위에 의하여서만 발생하였다는 것을 증명한 경우에는 책임이 없다(제930조).

항공기 운항자의 제930조에 따른 책임은 하나의 항공기가 관련된 하나의 사고에 대하여 항공기의 이륙을 위하여 법으로 허용된 최대중량(이하 이 조에서 "최대중량"이라 한다)에 따라 ① 최대중량이 2천킬로그램 이하의 항공기의 경우 30만 계산단위의 금액, ② 최대중량이 2천킬로그램을 초과하는 항공기의 경우 2천킬로그램까지는 30만 계산단위, 2천킬로그램 초과 6천킬로그램까지는 매 킬로그램당 175 계산단위, 6천킬로그램 초과 3만킬로그램까지는 매 킬로그램당 62.5 계산단위, 3만킬로그램을 초과하는 부분에는 매 킬로그램당 65 계산단위를 각각 곱하여 얻은 금액을 순차로 더한 금액을 한도로 한다(제932조).

항공기 운항자 또는 그 사용인이나 대리인이 손해를 발생시킬 의도로 제930조 제1항의 사고를 발생시킨 경우에는 제932조를 적용하지 아니한다. 항공기 운항자의 제930조의 책임은 사고가 발생한 날부터 3년 이내에 재판상 청구가 없으면 소멸한다.

제 7 절 어음·수표법

I. 유가증권

유가증권이란 무형의 재산권을 증권에 화체(化體, embody)시킨 것으로, 이렇게 화체된 권리의 발생·행사·이전 시의 전부 또는 일부를 증권에 의하여야 하는 것을 말한다. 즉, 유가증권이 되기 위한 두 가지 요소는 재산권을 표창하고 있는가와 권리의 행사 및 이전 등에 증권의 소지를 요하는가이다.

권리도 하나의 가치물로서 거래의 목적물이 될 수 있다. 그런데 무형의 추상적인 권리를 거래할 경우 그 권리가 언제 발생되고 언제 소멸되며, 누구에게서 발생하여 누구를 거쳐 누구에게 귀속되어 있는지, 그 권리의 내용은 무엇인지 모든 것이 불분명하다. 이러한 불분명하고 추상적인 권리를 분명하고 구체적인 권리로 만든 것이 바로 유가증권이다. 유가증권으로 가장 대표적인 것이 어음과 수표이다. 유가증권은 권리의 유통의 간소화와 안전성 보장에 목적이 있는 것으로, 법률적 제도도 이를 강화·보호하기 위한 규정들, 즉 유통성을 확보하기 위한 조항들로 구성되어 있다.

우리 상법은 상행위에 있어서 어음의 특수성을 고려하여 어음에 관한 규정을 상법의 일부로서 규정하지 않고 상사관계에 관한 특별법으로 제정하고자 하였다. 1963년 어음법과 수표법을 별도로 규정하는 입법형식을 취하게 되었다.

II. 어음·수표의 의의와 기능

어음 및 수표는 법률적으로 유가증권의 일종이다. 유가증권이란 간단히 말해 재산적 가치를 가지는 권리나 권한(재산권)을 화체 또는 표창하는 증권을 의미한다. 이를 법률적으로 다시 엄밀하게 정의한다면, 재산권을 표창하는 증권으로서 이 권리의 발생·행사·이전의 전부(어음·수표) 또는 일부(주권·운송증권·창고증권)가 증권에 의해 이루어질 것이 요구되는 것을 말한다.

어음에는 약속어음과 환어음이 있다. 약속어음은 발행인(갑)이 수취인(을)에 대하여 일정한 기일(만기)에 일정한 금액을 지급할 것을 약속한 증권이다. 환어음은 발행인이 제3자(지급인)에게 일정한 금액을 지급할 것을 위탁한 증권이며, 이 증권의 발행을 받은 수취인은 발행인에 대해서가 아니라 제3자인 지급인에 대해서 만기에 지급제시를 할 수 있다.

수표는 형식적으로 환어음에 유사하여 발행인이 지급인에게 일정한 금액의 지급을 위탁한 증권으로서 발행인과 수취인 외에 지급인을 필요로 한다. 이와 같이 형식은 유사하지만, 후술하는 바처럼 수표는 오로지 지급수단이나 현금대용물로서 이용되는 데 그치기 때문에 환어음과는 경제적 기능을 달리하며, 이 때문에 법률적으로도 환어음과 는 여러 가지 점에서 차이를 보이고 있다.

〈학습확인문제〉

1. 상법의 지위를 나타내는 설명으로 가장 틀린 것은?
   ① 민법의 특별법이다.
   ② 국내법이다.
   ③ 상인간의 소송절차를 규율한 절차법이다.
   ④ 상거래의 법률관계를 규율하는 실체법이다.

(해설) ③ 상법은 상인의 조직과 운영에 관한 사항을 규율하는 일체의 특별사법으로서, 상행위의 효과를 규율하는 실체법으로서의 지위를 가진다. 상법상의 권리침해에 관하여는 민사소송법 등의 절차에 따른 구제가 가능하다.

(정답 ③)

2. 다음 중 상인간의 거래 시에만 적용되는 것은?
   ① 상사유치권
   ② 유질계약의 허용
   ③ 상인의 보수청구권
   ④ 낙부통지의무

(해설) ① 상법 제58조, 상인간의 상행위로 인한 채권이 변제기에 있는 때에는 채권자는 변제를 받을 때까지 그 채무자에 대한 상행위로 인하여 자기가 점유하고 있는 채무자 소유의 물건 또는 유가증권을 유치할 수 있다. ② 상법 제59조 ③ 상법 제61조 ④ 상법 제53조

(정답 ①)

3. 상법상 회사의 종류가 아닌 것은?
   ① 합명회사   ② 합자회사   ③ 주식회사
   ④ 익명책임회사   ⑤ 유한회사

(해설) ④ 상법 제170조. 상법상 회사의 종류는 합명, 합자, 유한, 유한책임, 주식회사의 5종류이다.

(정답 ④)

4. 상법상 보험계약자의 의무에 관한 설명으로 옳지 않은 것은?

　① 보험계약자와 피보험자는 사고발생의 방지와 손해의 경감을 위하여 노력하여야 한다.

　② 위험변경증가의 통지의무는 보험계약자가 사고발생의 위험이 현저하게 변경 또는 증가된 사실을 안 때에 지체 없이 보험자에게 통지하여야 하는 의무로 보험계약 성립 후 보험기간 중에 지는 의무이다.

　③ 보험계약사 또는 피보험사나 보험수익사는 보험사고의 발생을 안 때에는 지체없이 보험자에게 그 통지를 발송하여야 한다.

　④ 고지의무는 보험계약자가 보험계약을 체결함에 있어 보험자에 대해 중요한 사실을 고지하고 부실의 사실을 고지하지 아니할 의무를 말한다.

(해설) ① 상법 제652조, ② 상법 제680조. 손해의 방지와 경감을 위하여 노력할 의무를 부담하지만, 보험사고의 발생을 방지할 의무를 부담하는 것은 아니다. ③ 상법 제657조, ④ 상법 제651조

(정답 ①)

5. 유가증권에 관한 설명으로 틀린 것은?

　① 채권적 증권은 채권을 표창하는 증권으로 채권·상품권·화물상환증 등을 말하며 어음·수표는 제외한다.

　② 유가증권이란 무형의 재산권을 증권에 화체시킨 것으로, 이렇게 화체된 권리의 발생·이전·행사의 전부 또는 일부에 증서의 소지를 요하는 것을 말한다.(통설)

　③ 사원권적 증권은 회사 사원의 지위를 표창하는 증권으로 주권이 이에 속한다.

　④ 물품증권은 물품의 인도청구권을 표창하는 증권으로 상품권·창고증권 등이 이에 속한다.

(해설) ① 어음과 수표는 증권상의 기재된 금액의 지급을 청구할 수 있는 어음(수표)금 청구권을 표창하는 대표적인 채권적 증권으로 유가증권이다.

(정답 ①)

6. 자기명의로 상법 제46조에서 규정한 기본적 상행위를 영위하는 자는 당연상인이다. (○, ×)

(해설) 상법 제4조, 제46조.

(정답 ○)

7. 상법상 회사의 종류는 합명회사, 합자회사, 유한회사, 유한책임회사, 주식회사의 5종류만 허용된다. (○, ×)

(해설) 상법 제170조. 이외의 회사의 형태는 허용되지 않는다. 강행규정이다.

(정답 ○)

8. 상법상 회사는 합명회사의 사원이 될 수 없다. (○, ×)

(해설) 상법 제173조. 합명회사는 2인 이상의 무한책임사원만으로 구성되는 회사로서, 회사는 다른 회사의 무한책임사원이 될 수 없도록 규정한 상법의 취지에 따라 회사는 합명회사의 사원이 될 수 없다.

(정답 ○)

9. 보험수익자는 인보험에서만 존재한다. (○, ×)

(해설) 인보험에서 보험수익자는 보험금청구권자로서 손해보험의 피보험자와 그 지위가 동일하며, 인보험에서만 인정되는 개념이다.

(정답 ○)

10. 상법상 보험금청구권은 5년의 시효로 소멸한다. (○, ×)

(해설) 상사소멸시효는 일반적으로 5년이지만(상법 제64조), 보험금청구권의 소멸시효는 3년의 단기로 규정되어 있다(상법 662조).

(정답 ×)

노동법(勞動法)

제1절 노동법의 의의

Ⅰ. 노동법의 의의

　　노동법은 종속 노동관계를 규율하는 법으로서 사용자에게 노무를 제공하고 그 대가를 얻어 근로자가 생활할 수 있도록 하는 근로자를 위한 보호법이다.[13)

　　근대시민법의 원리(민법의 기본원칙)는 소유권 대상의 원칙, 계약자유의 원칙, 과실책임의 원칙을 확립하게 되었고, 특히 노무제공과 보수지급에 있어 법률관계는 민법상의 고용계약에 법적 기초를 두고 있다(민법 제655조). 이러한 민법상의 고용계약 특징은 계약의 체결 및 해지의 자유를 보장하고 어떠한 고용조건을 정할지는 당사자의 자유로운 합의에 맡기고 있는 것이 원칙이다.[14)예컨대 사용자는 근로자를 고용하고 근로자는 일하는 대가로 사용자로부터 급여를 받는 것이다. 대가적 관계의 특성상 당사자의 자유로운 교섭에 의하여 결정되는 것이 원칙인데, 민법은 이러한 원칙에 입각하여 임금 및 기타 근로조건에 관한 결정을 사용자와 근로자에게 일임하고 있다. 이 같은 시장경제체제 하에 있어서 당사자의 자유로운 교섭은 사용자가 원하는 근로조건에 따라 계약을 하게 되어 있고, 결국 현실적으로 근로자에게 불평등한 계약을 강조하는 결과를 가져왔다.

　　근로자와 사용자 사이의 자유로운 계약만으로는 양 당사자 사이에 적절하게 규율될 수 없는 것이 현실이다. 그 이유는 ① 사용자는 생산원가의 큰 부분을 차지하는 임금을 가능한 낮게 정하여 노동력을 얻으려고 하기 때문에 이 같은 상황에서는 계약의 자유는 개별적 교섭에 관한 한 근로자에게 불리하게 작용할 수밖에 없는 점, ② 수많은 동종의 근로자를 고용하고 있는 사용자에게 근로자들의 근로조건을 개별적인 계약을 통해서 각각 달리 정하는 것은 비현실적이며, 취업규칙에 의하여 일방적이고 통일적으로 규율하는 것이 일반적인 점, ③ 계약내용으로서의 근로조건은 재화시장에서 이루어지는 다

---

13) 김형배, 노동법 제24판, 박영사, 2015, 3면.
14) 김형배 외 1, 노동법강의 제7판, 신조사, 2018, 3면.

른 계약유형과 마찬가지로 수요와 공급의 변화에 반응할 수밖에 없는데, 재화시장에서는 경제적으로 수긍할 수 있고 또한 결과에서도 타당하다고 볼 수 있는 것들이 노동시장이나 노동현실에서는 사회통념적 가치를 거스르는 경우가 적지 않는 점 등을 들 수 있다.15)

이와 같은 현실을 시정하여 민법 원리와 자본경제 질서를 수정·보완하고, 근로자를 보호하기 위하여 탄생한 것이 특히 노동법16)이다.

II. 노동법의 체계

노동법이란 하나의 법률이 아니다. 노동과 관련된 여러 법률의 총체로서 노동법이라 부르며, 근로기준법, 노동조합 및 노동관계조정법, 산업재해보상보험법, 각종 노동관련 특별법 등 이러한 개별 법률을 모두 포함하여 노동법이라고 한다.

노동법은 크게 ① 개별적 근로관계법, ② 집단적 노사관계법, ③ 협동적 노사관계법으로 나누어진다. 개별적 근로관계법은 중요한 근로조건의 최저기준을 강행 법률로 규제하고, 근로자를 보호하는 법이다(헌법 제32조 근거). 대표적으로 근로기준법, 최저임금법, 산업재해보상보험법, 임금채권보장법 등의 근로기준보장법(근로관계법) 및 남녀고용평등과 일·가정 양립 지원에 관한 법률, 고용정책기본법, 직업훈련기본법, 직업안정법, 고용보험법 등의 고용보장법 등이 있다. 이러한 개별적 근로관계법은 생존권 보장의 구체화, 근대적 근로관계 확립, 근로조건의 국제적인 수준화, 여성과 연소자에 대한 특별보호조치, 감독행정 등에 의한 법의 실효성의 확보 등을 기본원리로 하고 있다.

집단적 노사관계법은 근로조건의 향상과 유지를 위하여 근로자의 단체인 노동조합을 통해서 집단적 교섭과 투쟁을 보장하는 등 근로3권을 보장함으로써 근로자가 사용자와 대등한 위치에서 근로조건을 결정할 수 있도록 하는 법이다(헌법 제33조 근거). 대표적으로 노동조합 및 노동관계조정법, 노동위원회법, 교원의 노동조합 설립 및 운영 등에 관한 법률, 공무원의 노동조합 설립 및 운영 등에 관한 법률 등이 있다. 집단적 노사관계법은 노사 간의 실질적 대등성을 전제로 하여 노사자치의 원칙을 그 기본 원리로 하고 있다.

협동적 노사관계법은 노사협의체를 통하여 노사 공동이익을 추구함을 목적으로 하는 법이다(헌법상 근거규정은 없음). 대표적으로 근로자참여 및 협력증진에 관한 법률, 공무

---

15) 김형배 외 1, 앞의 책, 4면.
16) 시민법 원리와 자본경제 질서를 수정·보완하고, 근로자를 보호하여 사실상의 인격의 위축·부자유 및 불평등을 시정하기 위하여 노동법, 경제법, 사회보장법 같은 사회법이 형성되었다.

원직장협의회의 설립·운영에 관한 법률 등이 있다. 여기서 집단적 노사관계법과 협동적 노사관계법은 단결보장법(노동단체법)이라고도 한다.

Ⅲ. 노동법의 기본관념

1. 노동자의 보호

노동법의 보호대상인 근로자들은 그들을 사용하는 사용자의 지시에 복종하여야 하고 자신의 노무를 제공함으로써 그 대가를 지급받게 된다. 이와 같이 근로자들 대부분의 경우 노동력을 사용자에게 제공하지 않고서는 생활을 유지할 수 없는 처지에 있기 때문에 생산수단의 소유자인 사용자에게 불리한 근로조건을 감수하면서까지 노동력을 팔지 않을 수 없다.

노동법은 이러한 근로자들의 인적 또는 경제적 약점을 보호하는 것을 일차적이며 가장 중요한 임무로 삼고 있다.

2. 공공사회의 이익존중

근로자들을 보호하고 그들의 지위를 향상시키려는 관념은 무한정 인정될 수는 없다. 노동법이 아무리 근로자들의 보호법이라 하더라도 다른 모든 법이 그러하듯 결국은 공공의 이익에 배치되어서는 아니 된다는 것이다. 전체의 이익이 특정 개인 또는 직업단체의 특수이익보다 우선하는 것은 당연한 이치이기 때문이다.

근로자들을 위한 최대한의 보호가 요청되고 그들의 물질적인 생활개선이 필요하다고 하더라도 국가 경제력의 부담능력의 한계 내에서 허용되어야 한다. 왜냐하면 이러한 한계를 벗어난 근로자의 보호와 생활개선은 결국 국가 경제의 파단을 가져오게 되고 나아가서는 근로자들 자신의 생활 문제까지도 영향을 줄 수 있기 때문이다.

3. 근로자들의 집단적 자조의 보장

노동법이 개별법에서 집단법으로 변화하는 것은 오늘날의 노동법의 특색이다. 개인적으로는 약자의 지위를 면치 못하는 근로자들이 그들의 수적 우세를 토대로 하여 노동조합을 조직하고 단체교섭을 통해서 그들의 근로조건을 규율하는 것은 집단적 노동법의 보편적 원리이며 이러한 집단적 노사관계에 관한 법은 개인주의적인 일반사법 예컨대 민법과 구별되는 것이다.

집단적 노사관계는 결국 개인보다 단체가 우선한다는 주장은 아니며, 근로자들의 단체나 그 단체가 체결한 협정, 즉 단체협약 같은 것은 그것 자체가 목적이 아니라 개개

근로자의 지위 향상을 위한 수단으로 이용되기 때문이다. 즉 집단적 노동법의 구성에 있어서도 근본적으로 개개 근로자의 이익과 인격을 존중하지 않으면 아니 되며, 따라서 아무리 집단성의 관념이 갖는 우위성을 강조한다고 하더라도 개인 근로자의 억압을 정당화하는 입법이 용인될 수는 없다.

4. 노사자치의 존중

노사자치의 존중은 노사관계 질서의 형성에 있어서 노사의 자치를 허용하는 것을 말하며, 이는 노농법의 중요한 기본관념의 하나이다. 우리나라는 노동조합과 사용자의 이해관계를 조정하고 노사관계질서의 수립을 위하여 단체협약을 체결하고 실력행사로서의 단체행동을 하는 것을 인정한다. 또한 노동법은 근로조건의 기준을 정한 단체협약 부분에 대하여는 법규범적 효력을 부여하고 있으며 노동쟁의는 노사가 자주적으로 해결할 것을 원칙으로 함으로써 노사자치를 보장 내지 존중한다.

국가가 이같이 노사의 자치를 허용하는 이유는 노사문제가 주로 경제적 이해관계에 관한 것이고 또한 이러한 이해관계에 대해서는 주로 당사자 스스로에 의한 해결이 가장 이상적이라는 데 있다. 그런데 사실상 완전한 노사자치의 실현을 기대하기는 어려우므로 결국 어느 정도로 국가가 개입하고 이를 조절하고 있다.

제 2 절　노동기본권

노동기본권이란 근로자의 생존권 확보를 위하여 헌법이 규정하고 있는 근로권과 단결권, 단체교섭권, 단체행동권으로 근로3권을 말한다.

I. 근로의 권리의 법적 성질

헌법 제32조 제1항에는 "국가는 사회적 · 경제적 방법으로 근로자의 고용의 증진과 적정임금의 보장에 노력하여야" 한다고 규정한다. 이는 근로자가 직업을 얻는다는 것은 어느 기업체의 사용자와 고용계약을 체결하는 것을 의미하는 것이므로 국가가 수많은 국영기업체를 소유하고 있어서 근로자의 고용을 임의로 결정할 수 있거나 또는 사기업체에 대하여 근로자의 고용을 강제할 수 있는 권한을 가지지 않는 한 완전고용의 실현은 사실상 불가능하다고 할 것이다.

노동력의 투입을 의미하는 고용은 원칙적으로 사용자가 임의로 결정할 수 있는 사항에 속하는 것으로 이를 제한할 수도 없다. 즉 헌법상 근로의 권리는 국가가 사회 정책적 또는 경제 정책적인 의미에서 고용의 증진에 노력해야 할 의무를 국민 전체에 부담하게 하며 근로 기회제공을 좀 더 증진하자는데 그 의미를 둔다고 보아야 한다.

이러한 근로의 권리는 적극적으로 그 권리를 실현하기 위하여 국가에 대하여 요구할 수 있는 권리임이 틀림없으므로 국가는 이러한 국민의 권리에 상응하는 의무를 다하기 위하여 여러 가지 형태의 조치를 취하여야 할 것이다. 헌법 제32조 제3항의 "근로조건의 기준은 인간의 존엄성을 보장하도록 법률로 정한다"는 규정은 임금, 근로시간, 작업환경, 재해보상 등 근로조건의 기준을 법률로 정할 것을 내용으로 하는 정책업무의 역할을 강조한 것이다. 근로기준법, 남녀고용평등법, 산업안전보장법, 산업재해보상보험법, 선원법 등 해당하는 법률이 이에 부합하는 법률이다.

헌법 제32조 제4항 및 제5항은 여성 근로자와 연소근로자에 대한 특별 보호를 규정하고 있다. 이에 따라 근로기준법 제5장에 여성 근로자와 연소근로자에 대한 특별보호 규정을 두고 있다.

근로의 권리란 인간이 자신의 의사와 능력에 따라 근로관계를 형성하고, 타인의 방해를 받음이 없이 근로관계를 계속 유지하며, 근로의 기회를 얻지 못한 경우에는 국가에 대하여 근로의 기회를 제공하여 줄 것을 요구할 수 있는 권리를 말하며, 이러한 근로의 권리는 생활의 기본적인 수요를 충족시킬 수 있는 생활 수단을 확보해주고 나아가 인격의 자유로운 발현과 인간의 존엄성을 보장해 주는 것으로서 사회권적 기본권의 성격이 강하므로 이에 대한 외국인의 기본권 주체성을 전면적으로 인정하기 어렵다고 할 것이다. 그러나 근로의 권리가 '일할 자리에 관한 권리'만이 아니라 '일할 환경에 관한 권리'도 함께 내포하고 있고, 후자의 경우 인간의 존엄성에 대한 침해를 방어하기 위한 자유권적 기본권의 성격도 갖고 있어 건강한 작업환경, 일에 대한 정당한 보수, 합리적인 근로조건의 보장 등을 요구할 수 있는 권리 등을 포함한다고 할 것이므로 이는 외국인 근로자라고 하여 '일할 환경에 관한 권리'에까지 기본권 주체성을 부인할 수는 없다고 할 것이다(헌재 2007. 8. 30. 2004헌마670).

II. 근로3권의 법적 성질

1. 근로3권의 의의

근로자는 단결권·단체교섭권·단체행동권의 근로3권을 가진다는 것이다. 근로3권은 헌법 제33조 제1항을 통하여 규정하고 있는데, ① 근로자들이 근로조건의 향상을 위

하여 근로자가 자주적으로 근로자단체(노동조합)를 결성할 수 있는 자주적인 단결권, ②
노동조합의 대표가 근로조건에 대해 사용자와 단체협약을 체결하고 교섭할 수 있는 단
체교섭권, ③ 파업, 쟁의행위 등을 할 수 있는 단체행동권으로 정리할 수 있다.

　　헌법이 근로자의 근로3권을 보장하는 취지는 원칙적으로 개인과 기업의 경제상의
자유와 창의를 존중함을 기본으로 하는 시장경제의 원리를 경제의 기본질서로 채택하
면서 노동관계 당사자가 상반된 이해관계로 말미암아 계급적 대립, 적대의 관계로 나아
가지 않고 활동과정에서 서로 기능을 나누어 가진 대등한 교섭 주체의 관계로 발전하게
하여 그들로 하여금 때로는 대립·항쟁하고 때로는 교섭·타협의 조정과정을 거쳐 분쟁을
평화적으로 해결하게 함으로써, 근로자의 이익과 지위의 향상을 도모하는 사회복지국가
건설의 과제로 달성하고자 함에 있는 것이며, 이를 위하여 사용자에게 단체교섭에 성실
하게 응할 의무 등을 부과한 것이고, 근로자에 대한 보호가 일반 사법 등의 규정만으로
는 미흡한 점 등을 볼 때 위 조항이 기본권의 본질적 내용을 침해하거나 비례성의 원칙
을 위반하여 과도하게 자유를 제한하는 것이라고 보기는 어렵다고 할 것이다(헌재 2002.
12. 18. 2002헌바12).

　　근로3권은 근로조건의 향상과 관계없는 정치적 행동 등은 보장의 대상이 되지 않으
며, 임금 등의 근로조건의 개선을 목적으로 하는 쟁의만 인정된다. 또한 국가안정보장·질
서유지 또는 공공복리를 위하여 필요한 경우에 한하여 법률로써 제한할 수도 있다(헌법
제37조 제2항).

2. 근로3권의 본질

　　근로3권은 ① 국가가 근로자의 자유로운 근로3권에 간섭해서는 아니 된다는 자유권
설, ② 국가는 근로자가 근로3권을 행사하는 데 방해되는 장해를 제거하여 주는 동시에
근로자가 생활 향상을 위하여 근로3권을 행사할 수 있도록 적극적으로 보장해야 할 의
무가 있다는 생존권설, ③ 근로자가 근로3권을 행사하는 것을 국가가 간섭해서는 아니
된다고 하는 자유권설 측면과 근로자의 생활향상을 위하여 근로3권을 행사할 수 있도록
적극적으로 보장해야 한다는 생존권설 측면의 두 가지 측면이 모두 혼합되어 있다는 혼
합권설 등으로 그 본질을 설명하고 있다.[17] 헌법재판소는 "사회적 보호 기능을 담당하
는 자유권 또는 사회권적 성격을 띤 자유권"이라고 하여 혼합권설의 입장을 취하고 있
으며(헌재 1998. 2. 27. 94헌바13 등), 혼합권설이 통설이다.

　　이를 좀 더 구체적으로 보면, 근로3권은 '사회적 보호 기능을 담당하는 자유권' 또는

---

17) 전시춘, 에센스노동법 Ⅱ, 청추어람, 2018, 38면.

'사회권적 성격을 띤 자유권'이라고 할 수 있으며, 보장되는 자유권적 측면인 국가로부터의 자유뿐 아니라, 근로자의 권리행사 실질적 조건을 형성하고 유지해야 할 국가의 적극적인 활동을 필요로 한다. 이는 곧, 입법자가 근로자단체의 조직, 단체교섭, 단체협약, 노동쟁의 등에 관한 노동조합 관련법의 제정을 통하여 노사 간의 세력균형이 이루어지고 근로자의 근로3권이 실질적으로 기능할 수 있도록 하기 위하여 필요한 법적 제도와 법규범을 마련하여야 할 의무가 있다는 것을 의미한다(헌재 1998. 2. 27. 94헌바13 등).

3. 단결권

단결권은 근로자들이 자주적으로 노동조합을 설립할 수 있는 권리로서 헌법 제33조 제1항은 근로자 개인만이 단결권의 주체인 것처럼 보이지만 근로자가 설립한 단결체인 노동조합의 단결권까지도 보장하고 있다고 보아야 한다. 이와 같이 개인적 단결권은 조합을 결성·가입할 수 있는 권리임과 함께 조합원이 조합운영·활동에 참여할 수 있는 권리라 할 수 있다. 집단적 단결권은 조합조직을 유지·확대·운영할 수 있는 권리 및 단결체의 존립 자체와 그 활동에 관하여 필요한 보호를 받을 수 있는 권리라 할 수 있다.[18]

헌법상 보장된 근로자의 단결권은 단결할 자유만을 가리킬 뿐이고, 단결하지 아니할 자유 이른바 소극적 단결권은 이에 포함되지 않는다고 본다. 그렇다면 근로자가 노동조합을 결정하지 아니할 자유나 노동조합에 가입을 강제당하지 아니할 자유, 그리고 가입한 노동조합을 탈퇴할 자유는 근로자에게 보장된 단결권의 내용에 포섭되는 권리로서가 아니라 헌법 제10조의 행복추구권에서 파생되는 일반적 행동의 자유 또는 제21조 제1항의 결사의 자유에서 그 근거를 찾을 수 있다고 할 것이다(헌재 2005. 11. 24. 2002헌바95).

4. 단체교섭권

단체교섭권은 근로자가 근로조건을 유지·개선하기 위하여 단결에 의해서 사용자와 교섭할 수 있는 권리이다. 사용자의 단체교섭 거부행위는 부당노동행위로서 금지되고 있다(노동조합법 제81조 제3호).

단체교섭권은 단체교섭의 내용이나 단체교섭 상 발생하는 행위가 모두 정당해야 한다. 이러한 단체교섭권은 근로자 개인이 향유 주체이기는 하나 권리행사의 주체가 아니므로 근로자의 단체 즉 노동조합이 행사하여야 하는 권리이다. 단체교섭권의 정당한 행

---

18) 전시춘(Ⅱ), 앞의 책, 39면.

사에 대해서는 민·형사상 책임이 면제된다.[19)]

단체교섭권에는 단체협약체결권이 포함되어 있다는 것을 의미한다. 헌법 조항에서 단체협약체결권을 명시하여 규정하고 있지 않다고 하더라도 근로조건의 향상을 위한 근로자 및 그 단체의 본질적인 활동의 자유인 단체교섭에는 단체협약체결권이 포함되어 있다고 보아야 한다(헌재 1998. 2. 27. 94헌바13 등).

근로3권은 존중되어야 하고 그 사이 비중의 차등을 둘 수 없는 권리들임은 틀림없지만 근로자의 사회적·경제적 지위향상, 근로조건의 향상을 위한다는 생존권의 존재목적에 비추어 볼 때 위 근로3권 가운데에서도 단체교섭권이 가장 중핵적 권리임은 부정할 수 없다고 할 것이다(대법원 1990. 5. 15. 선고 90도357 판결).

5. 단체행동권

단체행동권이란 단체교섭을 근로자에게 유리하게 전개되도록 하기 위하여 근로자에게 보장된 집단적 행동을 할 수 있는 권리이다. 조합원은 노동조합이 주도하지 아니한 쟁의행위를 하여서는 아니 된다(노조법 제37조 제2항). 이러한 단체행동권은 쟁의권을 의미하며 사용자에게 압력을 행사하여 노동조합의 요구에 응하도록 하는 실력행사로서 그 성질상 상대방인 사용자는 물론 일반·공익에까지 영향을 미치는 경우가 많다. 쟁의권은 노동조합이 근로관계상의 주장을 관철할 목적으로 업무의 정상적인 운영을 저해하는 압력 행동, 즉 파업·태업·피케팅·직장점거를 할 수 있는 권리를 말한다.[20)]

이러한 영향력으로 헌법 제33조 제2항에는 근로3권에 대한 제한이 서술돼 있는데, 이에 따르면 근로3권도 기본권의 일반적 제한기준인 국가안전보장, 질서유지, 공공복리를 위하여 필요한 경우에는 법률로써 제한할 수 있다. 이러한 제한의 대표적인 경우가 공무원, 교원, 필수유지업무로 지정된 사업 등이다. 또한 헌법 제33조 제3항에 따라 법률이 정하는 주요방위산업체에 종사하는 근로자의 단체행동권은 법률이 정하는 바에 의하여 이를 제한하거나 인정하지 아니할 수 있다. 그러나 이 경우에도 근로3권 자체가 부정되거나 본질적 내용을 침해·제한할 수 없다고 보아야 한다.

6. 근로3권의 상호관계

근로3권을 요약하자면 근로자들이 인간다운 생활을 확보하고 근로조건의 향상을 위하여 근로자단체를 결성하고 그 조직체의 이름으로 교섭을 하며, 그 교섭이 원만하게 이루어지지 아니할 경우에는 단체행동을 할 수 있는 권리라고 할 것이다.

---

19) 전시춘(II), 앞의 책, 40면.
20) 전시춘(II), 앞의 책, 41면.

단결권, 단체교섭권 및 단체행동권은 밀접한 상호 관련이 있으면서 근로자의 생존 확보를 위한 수단으로 보장되어 있다. 단결이 근로자집단의 근로조건 향상을 추구하는 주체라고 한다면 단체교섭은 그 주체의 구체적인 목적 활동이며 그 목적 활동은 단체협약의 체결이라는 것으로 결실을 보게 되는 것이다.

단결체가 단체교섭에 의하여 소기의 목적을 평화적으로 달성할 수 없을 때는 실력에 호소하여 그의 주장을 관철하게 된다. 그러므로 단결권과 단체교섭권의 내용은 단체행동이란 강력한 실력의 배경에 의하여 그 구체적인 실현이 가능하게 되는 것이다. 즉 근로3권은 서로 유기적인 밀접한 관계를 맺고 있는 통일적 권리라고 보면 된다.

제 3 절 근로기준법

Ⅰ. 근로기준법의 의의

근로기준법은 헌법 제32조 제3항 "근로조건의 기준은 인간의 존엄성을 보장하도록 법률로 정한다"라는 규정의 근거로 제정된 법률로서 헌법에 따라 근로조건의 기준을 정함으로써 근로자의 기본적 생활을 보장, 향상시키며 균형 있는 국민경제의 발전을 꾀하는 것을 목적으로 한다(근로기준법 제1조).

근로기준법은 개인의 근로자를 보호하는 것을 목적으로 하는 법으로서 개별적 근로관계법에서 가장 중요한 법률이다. 국가는 근로기준법을 통하여 사용자가 법위반한 부분에 대하여 처벌하는 방법으로 법정근로조건을 준수하도록 하여 그 목적을 실현하고 있다.[21]

이와 같이 근로기준법 상의 근로관계 당사자의 의사 여하를 불문하고 실현되어야 하는 강행적 효력을 가진다(대법원 1990. 12. 21. 선고 90다카24496 판결). 근로관계는 원칙적으로 근로자와 사용자 사이의 근로계약, 해당사업장에 적용되는 취업규칙과 단체협약에 의하여 근로조건의 내용을 규정할 수 있으나 근로계약, 취업규칙과 단체협약은 근로기준법이 정한 최저기준에 어긋나서는 아니 된다.[22]

이러한 근로기준법은 ① 생존권보장의 구체화, ② 여성과 소년에 대한 특별보호, ③

---

21) 전시춘, 에센스노동법 Ⅰ, 청추어람, 2018, 6면.
22) 김형배 외 1, 앞의 책, 65면.

근대적 근로관계의 확립, ④ 근로조건의 국제적 수준화, ⑤ 벌칙·근로감독관 등을 통하여 법의 실효성 확보 등을 그 기본원리로 하고 있다.[23]

제 4 절   최저임금법

Ⅰ. 최저임금의 의미

　　근로자의 임금결정을 시장원리에만 맡겨두면, 근로의 공급이 수요를 초과하는 업종의 노동시장에서는 임금이 한없이 떨어질 것이다. 하지만 이것은 바람직하지 않을 뿐 아니라 최저 생활수준 보장이라는 헌법정신에도 위배되며, 노동시장의 왜곡으로 사회문제로까지 비화할 수 있다.[24] 이를 방지하고자 우리나라에서는 근로자에 대하여 임금의 최저수준을 보장하여 근로자의 생활안정과 노동력의 질적 향상을 꾀함으로써 국민경제의 건전한 발전에 이바지하는 것을 목적으로 최저임금법을 제정하여 매년 관리하고 있다(최저임금법 제1조).

　　또한 최저임금제도는 국제노동기구(ILO, International Labour Organi zation) 회원국의 90%가 시행하고 있는 전 세계적인 제도라 최저임금이 있는지조차 모르는 경우는 거의 없다.

　　최저임금은 근로자의 생계비, 유사 근로자의 임금, 노동생산성 및 소득분배율 등을 고려하여 정하고, 이 경우 사업의 종료별로 구분하여 정할 수 있다(최저임금법 제4조 제1항). 노·사·공익 대표로 구성된 최저임금위원회에서 결정하고 고용노동부 장관이 고시하면 효력이 생긴다. 매년 8월 5일까지 다음 해에 적용할 최저 임금을 결정한다(최저임금법 제8조 제1항).

Ⅱ. 최저임금의 효력

　　최저임금은 이때 최저임금은 '시급' 형태로 결정된다. 최저임금을 시급을 기준으로 결정하는 것은 최저임금법에서 그렇게 규정하고 있기 때문이다(최저임금법 제5조). 근로자마다 일이나 월 근로시간이 다 다르기 때문에 일급이나 월급을 기준으로 표시하면 어차피 다시 시급으로 환산한 후 계산해야 한다. 즉 시급을 기준으로 최저임금을 판단해야 혼란이 없기 때문에 법에서도 그렇게 규정하고 있는 것이다.

---

23) 전시춘(Ⅰ), 앞의 책, 6면.
24) 김동재 외 1, 노동법 150, 시대의 창, 2014, 92면.

최저임금은 말 그대로 임금의 최저 수준을 정한 것으로, 최저임금 이상으로 임금을 지급하지 않을 경우 사업주는 최저임금법 위반으로 처벌되며(최저임금법 제28조), 근로자는 최소한 최저임금만큼의 임금을 추가로 받을 수 있다.

사용자는 최저임금을 이유로 종전의 임금 수준을 낮추어서는 아니 되며, 최저임금액에 미달하는 임금을 정한 근로계약은 그 부분에 한하여 무효이다. 사용자는 최저임금의 적용을 받는 근로자에게는 최저임금액 이상의 임금을 지급해야 한다. 무효로 된 부분은 최저임금법에 따른 최저임금액과 동일한 임금을 지급하기로 약정한 것으로 본다(최저임금법 제6조).

최저임금법은 근로자를 사용하는 모든 사업 또는 사업장에 적용되지만, 동거하는 친족만을 사용하는 사업과 가사 사용인에게는 적용하지 아니하며, 선원법의 적용을 받는 선원과 선원을 사용하는 선박의 소유자에게도 적용되지 아니한다(최저임금법 제3조).

제 5 절 비전형 근로에 관한 특별법

I. 비전형 근로의 의미

비전형 근로는 흔히 비정규직 근로라고 표현되기도 한다. '비정규직'이란 일정한 기간의 노무급부를 목적으로 사용자와 근로자가 한시적으로 근로관계를 맺는 모든 비조직화 된 고용 형태로 기간제근로, 단시간근로(파트타임), 파견근로 등이 해당된다.

비정규직 근로자(atypical, non-standard, contingent worker)는 정규직 근로자(regular worker)와 비교하여 고용계약기간, 근무방법, 근로시간, 고용계약 주체와 사용자의 일치 여부, 계약유형, 기업 내부에서의 신분 등 여러 가지 기준 가운데 어느 한 가지라도 전형적인 형태에서 벗어난 경우를 말한다. 비정규직 근로는 고용 형태의 정규성, 근로계약기간의 한시성 등을 기준으로 볼 때 상용근로에 대비된다. 정규직이 고용주에 의해 직접 고용되고 계약기간을 따로 정하지 않으며 전일제 노동을 한다면, 이런 전형적 형태를 벗어나는 것이 비정규직이다.[25]

이러한 비전형 근로와 관련된 법에는 대표적으로 파견근로자보호 등에 관한 법률(약칭 파견법, 이하 파견법이라고 함)과 기간제 및 단시간근로자 보호 등에 관한 법률(약칭 기간제법, 이하 기간제법이라고 함) 등이 있다.

---

25) 김형배, 앞의 책, 1255면.

II. 기간제 및 단시간 근로관계

1. 기간제법의 목적

기간제 및 단시간근로자 보호 등에 관한 법률(이하 기간제법이라고 함)은 기간제근로자 및 단시간근로자에 대한 불합리한 차별을 시정하고 기간제근로자 및 단시간근로자의 근로조건 보호를 강화함으로써 노동시장의 건전한 발전에 이바지함을 그 목적으로 하고 있다.

기간제근로자는 6개월, 1년 등으로 기간의 정함이 있는 근로계약을 체결한 근로자를 말하고(위 법 제2조 1호), 단시간근로자는 1주 동안의 소정근로시간이 그 사업장에서 같은 종류의 업무에 종사하는 통상 근로자의 1주 동안의 소정근로시간에 비하여 짧은 근로자를 말한다(근로기준법 제2조 제1항 9호).

기간제근로자와 단시간근로자가 이 법의 보호 대상이며, 비정규직 근로자에 대하여 이 법에서는 차별적 처우를 금지하고 있다. 여기서 차별적 처우란 임금은 비롯한 제반 근로조건에 대하여 합리적인 이유 없이 차별적으로 대우하는 것을 말한다.

2. 기간제근로자

'기간제근로자'라 함은 기간의 정함이 있는 근로계약을 체결한 근로자를 말한다. 기간제법에서는 기간제근로자의 사용기간을 2년으로 제한하는 것을 주요 내용으로 하는데, 위 법이 제정되기 전에는 계약기간이 1년을 초과하지 않는 한 계속하여 횟수에 상관없이 근로계약을 체결할 수 있었고, 이에 대한 특별한 제한이 없었다. 여기에서 바로 비정규직이란 개념이 생겼다고 볼 수 있다.

기간제법은 사용자가 기간제근로자를 사용함에 있어서 2년을 초과하지 못하도록 규정하고 있다. 따라서 사용자가 기간제근로자를 2년을 초과하여 사용하는 경우에는 그 기간제근로자는 기간의 정함이 없는 근로계약을 체결한 근로자로 본다. 만일 사용자가 2년을 초과한 기간제근로자를 계약만료를 사유로 근로계약 해지 통보를 한다면 이는 부당해고가 된다.

3. 단시간근로자

단시간근로자는 1주 동안의 소정근로시간이 그 사업장에서 같은 종류의 업무에 종사하는 통상 근로자의 1주 동안의 소정근로시간에 비하여 짧은 근로자를 말한다(근로기준법 제2조 제1항 제9호). 단시간근로자의 근로조건은 그 사업장의 같은 종류의 업무에 종사하는 통상 근로자의 근로시간을 기준으로 산정한 비율에 따라 결정되어야 하고(근로기준법 제18조 제1항), 임금·근로시간 기타의 근로조건을 명확히 기재한 근로계약서를 작성하여 근로자에게 교부하여야 한다.

III. 파견 근로관계

1. 파견법의 목적

파견근로자보호 등에 관한 법률(이하 파견법이라고 함)은 근로자파견사업의 적정한 운영을 기하고 파견근로자의 근로조건 등에 관한 기준을 확립함으로써 파견근로자의 고용안정과 복지증진에 이바지하고 인력수급을 원활하게 함을 목적으로 하고 있다.

2. 근로자파견 계약의 의미

근로자파견은 파견사업주가 근로자를 고용한 후 그 고용관계를 유지하면서 근로자파견계약의 내용에 따라 사용사업주의 지휘·명령을 받아 사용사업주를 위한 근로에 종사하게 하는 것을 말한다. 이때 근로자를 직접 고용하여 근로자파견 사업을 하는 파견사업주가 있고, 이러한 근로자를 근로자파견계약에 따라 실제 사용하는 사용사업주가 있다.

일반근로관계가 사용자와 근로자 사이에 근로계약을 체결하고, 근로계약의 내용에 따라 근로자가 사용자에게 근로를 제공하면 그에 대한 대가로 사용자가 근로자에게 임금을 지급하는 것이다.

이에 반해 파견근로관계는 우선 파견사업주는 파견근로자와 근로계약을 체결하고, 사용사업주와는 근로자파견 계약을 체결하게 된다. 그럼 파견사업주는 근로자파견 계약에 따라 본인이 고용한 파견근로자를 사용사업주의 사업장으로 보내 사용사업주의 지시를 받고 근로를 제공하게 하며, 이후 사용사업주는 근로자파견 계약에 따른 파견대가를 파견사업주에게 지급하면 파견사업주는 파견근로자에게 근로의 대가로서 임금을 지급하게 되는 구조이다.

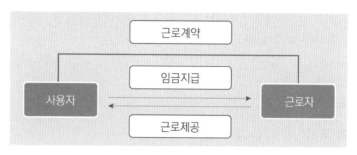

일반근로관계

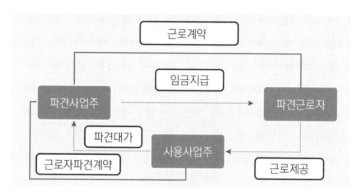

파견근로관계

4. 고용의무

사용사업주는 ① 근로자파견대상업무에 해당하지 아니하는 업무에서 파견근로자를 사용하는 경우, ② 절대적 파견금지 업무에 파견근로자를 사용하는 경우, ③ 근로자파견 대상업무에 2년을 초과하여 파견근로자를 사용하는 경우, ④ 일시적·간헐적으로 사용 하는 기간을 초과하여 파견근로자를 사용하는 경우, ⑤ 파견사업허가를 받지 않은 자로 부터 근로자파견의 역무를 제공받은 경우 등에 대해서는 당해 파견근로자를 사용사업 주가 직접 고용하여야 한다. 이때에는 2년의 경과를 기다릴 필요 없이 금지되는 업종에 파견근로자를 사용함으로 인하여 고용의무가 발생한다.

이러한 사용사업주가 파견근로자를 직접 고용하게 된 경우에는 같은 종류의 업무 또는 유사한 업무를 수행하는 정규근로자의 근로조건과 동등하게 대우해야 한다.

제6절 노동조합 및 노동관계조정법

Ⅰ. 노동조합, 단체교섭, 단체협약

1. 노동조합

헌법 제33조 제1항에서는 "근로자는 근로조건의 향상을 위하여 단결권을 가진다"고 규정하고 있다. 근로자가 주체가 되어 자주적으로 단결하여 근로조건의 유지·개선 기타 근로자의 경제적·사회적 지위의 향상을 도모함을 목적으로 하는 단결체를 조직하여 활동할 수 있는 권리인 근로3권 중 단결권으로 보장하고 있다. 즉 '근로자 주체성·자주성·목적성·단체성'의 요건을 갖춘 근로자단체는 헌법규정에 의하여 법적 보호를 받을 수 있는 지위에 있는 것이다.

노동조합이란 근로자가 주체가 되어 자주적으로 단결하여 근로조건의 유지·개선 기타 근로자의 경제적·사회적 지위의 향상을 도모함을 목적으로 조직하는 단체 또는 그 연합단체를 말한다(노동조합법 제2조 제4호). 즉 노동조합은 헌법상 근로3권의 주체로서 인정되는 근로자단체라고 말할 수 있으면서도, 노동조합 및 노동관계조정법(이하 약칭 ; 노동조합법이라고 함)의 규정이 정하고 있는 보다 엄격한 설립요건을 갖추어 설립되는 좁은 의미의 근로자 단체라고도 말할 수 있다.

2. 단체교섭

헌법 제33조 제1항은 "근로자는 근로조건의 향상을 위하여 단체교섭권을 가진다"고 규정하고 있다. 근로자에게 그들의 결합체인 근로자단체를 통하여 근로조건의 향상을 위하여 사용자와 자주적으로 단체교섭을 할 수 있는 권리를 기본권으로 보장하고 있는 것이다.

근로관계에서는 경제적·사회적 약자인 근로자가 개별적으로 교섭할 경우 그 계약의 내용이 경제적·사회적 강자인 사용자의 의사대로 거의 일방적으로 결정될 수 있어 불합리하므로 근로자단체의 단결력을 배경으로 하여 집단적으로 근로관계를 결정할 수 있도록 하는 권리가 보장되고, 단체교섭도 가능하게 된 것이다.[26]

노동조합 및 노동관계조정법(이하 노동조합법이라고 함)은 헌법 제33조 제1항의 단체교섭권의 내용 및 이를 구체적으로 보장하기 위한 규정으로 ① 정당한 단체교섭권의 행사

---

26) 사업연수원, 노동조합 및 노동관계조정법, 사법연수원 출판부, 2015, 144면.

에 대한 민·형사상 면책하는 규정(위 법 제3조, 제4조), ② 사용자 또는 사용자 단체와의 교섭권리를 보장하는 규정(위 법 제29조), ③ 노동조합과 사용자 또는 사용자 단체는 신의에 따라 성실히 교섭할 의무 부담 규정(위 법 제30조), ④ 자주적 조정의 노력의무 규정(위 법 제47조), ⑤ 단체협약에 단체교섭의 절차·방식을 규정하도록 하는 의무 규정(위 법 제48조), ⑥ 국가·지방자치단체의 자주적 교섭에 대한 조력 의무 규정(위 법 제49조), ⑦ 사용자의 단체교섭 거부와 해태를 부당노동행위로 규제하는 규정(위 법 제81조 제3호) 등을 두고 있다.

3. 단체협약

'단체협약'이란 노동조합 등 근로자단체가 사용자 또는 사용자단체에 대한 단체교섭권을 행사하여 교섭하고 그 결과 교섭의 대상으로 삼은 근로조건에 관한 기타 노동관계에 관한 사항에 대하여 당사자 사이에 결정한 내용을 협약의 형식으로 체결한 것을 말한다.

노동조합이 당사자로서 체결한 단체협약의 내용 중 '근로조건 기타 근로자의 대우에 관한 기준'을 정하고 있는 부분은 협약체결의 직접 당사자가 아닌 노동조합 구성원인 근로자와 사용자 사이의 근로계약 관계를 직접 규율하고 취업규칙이나 근로계약에 우선하여 강행적·보충적으로 적용된다. 이러한 단체협약의 효력을 단체협약의 규범적 효력이라고 한다.[27]

노동조합과 사이에 체결한 단체협약이 유효하게 성립하려면 단체협약을 체결할 능력이 있는 사용자나 사용자단체가 그 상대방 당사자로서 체결하여야 하고, 나아가 서면으로 작성하여 당사자 쌍방이 서명날인하는 등의 소정의 방식을 갖추어야 단체협약의 규범적 효력이 인정된다(대법원 1996. 6. 28. 선고 94다49847 판결).

그리고 단체협약이 시행된 이후에는 단체협약은 그 사업체에 종사하며 그 협약의 적용을 받게 될 조합원이나 근로자들에 대하여만 생기는 것이고, 단체협약 체결이전에 이미 퇴직한 근로자에게는 위와 같은 효력이 생길 여지가 없다(대법원 1992. 7. 24. 선고 91다34073 판결).

취업규칙은 법령이나 해당 사업 또는 사업장에 대하여 적용되는 단체협약과 어긋나서는 아니되므로(근로기준법 제96조 제1항), 단체협약에서 정한 근로조건에 대한 내용과 기존의 취업규칙 또는 개별 근로계약의 내용이 서로 충돌하는 경우에는 상충하는 취업규칙이나 근로계약이 무효가 되고 단체협약에서 정한 기준으로 대체된다. 만일 근로계약에 규정되지 아니한 사항이 있다면 이 또한 당연히 단체협약에서 정한 바에 따른다.

---

27) 사법연수원(2015), 앞의 책, 193~194면.

　이처럼 단체협약의 규범적 효력은 사용자가 근로계약이나 취업규칙에 의하여 단체협약에 정한 근로조건의 기준에 관한 사항에 위반되는 내용을 정하는 것을 금지함으로써 사적자치의 원칙을 제한하고 단체협약자치의 원칙을 인정하고 있다.

II. 쟁의행위의 개념

1. 노동쟁의 및 의 의미

　'노동쟁의'라 함은 노동조합과 사용자 또는 사용자단체간에 임금·근로시간·복지·해고 기타 대우 등 근로조건의 결정에 관한 주장의 불일치로 인하여 발생한 분쟁상태를 말한다. 이 경우 '주장의 불일치'라 함은 당사자간에 합의를 위한 노력을 계속하여도 더 이상 자주적 교섭에 의한 합의의 여지가 없는 경우를 말한다. 여기서 노동쟁의의 당사자는 노동조합과 사용자 또는 사용자단체이다.

2. 쟁의행위의 의미

　'쟁의행위'라 함은 파업·태업·직장폐쇄 기타 노동관계 당사자가 그 주장을 관철할 목적으로 행하는 행위와 이에 대항하는 행위로서 업무의 정상적인 운영을 저해하는 행위를 말한다. 따라서 근로자단체인 노동조합이 그 주장을 관철할 목적으로 행하는 파업·태업 등의 행위뿐만 아니라 사용자 또는 사용자단체가 노동조합의 위 행위에 대항하기 위하여 행하는 직장폐쇄 등의 행위도 쟁의행위의 개념에 포함시키고 있다.[28] '업무의 정상적인 운영을 저해하는 행위'에 있어 정상적인 운영이란 사용자가 적법한 지휘·명령으로 업무를 운영하는 것이 아니라 평상시의 운영을 말한다. 이로 인하여 집단적 휴일근로의 거부 등 준법투쟁도 쟁의행위가 되는 것이다.

　쟁의행위 당사자는 집단적 노동관계 당사자로서 노동조합과 그 상대방인 사용자 또는 사용자 단체가 된다. 따라서 근로자 개인이 쟁의행위 당사자가 될 수는 없다. 집단적인 행위인 만큼 노동조합은 쟁의행위로 나아갈 경우 민주적인 의사결정 절차를 거쳐야 한다.

---

28) 김형배 외 1, 앞의 책, 556면.

제 7 절 산업재해보상보험법

Ⅰ. 산업안전보건 및 산업재해와 관련된 법

산업안전보건 및 산업재해와 관련된 법 중 산업재해를 사전에 예방하는 법으로는 산업안전보건법이 있고, 산업재해 발생 후의 보상에 관한 법은 산업재해보상보험법 등이 대표적이다. 특히 산업안전보건법과 관련된 규정으로 보다 산업형태에 따라 보다 세밀하게 규정하기 위하여 산업안전기준에 관한 규칙, 산업보건기준에 관한 규칙 등 다수의 고시 및 예규 등이 있다.

Ⅱ. 산업재해보상보험법

구 자본주의 하에서 발전한 시민법 이론에서는 과실책임의 원칙에 따라 사용자가 자기 책임으로 인하여 발생하는 재해가 아니라면 근로자에 대한 보상의무는 없는 것이 원칙이었다. 이러한 논리는 우리나라 민법 등에도 그대로 이어져 근로자는 사업주의 과실이 있는 경우에만 그 재해에 대하여 손해배상 책임을 청구할 수 있다.

하지만 근로기준법에서는 재해보상제도를 새로 마련하여 손해배상과 관련해 무과실책임주의를 도입한 것으로 무과실책임주의가 도입됨으로써 사업주는 본인의 귀책사유로 인하여 발생한 재해가 아니어도 다친 근로자에 대한 보상책임이 있다. 즉 사업장에서 산업재해 사고나 질병이 발생한 경우 사업주의 고의·과실 여부와 상관없이 재해보상 책임을 져야 하는 것이다. 여기서 재해보상에 소요되는 비용은 사업주가 부담한다.

사업주는 근로자의 재해로 상당한 재해보상금액이 산출되더라도 이를 전적으로 책임져야 하므로 상당한 부담이 될 수밖에 없었고, 근로자 역시 사업주가 재해보상금을 부담할 수 있을 만한 재력이 없다면 적절한 재해보상을 받을 수 없었다. 이에 사회보장적 공적보험제도의 도입이 필요하였으며 이것을 규정한 것이 바로 산업재해보상보험법이다.

산업재해보상보험법은 근로기준법과 마찬가지로 무과실책임주의를 기초로 제정된 법체계이며, 산업재해보상보험료는 사업주가 전적으로 부담하도록 하고 있다.

산재보험에 따른 보상은 재해발생과 동시에 신속한 보상이 가능한 것이 장점이다. 그 이유는 근로기준법에 따른 보상은 사업주가 자비로 재해를 보상해줄 때까지 기다려야 했다면, 산재보험이 적용되는 사업장에서 재해가 발생했을 때에는 관할 근로복지공단에 요양신청을 하여 업무상 재해로 인정받게 되면 즉시 보험료가 지급되기 때문이다.

여기서 한가지 알고 갈 것은 업무상 재해가 발생하면 회사가 근로복지공단에 산재신청을 대신 해주어야 그 혜택을 받을 수 있다고 알고 있는 경우가 많아 재해자인 근로자가 직접 신청할 수 없다고 생각하고 있다. 하지만 산업재해보상보험법상 사업주는 단지 보험료를 납부해야 하는 납부의무자일 뿐이고 산재보상과 관련한 직접 당사자가 아니다. 산재보상 관계는 근로복지공단과 재해자인 근로자와의 관계이므로 사업장에서 재해가 발생하면 근로자 스스로 관련 신청서류를 첨부하여 관할 근로복지공단에 보상신청을 하면 된다.

근로기준법에 의한 근로자라면 모든 근로자가 혜택을 받을 수 있으며, 산재보험에 가입되어 있지 않은 사업장이라도 재해가 발생하면 보험급여를 받을 수 있다. 즉 반드시 사업주가 산업재해보상보험에 가입되어 있어야만 보상을 받을 수 있는 것은 아니다. 산재보험 미가입 사업장이라고 하더라도 업무 중 사고가 발생하거나 업무로 인한 질병이 발생하면 그 사실을 입증하여 근로복지공단에 보험급여를 신청하면 되고, 근로복지공단에서는 심사를 통하여 당해 재해가 업무상 재해인 경우 사업장이 산재보험이 미가입되어 있더라도 근로자에게 급여를 지급한다.

상시 근로자 1인 이상의 근로자를 사용하는 사업장은 의무적으로 산재보험에 가입해야 한다.

Ⅲ. 보험급여의 종류

1. 요양급여

요양급여란 근로자가 업무상의 사유에 의하여 부상을 당하거나 질병에 걸린 경우 당해 근로자에게 지급되는 의학적 현물급여 등을 말한다(예를 들어 병원 치료비 등). 요양급여는 전액을 지급하는 것이 원칙이다. 특히 요양기간(치료기간)이 종료하였으나 그 대상이 되었던 부상이나 질병이 재발하거나 상태가 악화된 경우에는 재요양 신청을 하여 다시 요양급여를 수급할 수 있다(예 시술된 금속 핀 제거). 여기서 요양종료라고 하는 것은 재해 근로자의 상병이 향후 계속 치료하더라도 의학적인 효과를 기대할 수 없고, 그 증상이 고정된 상태에 이른 것을 의미한다. 이후 요양급여는 종료되고 이에 대한 장해급여의 청구가 가능하다.

2. 간병료 및 간병급여

간병료는 요양급여 중에서 실제 간병의 실시에 따라 지급되는 보험급여를 말한다.

간병료는 간병급여와 구분되며 간병료는 재해를 당한 근로자가 요양기간 중에 간병이 필요한 경우에 한하여 지급되는 것이며, 간병급여는 요양급여를 받은 자가 요양이 종결된 이후에도 의학적으로 상시 또는 수시로 간병이 필요하여 실제로 간병을 받는 경우 그 간병을 받는 자에게 지급하는 급여를 말한다.

3. 휴업급여

휴업급여란 업무상의 원인으로 부상을 당하거나 질병에 걸린 경우, 그 근로자에게 산재요양으로 인하여 취업하지 못한 기간에 대한 임금수입을 보전해주기 위하여 지급되는 보상금액을 말한다. 재해를 당한 근로자는 그 재해를 치유하는 동안 불가피하고 근로를 제공하지 못하게 되는데 임금을 가지고 생활하는 근로자 및 그 가족의 입장에서는 생계의 위협을 받게 된다. 이에 요양기간 동안 평균임금의 70%에 상당하는 금액을 휴업급여로 지급한다. 휴업급여는 요양기간 동안 지급된다.

4. 장해급여

근로자가 업무상 재해로 인하여 요양이 종결된 이후에도 장해가 남아 노동력의 일부나 전부가 상실되거나 감소되는 경우에는 이에 대한 보상을 신청할 수 있는데 이를 장해보상이라고 하고, 이러한 장해보상은 요양이 종결된 이후에 신청할 수 있으나 장해가 남은 재해자만 신청할 수 있다. 또한 장해급여는 급여급수에 따라 지급되며(산업재해보상보험법 제57조 제2항 별표), 재해를 입은 근로자는 치료가 마무리되고 그 증상이 고정되면 요양종결 처리가 되고, 그러면 근로복지공단에 장해급여 신청을 한다. 그 후 근로복지공단으로부터 장해등급을 부여 받으면 그 등급에 따라 소정의 금액을 장해급여로 수령한다. 장해급여는 일시금으로 수령할 수 있고, 연금으로 수령할 수 있다.

5. 상병보상연금

상병보상연금은 요양급여를 받는 재해자가 요양이 개시된 이후 2년이 경과된 날에도 당해 부상이나 질병이 치유되지 아니한 상태이고, 그 부상이나 질병에 의한 폐질[29]의 정도가 제1급에서 제3급에 해당하는 자에게는 휴업급여 대신 지급하는 것을 말한다. 이는 평균임금의 70%에 해당하는 휴업급여보다 보상수준이 높은 100%로 지급한다. 이렇게 높은 수준의 상병보상급여를 지급받는 근로자는 그 대신 휴업급여를 지급받지 못

---

29) 산업재해보상보험법 제5조 6호 "폐질"이란 업무상의 부상 또는 질병에 따른 정신적 또는 육체적 훼손으로 노동능력이 상실되거나 감소된 상태로서 그 부상 또는 질병이 치유되지 아니한 상태를 말한다.

한다. 상병보상연금을 받으려면 요양이 종결됨 없이 계속되어 2년이 경과해야 하고 요양 개시 후부터 2년이 지날 때까지 계속하여 폐질 등급이 1~3급에 해당되어야 하는 것은 아니다. 처음에는 비록 1~3급에 미달하였으나 상병이 악화되어 2년이 경과된 시점에서 1~3급에 해당되면 상병보상연금을 수령할 수 있다.

6. 유족급여

유족급여는 근로자가 업무상의 재해로 인하여 사망한 경우 그 유족에게 지급되는 생활보전 차원의 보험급여를 말한다. 유족급여가 지급되려면 업무상의 원인으로 사망에 이르러야 한다. 상해나 질병의 종류, 재해의 경위 등은 중요하지 않으나 그것이 업무와의 상당인과 관계를 가져야 한다.

7. 장의비

장의비란 업무상 원인으로 사망한 근로자의 장제실행에 소요되는 비용을 지원하는 보험급여로서 재해자의 평균임금의 120일분을 지급하게 된다.

제 8 절 　권리구제절차

Ⅰ. 권리구제절차

법이 보장하는 권리가 효과적으로 보장될 수 있기 위해서는 권리가 침해되었을 때 그 권리 침해상태를 제거할 수 있는 권리 구제장치가 반드시 요구된다. 이것을 권리구제제도라고 한다.

권리구제제도라고 할 때 가장 먼저 떠오르는 것이 소송 제기를 통한 법원의 사법적 권리구제제도이지만 권리구제방법에는 비사법적 권리구제제도가 있다. 근로자들이 사법적 권리구제제도 보다 쉽게 이용할 수 있는 비사법적 권리구제제도로서 노동청(지방고용노동관서), 노동위원회 등의 권리구제절차가 있다.

Ⅱ. 지방고용노동관서(근로감독관)

근로조건의 기준을 확보하기 위하여 고용노동부와 그 소속 기관에 근로감독관을 두도록 되어 있고 근로감독관 제도는 사용자가 근로기준법 기타 노동관계법령을 성실히 준수하는가 여부를 상시적으로 지도, 감독함으로써 위반행위의 발생을 사전에 방지하고, 위반행위가 발생한 경우에는 이를 조속히 발견하여 시정조치를 할 뿐만 아니라 경우에 따라서는 위반자를 입건하여 벌칙이 적용되도록 하는 등의 기능을 담당하기 위한 것이다.

노동관계법령에서 사용자의 노동관계법령 위반행위에 대하여 형벌을 규정하고 있는 경우 이러한 사용자의 위반행위에 따른 피해를 당한 근로자는 수사기관(노동관서)에 진정, 고소 등을 하는 방법으로 수사를 요구할 수 있고, 이를 통하여 간접적으로 권리를 구제받을 수 있다.

지방고용노동관서는 고용노동부의 지방소재 하부조직이라 볼 수 있는데, 현재 8개의 지방고용노동청(서울, 중부, 경기, 강원, 부산, 대구, 광주, 대전)과 38개의 지청으로 구성되어 있다(www.molab.go.kr 참조).

근로감독관은 근로기준법 기타 노동관계법령 위반의 죄에 관하여 사법 경찰관의 직무를 수행한다. 또한 근로감독관은 사업장, 기숙사, 그 밖의 부속 건물에 임검[30]하고 장부와 서류의 제출을 요구할 수 있으며 사용자와 근로자에 대하여 심문할 수 있다.

III. 노동위원회

1. 노동위원회

노동위원회는 노·사·공익 3자로 구성된 준사법적 성격을 지닌 합의체 행정기관이다. 노동관계에서 발생하는 노사 간의 분쟁을 신속하고 공정하게 조정 판정하는 역할을 한다. 노동위원회는 중앙노동위원회와 지방노동위원회(전국 12개소), 특별노동위원회(선원노동위원회, 교원노동관계조정위원회, 공무원노동관계조정위원회)로 구분된다.[31]

2. 부당해고의 구제

사용자가 근로자에게 부당해고 등을 하면 근로자는 부당해고 등이 있었던 날로부터 3개월 이내에 먼저 지방노동위원회에 부당해고구제 신청을 할 수 있다. 지방노동위원회가 근로자로부터 구제신청을 받으면 조사관에게 지체 없이 필요한 조사를 하도록 하고, 관계당사자를 심문하는 등 부당해고의 판정을 위한 절차를 거친다. 필요한 조사 및 심

---

30) 행정목적을 달성하기 위하여 담당공무원이 사무소·영업소·공장·창고 등에 가서 업무의 실시 상황이나 장부·서류·설비·기타 물건을 검사하는 일
31) 노동위원회의 조직과 기능 및 절차에 대한 자세한 안내는 중앙노동위원회 홈페이지를 참조 (www.nlrc.go.kr)

문이 끝난 후 지방노동위원회는 부당해고 등이 성립한다고 판정하면 사용자에게 구제명령을 하여야 하며, 부당해고 등이 성립하지 아니한다고 판정하면 구제신청을 기각하는 결정을 한 후 서면으로 사용자와 근로자에게 통지해야 한다. 특히 구제명령을 할 때에 근로자가 원직복직을 원하지 아니하면 원직복직을 명하는 대신 근로자가 해고기간 동안 근로를 제공하였더라면 받을 수 있었던 임금 상당액 이상의 금품을 근로자에게 지급하도록 명할 수 있다. 사용자나 근로자가 지방노동위원회의 구제명령이나 기각결정에 불복하는 경우에는 구제명령서나 기각 결정서를 통지받은 날부터 10일 이내에 중앙노동위원회에 재심을 신청할 수 있고, 중앙노동위원회의 재심판정에 대하여 사용자나 근로자는 재심 판정서를 송달받은 날로부터 15일 이내에 행정소송을 제기할 수 있다.

3. 부당노동행위의 규제

사용자로부터 노동조합의 업무를 위한 정당한 행위를 한 것을 이유로 불이익을 받는 등 사용자의 부당노동행위로 인하여 권리를 침해당한 근로자 또는 노동조합은 부당노동행위가 있은 날부터 3월 이내에 지방노동위원회에 부당노동행위 구제신청을 할 수 있다.

〈학습확인문제〉

1. 노동법은 종속 노동관계를 규율하는 법으로서 사용자에게 노무를 제공하고 그 대가를 얻어 근로자가 생활할 수 있도록 하는 근로자를 위한 보호법이다. (O, ×)

(해설) 시장경제체제 하에 있어서 당사자의 자유로운 교섭은 사용자가 원하는 근로조건에 따라 계약을 하게 되어 있고, 결국 현실적으로 근로자에게 불평능한 계약을 강소하는 결과를 가져오기 때문에 이러한 것을 예방하고자 근로자를 위하여 근로자가 생활할 수 있도록 근로자를 보호하기 위해서 제정된 법이다.

(정답 O)

2. 근로기준법, 최저임금법, 산업재해보상보험법, 남녀고용평등과 일·가정 양립 지원에 관한 법률 등은 대표적인 집단적 노사관계법에 해당한다. (O, ×)

(해설) 위 법률 등은 중요한 근로조건의 최저기준을 강행 법률로 규제하고, 근로자를 보호하는 법으로서 생존권 보장의 구체화, 근대적 근로관계 확립, 근로조건의 국제적인 수준화, 여성과 연소자에 대한 특별보호조치, 감독행정 등에 의한 법의 실효성의 확보 등을 기본원리로 하고 있으므로 개별적 노사관계법에 해당한다.

(정답 ×)

3. 노동법은 근로자들의 인적 또는 경제적 약점을 보호하는 것을 일차적이며 가장 중요한 임무로 삼고 있다. (O, ×)

(해설) 노동법의 보호대상인 근로자들은 그들을 사용하는 사용자의 지시에 복종하여야 하고 자신의 노무를 제공함으로써 그 대가를 지급받게 된다. 이와 같이 근로자들 대부분의 경우 노동력을 사용자에게 제공하지 않고서는 생활을 유지할 수 없는 처지에 있기 때문에 생산수단의 소유자인 사용자에게 불리한 근로조건을 감수하면서까지 노동력을 팔지 않을 수 없다. 그렇기 때문에 노동법은 근로자의 보호를 가장 중요한 임무로 삼고 있다.

(정답 O)

4. 근로자는 단결권·단체교섭권·단체행동권의 근로3권을 가지며, 근로3권은 헌법상 보장된

권리로서 어떠한 법률로도 제한할 수 없다. (○, ×)

(해설) 근로3권은 근로조건의 향상과 관계없는 정치적 행동 등은 보장의 대상이 되지 않으며, 임금 등의 근로조건의 개선을 목적으로 하는 쟁의만 인정된다. 또한 국가안정보장·질서유지 또는 공공복리를 위하여 필요한 경우에 한하여 법률로써 제한할 수도 있다(헌법 제37조 제2항).

(정답 ×)

5. 근로자가 근로조건을 유지·개선하기 위하여 단결에 의해서 사용자와 교섭할 수 있는 권리를 단결권이라고 한다. (○, ×)

(해설) 단결권은 근로자들이 자주적으로 노동조합을 설립할 수 있는 권리를 의미하며 근로자가 근로조건을 유지·개선하기 위하여 단결에 의해서 사용자와 교섭할 수 있는 권리는 단체 교섭권이다.

(정답 ×)

6. 근로기준법은 근로조건의 기준을 정함으로써 근로자의 기본적 생활을 보장, 향상시키며 균형 있는 국민경제의 발전을 꾀하는 것을 목적으로 제정된 법률이다. (○, ×)

(해설) 근로기준법은 헌법 제32조 제3항 "근로조건의 기준은 인간의 존엄성을 보장하도록 법률로 정한다."라는 규정의 근거로 제정된 법률로서 근로조건의 기준을 정함으로써 근로자의 기본적 생활을 보장, 향상시키며 균형 있는 국민경제의 발전을 꾀하는 것을 목적으로 제정된 법률이다.

(정답 ○)

7. 임금의 최저수준을 보장하여 근로자의 생활안정과 노동력의 질적 향상을 꾀함으로써 국민경제의 건전한 발전에 이바지하는 것을 목적으로 제정된 법률은 근로기준법이다.

(해설) 근로자의 임금결정을 시장원리에만 맡겨두면, 근로의 공급이 수요를 초과하는 업종의 노동시장에서는 임금이 한없이 떨어질 것이다. 하지만 이것은 바람직하지 않을 뿐 아니라 최저 생활수준 보장이라는 헌법정신에도 위배되며, 노동시장의 왜곡으로 사회문제로까지 비화할 수 있으므로 이를 방지하고자 근로자에 대하여 임금의 최저수준을 보장하기 위하여 제정된 법은 최저임금법이다.

(정답 ×)

8. 최저임금은 '시급' 형태로 결정된다. (○, ×)

(해설) 최저임금은 '시급' 형태로 결정된다. 근로자마다 일이나 월 근로시간이 다 다르기 때문에 일급이나 월급을 기준으로 표시하면 어차피 다시 시급으로 환산한 후 계산해야 하고 시급을 기준으로 최저임금을 판단해야 혼란이 없기 때문에 최저임금법에서도 시급으로 규정하고 있다.

(정답 ○)

9. 단시간근로자는 6개월, 1년 등으로 기간의 정함이 있는 근로계약을 체결한 근로자를 말한다. (○, ×)

(해설) 단시간근로자는 1주 동안의 소정근로시간이 그 사업장에서 같은 종류의 업무에 종사하는 통상 근로자의 1주 동안의 소정근로시간에 비하여 짧은 근로자를 말하며(근로기준법 제2조 제1항 제9호), 기간의 정함이 있는 근로자는 기간제 근로자라고 한다.

(정답 ×)

10. 사용자가 기간제근로자를 사용함에 있어서 4년을 초과하지 못하도록 규정하고 있다. (○, ×)

(해설) 기간제 및 단시간근로자 보호 등에 관한 법률은 사용자가 기간제근로자를 사용함에 있어서 2년을 초과하지 못하도록 규정하고 있다. 따라서 사용자가 기간제근로자를 2년을 초과하여 사용하는 경우에는 그 기간제근로자는 기간의 정함이 없는 근로계약을 체결한 근로자로 본다.

(정답 ×)

11. 노동조합이란 근로자가 주체가 되어 자주적으로 단결하여 근로조건의 유지·개선 기타 근로자의 경제적·사회적 지위의 향상을 도모함을 목적으로 조직하는 단체 또는 그 연합단체를 말한다. (○, ×)

(해설) 근로자가 주체가 되어 자주적으로 단결하여 근로조건의 유지·개선 기타 근로자의 경제적·사회적 지위의 향상을 도모함을 목적으로 조직하는 단체 또는 그 연합단체를 노동조합이라고 한다. 즉 노동조합은 헌법상 근로3권의 주체로서 인정되는 근로자단체라고 말할 수 있으면서도, 노동조합 및 노동관계조정법의 규정이 정하고 있는 보다 엄격한 설립요건을 갖추어 설립되는 좁은 의미의 근로자 단체라고도 말할 수 있다.

(정답 ○)

12. 노동조합 등 근로자단체가 사용자 또는 사용자단체에 대한 단체교섭권을 행사하여 교섭하고 그 결과 교섭의 대상으로 삼은 근로조건에 관한 기타 노동관계에 관한 사항에 대하여 당사자 사이에 결정한 내용을 협약의 형식으로 체결한 것을 취업규칙이라고 한다. (○, ×)

(해설) 취업규칙은 근로자의 근로조건을 명시한 규정으로 사용자가 임의로 작성한 것을 말한다. 노동조합 등 근로자단체가 사용자 또는 사용자단체에 대한 단체교섭권을 행사하여 교섭하고 그 결과 교섭의 대상으로 삼은 근로조건에 관한 기타 노동관계에 관한 사항에 대하여 당사자 사이에 결정한 내용을 협약의 형식으로 체결한 것은 단체협약이다.

(정답 ×)

13. 쟁의행위라 함은 노동조합과 사용자 또는 사용자단체간에 임금·근로시간·복지·해고 기타 대우 등 근로조건의 결정에 관한 주장의 불일치로 인하여 발생한 분쟁상태를 말한다. (○, ×)

(해설) 쟁의행위라 함은 파업·태업·직장폐쇄 기타 노동관계 당사자가 그 주장을 관철할 목적으로 행하는 행위와 이에 대항하는 행위로서 업무의 정상적인 운영을 저해하는 행위를 말한다. 반면 노동조합과 사용자 또는 사용자단체간에 근로조건의 결정에 관한 주장의 불일치로 인하여 발생한 분쟁상태는 노동쟁의라고 한다.

(정답 ×)

14. 산업재해보상보험법은 무과실책임주의를 기초로 제정된 법체계로서, 산업재해보상보험료는 사용자가 전적으로 부담하도록 하고 있다. (○, ×)

(해설) 근로기준법에서는 재해보상제도를 새로 마련하여 손해배상과 관련해 무과실책임주의를 도입한 것으로 무과실책임주의가 도입됨으로써 사업주는 본인의 귀책사유로 인하여 발생한 재해가 아니어도 다친 근로자에 대한 보상책임이 있다. 또한 사업주는 근로자의 재해보상금액을 전적으로 책임져야 하므로 상당한 부담이 될 수밖에 없었으므로 이를 예방하기 위하여 사회보장적 공적보험제도의 도입이 되었던 것으로 산업보상보험료는 전적으로 사용자가 부담한다.

(정답 ○)

15. 업무상의 원인으로 부상을 당하거나 질병에 걸린 경우, 그 근로자에게 산재요양으로 인하여 취업하지 못한 기간에 대한 임금수입을 보전해주기 위하여 지급되는 보상금액을 요양급여라고 한다. (○, ×)

(해설) 요양급여란 근로자가 업무상의 사유에 의하여 부상을 당하거나 질병에 걸린 경우 당해 근로자에게 지급되는 의학적 현물급여 등을 말하며, 임금수입을 보전해주기 위하여 지급되는 금액은 휴업급여라고 한다.

(정답 ×)

제7장

형사소송법(刑事訴訟法)

제1절 형사절차의 의의와 목적

I. 형사절차의 의의

형사절차란 범죄사실과 범인을 밝혀내어 국가형벌권을 행사하기 위한 절차를 말한다. 즉 형사절차는 수사절차와 공판절차 그리고 형집행절차를 모두 포함한다. 이와 같은 형사절차를 규율하기 위한 국가적 법률체계, 즉 형법을 적용·실현하기 위한 절차를 규율하는 법률체계의 총체를 형사절차법이라 한다. 따라서 형사절차법을 흔히 형법을 적용·실현하기 위한 법률이라 정의한다.

그러나 우리나라는 형사소송법이란 명칭을 사용하고 있는바, 엄격한 의미에서 형사소송법이란 형사절차 가운데 공판절차에 관한 법으로 이해할 수 있다. 이와 관련하여 우리 형사소송법은 공판절차뿐만 아니라 수사절차 및 형집행절차에 관한 규정을 포함하고 있다. 따라서 형사소송법이라는 명칭에도 불구하고 형사절차법과 동일한 의미를 갖는 것으로 이해할 수 있다.

II. 형사절차의 목적과 이념

형사절차는 범죄사실과 범인을 밝혀내어 적정한 국가형벌권을 행사하는 절차이다. 즉, 형법의 적정한 적용을 위해 사건의 진상을 파악하여 범죄에 대한 혐의의 진부를 명확히 하고 범인을 발견하는 것을 형사절차에서 실체적 진실발견이라 한다. 따라서 형사절차의 최고이념 또는 목적은 바로 실체적 진실발견에 있다. 그러나 실체적 진실발견이라는 목적을 달성하기 위해 시민의 기본권이 침해될 수 있으므로 형사절차에 있어서 기본권 침해의 최소화가 요청된다. 따라서 실체적 진실발견도 법치국가원리의 지배를 받아야 하며, 이와 같은 표현이 적정절차원칙 또는 신속한 재판의 원칙으로 나타난다. 우리 헌법 제12조 제1항은 이를 적법절차라고 표현하고 있다. 이처럼 실체적 진실주의와 적정절차원칙 및 신속한 재판원칙이 형사절차의 기본이념이며, 이들은 서로 긴장관계에 있으면서 상호보완관계에 있는 것으로 이해할 수 있다.

Ⅲ. 형사소송의 구조

공판절차로서 형사소송은 소송주체의 활동을 전제로 하는데, 소송주체가 누구이며 소송주체 사이의 관계와 관련하여 그 구조가 형성된다. 이러한 형사소송의 구조로는 먼저 규문주의 소송구조와 탄핵주의 소송구조로 나누어진다. 즉 규문주의(糾問主義) 소송구조란 근대적 형사소송 이전의 형사절차로서 법원(규문관)이 스스로 절차를 개시하여 심리·재판하는 형사절차를 말하고, 탄핵주의(彈劾主義) 소송구조란 소추기관과 재판기관이 분리된 형사절차로서 소추기관의 공소제기에 의해 절차가 개시되고 법원에 의해 심리·재판하는 소송구조를 말한다.

탄핵주의 소송구조는 다시 소송의 주도적 지위를 누가 담당하느냐에 따라 당사자주의와 직권주의로 나누어지는데, 전자는 영미법계, 후자는 대륙법계의 소송구조에 속한다. 먼저 당사자주의는 소송의 주도적 지위를 당사자, 즉 검사와 피고인이 갖는 탄핵주의 소송구조를 말하며, 변론주의라고도 하는 바, 당사자주의의 구조적 특징은 다음과 같다.

- 당사자의 청구(공소제기)에 의해 소송이 개시된다(탄핵주의의 결론).
- 소송의 진행(증거수집·제출 및 심리)이 당사자의 주도로 이루어진다(변론주의).
- 당사자주의는 소송물에 대한 당사자의 처분을 허용하게 된다. 따라서 당사자주의는 당사자처분권주의를 내용으로 한다.

반면에 직권주의는 소송의 주도적 지위가 법원에 있는 탄핵주의 소송구조를 말한다. 직권주의는 국가형벌권이란 사인간의 분쟁과는 달리 공익적 측면을 가지므로 국가기관이 진실규명의 임무를 담당하고 그에 상응하는 책임을 지는 것이 당연하다고 보는 바, 직권주의소송구조의 특징은 다음과 같다.

- 법원은 검사나 피고인의 주장·청구와 상관없이 직권으로 증거를 수집·조사해야 한다(직권탐지주의).
- 소송물이 법원의 지배아래 놓이므로 법원이 직권으로 사건을 심리할 것이 요구된다(직권심리주의).

그러나 형법이 국가법제도가 되기 위해서는 형벌권의 행사가 공정하고 균등하게 실현되어야 한다. 이에 국가기관은 자의적으로 형벌권의 행사를 포기, 즉 소송물의 자유로운 처분은 허용되지 않으며, 당사자의 주장이나 입증활동에 의한 사실만을 진실로 받아

들여서도 안 될 것이다. 따라서 직권주의 소송구조가 국가형법제도의 필연적 구조라고 하겠다.

참고로 덧붙이면 「국민의 사법참여에 관한 법률」에서 배심재판제도를 도입하여 당사자주의적인 요소가 더욱 강화되었다고 할 수 있다. 그러나 이 법률에 의한 배심재판은 미국과 본질적으로 차이가 있다. 즉 미국의 배심재판에서 배심원의 평결은 법관을 구속하지만, 우리나라의 배심재판에서 배심원의 결정은 법관을 구속하지 않는다. 따라서 당사자주의의 핵심적인 내용인 변론주의와 소송물처분권주의는 채택되지 않았기 때문에 여전히 직권주의 소송구조를 취하는 것으로 이해할 수 있다.

제 2 절 소송의 주체

소송은 절차이므로 일정한 주체를 전제로, 그 주체의 활동에 의해 성립·발전하게 된다. 소송의 성립·발전에 필요한 최소한의 주체(법원, 검사 및 피고인)를 소송주체라고 한다. 소송주체는 소송법상 독자적인 권리를 갖고 그 행위에 의해 소송을 형성해 나간다. 따라서 소송주체는 소송법률관계를 형성하는 주체이다.

소송주체로서 법원은 재판권의 주체이고, 검사는 공소권의 주체이며, 피고인은 방어권의 주체이다. 검사와 피고인은 넓은 의미로 당사자라고도 한다. 변호인은 소송주체가 아니라 대리인과 함께 피고인(또는 피의자)의 보조자가 된다. 그러나 필요적 변호사건에서는 변호인은 형식적으로도 소송주체가 되며, 이외의 사건에서는 형식적으로는 소송주체가 아니지만, 실질적으로 소송주체로 본다.

I. 법원

재판권의 주체인 법원(法院)과 관련하여 공정한 재판을 보장하여 개인의 자유와 권리를 보호하기 위해 법원은 사법권의 독립이 보장된 법관에 의해 구성되어야 한다. 사법권의 독립은 법치국가원리의 핵심적 요소이므로, 헌법에서 법관은 헌법과 법률에 의해 그 양심에 따라 독립하여 심판한다고 규정하여 사법권의 독립을 보장하고 있다. 또한 공정한 재판은 공평한 법원의 구성을 요구하며, 이를 구체적으로 보장하기 위해 법원은 사건에 대한 개인적 특별관계가 없어야 한다. 따라서 구체적 사건에서 불공정한 재판을 할 우려가 있는 법관은 법원의 구성에서 배제할 필요가 있다. 이를 제도적으로 보장하는 것이 바로 제척·기피·회피이다.

- 제척(除斥): 구체적인 사건의 심판에서 불공평한 재판을 할 우려가 큰 경우를 유형적으로 정해놓고, 그 사유에 해당하는 법관을 직무집행에서 자동적으로 배제시키는 제도이다. 제척원인, 즉 제척사유는 형사소송법 제17조에 규정되어 있는데, ① 법관이 피해자인 때, ② 법관이 피고인 또는 피해자와 개인적으로 밀접한 관련이 있는 때, ③ 법관이 이미 당해 사건에 관여하였을 때의 세 가지 유형이 있다.
- 기피(忌避): 법관이 제척사유가 있는 데도 재판에 관여하는 경우나 불공평한 재판을 할 염려가 있는 경우에 당사자의 신청에 의해 그 법관을 직무집행에서 탈퇴하게 하는 제도를 말한다. 기피사유는 법관이 제17조의 제척사유에 해당하거나 법관이 불공평한 재판을 할 염려가 있는 때이다.
- 회피(回避): 법관이 스스로 기피원인이 있다고 판단한 때 자발적으로 직무집행에서 탈퇴하는 제도이다.

II. 수사기관

1. 검사

공소권의 주체로서 검사(檢事)란 검찰권을 행사하는 국가기관으로서, 범죄수사로부터 재판의 집행에 이르기까지 형사절차의 모든 단계에 관여하여 형사사법의 정의를 실현하는 데 기여하는 능동적이고 적극적인 국가기관이다.

이러한 검사의 다음과 같은 소송법상 지위를 갖는다.

- 특정한 범죄에 대한 수사권·영장청구권 등 수사의 전반에 관하여 권한을 갖는다.
- 공소제기의 주재자로서 공소제기의 권한을 가지며(기소독점주의), 다만 강제기소절차와 즉결심판의 예외가 있다. 또한 공소취소권과 공판절차에서 공소사실의 입증 및 유지를 위한 공소수행의 담당자이다.
- 검사는 참여권의 주체로서 형사절차의 형성과 실체형성에 대한 능동적 참여자의 지위를 갖는다.
- 재판의 집행도 검사가 지휘한다.

반면에 검사는 일반적으로 수사의무·공소제기의무·형집행의무를 부담하며, 이외에도 객관의무·인권옹호의무 및 법정질서에 대한 복종의무 등이 있다.

2. 사법경찰

사법경찰관은 수사를 행하는 수사기관을 말하며, 사법경찰리는 검사 또는 사법경찰관의 지휘를 받아 수사를 보조하는 수사보조기관이다(제196조). 사법경찰관에는 수사관,

경무관, 총경, 경감, 경위가 있으며, 사법경찰리에는 경사, 경장과 순경이 해당한다.

3. 고위공직자수사처(공수처)

특정 고위공직자와 그 가족이 저지른 범죄를 수사하고 기소하기 위해 신설된 기관으로서, 기존 수사기관은 물론 입법, 사법, 행정 어디에도 속하지 않는 독립적인 수사기구이다(법 제3조 제2항). 수사대상은 대통령, 국회의원, 대법관, 헌법재판관, 중앙행정기관 정무직 공무원, 국가정보원 소속의 3급 이상 공무원, 검찰총장, 판·검사, 경무관 이상 경찰공무원, 장성급 장교 등과 그와 관련된 일정 범위의 가족 등이다. 현직 뿐 아니라 퇴임한 자도 포함한다(법 제2조 제1호, 제2호).

Ⅲ. 피고인

피고인(被告人)이란 검사에 의해 형사책임을 져야 할 자로 공소제기된 자를 말한다(물론 경찰서장에 의해 즉결심판이 청구된 자도 포함한다. 다만 공소제기 이전에 범죄혐의로 수사의 대상이 된 자를 피의자라고 하며, 피의자는 공소제기로 피고인으로 신분이 변경된다).

형사소송법은 피고인의 방어권을 보장하기 위한 다양한 제도를 마련하고 있는바, 진술거부권과 접견교통권이 대표적이다.

1. 진술거부권

① 피고인·피의자가 공판절차 또는 수사절차에서 법원 또는 수사기관의 신문에 대하여 진술을 거부할 수 있는 권리를 말한다. 이는 헌법상 보장된 기본권이자 형사소송법에도 규정되어 있다. 진술거부권(陳述拒否權)은 피고인·피의자의 인권을 보장하는 기능을 갖는다.

② 진술거부권의 주체에는 제한이 없다. 따라서 피고인뿐만 아니라 피의자도 진술거부권을 갖는다. 그러나 거부할 수 있는 것은 진술에 한하므로 지문이나 족형의 채취 및 신체검사 등에는 진술거부권이 미치지 않는다.

③ 진술거부권의 실질적 보장을 위해 형사소송법은 수사기관에게 피의자신문 전에 진술거부권을 고지할 의무를 명문으로 부과하고 있으며, 재판장도 피고인에 대하여 진술거부권의 고지의무가 인정된다.

④ 진술거부권의 고지는 피의자·피고인에게 진술거부권이 있음을 이해할 수 있도록 적극적·명시적으로 해야 한다. 그리고 진술거부권을 고지하지 않은 때에는 진술거부권에 대한 침해가 되어 자백의 경우 증거능력이 인정되지 않는다.

⑤ 이러한 진술거부권을 침해하여 강요에 의해 받은 자백은 자백배제의 법칙에 의해 증거능력이 부정된다. 또한 진술거부권의 행사를 피고인에게 불리한 간접증거로 하거나 이를 근거로 유죄추정을 하는 것은 허용되지 않는다. 또한 진술거부권의 행사를 양형에서 고려하는 것도 허용해서는 안 된다.

2. 접견교통권

① 피고인 또는 피의자가 변호인·가족·친지 등 타인과 접견하고 서류 또는 물건을 수수하며, 의사의 진료를 받을 수 있는 권리를 말한다. 이러한 접견교통권(接見交通權)은 구속된 피고인·피의자의 구속으로 인한 정신적·육체적 고통의 감소와 피의자·피고인·변호인의 방어준비를 보장하는 기능을 한다.

② 접견교통권의 주체는 체포·구속된 피의자는 물론 임의동행된 자도 포함한다. 또한 상대방은 변호인·가족·친지 등이 될 수 있으며, 변호인 이외 상대방과의 접견교통권은 일정한 제한이 가능하지만, 변호인과의 접견교통권은 어떤 경우에도 제한이 불가능하다. 다만 접견교통권의 본질적 내용을 침해하지 않는 합리적인 제한, 예컨대 접견시간 제한이나 대화내용을 들을 수 없는 거리에서의 감시 등은 허용된다.

③ 접견교통권을 침해한 경우의 구제수단으로는 항고(抗告)와 준항고(準抗告), 그리고 증거능력의 배제가 있다.

3. 체포·구속된 피고인 또는 피의자의 권리

1) 체포·구속적부심사청구권

① 체포·구속적부심사제도란 수사기관에 의해 체포 또는 구속된 피의자에 대하여 법원이 그 구속의 적법 여부를 심사하여 석방하는 제도를 말한다.

② 체포·구속적부심사의 청구권자는 구속영장에 의해 구속된 피의자, 그 피의자의 변호인·법정대리인·배우자·직계존속·형제자매·가족 및 동거인 또는 고용주이다. 따라서 피고인은 구속적부심사청구권이 없다.

③ 체포·구속적부심사는 구속의 위법 여부에 대한 심사로서 체포 또는 구속의 적부가 심사대상이다. 체포·구속의 위법 여부는 심사 시를 기준으로 판단한다. 따라서 체포·구속의 위법은 체포 또는 구속이 구속 당시부터 불법적인 경우와 구속 당시에는 적법하였으나 그 후의 사정변경으로 구속의 계속이 위법한 구속으로 되는 경우의 두 가지이다.

④ 체포·구속적부심사 청구권자는 피의사건의 관할법원에 적부심사를 청구해야 하며(제214조의2 제1항), 청구는 서면 또는 구술로 할 수 있다.

체포·구속적부심사 청구사건은 지방법원 합의부 또는 단독판사가 심사하며, 체포·구속영장을 발부한 법관은 심사에 관여하지 못한다. 체포·구속적부심사 청구를 받은 법원은 심문기일에 피의자를 심문하고 수사관계서류와 증거물을 조사한다.

⑤ 법원은 구속된 피의자에 대한 심문이 종료된 때로부터 48시간 이내에 체포·구속적부심사청구에 대한 결정을 해야 한다. 체포·구속적부심사 청구에 대한 법원의 결정에는 기각결정과 석방결정이 있으며, 이에 대하여는 항고할 수 없다. 다만, 구속된 피의자에 대하여 구속적부심사 청구가 있는 경우에 법원은 그에 대하여 출석을 보증할 만한 보증금의 납입을 조건으로 하여 피의자의 석방을 명할 수 있다(직권·재량보석). 이 보석결정은 공소제기 이후에도 효력이 유지된다.

2) 보석청구권

① 보석이란 보석금(보증금)의 납부 등 일정한 조건하에 구속의 집행을 정지하여 구속된 피고인 또는 피의자를 석방하는 제도를 말한다.

이러한 보석에는 필요적 보석과 임의적 보석이 있으며, 현행법은 필요적 보석을 원칙으로 하고 임의적 보석을 보충적으로 인정하고 있다. 필요적 보석이란 보석청구가 있으면 불허가사유(형사소송법 제95조)가 없는 한 보석을 허가해야 하는 경우를 말하며, 임의적 보석이란 법원의 재량으로 보석을 허가할 수 있는 경우를 말한다.

② 보석청구권자는 피고인·변호인·법정대리인·배우자·직계친족·형제자매·가족·동거인 또는 고용주이다. 보석의 청구는 서면에 의해야 하며 재판확정 전까지는 심급을 불문하며 상소기간 중에도 가능하다. 보석청구는 그 결정이 있기 전까지 철회할 수 있다.

③ 보석청구를 받은 법원을 지체 없이 심문기일을 정하여 구속된 피고인을 심문하고 보석의 허용 여부를 결정하여야 한다. 재판장을 결정을 하기 전에 검사의 의견을 물어야 하며, 검사는 지체 없이 의견을 표명하여야 한다.

법원은 사실조사, 증인심문 또는 감정을 명할 수 있으며, 보석청구가 이유 없는 경우에는 청구를 기각한다. 다만, 필요적 보석의 경우에는 보석불허사유에 해당하지 않는 한 보석허가청구를 기각할 수 없다.

보석을 허가할 경우에 법원은 보석조건을 정함에 있어 범죄의 성질 및 죄상, 증거의 증명력, 피고인의 전과·성격·환경 및 자산 그리고 피해자에 대한 배상 등 범행 후의 정황에 관련된 사항을 고려하여야 한다.

④ 보석허가결정은 보증금의 납입 등 조건을 이행한 후가 아니면 집행하지 못한다. 보증금은 현금납입이 원칙이나 유가증권 또는 보증서로 갈음할 수 있으며, 제3자의 대납도 가능하다. 법원은 보석허가결정에 따라 석방된 피고인이 보석조건을 준수하는 데 필요한 범위 안에서 관공서 등에 대하여 적절한 조치를 취할 것을 요구할 수 있다.

제 3 절　형사절차의 내용

　　형사절차란 범죄사실과 범인을 밝혀내어 국가형벌권을 행사하기 위한 절차로서 수사절차와 그에 따른 공소제기·공판절차·형집행절차로 이루어진다.

Ⅰ. 수사절차

　　수사(搜查)란 형사절차의 제1단계로서, 범죄의 혐의 유무를 명백히 하여 공소의 제기와 유지여부를 결정하기 위해 범인을 발견·확보하고 증거를 수집·보전하는 수사기관의 활동을 말한다. 즉, 범죄 유무와 범인의 체포 및 증거수집을 위한 수사기관의 활동이라 정의할 수 있다.

1. 수사의 개시

　　수사는 항상 기본권 침해를 수반하므로 수사개시는 일정한 조건이 갖추어져야만 가능하다. 이를 수사의 조건이라 하며, 보통 수사의 필요성과 상당성이 문제된다.

1) 수사의 필요성

　　수사는 임의수사든 강제수사든 수사목적을 달성하기 위해 필요한 경우에만 할 수 있다. 수사의 필요성이 인정되기 위해서는 ① 수사기관이 범죄혐의를 인지하고, ② 소송조건이 존재해야 한다.

추상적 범죄혐의		구체적 범죄혐의		공소제기		유죄판결의 확정
용의자	⇨	피의자	⇨	피고인	⇨	수형자

　　먼저, 수사기관은 범죄혐의가 있다고 생각되면 수사에 착수해야 한다(제195조). 즉, 수사는 충분한 구체적 사실에 근거를 둔 수사기관의 주관적 범죄혐의에 의해 개시된다. 따라서 구체적 사실에 근거하지 않은, 수사기관 자신의 추상적 범죄혐의는 단지 범죄학적 범죄혐의, 일반용어로서 용의자에 해당할 수 있을 뿐이다.

　　다음으로, 수사는 공소제기의 가능성이 있음을 요건으로 한다. 친고죄의 고소와 같은 소송조건이 구비되지 않은 경우가 문제될 수 있으나, 소송조건은 공소제기의 조건이자 실체심판의 조건이지 수사의 조건이라 할 수는 없다. 또한 친고죄에 관하여 고소가 없어도 증거나 범인을 확보하기 위해 수사를 개시할 필요가 있다. 그러나 수사는 공소제기의 전(前) 절차이며 독립된 절차는 아니라고 할 것이므로 고소가능성이 전혀 없는 경우에는 강제수사는 물론 임의수사도 허용하지 않아야 한다. 물론 고소가능성이 남아 있는 경우에는 원칙적으로 기본권침해가 없는 임의수사만이 허용된다.

2) 수사의 상당성

수사필요성이 인정되는 경우에도 수사수단이 추구하는 목적에 상당하다고 판단되는 경우에만 수사개시가 허용된다. 수사의 상당성은 수사비례의 원칙과 수사의 신의칙을 내용으로 한다. 즉, 수사의 필요성이 인정되는 경우에도 수사수단이 추구하는 목적과 균형성을 이루어야 하며, 국가가 수사를 개시하는 경우에도 국민을 속이는 행동을 해서는 안 되는데, 이를 수사의 신의칙(信義則)이라 한다.

2. 수사의 단서

수사기관은 범죄에 대한 주관적 혐의가 있으면 언제라도 수사에 착수할 수 있는데, 이처럼 범죄혐의를 두게 된 원인을 수사의 단서라고 한다. 형사소송법이 규정하고 있는 수사의 단서는 현행범·고소·고발·자수·변사자의 검시가 있으며, 특별법에 따른 불심검문·자동차검문, 그리고 그 밖에 투서·진정·신문보도나 수사기관의 인지 등도 수사의 단서가 된다. 이 가운데 고소와 고발에 대하여 설명하기로 한다.

1) 고소

고소(告訴)란 범죄의 피해자 또는 그와 일정한 관계에 있는 고소권자가 수사기관에 대하여 범죄사실을 신고함으로써 범인의 처벌을 구하는 의사표시를 말한다. 따라서 특정 범죄사실을 지정하여 범인의 처벌을 구하고 있다는 사실을 확정할 수 있을 정도로 특정되어야 한다. 또한 고소를 하기 위해서는 의사표시를 할 수 있는 소송능력(고소능력, 고소의 의미를 이해할 수 있는 사실상의 능력)이 있어야 한다.

고소는 고소권이 있는 자만이 할 수 있다. 형사소송법은 범죄의 피해자, 피해자의 법정대리인, 피해자의 배우자·친족, 그리고 지정고소권자를 고소권자로 규정하고 있다. 고소는 서면 또는 구술로 검사 또는 사법경찰관에게 해야 한다. 검사 또는 사법경찰관이 구술에 의한 고소를 받은 때에는 조서를 작성해야 한다. 고소는 대리에 의해서도 가능하다. 또한 친고죄에서 고소할 수 있는 기간은 제한되어 있다. 즉, 범인을 알게 된 날로부터 6월을 경과하면 고소하지 못한다. 다만, 성폭력특별법의 경우에는 고소기간이 1년이다(동법 제19조). 고소기간의 시기는 범인을 알게 된 날이다. 고소할 수 있는 자가 여러 사람인 경우에 1인의 기간해태가 타인의 고소에 영향을 미치지 않는다.

고소권이 있는 자라도 고소권의 행사가 제한되는 경우가 있다. 즉, ① 자기 또는 배우자의 직계존속은 고소할 수 없다. 그러나 피해자가 무능력자인 경우에 피해자의 친족이 독립하여 고소할 수 있다. ② 간통죄의 경우에는 혼인이 해소되거나 이혼소송을 제기한 후가 아니면 고소할 수 없다. 이 경우에 다시 혼인하거나 이혼소송을 취소하면 고소는 취소된 것으로 간주한다.

고소와 관련하여 고소불가분의 원칙이 적용된다. 즉, 친고죄의 경우 하나의 범죄의 일부에 대한 고소 또는 그 취소는 사건 전부에 대해서 효력이 발생하며, 수인의 공범 가운데 1인 또는 수인에 대한 고소 또는 그 취소는 다른 공범자에게도 효력이 미친다. 이러한 고소불가분의 원칙은 친고죄에만 해당한다.

친고죄의 고소는 제1심 판결선고 전까지 취소할 수 있다. 그러나 친고죄의 고소기간 안에 장차 고소권을 행사하지 않겠다는 의사표시를 하는 고소권의 포기는 인정되지 않는다.

2) 고발

고발(告發)이란 고소권자와 범인 외의 제3자가 수사기관에 범죄사실을 신고하여 범인의 소추를 구하는 의사표시를 말한다. 범인의 처벌을 바라는 의사표시가 있어야 하므로 단순한 피해신고나 범죄사실의 신고는 고발이 되지 않는다. 고발은 원칙적으로 수사단서에 불과하나, 관세법이나 조세범 처벌법 위반사건의 경우에는 소송조건이 되기도 한다.

고발은 범죄가 있다고 생각되면 누구든지 할 수 있으며, 고소와 마찬가지로 자기 또는 배우자의 직계존속은 고발하지 못한다(제235조). 고발의 방식과 절차 등은 고소의 경우와 같으며, 다만 대리인에 의한 고발은 인정되지 않는다. 고발기간에도 제한이 없으며, 취소한 후에도 다시 고발할 수 있다.

3. 수사의 일반원칙

수사절차는 법률에 정한 순서대로 진행되는 공판절차와는 달리 검사의 합목적적 판단에 따라 진행된다. 그러나 수사절차는 공판절차와 마찬가지로 국가기관인 수사기관의 직무로 진행되고(직권수사원칙), 비례성 원칙의 구속을 받으며(수사비례의 원칙, 임의수사의 원칙), 수사목적의 달성을 위한 기본권 침해는 법률에 근거가 있는 경우에만(강제처분법정주의) 법관의 영장에 의해(영장주의) 허용된다. 이와 같은 내용을 수사의 일반원칙이라 한다.

4. 수사의 방법

수사방법에는 임의수사와 강제수사가 있는바, 임의수사란 수사방법이 임의적인 수사를 가리키고, 강제수사란 강제처분 즉 형사절차의 진행과 형벌의 집행을 확보하기 위해 강제력을 사용하는 수사를 말한다. 우리 형사소송법은 수사비례의 원칙에 따라 임의

수사를 원칙으로 하며, 강제수사는 법률에 특별한 규정이 있는 경우에만 예외적으로 허용된다.

1) 임의수사

임의수사(任意搜査)의 구체적 방법은 수사기관에서 결정하나, 임의수사 가운데 공무소 등에 대한 조회, 피의자신문, 참고인 조사, 감정·통역·번역의 위촉 등에 관하여는 특별한 규정을 두고 있다.

먼저, 피의자신문이란 검사 또는 사법경찰관 등이 수사에 필요한 경우 피의자를 출석시켜 신문하고 진술을 듣는 것을 말한다. 이러한 피의자신문은 수사기관의 입장에서는 증거(특히 자백)를 획득하여 진실을 밝힐 수 있는 기회가 되고, 피의자는 자기에게 유리한 사실주장으로 혐의를 벗어날 수 있는 기회가 된다. 그러나 수사기관에 의한 자백획득의 기회로 남용될 위험이 있기 때문에 형사소송법은 피의자신문에 적법절차의 이념을 실현하기 위한 규정을 두고 있다. 즉, 수사기관이 피의자를 신문하기 위해 먼저 피의자의 출석을 요구해야 한다. 그러나 피의자는 출석요구에 대하여 거부할 수 있으며, 또한 출석한 경우에도 언제든지 퇴거할 수 있다. 이와 관련하여 모든 국민은 형사상 자기에게 불리한 진술을 강요당하지 않을 권리와 변호인의 도움을 받을 권리를 가지고 있다.

다음으로, 참고인 조사란 검사 또는 사법경찰관은 수사에 필요하면 피의자가 아닌 자도 출석시켜 진술을 듣는 것을 말한다. 이와 관련하여 참고인에 대한 조사와 조서작성방법은 피의자신문에 준하며, 진술거부권 고지는 요하지 않는다. 그러나 고문금지와 진술거부권은 동일하게 보장된다.

2) 강제수사

강제수사(强制搜査)란 강제처분, 즉 형사절차의 진행과 형벌의 집행을 확보하기 위해 강제력을 사용하는 수사를 말하는데, 이때 강제처분이란 소송절차의 진행이나 형벌의 집행을 확보하기 위해 개인의 기본권을 침해하는 처분을 말한다. 형사소송법은 법원이 행하는 구속·압수·수색·검증 등의 강제처분을 중심으로 상세한 규정을 하고 있으며, 수사상 강제처분은 많은 경우 법원의 강제처분을 준용하는 방법을 쓰고 있다. 이러한 강제처분은 개인의 기본권을 침해하는 것이므로 법치국가원칙의 핵심내용인 비례성의 원칙에 합치해야 한다(수사의 비례성). 즉, 강제처분은 ① 수사목적의 달성을 위해 적합해야 하며, ② 적합한 수단 가운데 최소한의 기본권 침해를 가져오는 수단이 선택되어야 하며, ③ 강제처분의 목적과 그것이 수반하는 기본권 침해 사이에는 균형성을 갖추어야 한다. 적법절차원칙(헌법 제12조 제1항)과 영장주의(헌법 제12조 제3항)는 이러한 비례성의 원칙을 실현하기 위한 제도라고 하겠다.

강제처분에는 대인적 강제처분과 대물적 강제처분이 있는데, 대인적 강제처분(인신구속제도)으로는 공판절차에서 법원이 행하는 구속과 수사기관이 법관이 발부한 사전영장에 의해 행하는 체포와 구속, 긴급체포, 그리고 누구나 행할 수 있는 현행범체포가 있으며, 대물적 강제처분으로는 증거방법으로 의미 있는 물건이나 몰수할 것으로 예상되는 물건 등을 수집·보전하는 압수·수색·검증이 있다. 이와 같은 강제처분을 수반하는 수사, 즉 강제수사는 형사소송법 또는 특별법에 근거를 가지고 있어야 하며, 또한 해당 법률이 정한 절차와 방법(특히 영장주의)을 준수해야만 한다.

5. 수사의 종결

수사는 범죄혐의 유무를 밝혀 공소를 제기 또는 유지 여부를 결정하기 위한 수사기관의 활동이므로, 수사절차는 공소제기 여부를 판단할 정도로 피의사건이 해명되었을 때 종결된다. 즉, 검사는 범죄사실이 명백하게 되었거나 또는 수사를 계속할 필요가 없는 경우에 수사를 종결한다. 수사의 종결은 검사만이 할 수 있다.

1) 수사종결처분의 종류

검사의 사건처리에는 공소제기·불기소처분·타관송치가 있다.

먼저, 공소제기(公訴提起)는 수사결과 객관적 범죄혐의가 충분하고 소송조건을 구비하여 유죄판결을 받을 수 있다고 인정되면 검사가 공소장을 관할법원에 제출함으로써 이루어진다.

다음으로, 불기소처분에는 협의의 불기소처분과 기소유예 및 기소중지가 있다.

① 협의의 불기소처분(不起訴處分)이란 피의사건에 관하여 공소를 제기함에 충분한 객관적 혐의가 없는 경우인 혐의 없음, 피의사실이 범죄구성요건에 해당하나 법률상 범죄의 성립을 조각하는 사유가 있어 범죄를 구성하지 않는 죄가 아니 됨과 피의사건에 관하여 소송조건이 결여되었거나 형이 면제되는 공소권 없음으로 처분함을 말한다.

② 기소유예(起訴猶豫)란 피의사건에 관하여 범죄혐의가 인정되고 소송조건도 구비되었으나 범인의 연령, 성행, 지능과 환경, 범행동기, 수단과 결과, 범행 후의 정황 등을 참작하여 공소를 제기하지 않는 경우를 말한다(국가보안법 제20조의 공소보류).

③ 기소중지(起訴中止)란 피의자의 소재불명 등(고소인 또는 중요한 참고인의 소재불명)의 사유로 수사를 종결할 수 없는 경우에 그 사유가 해소될 때까지 하는 처분으로 수사중지처분에 속한다.

2) 검사처분 후의 통지의무

검사가 고소 또는 고발에 의해 범죄수사를 하는 때에는 고소·고발을 수리한 날로부터 3월 이내에 수사를 완료하여 공소제기 여부를 결정해야 하며, 공소제기·불기소처분·공소취소 또는 타관송치를 한 때에는 처분한 날로부터 7일 이내에 서면으로 고소·고발인에게 그 취지를 통지해야 한다. 그리고 공소를 제기하지 않는 처분(불기소처분)을 한 때에는 고소인·고발인의 청구가 있으면 7일 이내에 그 이유를 설명해야 한다. 또한 검사는 불기소 또는 타관송치처분을 한 때에는 피의자에게 즉시 그 취지를 통지해야 한다.

3) 불기소처분에 대한 불복

검사의 불기소처분에 대한 불복방법으로는 형사소송법상의 재정신청(제260조 이하), 검찰청법상의 항고·재항고제도(제10조)가 있다.

(1) 재정신청

형사소송법의 개정으로 모든 죄에 대하여 고소·고발한 자는 검사의 불기소처분통지를 받은 때에는 그 검사소속의 고등검찰청에 대응하는 고등법원에 그 불기소처분의 당부에 관한 재정을 신청할 수 있다. 재판상의 강제기소절차라고도 한다.

(2) 항고

검사의 불기소처분에 불복 있는 고소인·고발인은 그 검사가 속하는 지방검찰청 또는 지청을 거쳐 관할고등검찰청의 장에게 항고할 수 있다. 항고는 불기소처분통지 또는 항소기각결정통지를 받은 날로부터 30일 이내에 해야 한다. 재정신청을 한 때에는 항고하지 못한다.

II. 공판절차

공판 또는 공판절차(公判節次)란 공소가 제기되어 사건이 법원에 계속된 이후 그 소송절차가 종료되기까지의 모든 절차, 즉 법원이 피고사건에 대하여 심리·재판하고 또 당사자가 변론을 행하는 절차단계를 말한다. 다만, 이러한 공판절차 가운데 특히 변론기일의 절차를 협의의 공판절차라고도 한다.

1. 공판절차의 기본원칙

공판절차는 공판기일에 양 소송주체(당사자)의 공격과 방어를 중심으로 전개되는바, 공판절차에서 법률관계의 공정을 유지하기 위해 공개주의·구두변론주의·직접주의·집중심리주의의 기본원칙이 적용된다.

2. 공판준비절차

공판준비절차란 공판기일에서의 심리를 준비하기 위해 수소법원에 의해 행해지는 절차를 말한다.

공판기일 전의 절차로서 법원은 공소제기가 있는 때에는 제1회 공판기일 5일 전까지 공소장의 부본을 피고인 또는 변호인에게 송달해야 하며, 피고인 등은 공소장부본을 송달받은 날로부터 7일 이내에 의견서를 법원에 제출해야 한다. 그리고 재판장은 공판기일을 지정해야 하며, 공판기일은 가능한 한 각 사건에 대한 개정시간을 구분하여 정해야 한다. 공판기일은 검사·변호인과 보조인에게 통지해야 한다. 또한 공판기일에는 피고인·대표자 또는 대리인을 소환해야 한다.

피고인 또는 변호인은 공소장부본을 송달받은 날부터 7일 이내에 공소사실에 대한 인정 여부, 공판준비절차에 관한 의견 등을 기재한 의견서를 법원에 제출해야 한다. 다만, 피고인이 진술을 거부하는 경우에는 그 취지를 기재한 의견서를 제출할 수 있다. 법원은 의견서가 제출된 때에는 이를 검사에게 송부해야 한다. 이는 피고인 입장을 조기에 확인함으로써 심리계획수립 및 피고인의 방어권 보장을 위해 개정형사소송법이 새롭게 도입한 제도이다.

2007년의 개정 형사소송법은 피고인의 방어권보장과 신속한 재판을 위해 피고인 또는 변호인은 공소제기된 사건과 관련된 서류나 물건을 열람 또는 등사할 수 있도록 하는 증거개시제도를 도입하였다. 또한 심리방향의 설정, 쟁점정리 및 주장 및 입증계획의 준비를 위해 공판준비기일을 열 수 있으며, 공판준비기일에 검사·피고인 또는 변호인은 법률상·사실상 주장의 요지 및 입증취지 등이 기재된 서면을 법원에 제출할 수 있고, 재판장은 이러한 서면의 제출을 명할 수 있다.

3. 공판기일의 절차

공판기일은 크게 모두절차·사실심리절차·판결선고절차로 이루어진다.

1) 모두절차

모두절차(冒頭節次)에는 인정신문, 검사의 모두진술, 진술거부권 등의 고지, 피고인의 모두진술 및 재판장의 쟁점정리의 순서로 행해진다.

먼저, 인정신문(認定訊問)이란 재판장은 피고인의 성명·연령·본적·주거와 직업을 물어서 피고인이 틀림없음을 확인하는 것을 말하며, 피고인은 인정신문에 대해서도 진술거부권을 행사할 수 있다.

다음으로, 검사가 사건의 개요와 입증방침을 밝히는 것을 검사의 모두진술(冒頭陳述)

이라 하며, 구체적 내용은 공소장에 의해 죄명과 적용법조 및 공소사실을 낭독하는 것이다.

아울러 재판장은 인정신문 후 또는 검사의 모두진술 후에는 피고인에 대해 각각의 신문에 대하여 진술을 거부할 수 있으며, 이익이 되는 사실을 진술할 수 있다는 취지를 고지해야 한다.

덧붙여 재판장은 피고인에게 이익이 되는 사실을 진술할 기회를 주어야 한다. 이에 따라 피고인은 공소사실에 대한 임의적 인정 여부, 각종 주장과 증거신청 등 사건과 관련한 총괄적인 진술기회를 가질 수 있는바, 이를 피고인의 이익사실진술 또는 모두진술이라 한다. 현행법상 피고인은 이익사실진술의 기회에 관할이전신청, 기피신청, 국선변호인 선임신청, 공소장부본송달의 하자에 대한 이의신청 등을 할 수 있다. 또한 모두진술단계에서 공소사실에 대해 자백하면 간이공판절차로 이행하는 계기가 된다.

마지막으로, 재판장이 피고인의 모두진술이 끝난 다음 피고인 또는 변호인에게 쟁점의 정리를 위해 필요한 질문을 할 수 있다.

2) 사실심리절차

사실심리절차(事實審理節次)는 증거조사, 피고인신문, 최종변론으로 이루어진다.

먼저, 재판장의 쟁점정리, 검사 및 변호인의 진술절차가 끝난 후에 증거조사를 실시한다. 이때 증거조사란 피고인의 범죄사실과 양형에 관한 심증을 얻기 위해 인증·서증·물증 등 각종 증거방법을 조사하여 그 내용을 알아내는 소송행위를 말한다. 증거조사는 법원이 공판기일에 공판정에서 하는 것이 원칙이며, 공개된 법정에서 구술에 의해 이루어진다. 또한 증거조사는 증거의 자격이 있는 증거에 대해서만 할 수 있고, 조사방법도 법률에 엄격하게 규정되어 있다.

다음으로, 증거조사가 끝나면 피고인신문에 들어간다. 피고인신문이란 피고인에게 공소사실과 양형에 필요한 사항을 신문하는 절차를 말한다. 검사와 변호인은 순차적으로 피고인에 대해 공소사실과 정상에 관한 필요사항을 직접 질문할 수 있으며, 재판장은 검사와 변호인의 신문이 끝난 후에 신문할 수 있다. 이러한 순서는 증인신문과는 달리 변경할 수 없다. 그러나 피고인은 소송주체로서 진술의 자유를 침해받지 않을 뿐만 아니라, 형사상 자기에게 불리한 진술을 강요당하지도 않는다.

마지막으로, 피고인신문이 끝나면 당사자의 의견진술이 있는데, 이를 최종변론이라 한다. 즉 증거조사절차가 종료되면 검사는 사실과 법률적용에 관한 의견진술을 하는데, 이를 검사의 논고라고 하며, 특히 양형에 관한 검사의 의견을 구형이라 한다. 재판장은 검사의 의견을 들은 후 피고인과 변호인 모두에게 최종진술의 기회를 부여해야 한다.

3) 판결의 심의와 선고

피고인의 최종진술을 끝으로 변론은 종결되고 판결선고절차만 남게 된다. 이를 실무에서는 종심이라 한다. 피고사건에 대한 심리가 종료되면 법원은 판결을 위한 심의를 한다. 법원이 합의부로 구성된 경우에는 심의가 필요하다. 합의는 공개하지 않으며, 헌법과 법률에 다른 규정이 없으면 과반수로 결정한다.

판결선고는 변론종결기일에 해야 하고, 특별한 사정이 있는 경우에는 따로 선고기일을 지정할 수 있으며, 이때 선고기일은 변론종결 이후 14일 이내로 지정되어야 한다. 변론종결기일에 판결을 선고하는 경우에는 판결의 선고 후에 판결서를 작성할 수 있다. 판결선고는 재판장이 하며 주문은 낭독하고 이유요지를 설명해야 한다. 형을 선고하는 경우에는 재판장은 피고인에게 상소할 기간과 상소할 법원을 알려주어야 하며, 판결을 선고한 사실은 공판조서에 기재해야 한다. 판결을 선고하는 공판기일에도 피고인이 출석해야 한다. 판결을 선고한 때에는 선고일로부터 14일 이내에 피고인에게 그 판결서등본을 송부해야 한다.

III. 상소, 비상구제, 특별절차

1. 상소

상소(上訴)란 아직 확정되지 않은 재판에 대하여 상급법원에 그 구제를 구하는 불복신청제도를 말한다. 상소제도는 오판을 시정하기 위해 인정되는 제도로서 제일심 판결에 불복하는 상소인 항소, 제2심 판결에 불복하는 상소인 상고, 법원의 결정에 불복하는 상소인 항고가 있다.

상소는 상소제기기간 내에 상소장을 원심법원에 제출하는 방식에 의하며, 상소의 제기가 있는 때에 법원은 지체 없이 그 사유를 상대방에게 통지해야 한다. 상소권자는 법원에 대하여 상소권 행사의 포기한다는 의사표시를 하거나(상소의 포기), 일단 제기한 상소를 철회할 수 있다(상소의 취하).

재판내용이 가분적이고 독립적 판결이 가능한 경우에는 재판 일부에 대한 상소도 가능하며(일부상소), 상소심의 범위는 상소인이 주장하는 상소이유에 제한되는 것이 원칙이다.

피고인이 상소한 사건이나 피고인을 위해 상소한 사건에 관하여 상소심은 원심판결의 형보다 중한 형을 선고하지 못한다. 이를 불이익변경금지의 원칙이라 한다.

2. 비상구제절차

판결이 확정되면 법적 안정성을 위해 함부로 이를 변경해서는 안 되지만, 확정판결에 중대한 하자가 있는 경우에는 이를 변경할 필요가 있다. 이를 비상구제절차라고 하며, 우리 형사소송법은 비상구제절차로 재심과 비상상고를 두고 있다.

먼저, 재심(再審)이란 유죄확정판결에 대하여 주로 사실인정의 부당을 시정하기 위해 인정되는 제도이다. 유죄확정판결에 대한 재심사유는 유죄판결의 증거가 위조 또는 허위임이 명백한 경우나 또는 새로운 증거를 발견한 경우 등이다. 재심청구시기에는 제한이 없으며, 관할법원은 원판결을 한 법원이다. 재심청구사건에 대한 재판은 청구기각의 결정과 재심개시의 결정이 있다.

다음으로, 비상상고(非常上告)란 확정판결에 대하여 그 심판이 법령에 위반되었음을 이유로 인정되는 비상구제절차이다. 이는 법령의 해석 및 적용상 통일을 기하는 데 그 목적이 있다. 비상상고의 신청권자는 검찰총장이며, 비상상고가 이유가 없는 때에는 판결로서 기각하고, 이유가 있는 때에는 원판결 또는 소송절차를 파기해야 한다. 다만, 원판결이 피고인에게 불이익한 때에는 원판결을 파기하고 대법원이 피고사건에 대하여 재판한다. 이러한 파기자판의 경우를 제외하고는 비상상고의 판결은 피고인에게 효력이 미치지 않는다.

3. 특별절차

정식공판절차에 대한 특별절차로 약식절차·즉결심판절차·배상명령절차가 있다.

첫째, 약식절차(略式節次)란 공판절차를 거치지 않고 서면심리만으로 피고인에게 벌금·과료·몰수의 형을 과하는 형사절차를 말한다. 이러한 약식절차에 의한 재판을 약식명령이라 하며, 이는 형사재판의 신속화, 공개재판에 따른 피고인의 심리적·사회적 불안경감에 의미가 있다. 약식명령의 청구는 검사가 공소제기와 동시에 서면으로 하며, 관할권은 청구된 사건의 경우에 따라 지방법원합의부 또는 단독판사에게 속한다. 약식명령이 확정되면 확정판결과 동일한 효력을 갖는다. 다만, 약식명령에 불복하는 때에는 약식명령의 고지를 받은 날로부터 7일 이내에 정식재판을 청구할 수 있으며, 정식재판을 청구할 수 있는 자는 검사와 피고인 또는 상소대리권자이다.

둘째, 즉결심판절차(卽決審判節次)란 경미한 범죄사건에 대하여 판사가 경찰서장의 청구에 의해 공판절차에 의하지 않고 20만 원 이하의 벌금·구류·과료에 처하는 심판절차를 말한다. 즉결심판의 청구는 관할경찰서장이 지방법원, 지원 또는 시·군법원의 판사에게 서면으로 하며, 즉결심판이 확정되면 확정판결과 동일한 효력이 인정된다. 다만,

즉결심판에 불복하는 때에는 즉결심판의 고지를 받은 날로부터 7일 이내에 정식재판청구서를 경찰서장에게 제출할 수 있으며, 경찰서장은 지체 없이 판사에게 이를 송부해야 한다.

셋째, 배상명령절차(賠償命令節次)란 일정한 범죄의 피고사건에 대하여 유죄판결을 선고하는 경우에 법원이 직권 또는 피해자의 신청에 의해 피고사건의 범죄행위로 인하여 발생한 직접적인 물적 피해 및 치료비 손해의 배상을 명하는 절차를 말한다. 배상명령을 할 수 있는 피고사건은 원칙적으로 상해죄·중상해죄·상해치사죄·폭행치사상죄·과실치사상죄·절도죄·강도죄·사기죄·공갈죄·횡령죄·배임죄·손괴죄에 한한다. 배상신청권자는 피해자 또는 그 상속인이며, 배상신청은 공판의 변론종결 시까지 사건이 계속된 법원에 서면 또는 공판정에서는 구두로 할 수 있다. 배상명령은 유죄판결과 동시에 해야 하며, 배상의 대상과 금액을 유죄판결의 주문에 표시해야 한다. 확정된 배상명령 또는 가집행선고가 있는 배상명령이 기재된 유죄판결서의 정본은 민사소송법에 의한 강제집행에 관하여 민사판결정본과 동일한 효력이 인정된다.

Ⅳ. 재판집행절차

넓은 의미의 형사소송, 즉 형사절차는 수사절차에서부터 재판집행절차까지의 전 과정을 의미한다.

재판의 집행이란 재판의 내용을 국가의 강제에 의해 구체적으로 실현하는 것을 말한다. 재판의 집행은 그 재판을 한 법원에 대응한 검사가 지휘한다. 이러한 재판의 집행 가운데 가장 중요한 것은 유죄판결에 따른 형의 집행이다.

형의 집행은 사형·자유형·자격형·재산형의 집행과 기타 처분으로 나눌 수 있는데, 사형의 집행은 법무부장관의 명령에 의하며, 사형집행명령은 판결이 확정된 날로부터 6개월 이내에 하는 것이 원칙이다. 또한 징역·금고·구류인 자유형의 집행은 검사가 형집행지휘서에 의해 교도소에 구치하여 집행한다.

형사절차에 관한 모든 비용은 국고에서 지급하며, 이 중 일정한 범위의 비용만 소송비용으로 지정하여 지출원인에 대해 책임이 있는 피고인 기타 고소인 또는 고발인 등에게 부담시킬 수 있다.

〈학습확인문제〉

1. 형사절차란 범죄사실과 범인을 밝혀내어 국가형벌권을 행사하기 위한 절차를 말한다. 즉 형사절차는 수사절차와 공판절차 그리고 형집행절차를 모두 포함한다. (○, ×)

2. 형사소송과 형사절차는 원래부터 동일한 개념으로 이해된다. (○, ×)

3. 형사절차의 목적은 형법을 적용 및 실현하여 적정한 국가형벌권을 행사하는데 있다. (○, ×)

4. 형사절차의 이념으로 실체적 진실발견, 적정절차 및 신속한 재판을 들고 있으며, 이들 이념은 상호 모순되고 충돌하기도 한다. (○, ×)

5. 당사자주의 소송구조는 검사와 피고인이 소송의 주도적 지위를 가지며, 변론주의와 소송물처분권주의를 핵심으로 한다. (○, ×)

6. 직권주의 소송구조는 법원이 소송의 주도적 지위를 가지며, 직권심리주의와 직권탐지주의를 핵심으로 한다. (○, ×)

7. 공정한 재판은 공평한 법원구성을 전제로 하며, 이를 위해 법관에 대한 제척, 기피 및 회피제도가 인정된다. 법관에 대한 제척, 기피 및 회피제도는 법원사무관, 검사에게도 준용된다. (○, ×)

8. 피고인/피의자가 갖는 진술거부권은 헌법적 권리이며, 따라서 수사기관은 물론 법원도 강제로 진술, 신체측정 등을 할 수 없다. (○, ×)

9. 체포구속적부심사제도는 체포/구속이 위법하게 이루어진 경우는 물론 당시에는 적법하게 이루어진 체포/구속이라도 그 이후의 사정변경에 의해 위법한 것으로 평가된 경우에도 적용된다. (○, ×)

10. 수사는 구체적 범죄혐의와 소송조건을 갖추어 필요할 뿐만 아니라 수사목적의 달성에

상당한 경우에만 개시될 수 있다. (○, ×)

11. 피의자신문은 대표적 임의수사 가운데 하나이며, 따라서 수사기관은 특별한 절차나 방식에 구애받지 않고 자유롭게 행할 수 있다. (○, ×)

12. 강제수사란 강제처분을 사용하는 수사를 말하며, 체포, 구속, 압수, 수색, 검증 등이 인정되고 있다. (○, ×)

13. 공판절차는 모두절차, 사실심리절차 및 판결 선고절차로 이루어지며, 이 가운데 사실심리절차의 중심을 이루는 증거조사는 증거의 자격이 있는 증거들을 법률이 정한 방법에 따라 행해야 한다. (○, ×)

14. 재심이란 유죄확정판결에 대하여 주로 사실인정의 부당을 시정하기 위해 인정되는 제도이다. 유죄확정판결에 대한 재심사유는 유죄판결의 증거가 위조 또는 허위임이 명백한 경우나 또는 새로운 증거를 발견한 경우 등이다. (○, ×)

15. 비상상고란 확정판결에 대하여 그 심판이 법령에 위반되었음을 이유로 인정되는 비상구제절차이다. 이는 법령의 해석 및 적용상 통일을 기하는 데 그 목적이 있다. (○, ×)

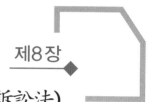

제8장

민사소송법(民事訴訟法)

제 1 절　민사소송

I. 민사소송의 목적

사람들이 모이면 갈등과 충돌이 발생한다. 이 과정에서 권리가 침해되고 의무가 제대로 이행되지 않는 경우가 많다. 이러한 문제를 해결하기 위해서 가장 먼저 생각할 수 있는 것은 자력구제 즉 스스로 문제를 해결하는 것이다.

하지만 자력구제는 스스로 문제를 해결할 수 있는 능력이 있어야 한다. 하지만 실생활에서는 그러지 못한 경우가 많다. 능력이 있어 직접 문제를 해결하려고 해도 실력대결로 치닫게 되어 사회 평화를 깨뜨리는 경우가 많다.

이러한 한계를 극복하기 위하여, 국가가 분쟁 해결을 맡아 평화적으로 법에 따라 권리를 실현시키는 제도를 마련하였다. 이것이 곧 민사소송제도다.

II. 민사소송의 의의 및 이상

민사소송은 사권(私權)의 존재를 확정하여 사인(私人)을 위해 사권을 보호하고 사법질서의 유지를 목적으로 하는 재판절차이다.

민사소송제도가 제대로 운영되려면, 적정, 공평, 신속, 소송경제, 신의칙의 이념이 바탕이 되어야 한다. 민사소송법은 이를 명문화하여, 제1조 제1항에서 「법원은 소송절차가 공정하고 신속하며 경제적으로 진행되도록 노력하여야 한다」고 선언하는 한편, 제2항에서 「당사자와 소송관계인은 신의에 따라 성실하게 소송을 수행하여야 한다」고 규정하였다. 위의 각 조문의 의미는 아래와 같다.

- 적정성(適正性)은 정확한 사실확정과 법률적용으로 실체적 진실을 발견하여야 한다는 의미이다.
- 공평(公平)의 원칙은 법관이 중립적인 제3자의 위치에서 어느 쪽에서 편하됨이

없이 양쪽 당사자에게 평등하게 기회를 주어야 한다는 원칙이다.

- 신속성(迅速性)은 적정·공평한 재판을 한다고 해도 재판이 늦어지면 권리보호의무를 거절하는 것과 마찬가지로, 재판이 신속하게 진행되어야 한다는 의미다. 국민의 기본권이자 법원의 의무이다(헌법 제27조 제3항).
- 경제성(經濟性)은 소송절차에서 법원과 당사자가 들이는 비용과 노력은 최소한으로 그쳐야 한다는 의미다.
- 신의성실의 원칙은 사람이 사회공동생활의 일원으로 상대방의 신뢰를 헛되이 하지 않도록 성의있게 행동하여야 한다는 원칙을 말한다.

Ⅲ. 재판 외 민사분쟁의 해결

민사 분쟁을 법원 재판을 통해 해결하려는 경우 시간적·경제적으로 많은 부담이 된다. 그래서 가능한 한 법원의 재판절차를 통하지 않고 분쟁을 해결하는 것이 당사자에게 유익한 경우가 많다. 이런 경우를 위하여 우리나라 법은 재판이 아닌 방법으로 분쟁을 해결할 수 있는 방법을 마련해 두고 있는데, 화해·민사조정절차·중재·독촉절차 등이 그것이다.

1. 화해

화해(和解)는 민사분쟁의 당사자가 서로 양보하여 합의로 분쟁을 해결하는 방법이다. 화해에는 재판 외의 화해와 재판상의 화해가 있다. 재판 외의 화해는 민법상 화해계약을 의미하며, 당사자가 서로 양보해 분쟁을 끝낼 것을 약정하는 것이다. 통상 합의(合意)라는 명칭으로 법적 다툼에 대한 해결방법으로 널리 활용되고 있다. 재판상 화해는 소송을 제기하기 전에 하는 제소 전 화해와 소송 진행 중에 하는 재판상 화해가 있다.

1) 제소 전 화해

제소 전 화해는 청구의 취지, 원인과 쟁의의 실정을 명시하여 상대방의 보통재판적 소재지의 지방법원에 신청한다. 화해가 성립되면 확정판결과 동일한 효력을 가진다. 화해가 성립되지 않으면 당사자는 소송을 제기할 수 있다.

2) 재판상 화해

재판상 화해는 소송을 제기하여 재판이 진행되는 과정에서 화해가 이루어지는 것을 말한다. 재판과정에서 당사자가 양보하여 합의하고 이를 조서에 기재하면 화해가 성립된다. 그 조서는 확정판결과 동일한 효력을 가진다. 법원은 당사자 쌍방에게 이익이 되는 경우 재판 진행 중에도 양 당사자에게 화해를 권고할 수 있다.

> **대법원 2022. 1. 27. 선고 2019다299058 판결**
>
> 제소전 화해는 확정판결과 동일한 효력이 있고 당사자 사이의 사법상 화해계약이 그 내용을 이루는 것이면 화해는 창설적 효력을 가져 화해가 이루어지면 종전의 법률관계를 바탕으로 한 권리의무관계는 소멸한다. 그러나 제소전 화해의 창설적 효력은 당사자 간에 다투어졌던 권리관계에만 미치는 것이지 당사자가 다툰 사실이 없었던 사항은 물론 화해의 전제로서 서로 양해하고 있는 사항에 관하여는 미치지 않는다. 따라서 제소전 화해가 있다고 하더라도 화해의 대상이 되지 않은 종전의 다른 법률관계까지 소멸하는 것은 아니다.

2. 민사조정

민사조정절차(民事調停節次)는 제3자(법관이나 조정위원)가 개입하여 당사자의 화해로 분쟁을 해결하도록 이끄는 절차다. 소송에 비해 비용이 적게 들고 신속하게 처리할 수 있으며, 양 당사자 간 감정의 앙금이 풀려 소송보다 원만하게 분쟁이 해결될 수 있다는 점에서 장점이 있다.

다만, 제3자의 중개가 필수적이라는 점에서 양 당사자가 문제를 해결하는 화해와는 차이가 있다.

3. 중재

중재는 당사자의 합의로 선출된 중재인의 중재판정에 의하여 당사자 간 분쟁을 해결하는 절차를 말한다. 당사자의 양보에 의한 해결방법인 화해나 조정과 달리 사적 재판에 해당된다. 관계분야 전문가가 중재인으로 선정되므로 실정에 맞는 분쟁해결을 할 수 있고, 심리가 비공개로 진행되어 업무상 비밀유지에 적합하며, 단심제로 사건이 종결되어 적은 비용으로 신속히 분쟁 해결을 도모할 수 있다. 그러나 중개인이 공정성을 잃거나 법률지식이 부족한 경우에는 문제가 발생할 수 있다.

4. 독촉절차 - 간이 소송절차

독촉절차(督促節次)는 금전 기타 대체물이나 유가증권의 일정한 수량의 지급을 목적으로 하는 청구에 대해 채권자의 신청에 의해 지급명령을 함으로써 재판을 하지 않고 간이한 방법으로 분쟁을 해결할 수 있도록 하는 절차이다. 채무자의 보통재판적 소재지 지방법원이 독촉절차의 관할법원이 된다.

지급명령의 신청이 이유가 있다고 판단되면 법원은 채무자를 심문하지 않고 지급명령을 발할 수 있으며, 채무자가 이에 대해 이의신청을 하지 않으면 채권자는 확정된 지급명령을 바탕으로 강제집행을 신청할 수 있다.

그러나 채무자가 이의신청을 하면 지급명령은 이의의 범위 내에서 그 효력을 상실하고 분쟁은 통상의 소송절차로 옮겨지게 된다.

제 2 절 민사소송법

I. 민사소송법의 의의

형식적인 의미에서는 민사소송법이라는 법전을 가리킨다. 실질적으로는 민사소송제도를 규율하는 법규(法規)의 총체(總體), 즉 법원의 조직과 권한, 소송에 관여하는 자의 능력과 자격, 재판을 하기 위한 요건이나 절차, 그리고 효과 따위에 관한 일체의 법규를 포함한다.

II. 민사소송법의 성격

민사소송법은 공법·민사법·절차법 등의 성격을 가진다.

첫째, 국가기관인 민사법원의 절차를 규율하는 법이므로 공법에 속한다.

둘째, 대등한 사인간의 생활관계에서 발생하는 분쟁을 해결하기 위해 만든 법이므로 민사법의 영역에 속한다.

셋째, 권리와 의무를 실현하는 절차와 방식에 대해 규율하는 법으로서 권리를 어떻게 주장하며, 절차를 어떻게 진행하고, 사실인정을 위해 어떻게 자료를 수집하며, 어떠한 방식에 의해 재판을 할 것인가에 관한 절차법이다.

III. 민사소송법규의 해석과 종류

1. 해석

민사소송법규의 해석목적은 법규의 정확한 의미를 파악하고 그 내용을 확정하는데 있다. 즉, 법 해석의 일반론적인 방법에 의해 살펴보아야 한다.

첫째, 법규의 문언에 의한 해석, 즉 문리해석에 충실해야 한다.

둘째, 다른 법규와 관련 의미, 즉 논리해석을 고려해야 하며, 합목적적으로 해석, 즉 목적론적 해석으로 소송의 적정성·공평성·신속성·경제성, 그리고 신의의 원칙에 어울리고 이상(理想)에 맞도록 해야 한다.

셋째, 소송심리(訴訟審理)에 관한 여러 원칙과 관련지어서 해석하고, 의심이 있으면 권리의 실현에 보다 유리한 해석을 우선해야 한다.

넷째, 헌법의 하위법이므로 합헌적으로 해석해야 한다. 즉, 인간의 존엄과 가치보장, 법관에 의해 신속히 재판을 받을 권리, 재판공개의 원칙 등 절차적 기본권이 해석의 중요한 기준이 된다.

다섯째, 유추해석은 소송법규에서도 일반원칙에 의해 허용되고, 그 반대해석도 가능하다. 그러나 소송법의 특징상 절차의 획일성과 법적 안정성을 위해 구체적 타당성만을 고려할 것이 아니라 결과의 당부를 일반화하여 검토하는 것이 필요하다. 편의성만을 추구하여 다양성을 허용하다 보면 그것이 일반화되어 원칙화되고 소송법 제도의 본래의 취지를 몰각시킬 수도 있기 때문이다.

2. 종류

1) 효력규정과 훈시규정

효력규정(效力規定)은 위반하면 그 행위나 절차의 효력에 영향을 미치는(무효 또는 취소) 규정이고, 훈시규정(訓示規定)은 위반해도 소송법상 효력에는 영향이 없는 규정이다.

2) 강행규정과 임의규정

효력규정은 강행규정(强行規定)과 임의규정(任意規定)으로 나뉜다. ① 강행규정은 반드시 준수할 것을 요구하며, 법원이나 당사자의 의사나 태도에 의하여 그 구속을 배제할 수가 없다. 이에 위배되는 행위와 절차는 무효이다. ② 임의규정은 당사자의 소송수행상 편의를 돌보고 그 이익을 보호할 목적으로 정해진 규정이며, 당사자에 의해 어느 한도까지는 배척이나 완화시킬 수 있다. 그러나 사법상의 임의규정과 반드시 일치하지는 않는다.

Ⅳ. 민사소송법의 효력과 그 한계

1. 시간적 한계

일반적으로는 법이 개정이 되더라도 법적 안정성을 확보하고자 법 개정 이전에 발생한 사실에는 적용하지 않는다는 법률불소급의 원칙이 적용된다. 하지만 소송법 영역에서는 개정된 신법을 우선 적용한다. 소송 절차를 획일적이고 통일적으로 진행하여 절차적인 합리성을 유지하기 위해서이다. 다만, 소송관계인에게 어떠한 법이 우선되는 것이 유리한가에 대해 의문이 생기는 경우에는 각 개별 사안에 따라 구체적으로 경과규정을 두고 있다.

2. 장소적 한계

소송은 법정지법(法廷地法)의 지배를 받는 것이 원칙이다. 민사소송은 국가권력에 기한 사법작용의 발동이기 때문이다. 따라서 우리나라 법원에서 심리(審理)되는 사건은 당사자가 외국이든, 소송물이 무엇이든, 준거법이 외국법인지 등을 막론하고 우리나라 민사소송법이 적용된다.

외국 사법기관의 촉탁을 받아 증거조사 등의 소송행위를 하는 경우라도 그 절차는 우리나라 민사소송법을 적용한다.

외국법원에 계속된 민사소송사건이 우리나라에서 어떠한 효력을 갖는가에 대해서는 우리나라의 민사소송법에 의해 판정된다.

제 3 절   소송의 주체

소송 주체로 재판을 하는 법원과 재판을 받는 소송당사자(원고 · 피고 등)가 있다.

I. 법원

1. 민사재판권

재판권이란 법질서를 실현하기 위한 국가의 권능을 말하며, 민사재판권은 재판권의 한 종류로 민사분쟁을 처리하기 위해 판결 · 강제집행 · 가압류 · 가처분 등을 행하는 국가권력을 말한다.

1) 대인적 제약

재판권은 국적을 불문하고 국내에 있는 모든 사람에게 미친다. 단, 국제법상 치외법권자(治外法權者)에게는 미치지 않는다. 대표적으로 외교사절단의 구성원과 그 가족, 영사관원과 그 사무직원, 외국의 원수와 그 수행원 및 가족, 국제기구와 그 대표자 및 직원 등이 치외법권자에 해당한다. 또한 한미행정협정(SOFA)에 의하면 주한미군의 공무집행 중 불법행위에 관해서는 우리나라 재판권이 미치지 않으므로, 대한민국을 피고로 소를 제기해야한다.

2) 대물적 제약

국내 민사재판권을 무제한으로 허용하면 외국재판권을 침해하게 되고, 피고가 외국에 있을 때에 우리나라에 와서 응소해야 하는 불편을 주게 되며, 경우에 따라 국내법원으로서도 무익한 결과가 발생할 수도 있기 때문에, 민사소송에 관한 국제재판관할권을 정해야할 필요가 있다.

이에 우리나라는 국제사법에서 우리나라와의 실질적 관련성을 국제재판관할권의 기준으로 하되, 실질적 관련성이 있는지 여부는 국내법의 토시관할 규정 및 국제관할 배분이념을 고려하도록 규정하였다.

3) 장소적 제약

영토주권의 원칙에 의해 국내재판권은 자국 내에서만 미치고 외국에까지 확대할 수 없다. 국내 집행관이나 법관이 외국에 나가서 집행하거나 증거조사를 할 수 없으며, 사법공조협정이 있는 경우에는 외국 주재 대사나 공사 또는 영사 또는 외국법원에 송달을 촉탁하거나 증거조사를 촉탁한다.

4) 재판권 흠결의 효과

사건에 인적 · 물적 재판권이 미쳐야 하는 것은 소송요건으로서 직권조사사항이다. 즉 재판권의 흠결(欠缺)이 있으면 소는 부적법하게 된다. 재판권의 흠결이 명백하면 소장부본을 송달할 수 없으므로 재판장이 명령으로 소장을 각하해야 한다.

2. 민사법원의 심급제도

헌법재판소와 군사법원은 특별재판기관이고, 일반적으로 재판기관에는 대법원 · 고등법원 · 지방법원의 민사법원과 특허법원 · 가정법원 · 행정 · 회생법원의 전문법원이 있다.

제1심은 지방법원단독판사가 주재하는 단독사건(단독제)과 지방법원 합의부(합의제)가 담당하는 합의사건이며, 제2심은 고등법원 또는 지방법원이나 지원의 항소부에서 담당하며, 제3심은 대법원에서 담당한다. 대법원과 고등법원은 항상 합의제이지만, 지방법원은 병용하고 있다. 지방법원과 가정법원의 합의부 및 고등법원과 행정법원의 재판부는 항상 3인의 법관으로 구성한다.

대법원에서는 대법관 3분의 2 이상으로 구성되는 전원합의체와 대법관 3인 이상으로 구성하는 부(部; 현재 4인으로 구성)를 병치하여 이원화하고 있다. 산업사회가 복잡화 · 전문화 · 다양화되면서 대법원에 행정 · 조세 · 노동 · 군사 · 특허 · 부동산 등 전문재판부(專門裁判部)의 신설이 요구되고 있다.

3. 법원의 구성

1) 합의체

합의체(合議體)는 재판장과 합의부원으로 구성하며, 합의부원을 통칭 배석판사(陪席判事)라고 한다. 합의체에서의 판결과 결정은 과반수에 의해 정한다.

재판장은 합의체 구성법관 중 1인이 된다. 관례상 법원장, 선임자가 재판장이 된다. 합의체는 법관 1인을 수명법관(受命法官)으로 정하여 화해의 권고, 법원 외의 증거조사, 준비절차 등에 대해 위임한다. 단 직접심리주의 원칙에 반하므로, 포괄위임은 금지된다.

주심법관(主審法官)은 기록의 검토, 합의의 준비, 합의결과에 따른 판결문의 작성 등을 책임진다. 단독제는 소신있는 판결 및 독립성과 예산의 절감이라는 장점이 있지만, 합의제는 적정성과 공정성이 보장되고 편파적인 재판을 막을 수 있으며 외부적 압력을 배제할 수 있다는 장점이 있다.

2) 법관

법관(法官)에는 대법원장, 대법관, 판사, 시·군판사 4종류가 있다. 사법권의 독립을 보장받는다는 점에서 일반 공무원과는 다르다.

타인이나 타 기관의 지시로부터 자유롭고, 책임으로부터 자유롭기 때문에 형사상 또는 징계상 책임을 지지 않는다.

법관 활동의 자유는 막을 수 없다. 문제는 선례(대법원)에 대해 구속을 받느냐이다. 영미법에서는 선례구속의 원칙이 적용되지만, 대륙법계인 우리나라는 '헌법과 법률, 그리고 양심'에 따라 재판한다. 다만, 대법원의 파기환송사건은 해당 사건에 대해 하급심을 기속하며 대법원 자체도 이에 구속된다. 전원합의체 판결로 대법원의 판례를 변경하는 경우도 있다.

3) 법관의 중립성

법관이 구체적 사건과 관련 있는 경우에는 법률의 규정에 의해 당연히 그 사건에 관한 직무를 못하게 된다. 민사소송법은 법관의 중립성을 확보하기 위하여, 제척·기피·회피 제도를 두고 있다.

첫째, 법관의 제척(除斥)이란 법관이 사건의 당사자이거나 당사자와 공동권리자인 경우와 공동의무자나 상환 의무자의 관계에 있는 때(동법 제37조), 법관이 당사자와 친족·가족의 관계가 있거나 이러한 관계가 있었던 때, 법관이 사건에 관하여 증언이나 감정을 하였을 때, 법관이 사건에 관하여 당사자의 대리인이 되거나 되었던 때, 법관이 사건에 관하여 불복신청이 된 전심재판에 관여한 때에는 직무집행을 할 수 없다.

둘째, 기피(忌避)란 법률상 정해진 제척원인 외에 재판의 공정을 위해서 당사자의 신청에 의해 법관의 직무집행이 배제되는 것을 말한다. 법관과 당사자(법정대리인과 보조참가인 포함)가 우정관계나 애정관계, 친인척관계 및 원한관계, 법인인 경우에 구성원관계(이사·주주 등) 등에 해당하면 배제신청이 가능하다.

셋째, 회피(回避)는 법관이 스스로 제척이나 기피사유가 있다고 인정하여 자발적으로 직무집행을 피하는 것을 말한다. 감독권이 있는 법원의 허가를 얻어야 한다. 사건의 재배당신청(再配當申請)을 통해 복잡하고 입장이 곤란한 사건을 피해가는 경우가 있는데, 법관의 사무분담의 엄격성과 공정성 및 정의성을 확보하는 재판 이념에서 보면 보완해야 할 문제점이다.

4. 관할

1) 관할의 의의

관할(管轄)이란 재판권을 가지는 여러 법원 중에서 어떤 법원이 해당 사건을 담당할 것인가를 정하는 것이다. 원고 입장에서는 어느 법원에 제소할 것인가, 피고는 어느 법원에서 응소할 것인가를 정하는 기준이다. 고등법원은 6곳(서울, 부산, 대구, 광주, 대전, 수원)이며, 지방법원은 18곳(특별시, 광역시, 각 도 1곳)이 설치되어 있다.

재판권에 속하지 않는 사건은 판결로 각하하고, 관할위반사건은 관할권이 있는 법원으로 이송한다.

2) 관할의 종류

먼저, 관할의 결정근거를 표준으로 분류하면 다음과 같다.

첫째, 법정관할(法定管轄)은 법률에 의해 정해진 관할로서 직분관할(職分管轄)과 사물관할(事物管轄), 그리고 토지관할(土地管轄)이 있다. ① 직분관할은 직분(재판작용)의 차이를 표준으로 여러 법원 사이에 재판권의 분담관계를 정해놓은 것이다. 동일사건이라도 재판작용이 다르면 재판기관이 달라진다. 직분관할은 전속관할이며, 직권조사사항이다. 또한 심급관할은 서로 종류를 달리하는 법원 간에 어느 법원이 제1, 2, 3심급 중에 어떠한 심급의 재판을 분담할 것인가를 정해놓은 것이다. ② 사물관할은 제1심 소송사건을 다루는 지방법원단독판사와 지방법원합의부 사이에서 소송상으로 별개의 법원으로 보기 때문에, 사건의 경중을 표준으로 재판권의 분담관계를 정해놓은 것을 말한다. ③ 토지관할(裁判籍)은 소재지를 달리하는 동종의 법원 사이에 재판권(1심 사건)의 분담관계를 정해놓은 것이다. 원칙적으로 소송은 피고가 있는 곳에 제기하여야 한다. 피고가 되는 자가 자연인일 경우 주소 지에, 법인일 경우에는 주된 사무소 또는 영업소에 소송을 제기하여야 한다(보통재판적). 다만, 원고의 소송 수행상 편의를 위하여 그리고 사건과 증거

확보 등을 위하여 가까운 법원에 소송을 제기할 수 있도록 다양한 예외를 두고 있는데, 대표적인 것이 부동산·선박·재산이 있는 곳에 소송을 제기할 수 있도록 하거나 불법행위지에 소송을 제기할 수 있도록 하는 등의 규정이 그것이다(특별재판적).

둘째, 재정관할(裁定管轄; 지정관할)은 관할이 불분명할 때, 관할법원이 재판권을 법률상 또는 사실상 행사할 수 없는 경우에 당사자의 신청으로 관계법원의 직근(直近)상급법원의 결정에 의해 정해지는 관할이다.

셋째, 합의관할(合意管轄)은 당사자의 합의에 의해 서면으로 관할법원을 정하는 것이다. 아파트 분양계약서나 보험약관 등에서 사업자에게 유리한 본점 소재지를 관할하는 법원을 정하는 경우는 약관의 규제에 관한 법률에 의해 무효이다.

넷째, 변론관할(辯論管轄)은 피고의 응소에 의해 발생하는 관할이다. 즉 원고가 관할권이 없는 법원에 제소했는데, 피고가 이의없이 응소함으로써 생기는 관할이다. 당사자의 이익과 소송촉진에 도움이 되어 인정되는 제도이다.

또한 소송법상 효과의 차이에 의한 분류에 의하면 전속관할과 임의관할이 있는바, 전속관할은 법정관할 가운데 재판의 적정·공평 등 고도의 공익적 견지에서 정해진 특정법원만이 배타적으로 관할권을 갖는 것을 말한다. 즉 직분관할은 명문규정이 없어도 전속관할이며, 사물관할이나 토지관할은 법률상 전속관할로 명문규정으로 정해놓은 경우에 한한다. 따라서 임의관할에 비해 전속관할이 적다. 전속관할은 합의나 응소에 의해 다른 법원으로 법정관할을 바꿀 수 없다.

한편, 임의관할은 당사자의 편의와 공평을 위한 사익적 견지에서 정해진 것으로 당사자의 합의나 응소에 의해 다른 법원에 관할을 발생시킬 수 있는 것을 말한다. 즉 사물관할이나 토지관할은 원칙상 임의관할이며, 직분관할 중 심급관할은 비약상고의 경우에 한하여 임의관할이다.

5. 소송의 이송

1) 이송의 의의

어느 법원에 일단 계속된 소송을 그 법원의 재판에 의해 다른 법원에 이전하는 것을 말한다. 관할을 위반하여 소를 제기한 경우와 관할을 위반하지 아니한 소를 제기한 경우 2가지로 나누어 볼 수 있는데, 전자의 경우에는 법원에서 소를 각하한 뒤 당사자가 다시 소를 제기한 경우보다 법원이 관할법원에 이송하는 것이 시간과 비용을 절약할 수 있고, 후자의 경우 더 편리한 법원에 이송하여 심판할 수 있도록 하는 것이 소송 촉진과 소송경제에 도움이 된다는 점에서, 제도적 의의가 있다.

2) 이송의 효과

이송 결정이 확정되면 이송을 받은 법원은 그 결정에 따라야 한다. 판례는 전속관할 위반 이송의 경우에도 법원은 그 결정에 따라야 한다고 판단하고 있으나, 심급위반 이송의 경우에는 심급이익박탈 등을 이유로 그 구속력이 상급심에는 미치지 아니한다고 판단하고 있다.

한편, 이송 결정이 되면 소송은 처음부터 이송을 받은 법원에 계속(係屬)된 것으로 본다. 관할위반에 의한 이송이 있었더라도 이송 후에 효력은 계속되며, 변론의 갱신절차를 밟으면 된다.

II. 당사자와 그 대리인

1. 당사자의 의의

당사자란 자기 이름으로 국가에게 권리 보호를 요구하는 사람과 그 상대방을 말한다. 1심 절차에서는 원고와 피고를 말하고, 항소심에서는 항소인과 피항소인, 상고심절차에서는 상고인과 피상고인, 재심절차에서는 재심원고와 재심피고라 한다.

소송은 기본적으로 쌍방 당사자가 반드시 맞서서 대립해있지 않으면 안된다. 이를 당사자 대립주의라 한다. 소송의 적정과 공평을 기하기 위한 것으로, 이 점이 두 당사자의 대립을 요하지 않는 비송사건과 다르다.

양 당사자는 소송의 주체로서 다양한 절차상 권리가 인정된다. 이를 절차적 기본권이라 한다.

2. 당사자의 확정

당사자의 확정이란 현실적으로 소송 계속 중인 사건에서 원고와 피고를 명확히 하는 것을 말한다. 당사자가 누구인지 명확하게 확정이 되어야만, 법원이 그 당사자에게 재판절차에 참여할 기회를 주고, 그 명의인으로 판결을 하며, 소장 부본 송달 명의인이 정해지기 때문이다.

당사자 확정은 당사자능력이나 당사자적격과는 다른 개념으로, 당사자가 먼저 확정되어야 하며, 당사자가 먼저 확정되어야 당사자 능력 및 당사자 적격을 검토할 수 있다.

당사자를 어떻게 확정할 것인가에 대하여 여러 견해가 대립되나, 법원은 소장에 기재된 표시 및 청구의 내용과 원인 사실을 합리적으로 해석하여 확정하여야 한다고 판단하였다(실질적 표시설).

당사자로 확정된 자가 소장 등에 부정확하게 표시된 경우에는 당사자의 동일성이

인정되는 범위 내에서 당사자로 표시된 자를 정정할 수 있다. 이를 당사자 표시의 정정
이라 한다. 민사소송법에서는 정확하게 규정하고 있지 않으나, 법원은 해석상 이를 인정
하고 있다. 다만, 동일성이 없는 새로운 당사자로의 변경은 인정되지 않는다.

> **대법원 1996. 10. 11. 선고 96다3852 판결**
> 당사자는 <u>소장에 기재된 표시 및 청구의 내용과 원인사실을 합리적으로 해석하여 확정하
> 여야 하고, 확정된 당사자와의 동일성이 인정되는 범위 내에서라면 항소심에서도 당사자
> 의 표시정정을 허용하여야</u> 한다.

3. 당사자의 자격

당사자가 적법하게 소를 제기하고 소송을 수행하기 위해서는 당사자능력, 당사자적
격, 소송능력, 변론능력이 있어야 한다.

> **대법원 2002. 5. 10. 선고 2002다4863 판결**
> 당사자능력 유무의 판단을 위해 법원이 취해야 할 조치 등: 당사자능력의 문제는 법원의
> 직권조사사항이므로 당사자능력 판단의 전제가 되는 사실에 관하여 당사자의 주장에 구속
> 될 필요가 없으나, 소송상 당사자능력이 없으면 소를 각하하면 족한 것이며, 당사자 주장
> 과 전혀 다른 단체를 인정하여 당사자능력을 인정하는 것은 당사자를 변경하는 결과로 되
> 어 허용할 수 없다.

1) 당사자능력

소송의 주체가 될 수 있는 일반적인 능력을 말한다. 권리능력자인 자연인과 법인은
당연히 당사자 능력을 갖게 되나, 권리능력이 없는 법인이 아닌 사단이나 재단의 경우
에도 대표자나 관리인이 있으면 그 사단이나 재단의 이름으로 당사자가 될 수 있다. 따
라서, 민사소송법상 당사자능력은 민법에서의 권리능력보다 넓은 개념이다.

> **대법원 2009. 1. 30. 선고 2006다60908 판결**
> 민사소송법 제52조가 비법인사단의 당사자능력을 인정하는 것은 법인이 아니라도 사단으로서의 실체를 갖추고 그 대표자 또는 관리인을 통하여 사회적 활동이나 거래를 하는 경우에는 그로 인하여 발생하는 분쟁은 그 단체가 자기 이름으로 당사자가 되어 소송을 통하여 해결하도록 하기 위한 것이므로, 여기서 말하는 사단이라 함은 일정한 목적을 위하여 조직된 다수인의 결합체로서 대외적으로 사단을 대표할 기관에 관한 정함이 있는 단체를 말한다.

2) 당사자적격

특정 소송에서 정당한 당사자로서 소송을 수행하고 본안판결을 받기에 적합한 자격을 말한다. 타인의 권리에 대해 아무나 나서서 소송하는 이른바 민중소송을 막는 장치이다. 소송수행권이라고도 한다.

일반적으로 소송물인 권리관계의 존부확정에 대해 법률상 이해관계를 가진 자가 정당한 당사자이다. 당사자적격은 소송요건이므로 법원의 직권조사사항이며, 조사결과 흠결이 있으면 판결로 소를 각하할 것이고, 청구기각의 판결을 할 것은 아니다.

3) 소송능력

당사자(보조참가인)로서 유효하게 소송행위를 하거나 소송행위를 받기 위해 갖추어야 할 능력을 말한다. 소송능력이 없는 자의 행위를 무효로 처리함으로써 자기 이익을 충분히 옹호할 능력이 없는 사람을 보호하기 위한 제도다. 민법상 행위능력을 갖는 자는 소송능력(訴訟能力)을 갖는다.

소송능력이 없는 자의 소송행위는 효력이 없다. 다만, 확정적 무효는 아니며, 법정대리인이 추인하면 그 행위 시에 소급하여 유효가 될 수 있다는 점에서 이른바 유동적 무효이다.

4) 변론능력

법원에 출정하여 법원에 대한 관계에서 유효하게 소송행위를 할 수 있는 능력을 말한다. 변론능력(辯論能力)은 소송요건이 아니고, 소송행위의 유효요건일 뿐이다. 변론무능력자의 소송행위는 무효이며 추인할 수 없는 절대 무효이다. 그러나 만약 법원이 변론능력의 흠결을 간과하거나 묵과하여 소를 각하하지 않고 종국판결을 해버린 경우에는 이를 이유로 상소나 재심을 하여 취소를 구할 수는 없다.

4. 소송상의 대리인

1) 대리인의 의의

대리인은 당사자의 이름으로 소송행위를 하거나 소송행위를 받는 제3자를 말한다. 대리인이 한 행위는 당사자에게만 효력이 미치고 대리인에게는 미치지 않는다.

대리인은 '자신의 의사에 의해' 행위한다. 따라서 다른 사람의 소송행위를 그대로 전달하거나(소송에 필요한 서류를 대신 제출하는 법무사) 타인의 권리관계에 대해 자기 이름으로 소송을 수행하는 소송담당자(정리회사의 관리인), 자기의 이름으로 하는 소송행위가 타인의 소송에 효력을 미치는 보조참가인 등은 대리인이 아니다.

대리인에는 본인의 의사와 무관하게 대리인이 된 법정대리인과 본인의 의사에 따라 대리인이 된 임의대리인이 있다.

2) 법정대리인

본인 의사에 의하지 않고 법률이나 법원 등 관청의 선임에 의해 대리인으로 선임된 자를 말한다. 법정대리인제도는 스스로 소송을 수행할 능력이 없는 자의 소송상의 권익을 보호하기 위한 것이다.

실체법상의 법정대리인, 소송상의 특별대리인, 법인 등 단체의 대표자 등이 있는데, 법정대리인의 대리권은 소송법에 특별한 규정이 없는 한 민법이나 기타 법률에 의한다.

법정대리인은 당사자 본인이 아니므로 법관의 제척, 재판적을 정하는 표준이 되지 않으며, 판결의 효력인 기판력(旣判力)과 집행력(執行力)도 받지 않기 때문에 당사자와는 다르다. 다만, 법정대리인은 소장이나 판결의 필요적 기재사항이며, 소송수행에서 당사자 본인의 간섭이나 견제를 받지 않는다. 또한 본인에 대한 송달은 법정대리인에게 하고, 본인을 대신하여 출석하며, 해당 소송에서 보조참가인이나 증인이 될 수 없다.

3) 임의대리인

임의대리인(任意代理人)이란 대리권의 수여가 본인 의사에 기한 대리인이다. 일반적으로 소송대리인이라는 포괄적 대리인과 개별적 대리인이 있다.

포괄적 대리인에는 지배인·선장·선박관리인·국가소송수행자 등 법령상 대리인이 있고, 특정 소송사건의 처리를 위임받은 소송대리인이 있다.

변호사대리의 원칙상 법률에 따라 재판상 행위를 할 수 있는 대리인 외에는 변호사(법무법인)가 아니면 소송대리인이 될 수 없다(동법 제87조). 다만, 단독판사가 심리하고 재판하는 사건에서 소송목적의 값이 일정금액 이하인 사건인 경우에 당사자와 밀접한 생활관계를 맺고 있고 일정범위 내의 친족관계에 있는 사람 또는 당사자와 고용계약 등으로 그 사건에 관한 통상사무를 처리하고 보존해오는 등 일정한 관계에 있는 사람이 법원의 허가를 받은 때에는 예외로 한다.

4) 무권대리인

무권대리인(無權代理人)은 대리권이 없는 대리인을 말한다. 당사자 본인으로부터 대리권을 수여받지 못한 자, 대리권을 서면으로 증명하지 못한 자, 법인의 대표권이 없는 자, 국가소송에서 소송수행자로 지정받지 못한 자 등이다.

무권대리인의 소송행위는 효력이 없다(무효). 그러나 당사자 본인이나 정당한 대리인이 추인하면 소급하여 유효하다.

대리권의 유무에 대한 판단은 법원의 직권조사사항이며, 대리권의 존재는 소송요건이다. 소송상 원고와 피고는 이해가 대립되므로 법률행위와 같이 당사자 일방이 상대방을 대리하거나 동일인이 당사자 쌍방을 대리하는 것은 허용되지 않는다.

5. 다수당사자소송

1) 의의

1개의 소송절차에 3인 이상의 자가 동시 또는 때를 달리하여 소송절차에 관여하는 민사소송을 말한다.

원래 민사소송은 1인의 원고와 1인의 피고가 단일소송형태를 취하는 것이 기본형태이지만, 사회의 복잡성과 권리·의무관계의 다변화에 의한 3인 이상의 당사자가 개입하는 법률관계에서 분쟁이 발생하는 경우가 증가하고 있다.

여기에는 공동소송과 제3자의 소송참가, 그리고 당사자 변경 등이 있다.

2) 선정당사자

공동의 이해관계 있는 다수의 사람이 공동소송인이 되어 소송하는 경우에 총원(總員)을 위해 소송을 수행할 당사자로 선출된 자를 말한다. 다수당사자가 존재하고 공동의 이해관계가 있어야 선정당사자(選定當事者)를 정한다.

3) 공동소송

1개의 소송절차에 수인의 원고와 피고가 관여하는 소송형태를 말한다. 소의 주관적 병합이며, 당사자가 복수이어야 한다. 심판의 중복을 피하고 분쟁을 신속히 통일적·경제적으로 해결하는 장점이 있다.

공동소송이 되기 위한 주관적 요건은 권리·의무가 공통이고 권리·의무의 발생원인이 공통이며, 권리·의무와 발생원인이 동종이어야 한다. 또한 객관적 요건은 동종의 소송절차에 의해 심판되어야 하고 수소법원에 공통의 관할권이 있어야 한다.

통상공동소송은 공동소송인 사이에 합일확정의 필요가 없는 공동소송으로서 공동소송인 사이에 승패가 일률적으로 될 필요가 없는 공동소송이다. 예컨대, 채권자가 주채무자와 보증채무자를 상대로 하는 청구소송이다.

필요적 공동소송은 공동소송인 사이에 합일확정을 필요로 하는 공동소송이다.

4) 제3자의 소송참가

현재 계속 중인 타인간의 소송에 제3자가 자기의 이익을 옹호하기 위해 관여하는 것을 말한다. 여기에는 종전의 당사자 가운데 어느 일방의 승소보조자의 지위에서 참가하는 보조참가(補助參加), 종전의 당사자와 동등한 지위에서 참가하는 당사자참가(當事者參加)가 있다.

5) 당사자의 변경

동일한 소송절차에서 제3자가 소송에 가입하는 기회에 종전당사자가 그 소송에서 탈퇴하는 경우를 널리 당사자의 변경이라 한다. 새로운 당사자가 탈퇴자의 지위를 승계하지 않는 임의적 당사자 변경과 지위를 승계하는 소송승계가 있다.

당사자적격의 이전을 뜻하며 당사자가 변동된다는 점에서 임의적 당사자 변경과 구별된다.

제 4 절   1심 소송절차

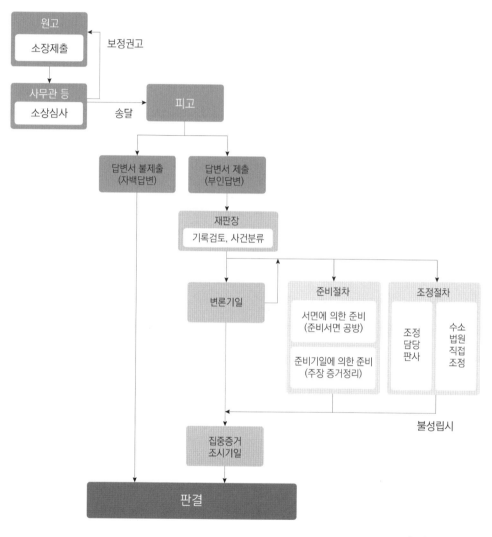

출처: 대한민국법원

소송절차

Ⅰ. 소의 제기

1. 소의 의의

소(訴)는 원고가 권리보호를 위해 법원에 대하여 일정한 내용의 판결을 해달라는 당사자의 신청을 말한다.

소는 판결을 목적으로 하는 소송절차의 개시행위이며, 판결로써 종료된다. 소는 일정한 내용의 판결을 해달라는 청구이므로, 누구에게 무엇을 청구하는 것인지가 명확하게 드러나야 한다. 소장에 기재된 내용이 적법하지 아니할 경우 법원은 소를 제기한 원고에게 보정할 것을 명할 수 있다.

2. 소의 종류

소의 종류를 나누는 기준은 여러 가지가 있으나, 그중 판결신청의 성질·내용에 따라 분류하는 기준으로 살펴보자면, 이행의 소, 확인의 소, 형성의 소가 있다.

1) 이행의 소

원고의 피고에 대한 이행청구권의 확정과 그 청구권의 이행을 명하는 판결을 구하는 소송이다. 실체법상의 청구권을 바탕으로 하며, 법원으로부터 피고에 대한 이행명령을 받아내는 것에 그 목적이 있다.

2) 확인의 소

원고의 피고에 대한 다툼이 있는 특정한 권리나 법률관계의 존재 또는 부존재의 확정을 구하는 소이다. 당사자 간에 다툼이 있는 법률관계를 관념적으로 확정하여 법률적 불안을 제거하는 데 그 주 목적이 있다.

다만, 이행의 소를 제기할 수 있음에도 확인의 소를 인정하는 것은 실효가 없거나 소송경제에 반할 수 있으므로, 확인의 소를 제기하여야 할만한 이익 즉 확인의 이익이 필요하다.

> **대법원 1991. 10. 11. 선고 91다1264 판결**
> 확인의 소에서 '확인의 이익'이란 당사자의 권리 또는 법률상 지위에 현존하는 불안, 위험이 있고 이를 제거함에는 확인판결을 받는 것이 가장 유효적절한 수단일 때에 인정되므로, 이행의 소를 제기할 수 있는데도 확인의 소를 제기하는 것은 특별한 사정이 없는 한 불안제거에 실효가 없고 소송경제에 반하여 '확인의 이익'이 없다.

3) 형성의 소

판결에 의하여 법률관계의 변동을 요구하는 소를 말한다. 존재하지 않았던 새로운 법률관계를 발생시키고 기존의 법률관계를 변경하거나 소멸시키는 내용의 판결을 구하는 것이다. 형성의 소는 판결로 법률관계가 변동되기 때문에, 이를 폭넓게 인정할 경우 법적안정성이 훼손될 수 있다. 따라서, 법률상 근거가 없는 경우에는 허용될 수 없는 것이 원칙이며, 제소권자·제소기간도 한정하는 경우가 많다.

형성의 소에 대한 청구기각판결은 단지 형성소권의 부존재를 확정하는 확인판결에 그친다. 그러나 청구인용, 즉 형성판결은 형성소권의 존재에 대한 기판력이 생기며 법률관계를 발생·변경·소멸시키는 형성력이 생긴다.

> **대법원 2002. 5. 10. 선고 2002다4863 판결**
> 기존 법률관계의 변동 형성의 효과를 발생함을 목적으로 하는 형성의 소는 법률에 명문의 규정이 있는 경우에 한하여 인정되는 것이고 법률상의 근거가 없는 경우에는 허용될 수 없다.

3. 소송물

1) 소송물의 의의

소송물(訴訟物)이란 소송의 객체, 소송상의 청구 또는 심판의 대상이라고도 한다. 처분권주의에 의해 소송물은 원고가 특정할 책임이 있다. 피고의 방어방법은 소송물을 정하는 데 아무런 관계가 없다.

청구목적물 또는 계쟁물(係爭物) 자체는 소송물이 아니다. 토지 인도소송에서 토지와 건물 철거소송에서 건물은 소송물이 아니다.

소송관계에 이르게 된 사실관계 자체도 소송물이 아니다. 원고가 사실관계에 대해서만 설명해놓고서 어떠한 법률효과를 선언할 것인지에 대해서는 법원의 재량에만 맡기는 소송은 허용되지 않는다.

2) 소송물에 대한 학설

소송물이 무엇인지 그 개념에 대해서는 법에 규정되어 있지 않아, 그 개념에 대한 여러 견해가 대립하고 있다.

- 구실체법설(舊實體法說; 舊訴訟物理論): 실체법상의 권리 또는 법률관계의 주장을 소송물로 보고 실체법상 권리마다 소송물이 별개로 된다는 입장이다.

- 소송법설(訴訟法說; 新訴訟物理論): 실체법상의 청구권 또는 형성권과 같이 실체법적인 각도에서 소송물을 정의하려 하지 않고 소송법적인 요소, 즉 신청(청구취지)만으로 또는 신청과 사실관계에 의해 청구를 구성해야 하며, 이에 의해 소송물 여부를 결정해야한다는 견해다.
- 신실체법설(新實體法說): 전통적인 민법상 청구권 개념을 수정하여 실체법상의 청구권의 주장을 소송물로 파악하는 이론이다.
- 상대적 소송물설(訴訟物說): 소송물이론의 통일적이고 절대적인 구성을 포기하고 다양하게 재구성하려는 입장이다.

우리 판례는 구실체법설에 기초하여 청구원인이 의해 특정되는 실체법상의 권리관계를 소송물로 파악하고 있다. 실체법상 어떤 권리인지는 청구원인을 보아야 할수 있으므로, 청구원인에 의하여 소송물이 동일한지를 식별한다.

4. 소의 제기

1) 소장 제출

원칙적으로 소를 제기하려면 소장을 1심 법원에 제출해야 한다.

소장에는 반드시 누가(원고), 누구를 상대로(피고), 어떤 종류의 소송이며 무엇을 청구하는지(청구취지), 그리고 해당 청구의 근거가 되는 권리의 발생원인이 무엇인지(청구원인)를 적어야 한다. 당사자가 무능력자일 경우에는 대리인을, 법인 등 단체일 경우에는 대표자를 기재하여야 한다.

2) 법원의 심사

원고가 위와 같은 사항을 모두 적어 소장을 법원에 접수하면, 재판장은 소장이 형식에 맞는지를 심사한다. 소장에 흠결이 있으면 원고에게 상당한 기간을 정해서 흠결을 바로잡으라는 보정명령을 하며, 원고가 보정을 하지 않으면 소장을 각하한다. 하지만 소장을 심사하여 아무런 흠결을 발견하지 못한 경우에는 소장 부본을 피고에게 송달한다. 피고가 소장을 받아볼 수 있도록 하여 방어준비를 할 수 있도록 하기 위함이다.

3) 피고의 의무

소장을 받은 피고가 원고 청구에 대해 다투고자 한다면, 소장 부본을 송달 받은 날로부터 30일 이내에 법원에 답변서를 제출하여야 한다. 만약 피고가 답변서를 제출하지 아니할 경우 법원은 청구의 원인된 사실을 모두 자백한 것으로 보아 변론없이 판결할 수 있다.

4) 변론기일 지정

재판장은 피고가 답변서를 제출하지 아니하여 변론을 하지 않고 판결을 하는 경우 외에는 변론기일을 지정하여야 한다.

5) 소송구조

재판을 받을 권리를 실질적으로 보장하기 위해, 민사소송법은 소송비가 없는 경제적 약자를 위하여 소송구조제도를 두고 있다. 소송구조 결정을 받게 되면, 재판에 필요한 재판비용 또는 변호사 보수 등의 비용 납입을 유예 또는 면제시킴으로써, 그 비용을 내지 않고 재판을 받을 수 있게 된다.

5. 소의 제기 효과

일단 소가 제기되면 판결절차에 의하여 처리되는 상태인 소송 계속의 효과가 발생한다. 동일한 사건에 다시 소송을 제기하지 못하는 것을 '중복제소금지의 원칙' 또는 '이중소송금지의 원칙'이라 한다.

6. 소의 변경

소의 변경은 청구의 변경을 말하며, 소송물의 변경을 말한다. 원고가 기존의 소를 그대로 유지한다면, 소송목적을 달성할 수 없는 경우에도 그 소의 변경을 불허한다면 원고에게 너무 가혹하다. 또한 소의 변경을 무제한으로 허용한다면 피고에게 방어하는 데 부담을 가중시키고 항소심의 경우에 심급의 이익을 해하며 소송촉진을 저해하는 문제가 발생한다.

그러므로 소의 변경에 일정한 제약을 두고 있다. 소의 변경을 허용하기 위해서는 ① 청구의 기초에 변경이 없어야 하고, ② 소송절차를 현저히 지연시키지 않아야 하며, ③ 사실심(事實審)에 계속되고 변론종결 전에 변경이 가능하고, ④ 소 병합의 일반요건을 갖추어야 한다.

II. 관할법원

민사소송은 피고의 보통재판적이 있는 법원에 제기하는 것이 원칙이다. 여기서 말하는 보통재판적이란 주소에 의해 정하고, 대한민국에 주소가 없거나 알 수 없는 경우에는 거소에 의하며, 거소도 알 수 없는 때에는 최후의 주소에 의해 정한다.

민사소송법은 원칙적 관할규정 외에 구체적인 경우에 따라 특별히 관할에 대하여 규정하는 경우가 많다. 당사자는 전속관할이 아닌 경우에는 당사자가 합의하여 관할법원을 선택할 수 있는데, 이를 합의관할(合意管轄)이라 한다. 또한 전속관할이 아닌 경우에 원고가 관할을 위반하여 소송을 제기했더라도 피고가 이에 대해 항변을 하지 않고 본안에 대하여 변론하거나 준비절차에서 진술한 때에는 그 법원이 관할권을 가지게 된다. 이를 변론관할(辯論管轄)이라 한다.

소송은 원고가 소장을 위에서 살펴본 관할 법원에 제출함으로써 시작된다.

Ⅲ. 집행보전절차

소송을 하더라도 장래에 강제집행이 불가능하게 되거나 곤란하게 되는 경우를 예방하기 위해 법원에 의한 현상보전을 목적으로 행하여지는 집행보전절차가 가압류와 가처분이다. 가압류와 가처분은 집행보전절차라는 점에서는 동일하지만, 그 대상과 방법에는 차이가 있다.

1. 가압류

가압류(假押留)는 금전채권이나 금전으로 환산할 수 있는 채권에 대하여 장래에 실시할 강제집행이 불능이 되거나 매우 곤란할 염려가 있을 때 미리 채무자의 현재의 재산을 압류하여 확보함으로써 채권을 보전하는 절차이다(민사집행법 제276조).

가압류는 가압류할 물건이 있는 곳을 관할하는 지방법원이나 본안의 관할법원이 관할한다. 가압류 신청에 대한 재판은 변론없이도 할 수 있으며, 청구채권이나 가압류의 이유를 소명하지 아니한 때에도 가압류로 생길 수 있는 채무자의 손해에 대하여 법원이 정한 담보를 제공한 때에는 법원은 가압류를 명할 수 있다.

가압류 신청에 대한 재판은 변론하는 경우에는 종국판결로, 이외의 경우에는 결정으로 한다. 채권자는 가압류 신청을 기각하거나 각하하는 결정에 대해 즉시항고를 할 수 있다. 또한 채무자도 법원의 가압류결정에 대해 가압류의 취소나 변경을 요구하는 이의신청을 할 수 있다. 그러나 이러한 이의신청이 가압류의 집행의 효력을 정지시키는 것은 아니다. 물론 채무자는 종국판결이 선고되기 전까지 가압류 이의신청을 취하할 수도 있으며, 그 취하에는 채권자의 동의를 필요로 하지 않는다.

채무자는 가압류 이유가 소멸되거나 그 밖에 사정이 바뀌거나 법원이 정한 담보를 제공한 때에는 가압류가 인가된 뒤에도 그 취소를 신청할 수 있다. 가압류가 집행된 뒤에 3년간 본안의 소를 제기하지 아니한 때에는 가압류법원은 채무자 또는 이해관계인의 신청에 따라 결정으로 가압류를 취소해야 한다.

> **대법원 2003. 6. 24. 선고 2003다18005 판결**
> 가압류의 본안소송에서 피보전권리에 기한 청구를 기각한 판결이 선고되어 확정되었다면 이를 민사집행법 제288조 제1항 소정의 사정변경으로 보아 가압류를 취소할 사유가 되는 것이 보통일 것이나, 장래에 성립할 권리를 피보전권리로 하여 가압류가 이루어진 이후 본안소송에서 그 장래 청구권의 기초적 법률관계의 존재는 인정되나 아직 그 청구권 자체의 발생이 확정되었다고 할 수 없다는 이유로 위 가압류의 본안청구를 기각하는 판결이 선고되어 확정된 데 불과한 경우에는 그 가압류의 기초인 법률관계가 상존해 있고 피보전권리의 부존재가 아직 확정된 것이 아니므로 위와 같은 확정판결이 있다는 것만으로 가압류를 취소할 사정의 변경이 생겼다고 단정할 수 없다.

2. 가처분

가처분(假處分)은 계쟁물에 대한 가처분과 임시의 지위를 정하는 가처분이 있다. 계쟁물에 대한 가처분은 분쟁의 대상물에 관한 현상의 변경으로 인해 당사자의 권리를 실행하지 못하거나 이를 실행하는 것이 매우 곤란할 염려가 있을 때 실시한다.

불특정 금전채권에 대하여 실시하는 가압류와는 다르게 가처분은 특정되는 분쟁의 대상인 물건에 대해 그 현상의 변경을 하지 못하게 한다는 점에서 차이가 있다.

임시의 지위를 정하는 가처분은 분쟁대상인 권리관계에 대하여 임시의 지위를 정하기 위하여 하며, 계속하는 권리관계에 끼칠 현저한 손해를 피하거나 급박한 위험을 막기 위하여 또는 이 밖에 필요한 이유가 있을 경우에 해야 한다(동법 제300조).

가처분의 신청은 본안의 관할법원에서 관할하며, 가처분은 법원이 직권으로 신청의 목적을 달성하는 데 필요한 처분을 한다. 즉 가처분은 보관인을 정하거나 상대방에게 행위를 명하거나 금지할 수 있고, 급여를 명할 수 있는 것이다. 가처분으로 부동산의 양도나 저당을 금한 때에는 이를 등기부에 기입하게 된다.

> **대법원 2001. 9. 25. 선고 2001다39947 판결**
> 가압류나 가처분 등의 보전처분은 법원의 재판에 의해 집행되나 청구권의 존재 여부는 본안소송에 맡기고 단지 소명에 의해 채권자의 책임 아래 실시하는 것이므로 그 집행 후에 채권자가 패소하였다면 그 보전처분의 집행으로 인하여 채무자가 입은 손해에 대해서는 특별한 반증이 없는 한, 채권자에게 고의 또는 과실이 있다고 추정되므로 이로 인한 손해를 배상할 책임이 있다.

IV. 변론

소장 부본을 송달받은 피고가 원고 청구에 대해 다투는 취지의 답변서를 제출하면, 법원은 변론기일을 지하여 변론에 들어가 심리를 진행한다.

1. 변론의 의의

변론(辯論)이란 기일에 소를 제기 받은 법원의 공개법정에서 당사자 양쪽이 말로 판결의 기초가 되는 소송자료, 즉 사실과 증거를 제출하고 법원이 이를 심리하는 절차를 말한다.

민사재판은 민사분쟁에 대해 원고와 피고가 변론을 통해서 심리(審理)가 진행된다. 재판의 진행은 판사가 지휘하지만 소송상의 주장이나 입증은 당사자가 변론을 통해 수행해야 한다.

2. 심리에 관한 여러 원칙

변론절차는 다음 여러 원칙에 의하여 행한다. 이와 같은 여러 원칙들은 적정·공평·신속·경제의 이상에 맞는 심리를 실현하기 위한 결과물이다.

1) 공개심리주의(公開審理主義)

재판의 심리와 판결 선고는 일반인이 방청할 수 있는 상태에서 공개적으로 해야 한다. 국민에게 재판을 감시할 수 있도록 하여 재판의 공정성을 확보하고, 재판에 대한 국민의 신뢰를 도모하기 위한 것이다.

2) 쌍방심리주의(雙方審理主義)

소송의 심리에서는 당사자 양쪽에게 평등하게 진술할 수 있는 기회를 주어야 한다. 헌법상 평등원칙이 소송에 구현된 것으로 당사자 평등원칙 또는 무기 평등원칙이라고도 한다. 해당 원칙에 기하여, 필요적 변론제도, 법적 절차를 보장하기 위한 소송절차의 중단 내지 중지제도, 대리인제도, 진술권 등을 두고 있다.

3) 구술심리주의(口述審理主義)

당사자 및 법원의 소송행위, 특히 변론과 증거조사는 말로 하고 말로 한 내용만 판결의 기초가 된다는 원칙이다. 이러한 원칙에 따라, 당사자는 법관 앞에서 구술로 변론하며, 구술로 진술한 소송자료만이 판결의 기초가 된다. 말로 변론한 경우 쟁점파악이 용이하고 즉각적인 반문으로 진상파악이 쉬우며 신속하고 적정한 재판이 가능하다는 장점이 있으나, 정리가 어렵고 망각하기 쉽다는 단점이 있다.

4) 직접심리주의(直接審理主義)

판결을 하는 법관이 직접 당사자의 변론을 듣고 증거조사를 행해야 하는 원칙을 말한다. 변론에 관여한 법관이 사실관계와 양 당사자의 입장을 가장 잘 파악하고 있기 때문에 적정한 재판을 도모하기 위함이다.

5) 처분권주의(處分權主義)

절차의 개시, 심판의 대상, 절차의 종결에 대해 당사자가 결정권을 가져야 한다는 원칙이다. 사적자치(私的自治)의 소송법적 측면이라 하겠다. 소송물에 대하여 당사자의 결정에 맡겨야 한다는 것이기 때문에, 소송자료에 대한 수집·제출 책임을 딩사자에게 맡기는 변론주의와 구분된다. 처분권주의와 변론주의를 합하여 당사자 주의라 한다.

6) 변론주의(辯論主義)

변론주의란 소송자료, 즉 사실과 증거의 수집 그리고 제출의 책임을 당사자에게 맡기고 당사자가 수집하여 변론에서 제출한 소송자료만을 재판의 기초로 삼아야 한다는 원칙이다. 당사자가 소송자료에 대한 제출책임을 지도록 하면 실체적 진실발견에 더욱 도움이 되며 더욱 절차권이 보장된다는 측면에서 장점이 있다. 변론주의는 사실의 주장 책임, 자백의 구속력, 증거제출책임을 그 내용으로 한다.

7) 적시제출주의

적시제출주의란 공격 또는 방어 방법은 소송 진행 정도에 따라 적절한 시기에 제출되어야 한다는 원칙이다. 적절한 시기인지 여부는 개별 소송에서 구체적으로 판단한다.

8) 직권주의

법원이 직권으로 소송절차를 진행한다는 원칙을 말한다. 소송물과 소송자료 제출에 대해서는 당사자 주의를 취하지만, 절차에 대해서는 직권진행주의를 취한다.

3. 변론의 준비(기일 전 절차)

당사자가 변론에서 말하고자 하는 사항을 작성하여 변론기일 전에 미리 준비서면을 법원에 제출한다. 준비서면에는 사실상의 주장, 증거신청 이외에 법률상의 주장, 증거항변 등을 적는다. 당사자의 주장에 대한 증거방법과 상대방이 제출한 증거방법을 반박하는 의견도 기재할 수 있다.

법원은 준비서면을 받으면 이를 상대방에게 송달해야 한다. 상대방이 미리 사안을 파악하고 변론에 임하게 함으로써, 변론기일에서의 집중 심리를 도모하고자 하는데 그 목적이 있다.

준비서면에 기재하지 않은 사실은 상대방이 출석하지 않은 때에는 변론에서 주장하지 못한다. 다만, 상대방이 출석한 경우에는 주장할 수 있다.

4. 변론의 실시

변론은 재판장이 정한 기일에 양쪽 당사자를 소환하여 공개법정에서 행한다. 보통 원고가 소장에 기하여 본안의 신청을 진술하고 이에 대해 피고가 소의 각하 내지 청구기각의 신청 등 반대신청을 한다. 이어서 양 당사자는 각 신청을 뒷받침하기 위하여 법률상 또는 사실상의 주장을 하며 그에 대한 증거신청(증명)을 하는 등 공격방어방법을 제출하는 과정을 거친다.

이러한 양 당사자의 공격방어방법 제출이 모두 종료되어 판결을 할 수 있게 되면, 법원은 변론을 종결한다. 변론 종결은 성질상 법원의 결정에 해당하므로, 재판장이 양 당사자에게 말로 고지한다. 다만, 변론이 종결되더라도 판결선고 전까지 양 당사자가 새로운 증거를 제출하거나 심리미진 부분이 발견되면 변론을 다시 재개할 수 있다.

변론의 경과를 명확하게 기록·보존하기 위해서 법원사무관 등이 변론조서를 작성한다. 변론조서에 절차진행을 기록함으로써 절차의 명확화를 도모하며, 향후 원심의 잘못을 판단할 경우에 그 자료가 되기도 한다.

5. 변론기일에 있어서 당사자의 결석

당사자는 재판장이 지정한 변론기일에 참석하여 구두로 변론을 하여야 한다. 하지만 변론기일에 한쪽 또는 양쪽 당사자가 참석하지 아니하면 신속한 소송 진행에 제약을 받게 된다. 민사소송법은 이를 예방하기 위하여, 한쪽 당사자가 결석한 경우에는 재판에 참석하지 않더라도 진술을 한 것으로 보거나 자백한 것으로 보는 진술간주 및 자백간주 제도를, 양 쪽 당사자가 결석한 경우에는 소를 취하한 것으로 보는 소 취하 간주 제도를 두고 있다.

6. 소송절차의 정지

소송이 계속된 뒤에 절차가 종료되기 전에 소송절차가 법률상 진행되지 않는 상태를 말한다. 절차가 사실상 정지되는 기일연기·추후지정·기일불출석·판결선고의 지연 등과는 구별되는바, 이에는 중단(中斷)과 중지(中止)가 있다.

첫째, 소송절차의 중단은 당사자 사망, 법인의 합병, 당사자의 소송능력 상실 및 법정대리인의 사망과 대리권 소멸, 수탁자의 임무종료, 소송 담당자의 자격상실 및 선정당사자 전원의 자격상실, 파산재단에 관한 소송 중의 파산선고 및 파산해지 등에 의해 발생한다.

둘째, 소송절차의 중지는 천재 기타 사고로 법원 전부가 직무집행을 할 수 없게 된 경우, 전쟁이나 교통두절 등 당사자의 출석이 불가능한 장애사유가 발생할 때 당사자의 신청이나 법원의 직권으로 법원의 결정에 의해 소송절차를 일시적으로 중지하는 것이다.

V. 증거

1. 총설

증거라는 말은 증거방법·증거자료·증거원인 등 여러 의미로 사용된다.

증거방법은 법관이 그 오감(눈, 코, 입, 귀, 피부) 작용으로 조사할 수 있는 유형물을 의미한다. 구체적으로 증인이나 감정인 그리고 당사자는 인증(人證)이고, 문서나 검증물은 물증(物證)이다. 증거자료는 증거방법의 조사로 얻은 내용을 말한다. 증인의 증언, 감정결과, 문서의 기재내용, 검증결과, 당사자신문결과 등이 있다. 증거원인은 법관의 심증형성의 원인이 된 자료나 상황을 말한다.

증거에는 주요사실과 관계있는지 여부에 따라 직접증거·간접증거가 있고, 증명책임의 소재를 기준으로는 본증·반증이 있다.

증명은 법관이 요증사실에 대해 고도의 개연성 즉 확신을 얻은 상태 또는 확신을 얻도록 하는 증거제출 행위를 말하고, 소명은 저도의 개연성이 있는 심증을 얻은 상태 또는 그러한 상태에 이르도록 하는 증거제출행위를 말한다.

2. 증명

민사소송에서 승소하기 위해서는 자신의 주장이 정당하다는 것을 증명하여야 한다. 증명책임은 원칙적으로 특정한 사실이 있었음을 주장하는 자가 부담하여야 한다. 단, 당사자가 자백한 사실이나 현저한 사실은 증명이 필요하지 않다.

당사자는 자기주장의 증명을 위하여 여러 가지 증거방법을 신청할 수 있다. 법원은 당사자가 신청한 증거방법을 채택할 것인지 여부를 결정할 수 있다. 법원이 증거신청을 채택하면 신청하였던 증거방법을 실시할 수 있다. 법원도 당사자가 제시한 증거에 의해 심증을 얻을 수 없거나 기타 필요하다고 인정되는 경우에는 직권으로 증거조사를 할 수 있다. 민사소송법에서 정하고 있는 증거방법은 아래 표와 같으며, 민사소송법 외에도 개별법률에서 증거방법을 정하고 있는 경우도 있다.

〈민사소송법상 증거조사〉

구분	내용	비고
증인신문	증인의 증언으로부터 증거자료 취득	법 303조
감정	특별한 지식과 경험을 가진 사람에게 그 지식과 경험을 이용한 판단을 보고	법 333조
서증	문서를 열람하여 그에 기재된 내용을 증거자료로 하기 위한 증거조사	법 343조
검증	법관이 직접 자기의 오관 작용에 의하여 사물의 외형을 보고, 듣고, 느낀 결과를 증거자료로 하기 위한 증거조사	법 364조
당사자신문	당사자가 경험한 사실에 대해 진술하게 함으로써 자료를 얻는 증거조사	법 367조
그 외	문서가 아닌 증거의 조사	법 374조

3. 자유심증주의

법원은 자유로운 심증에 의하여 당사자의 사실 주장이 진실한 것인지 아닌지를 판단하여야 한다. 이를 자유심증주의라 한다. 이에 대비되는 개념이 법정증거주의인데, 법정증거주의는 증거능력이나 증거력을 법률로 정해놓고 법관이 여기에 구속되는 것을 말한다.

재판 과정에서의 양 당사자의 주장 및 제출한 증거 그리고 재판장의 자유심증주의에 의하더라도, 그 사실이 진실한 것인지 여부를 판단할 수 없을 경우에는 증명책임이 누구에게 있는지에 따라 문제를 해결한다.

4. 증명책임(=입증책임)

소송에서 증명하여야 할 사실의 존부가 확정되지 않는 진위불명상태에 있는 경우 당해 사실이 존재하지 않는 것으로 취급되어 일방이 받는 불이익을 의미한다. 그렇다면 증명책임을 누구에게 어떻게 분배하여야 하는지가 문제되고 이에 대해 여러 견해가 대립한다. 다만 법규의 구조나 형식 속에서 분배의 기준을 정하는 법률요건 분류설 내지 규범설이 통설이고, 법원도 같은 입장이다.

한편 법률요건 분류설에 의할 경우, 피해를 입은 자는 가해행위와 자신이 입은 손해 그리고 둘 사이의 인과관계를 증명하여야 한다. 하지만 공해·환경·의료·제조물 등의 경우에는 피해자가 엄밀한 증명을 하기가 어렵다. 따라서, 증명책임을 완화해주어야 한다는 견해가 대두되고 있으며, 법원도 이러한 논의를 구체적인 사례에 점차 반영하고 있다.

> **대법원 2010. 6. 24. 선고 2010다12852 판결**
> 확정된 지급명령의 경우 그 지급명령의 청구원인이 된 청구권에 관하여 지급명령 발령 전에 생긴 불성립이나 무효 등의 사유를 그 지급명령에 관한 이의의 소에서 주장할 수 있고, 이러한 청구이의의 소에서 청구이의 사유에 관한 증명책임도 일반 민사소송에서의 증명책임 분배의 원칙에 따라야 한다. 따라서 확정된 지급명령에 대한 청구이의 소송에서 원고가 피고의 채권이 성립하지 아니하였음을 주장하는 경우에는 피고에게 채권의 발생원인 사실을 증명할 책임이 있고, 원고가 그 채권이 통정허위표시로서 무효라거나 변제에 의하여 소멸되었다는 등 권리 발생의 장애 또는 소멸사유에 해당하는 사실을 주장하는 경우에는 원고에게 그 사실을 증명할 책임이 있다.

VI. 소송의 종료

1. 당사자의 행위에 의한 종료

민사소송에서는 처분권 주의에 의하여 판결이 선고되기 전, 당사자의 소취하, 청구 포기나 인낙, 재판상 화해로 소송이 종료된다.

소 취하란 원고가 제기한 소의 전부 또는 일부를 철회하는 법원에 대한 일방적 의사표시를 말한다. 소가 취하되면 소는 처음부터 계속되지 않은 것으로 보고, 소송은 종료된다. 소가 처음부터 계속되지 않은 것으로 보기 때문에 나중에 재차 소를 제기할 수 있으나, 종국판결을 받은 뒤에는 다시 소를 제기하는 것이 금지되어 있다. 종국판결을 받았으나 다시 소 제기를 할 수 있도록 한다면, 판결에 들인 법원 노력이 무용화되고 판결이 당사자에 농락당할 수 있을 위험이 있기 때문이다.

청구의 포기(抛棄)는 원고가 자기의 소송상의 청구가 이유 없음을 스스로 인정하는 법원에 대한 일방적 의사표시이며, 청구의 인낙(認諾)은 피고가 원고의 소송상의 청구가 이유 있음을 인정하는 일방적 의사표시이다.

재판상 화해란, 소송을 제기하기 전에 지방법원 단독판사 앞에서 하는 제소 전 화해와 소송 후 수소법원 앞에서 하는 재판상 화해를 말한다.

2. 종국판결에 의한 종료

종국판결이란, 소(訴) 또는 상소(上訴)에 의하여 계속 중인 사건의 전부 또는 일부에 대해 심판을 마치고 그 심급을 이탈시키는 판결을 말한다. 소송판결(소각하, 소송종료)과 본안판결(청구기각, 청구인용)로 나뉜다.

소송 심리를 완료한 때에는 법원은 종국 판결을 해야한다. 판결은 판결 내용을 확정하고, 판결서를 작성하며, 판결을 선고해야한다.

판결은 재판장이 판결 원본에 따라 주문을 읽어 선고하며, 필요한 때에는 이유를 간략하게 설명할 수 있다. 판결선고시 당사자가 반드시 참석하여야 하는 것은 아니다. 판결은 당사자가 출석하지 않아도 선고할 수 있기 때문이다.

판결이 선고가 되면, 판결을 한 법원 자신도 이에 구속되어 자신이 한 판결을 철회, 변경할 수 없는 자기구속력(=기속력)이 발생한다. 다만, 잘못된 계산이나 표현상 잘못이 있는 경우에는 잘못을 바로잡을 수 있다.

선고된 판결이 확정이 되면, 종국판결의 내용은 후소에 대해서 구속력을 가진다. 이를 기판력이라 한다. 즉, 전소 판결에서의 소송물과 동일한 후소는 허용하지 않는다는 것이다. 전소 확정판결의 내용을 다시 다툴 수 없게 함으로써 법적 안정성을 보장하기 위한 것이다. 확정판결은 주문에 포함된 것에 한하여 기판력을 가지며, 판결의 기판력은 당사자와 변론종결 후의 승계인 또는 이를 위해 청구의 목적물을 소지한 자에 대하여도 그 효력이 미친다.

이렇게 승소판결을 받은 자는 판결을 바탕으로 강제집행을 할 수 있다. 물론 필요에 따라서는 강제집행 전에 미리 가집행선고에 의해 가집행을 할 수도 있다. 특히 부적법한 소로서 그 흠을 보정할 수 없는 경우에는 변론없이 판결로 소를 각하할 수 있다.

대법원 1995. 3. 24. 선고 94다46114 판결
기판력이라 함은 기판력 있는 전소판결의 소송물과 동일한 후소를 허용하지 않는 것임은 물론, 후소의 소송물이 전소의 소송물과 동일하지 않다고 하더라도 전소의 소송물에 관한 판단이 후소의 선결문제가 되거나 모순관계에 있을 때에는 후소에서 전소판결의 판단과 다른 주장을 하는 것을 허용하지 않는 작용을 하는 것이다.

Ⅶ. 소송비용

정당한 이유가 있어도 경제적인 이유 때문에 소송을 하지 못하는 경우를 위해 소송비용은 원칙적으로 패소자가 부담하도록 한다. 그러나 승소자가 불필요하게 소송비용을 증가하게 하거나 당사자가 책임져야 할 사유로 소송이 지연되어 소송비용이 증가된 경우, 그리고 일부만 승소한 경우에는 법원이 소송비용의 부담을 비율로 정할 수도 있다.

재판진행 중에 당사자가 법정에서 화해를 한 경우에는 화해비용과 소송비용을 특별히 정한 바가 없으면 그 비용에 대해서 당사자 각자가 부담한다.

원고가 대한민국에 주소·사무소와 영업소를 두지 않은 경우에 법원은 피고의 신청에 따라 원고에게 소송비용에 대한 담보를 제공하도록 명해야 한다. 법원이 명한 기간 내에 담보를 제공하지 않으면 법원은 판결없이 판결로 소를 각하할 수 있다.

Ⅷ. 강제집행

민사재판의 결과로 판결이 확정되더라도 채무자가 채무를 이행하지 않으면 소송상의 목적을 달성할 수 없으므로 강제집행(强制執行)을 통한 채권의 만족이 이루어져야 소송이 마무리된다. 채무자가 판결이 선고된 후에도 채무를 이행하지 않을 때 법에 의해 채무이행을 강제하여 채권을 만족시키는 절차가 강제집행절차이다. 즉, 채무자의 재산을 압류하거나 강제경매를 통해 채무자의 재산을 처분하여 채권자의 채권을 확보할 수 있도록 한다. 강제집행에 관하여는 민사집행법(2002년 1월 26일 제정, 법률 제6627호)에서 금전채권에 기초를 둔 강제집행과 부동산에 대한 강제집행, 선박 등에 대한 강제집행, 동산에 대한 강제집행, 금전채권 외의 채권에 기초를 둔 강제집행 등을 규정하고 있으며, 담보권 실행 등을 위한 경매절차와 보전처분에 대해서도 상세히 규정하고 있다.

강제집행은 확정된 종국판결이나 가집행의 선고가 있는 종국판결에 기초를 두고 실행한다(동법 제24조). 종국판결에 의해 집행문이 부여되면 이를 바탕으로 강제집행을 실시하게 된다. 대부분의 채권은 금전으로 계산이 될 수 있는 금전채권이므로 강제집행의 경우 동산과 부동산을 불문하고 채무자의 불특정재산을 처분하여 채권을 만족할 수 있다.

먼저, 동산의 압류는 채무자의 기본적인 생활을 보장하는 것을 제외하고는 압류할 수 있으며, 동산경매를 통해 매각한다.

다음으로, 부동산에 대한 강제집행은 강제경매와 강제관리가 있는데, 강제관리는 부동산을 처분하지 않고 채무자의 권리를 제한하여 부동산의 수익을 통해 채권을 만족시키는 방법이다. 확정판결에 의한 권리라고 하더라도 신의칙에 의해 행사되어야 하며, 판결에 의한 집행이 권리남용이 되는 경우에는 허용될 수 없으므로 집행채무자는 청구이의의 소에 의해 그 집행의 배제를 구할 수 있다.

> **대법원 2001. 11. 1. 선고 99다32899 판결**
>
> 확정판결이 실체적 권리관계에 배치되는 경우 그 판결에 의해 집행할 수 있는 것으로 확정된 권리의 성질과 내용, 판결의 성립 경위 및 판결성립 후 집행에 이르기까지의 사정, 그 집행이 당사자에게 미치는 영향 등 제반 사정을 종합해볼 때, 그 확정판결에 기한 집행이 현저히 부당하고 상대방으로 하여금 그 집행을 수인하도록 하는 것이 정의에 반함이 명백하여 사회생활상 용인할 수 없다고 인정되는 경우에는 그 집행은 권리남용으로서 허용할 수 없다.

제 5 절   상소심 절차

Ⅰ. 항소

항소(抗訴)는 제1심 법원이 선고한 종국판결에 대하여 판결서가 송달된 날로부터 2주 이내에 상급법원에 하는 불복신청이다. 항소권은 포기할 수 있다.

불복하는 판결이 항소가 가능한 판결이어야 하고 항소제기의 방식이 적식(適式)이며 항소기간이 준수되어야 하고 항소에 당사자적격이 있어야 하며 항소의 이익이 있을 것을 요하고 당사자간 불항소의 합의가 없어야 한다.

Ⅱ. 상고

상고(上告)는 고등법원이 선고한 종국판결과 지방법원 합의부가 제2심으로서 선고한 종국판결에 대하여 할 수 있다. 상고심은 법률심이므로 판결에 영향을 미친 헌법·법률·명령 또는 규칙의 위반이 있다는 것을 이유로 할 수 있다.

판결법원 구성의 위반, 판결에 관여할 수 없는 법관의 관여, 전속관할의 위반, 대리권의 흠결, 공개재판규정의 위반, 이유불비와 이유모순의 경우에 상고할 수 있다.

상고법원은 상고에 정당한 이유가 있다고 인정할 때에는 원심판결을 파기하고 사건을 원심법원에 환송하거나, 동등한 다른 법원에 이송해야 한다. 환송받은 법원은 다시 변론을 거쳐 재판해야 하며, 이 경우에는 상고법원이 파기의 이유로 삼은 사실상 및 법률상 판단에 기속된다.

Ⅲ. 항고

항고(抗告)는 소송절차에 관한 신청을 기각한 결정이나 명령에 대하여 불복하는 경우에 항고장을 원심법원에 제출함으로써 이루어지는 절차이다. 원심법원이 항고에 정당한 이유가 있다고 인정하는 때에는 그 재판을 경정해야 한다. 즉, ① 즉시항고는 재판이 고지된 날로부터 1주 이내에 해야 하는데, 집행을 정지시키는 효력이 있다. ② 재항고는 항고법원의 결정과 고등법원 또는 항소법원의 결정 및 명령에 대한 법률심인 대법원에 하는 항고를 말한다. ③ 특별항고는 불복을 신청할 수 없는 결정이나 명령에 대해 헌법 또는 법률위반이 있음을 이유로 대법원에 하는 항고이다. 재판확정 후의 비상불복의 방법이므로 통상의 불복방법인 상소가 아니다. 따라서 재판의 확정에는 영향이 없다.

Ⅳ. 재심절차

확정된 종국판결에 재심사유에 해당하는 중대한 하자(瑕疵)가 있는 경우에는 그 판결의 취소와 이미 종결된 사건의 재심판을 구하는 비상(非常)의 불복신청방법이다.

재심(再審)의 사유는 법률에 따라 판결법원을 구성하지 아니한 때, 법률상 그 재판에 관여할 수 없는 법관이 관여한 때, 법정대리권이나 소송대리권 또는 대리인이 소송행위를 하는 데에 필요한 권한의 수여에 흠이 있는 때, 재판에 관여한 법관이 그 사건에 관하여 직무에 관한 죄를 범한 때, 형사상 처벌을 받을 다른 사람의 행위로 말미암아 자백을 하였거나 판결에 영향을 미칠 공격 또는 방어방법의 제출에 방해를 받은 때, 판결의 증거가 된 문서 이외의 물건이 위조되거나 변조된 것인 때, 증인이나 감정인 통역인의 거짓 진술 또는 당사자 신문에 따른 당사자나 법정대리인의 거짓진술이 판결의 증거가 된 때, 판결의 기초가 된 민사나 형사의 판결 이외의 재판 또는 행정처분이 다른 재판이나 행정처분에 따라 바뀐 때, 판결에 영향을 미칠 중요한 사항에 관하여 판단을 누락한 때, 재심을 제기할 판결이 이미 선고한 확정판결에 어긋나는 경우, 당사자가 상대방의 주소 또는 거소를 알고 있음에도 잘 모른다고 하거나 주소나 거소를 거짓으로 하여 소를 제기한 때 등이다.

대리권의 흠과 기판력의 저촉을 제외하고 그 나머지 재심사유에 관해서는 소제기기간이 정해져 있다. 즉, 재심의 대상이 되는 판결의 확정 후 재심사유를 안 날로부터 30일 이내에 재심의 소를 제기해야 한다.

그러나 재심사유의 존재를 알지 못했다고 해도 판결이 확정되어 5년이 경과하면 재심의 소는 제기할 수 없다.

재심의 소는 소송목적의 가액이나 심급에 관계없이 취소대상인 판결을 한 법원의 전속관할에 속한다. 상고심 판결에 대해서는 상고법원에 제소하지만, 재심사유가 서증의 위조나 변조 또는 허위진술 등 사실인정에 관한 내용인 경우에는 사실심 판결을 한 법원에 소를 제기해야 한다.

법원은 재심청구가 있으면 직권으로 재심의 적법요건을 심리하고 재심사유가 존재하는지에 대한 조사를 한다. 또한 재심사유가 인정되면 본안심리를 한다. 심리한 결과 원판결이 부당하다고 인정되면 불복주장의 한도 내에서 이를 취소하는 판결을 한다. 재심판결은 원판결을 소급적으로 취소하는 형성판결이다.

준재심(準再審)이란 확정판결과 같은 효력을 가지는 조서(화해조서, 청구의 포기나 인낙조서, 조정조서 등)와 즉시항고로 불복을 신청할 수 있는 것으로서 확정된 결정이나 명령에 재심사유가 있을 때 재심의 소에 준하여 재심을 신청하는 것을 말한다.

조서에 대한 재심제기의 절차에는 확정판결에 대한 재심의 소의 소송절차가 준용된다. 소장각하명령, 상소장각하명령, 소송비용에 관한 결정, 과태료의 결정, 매각허가결정 등이 해당한다. 준재심은 소가 아니라 신청의 방식으로 하며, 판결이 아니라 결정으로 심판한다.

제 6 절   간이소송절차

I. 소액사건심판

소가 3천만원 이하의 금전 이외의 대체물 및 유가증권의 일정수량의 지급을 구하는 사건을 말한다. 진행 중에 병합되어 소액사건의 범위를 넘어도 소액사건절차에 의한다. 다만, 부동산의 경우에는 소가 3천만원 이하라도 소액사건이 아니다. 주택임대차보호법상 보증금반환청구는 소가의 많고 적음에 관계없이 재판의 신속을 도모하기 위해 소액사건심판법에 따른다. 소액사건심판은 1심의 특별소송절차이다.

법원은 소액사건이 제기되면 특별한 사정이 없으면 원고의 소장부본을 첨부하여 피고에게 원고의 청구취지대로 의무이행을 권고하는 결정을 한다. 피고가 이행권고결정을 송달받은 후 이의기간 내에 이의신청을 하지 않으면 이행권고결정은 확정판결과 같은 효력을 가진다. 이행권고결정은 집행력을 가지지만, 기판력은 없다.

절차의 간이화, 저렴한 비용, 신속한 재판, 법원의 후견적 개입 등에 의해 특례를 두고 있다. 당사자의 배우자, 직계혈족, 형제자매 등은 변호사가 아니더라도 법원의 허가 없이 소송대리인이 될 수 있다. 구술에 의한 소의 제기가 가능하며 양 당사자가 법원에 임의출석하여 변론할 수 있고, 1회의 변론으로 심리를 종결하며, 답변서 미제출시에는 무변론판결도 가능하다. 필요한 경우에는 근무시간 외 또는 공휴일에도 개정(開廷)할 수 있다.

원격영상재판(遠隔映像裁判)도 가능하며 청구가 이유없음이 명백한 경우에는 변론 없이도 청구기각이 가능하고 상고와 재항고가 제한되어 사실상 2심제이다.

Ⅱ. 독촉절차

금전 이외의 대체물이나 유가증권의 일정 수량의 지급을 목적으로 하는 청구권에 관하여 채무자가 다투지 않을 것으로 예상되는 경우에 채권자로 하여금 통상의 판결절차보다 간이·신속·저렴하게 집행권원(執行權原)을 얻게 하는 절차이다. 청구의 가액에 관계없이 지방법원의 단독판사 또는 시·군법원 판사의 직분관할에 전속된다. 금전 기타 대체물 또는 유가증권의 일정수량의 지급을 목적으로 하는 청구여야 하며, 채무자에 대한 지급명령을 국내에서 공시송달에 의하지 않고 송달할 수 있는 경우이어야 한다.

지급명령의 신청에 대한 재판은 채무자를 신문하지 않고 결정으로 재판한다. 채무자는 2주 내에 이의신청을 할 수 있고 이의신청이 없으면 지급명령은 확정되며 그 확정된 지급명령은 확정판결과 같은 효력이 있다. 적법한 이의가 있으면 소의 제기가 있는 것으로 본다.

〈학습확인문제〉

1. 소를 제기하지 않더라도, 재판 외의 방법으로 민사 분쟁을 해결할 수 있다. (○, ×)

(해설) 민사 분쟁은 소를 제기하지 않더라도, 화해, 민사조정, 중재 등 재판 외의 방법으로 문제를 해결할 수 있다.

(정답 ○)

2. 소의 주체로, 소송당사자와 법원이 있다. (○, ×)

(해설) 소송의 주체로 재판을 하는 법원과 재판을 받는 소송당사자가 있다.

(정답 ○)

3. 소는 이행의소, 확인의소, 형성의소가 있다. (○, ×)

(해설) 소송의 종류로, 이행의소, 확인의소, 형성의 소가 있다.

(정답 ○)

4. 우리판례는 소를 제기한 원고의 신청취지가 소송물이라는 입장이다. (○, ×)

(해설) 법원은 청구원인에 의해 특정되는 실체법상 권리관계를 소송물로 보고 있다.

(정답 ×)

5. 재판장은 자유로운 심증에 따라 사실을 인정할 수 있다. (○, ×)

(해설) 재판장은 자유로은 심증에 의하여 당사자의 사실주장이 진실한 것인지 아닌지를 판단하여야 한다(법 제202조).

(정답 ○)

6. 판결이 선고되기 전이라면, 소를 제기한 원고는 소를 취하할 수 있다. (○, ×)

(해설) 원고는 판결이 확정될 때 까지 소를 취하할 수 있다(법 266조 제1항).

(정답 ○)

7. 확정판결을 받은 이후 소를 취하한 경우, 같은 소송물로 다시 소를 제기할 수 있다. (○, ×)

(해설) 본안에 대한 종국판결이 있은 뒤에 소를 취하한 사람은 같은 소를 제기할 수 없다(법 제 267조 제2항).

(정답 ×)

8. 소송물을 당사자 결정에 맡겨야 한다는 입장이 변론주의, 소송자료의 제출 등에 관한 책 임을 당사자에게 맡겨야 한다는 입장이 처분권주의이다. (○, ×)

(정답 ○)

9. 원고가 소장을 제출한 경우, 법원은 소장을 특별한 형식 심사를 거치지 않고 곧바로 피고 에게 부본을 송달하여야 한다. (○, ×)

(해설) 소장이 법에서 정하고 있는 기재사항을 적지 아니한 경우와 법률의 규정에 따른 인지를 붙이지 아니한 경우에는 흠을 보정하도록 명하여야 한다(법 제254조 제1항).

(정답 ×)

10. 법관의 중립성을 확보하기 위하여, 민사소송법은 제척·기피·회피 제도를 두고 있다. (○, ×)

(정답 ○)

11. 원고가 관할 법원을 잘못 지정하여 소장을 제출한 경우, 법원은 그 소장에 대해서 각하 결정을 하여야 한다. (○, ×)

(해설) 법원은 소송의 전부 또는 일부에 대해 관할권이 없다고 인정하는 경우에는 결정으로 이를 관할법원에 이송한다(법 제34조 제1항).

(정답 ×)

12. 법원은 소장에 기재된 표시 및 청구내용과 원인을 바탕으로 당사자가 누구인지를 확정 하여야 한다는 입장이다. (○, ×)

(정답 ○)

13. 원고가 관할 법원을 잘못 지정하더라도, 피고가 이의 없이 본안에 대하여 변론을 한 경우 해당 법원은 관할이 생긴다. (○, ×)

(해설) 피고가 제1심 법원에서 관할위반이라고 항변하지 아니하고 본안에 대하여 변론하거나 변론준비기일에서 진술하면 그 법원은 관할권을 가진다(법 제30조).

(정답 ○)

14. 미성년자는 성인이 될 때까지 어떠한 방법으로도 소송을 제기할 수 없다. (○, ×)

(해설) 미성년자는 법정대리인을 통하여 소송행위를 할 수 있다(법 제55조 제1항).

(정답 ×)

15. 1심 판결에 불복할 경우 항소를, 2심 판결에 불복할 경우 상고를 할 수 있다. (○, ×)

(정답 ○)

공저자 약력

박은경
경성대학교 법학박사 (상사법 전공)
입법고시·경찰간부후보 선발시험 출제위원
부산지방노동위원회 심판담당 공익위원
국토교통부 채권정리소위원회 위원
2024년 한국법학회 최우수논문상 수상
제3종 대인손해사정사
현 경성대학교 법학과 부교수

심새무
독일 튀빙엔대학교 법학박사 (형사법 전공)
헌법재판소 전문연구원
부산고등검찰청 항고심사위원
형법총론 (신지서원, 2013)
형법각론 (신지서원, 2016)
현 경성대학교 법학과 교수

이우석
영남대학교 법학박사 (민사법 전공)
전 민사법이론과실무학회 회장
현 부산지방노동위원회 공익위원
특허무효와 특허실시계약의 관계 (영남법학, 2019)
종중의 자연발생적 단체설에 대한 소고 (재산법연구, 2007)
현 경성대학교 법학과 부교수

손형섭
도쿄대학 법학정치학연구과(법학박사)
헌법재판소 헌법연구원
UC 버클리 로스쿨, 일본 국립一橋大学 객원연구원
공무원 시험 출제·면접 위원
『4차산업혁명기의 IT·미디어법』, 박영사(2019)
『헌법과 인공지능』, 커뮤니케이션북스(2024)
현 경성대학교 법학과 부교수

강석점
동아대학교 법학박사 (공법 전공)
현 부산광역시 건축심의 위원
현 부산지방법원 민사조정위원 의료·부동산
지역주택조합의 법적 문제점과 개선방안 (동아법학, 2017)
도시공원 일몰제에 대한 법적 개선방안 (동아법학, 2018)
현 경성대학교 법학과 부교수

김원곤
경성대학교 법학박사 (노동법전공)
법무법인 대한중앙 재직
부산지방변호사사무직원회 부회장
사) 여성인권지원센터 살림 감사
현 경성대학교 법학과 외래교수

정준호
법률사무소 가향 대표변호사
대한변호사협회 민사법, 부동산 전문변호사
현 경성대학교 법학과 겸임교수
변리사, 사회복지사

제3판
법학통론

초판발행   2008년 3월 3일
제3판발행   2025년 3월 3일

지은이   박은경 · 심재무 · 이우석 · 손형섭 · 강석점 · 김원곤 · 정준호
펴낸이   안종만 · 안상준

편 집   윤혜경
기획/마케팅   박부하
표지디자인   BEN STORY
제 작   고철민 · 김원표

펴낸곳   (주) **박영사**
               서울특별시 금천구 가산디지털2로 53, 210호(가산동, 한라시그마밸리)
               등록 1959. 3. 11. 제300-1959-1호(倫)
전 화   02)733-6771
f a x   02)736-4818
e-mail   pys@pybook.co.kr
homepage   www.pybook.co.kr
ISBN   979-11-303-4917-6   93360

정 가   26,000원